HUSS UND WICLIF

VON

JOHANN LOSERTH

Zweite Auflage

VERLAG R. OLDENBOURG MÜNCHEN UND BERLIN

HUSS UND WICLIF

ZUR GENESIS
DER HUSSITISCHEN LEHRE

VON

JOHANN LOSERTH

Zweite veränderte Auflage

MÜNCHEN UND BERLIN 1925
DRUCK UND VERLAG VON R. OLDENBOURG

79226

Vorwort.

XV/129

Das vorliegende Buch, das jetzt in neuer, vielfach geänderter Gestalt erscheint, hat seinerzeit ein bedeutendes Interesse in literarischen Kreisen erweckt: nicht nur, daß ihm nahezu ein Halbhundert Besprechungen gewidmet worden sind, es wurde sofort nach seinem Erscheinen ins Englische übersetzt und ist seit vielen Jahren vollständig vergriffen. Zu einer Neuauflage ist es nicht gekommen, weil sich der frühere Verlag einer anderen Richtung, der Autor anderen dringlicheren Arbeiten zugewendet hatte. Dazu kam, daß die Edition der lateinischen Werke Wiclifs, die bei einer Neubearbeitung des Buches in Betracht gezogen werden mußten, sich lange hinauszog und schließlich während des Weltkrieges ganz eingestellt wurde.

Heute liegen die Dinge besser. Die Arbeiten der Wyclif-Society, an denen der Unterzeichnete am stärksten beteiligt war, denn nicht weniger als vierzehn Bände, und darunter die bedeutendsten Werke Wiclifs, wurden von ihm ediert, sind jetzt beendet. Viel neues Material ist hierdurch zutage gefördert und kritisch verarbeitet worden. Hierzu gehören vor allem die Studien zur englischen Kirchenpolitik im 14. Jahrhundert, die einerseits Wiclifs Auftreten als Reformator älterer Forschung gegenüber für eine spätere Zeit nachwiesen, anderseits den Nachweis lieferten, daß die hervorragendsten Werke Wiclifs aus jenen Kämpfen erwachsen sind, die sich inner- und außerhalb des guten Parlaments abgespielt haben. Dazu gehören weiterhin Studien über die Streitschriften Wiclifs, seine Sendschreiben usw. und deren Einwirkung auf Zeitgenossen und Spätere. Einiges aus diesen und anderen Einzelforschungen findet sich unten unter den Exkursen dieses Buches, die die Anfänge des Wiclifismus in Böhmen, die Beziehungen englischer zu den böhmischen Wicliften, die Auswirkung der Wiclifschen Predigten im hussitischen Kirchen- und Klostersturm und endlich das Festhalten des Taboritentums an den Lehren des unverfälschten Wiclifismus betreffen.

Ist nach dieser Richtung hin der Umfang des vorliegenden Buches etwas vergrößert worden, so konnten dagegen die zehn Beilagen, die die frühere Auflage enthielt, umso mehr bei Seite gelassen werden, als ihr wesentlicher Inhalt im Texte verarbeitet ist. Eine vollständige Umarbeitung hat die zweite Hälfte des Buches „Der Wiclifismus in den Schriften des Huß" gefunden, wo nunmehr die Gliederung eine sachgemäßere ist und die Ergebnisse der Wiclifforschung vollständiger ausgenützt sind.

Graz am 6. Januar 1925.

J. Loserth.

Inhalt.

Seite

Einleitung. Ältere und neuere Ansichten über das Verhältnis des Huß
zur Lehre und den Schriften Wiclifs   1

Erstes Buch.

Der Wiclifismus in Böhmen bis zu seiner Verurteilung durch das Konzil von Konstanz.

1. Kapitel: Kirchliche Zustände in Böhmen in der Zeit Karls IV. — Arnest
von Pardubitz und die böhmische Kirche   19
2. »   Die sogenannten Vorläufer der hussitischen Bewegung   29
3. »   Der erste Abendmahlsstreit   51
4. »   Der Wiclifismus in Böhmen   57
5. »   Wiclifitische Strömungen und Gegenströmungen in den
Jahren 1403—1409   72
6. »   Die Verbrennung der Bücher Wiclifs   86
7. »   Der Ablaßstreit in Prag 1412   101
8. »   Huß in der Verbannung. Das Buch von der Kirche. Unionsversuche
und endgültiger Sieg des Wiclifismus   113
9. »   Huß in Konstanz. Verurteilung des Wiclifismus   120

Zweites Buch.

Der Wiclifismus in den Schriften des Huß.

1. Kapitel: Zur pastoralen Tätigkeit des Huß   131
    1. Seine Predigten und ihre Wiclifschen Quellen   131
    2. Die Expositio Decalogi des Huß und ihre Wiclifschen Quellen   140
2. »   Aus der akademischen Tätigkeit des Huß   144
    1. Sein Werk super IV. Sententiarum und dessen Wiclifsche
Quellen   144
    2. Der Traktat gegen den päpstlichen Ablaß und seine Quellen   148
    3. Der Traktat des Huß De Ablacione temporalium a clericis .   154
    4. Die Traktate »De Decimis« und die Verteidigung der 45 Artikel
Wiclifs   158
    5. Contra Anglicum Johannem Stokes   160
3. »   Die Streitschriften des Huß und ihre Quellen   161
    1. Das Buch von der Kirche   161
      a) De Ecclesia und De Fide Catholica   161
      b) De Potestate Pape   165

Seite

c) De Civili Dominio 165
d) De Officio Regis 168
e) Responsio ad argumenta cuiusdam emuli veritatis 169
f) De Ordine Christiano 170
g) De Paupertate Christi 171
h) De Christo et adversario suo Antichristo 172
i) De Blasphemia 173
k) Der Trialogus 174
2. Die Schriften gegen Stephan von Palecz, Stanislaus von
    Znaim und die acht Doktoren 176
4. Kapitel: Sonstige Schriften des Huß 181
    1. Der Traktat de Sex Erroribus 181
    2. De Oracione Dominica 183
    3. Johannes Huß De Adoracione et contra Imaginum Adoracionem 184
    4. Die Briefe des Huß 184
5.   »   Einige Bemerkungen zur hussitischen Lehre in ihrem Verhältnis
         zu Wiclif 185

Exkurse.

1. Zur Verbreitung der Wiclifhandschriften in Böhmen 193
2. Über die Beziehungen zwischen englischen und böhmischen Wiclifiten in
   den beiden ersten Jahrzehnten des 15. Jahrhunderts 203
3. Der Kirchen- und Klostersturm der Hussiten und sein Ursprung . . . 213
4. Ein kirchenpolitischer Dialog aus der Blütezeit des Taboritentums . . 222

Namen- und Sachregister 236

Einleitung.

Ältere und neuere Ansichten über das Verhältnis des Huß zur Lehre und den Schriften Wiclifs.

Viele Jahrzehnte hindurch hat man in Böhmen Johann von Wiclif als fünften Evangelisten gefeiert.[1]) Noch in unseren Tagen wird er zu den vier größeren Scholastikern des 14. Jahrhunderts gezählt und teilt die Palme mit Duns Scotus, Okkam und Bradwardine.[2]) In der Tat ist er einer der reichsten Geister im alten England und der einzige in Wahrheit bedeutende Reformator vor der Reformation. Es ist merkwürdig genug: Man nennt ihn einen großen Philosophen und unseren Philosophen sind seine Werke so gut wie unbekannt; er wird für den größten Theologen seiner Zeit gehalten und bis in unsere Tage moderten seine Werke im Staube[3]) — jene, an denen sich einst die gebildete Welt in mehreren Ländern berauscht hat, sie waren vergessen oder wurden höchstens in Bibliotheken als Seltenheiten gezeigt. Für Böhmen hat alles, was seinen Namen in Erinnerung bringt, einen besonderen Reiz, denn er ist Jahre und Jahrzehnte hindurch das Panier gewesen, unter dem eine mächtige Partei ihre Kämpfe gekämpft hat: Was Johannes Huß an theologischem Wissen in seinen lateinischen und tschechischen Traktaten niedergelegt hat, das verdankt er dem Engländer, dessen Schriften er es nach fleißigem Studium entnommen hat. In den letzten Jahren seines Lebens erscheint er als der beredte Apostel des Wiclifismus und wüßte man nicht, daß er auch nach anderen Seiten hin als nach der theologischen eine Rolle gespielt hat, so müßte man sagen, daß er als Lollarde am 6. Juli 1415 den Scheiterhaufen bestiegen hat.

Das Verhältnis zwischen ihm und seinem Meister an der Hand der Schriften des einen und anderen darzulegen, ist die Aufgabe der folgenden

---

[1]) Apologie des Johannes Pribram in den Geschichtsschreibern der hussitischen Bewegung, 2, 140: Et postquam temerarie hodie moderni plurimi sic volunt sentenciis omnibus Wikleph immorari et quasi quinto evangeliste inniti.

[2]) Shirley, Fasciculi zizanniorum London 1858, p. LI.

[3]) Über die Arbeiten der Wyclif-Society seit 1884 s. die Historische Zeitschrift, 53, 62, 75, 95 und 116. Ebenso die Zeitschrift des deutschen Vereins für die Geschichte Mährens und Schlesiens, 21, 258—271.

[4]) Historia Bohemica, cap. 35.

Blätter. Hussens Zeitgenossen ist dies Verhältnis nicht unbekannt gewesen. Sie kannten entweder Wiclifs Schriften oder haben hierüber von solchen vernommen, die mit seiner Lehre vertraut waren. Vielleicht hat man, eben weil dies Verhältnis bekannt war, wenig darüber geschrieben und so sind Stimmen wie die John Stokes', der in Konstanz die hussitische Lehre als reinen Wiclifismus bezeichnete, ungehört verhallt. Als dann die Kenntnis der Werke Wiclifs abnahm und das Hussitentum auf die Höhe seiner Macht gelangte, trat neben Hussens Persönlichkeit die seines Meisters in den Hintergrund und bald galt die hussitische Lehre mehr oder minder als original. Inwieweit dies der Fall ist, kann nur durch einen Vergleich der Schriften Wiclifs mit jenen des Huß ergründet werden. Hieran hat es bisher gefehlt. Faßt man ältere Werke über böhmische Geschichte ins Auge, so findet man bei einigen trotz mehrfacher Irrtümer im einzelnen eine ziemlich richtige Darstellung des Sachverhaltes. Man wird aus Enea Silvio erfahren, daß ihm außer jenen Materialien, die ihm von böhmischer und schlesischer Seite zur Verfügung gestellt wurden, auch Aktenstücke des Konstanzer Konzils vorlagen, als er seine Böhmische Geschichte schrieb. Im ganzen ist seine Grundanschauung von der Genesis des Hussitentums richtig. Auch Cochlaeus weiß noch zu sagen[1]), daß der Wiclifismus aus England, wo er zu keinem Gedeihen gelangte, nach Böhmen übertragen wurde, wodurch die katholische Kirche so große Verluste erlitt, daß sie sich — Cochlaeus schreibt im Jahre 1534 — in Böhmen nicht wieder erholen konnte. Irrige Angaben finden sich in den Werken eines Hajek von Liboczan[2]), Zacharias Theobald[3]) und bei Dubravius.[4]) Inmerhin leitet letzterer all das über Böhmen hereingebrochene Elend von der Kenntnis der Alithia Wiclifs — gemeint ist der Trialogus — her.

Ähnliche Ansichten finden sich bei B a l b i n und P e s s i n a v o n C z e c h o - r o d[5]). Bei den Späteren wird der Einfluß des Engländers auf die böhmische Bewegung geringer angeschlagen.

Weder in seiner Geschichte Böhmens noch in der König Wenzels gibt Franz Martin P e l z e l eine Andeutung über Hussens Verhältnis zur Lehre Wiclifs.[6]) Was Huß gelehrt, gilt hier als sein geistiges Eigentum, und die Chronologische Geschichte Böhmens von P u b i t s c h k a wiederholt die

---

[1]) Historia Hussitarum, 7: Certe quod haeresis ex Anglia . . . in Bohemiam . . . inducta fuit.

[2]) Böhmische Chronik, übersetzt von Sandel, 647 ff.

[3]) Bellum Hussiticum (Francofurti 1621), 1 ff.

[4]) Historia Bohemiae, 23 lib. 139.

[5]) Balbin, Epitome hist. Boh. ad annum 1400. Pessina, Mars Moravicus lib. IV, cap. 4, 453.

[6]) Geschichte von Böhmen, Prag 1774, 214. Lebensgeschichte des römischen und böhmischen Königs Wenzeslaus, 2, 479 ff.

Fabeleien eines Hajek, und wenn Pubitschka Hussens Lehrsätze im Buch von der Kirche vorträgt, hält er sie für dessen ureigene Meinungen.

In seinen letzten Lebensjahren hat sich Palacky über die Sache folgendermaßen geäußert[1]): „Inwiefern die Lehre, die Huß vortrug, nicht sein eigen, sondern Wiclifs Lehre gewesen, werde ich nicht untersuchen, sondern Theologen vom Fach zu entscheiden überlassen. Ich gestehe, ich habe Wiclifs Schriften niemals gelesen, und es wird mir schwer, meine Abneigung gegen jeden theologischen Streit zu überwinden. Ich weiß auch, daß Huß auf Originalität seiner Lehre keinen Anspruch machte und daß es ihm darum zu tun war, nicht etwas Neues und noch Unerhörtes, sondern nur recht viel Wahres und Heilsames zu sagen. Ob Wiclifs Lehre einen ganz überwältigenden Einfluß auf Huß geäußert, ob dieser sich unbedingt an Wiclif angeschlossen hat, sind Fragen, die kaum jemand bejahen dürfte." In einem älteren Werke[2]) hatte Palacky allerdings Huß als einen der eifrigsten Förderer Wiclifscher Lehren an der Prager Universität bezeichnet, der sich sogar in der Frage über die Abendmahlslehre eine Zeitlang schwankend erwiesen habe. Im allgemeinen hat sich Palacky mit den Ansichten Neanders und Böhringers beruhigen zu müssen geglaubt.

Neander schlägt den Einfluß Wiclifs auf Huß nicht sonderlich hoch an.[3]) Höher stellt er den der Schriften des Matthias von Janow. Wie weit dies Urteil gerechtfertigt war, läßt sich heutzutage, wo das Hauptwerk des Matthias von Janow gedruckt vorliegt, genau übersehen. Es ist kaum der Rede wert, was Huß daraus übernommen hat[4]), wenn man die Einzellehren, ganze Predigten und Traktate Wiclifs dagegen hält, die er wortgetreu von Wiclif entlehnt hat. Übrigens konnte man schon aus den seit lange bekannten Proben von Janows wahrem und falschem Christentum [5]) ersehen, daß dieser keineswegs nachhaltig auf die reformatorische Entwicklung Hussens eingewirkt hat. Man wird eher bemerken, daß da, wo beide ähnliche Gegenstände behandeln, Huß sich an seinen englischen, nicht an den böhmischen Vorgänger anschließt. Neander findet in den Prinzipien Janows den Keim der ganzen reformatorischen Bewegung in Böhmen, aber viele Sätze Hussens, in denen man Anklänge an Matthias von Janow zu finden vermeint hat, sind aus Wiclif entlehnt. Als merkwürdig muß daher die Tatsache festgestellt werden, daß ein so sorgfältiger

---

1) Die Geschichte des Hussitentums und Professor Constantin Höfler, 113.

2) Gesch. von Böhmen, 3, 1, 190, 195, 198.

3) Allg. Geschichte der christl. Religion und Kirche, 6. Bd., herausg. von Schneider, 317.

4) Eine längere Stelle hat Sedlák, Jan Hus, S. 72—73, Not. 5, ausgehoben.

5) S. Palacky, die Vorläufer des Hussitentums in Böhmen, NA. 51, vgl. 58—81. Wie wenig der Standpunkt Janows einem Manne wie Huß genügen konnte, hat Palacky S. 126, in vortrefflicher Weise auseinandergesetzt.

Forscher wie Neander nicht bereits die wahren Quellen von Hussens
Lehren aufgesucht hat. Schon da, wo Huß den Begriff der Kirche erklärt,
nimmt er seinen Ausgang nicht etwa von Augustinus, sondern von Wiclif.
Wenn Neander meint, daß es für den theologischen Entwicklungsgang des
Huß besonders wichtig war, daß er neben dem Studium der Bibel, der alten
Kirchenlehrer, namentlich des Augustinus, auch die Schriften eines Robert
von Lincoln gekannt und studiert habe, so ist zu bemerken, daß Huß
einzelne der Autoren, die Neander anführt, nicht aus deren Werken selbst,
sondern nur aus den Zitaten Wiclifs kennt. Und das gilt in erster Linie
von Robert von Lincoln, läßt sich aber auch von anderen Schriftstellern
nachweisen.

Trotzdem sind die Ausführungen Neanders ohne weitere Prüfung von
Krummel[1]) übernommen worden, der die hussitische Bewegung nicht als
ein von außen her nach Böhmen verpflanztes Gewächs ansieht, sondern
als ein solches, das seine Wurzeln ebendaselbst gehabt und seine Lebens-
kraft aus sich selbst geschöpft hat. Das Konstanzer Konzil habe die sog.
hussitische Ketzerei lediglich als einen Wurzelschößling der Wiclifschen
angesehen und verdammt. Diese bis in die neueste Zeit weit verbreitete
Meinung sei indes nicht nur dadurch widerlegt, daß Huß in ganz selbständiger Weise und bevor er noch die theologischen Schriften Wiclifs
kannte, zu seinen reformatorischen Ideen gekommen ist, sondern auch und
hauptsächlich dadurch, daß in Böhmen schon zu der Zeit eine spezifisch
reformatorische Bewegung vorhanden war, als Wiclifs Schriften noch kaum
über England hinausgekommen, zum mindesten noch nicht in Böhmen
bekannt gewesen sind. Seine Schriften seien nachweislich erst im letzten
Jahrzehnt des 14. und in den ersten Jahren des 15. Jahrhunderts in Böhmen
verbreitet worden. Sie haben wesentlich zu einer beschleunigten Förderung
der hussitischen Lehre mitgewirkt, seien aber nicht die treibende Ursache
ihrer Entstehung gewesen. Ohne auch nur den Versuch zu machen, Hussens
und Wiclifs Schriften einer Vergleichung zu unterziehen, versteigt sich
Krummel zu der Behauptung, Huß habe sich sein Leben lang vielen wichtigen Lehrsätzen Wiclifs niemals angeschlossen. Erst später hätten sich
sämtliche Wiclifschen Lehren durch den Engländer Peter Payne unter
einem Teile der Hussiten Geltung verschafft.

Wie bedeutend Wiclifs Einfluß auf Huß gewesen, hatte schon acht
Jahre vor Krummel Böhringer scharf genug betont. Daß mit der Verurteilung Wiclifs als eines Ketzers im Grunde auch über Hussens Sache
und Person vor allem Verhör entschieden war, hebt Böhringer mit Recht
hervor. Er findet nicht wenige Analogien zwischen der Lehre Hussens

---

[1]) Geschichte der böhmischen Reformation im 14. und 15. Jahrh., 99, 123.
S. Historische Zeitschrift, 17, 1—11.

[2]) Die Vorreformatoren des 14. und 15. Jahrh., 2. Hälfte, 458, 604.

und jener Wiclifs: „Das heilige Feuer ging von Oxford nach Prag über, und Prag setzte die Aufgabe fort, welche Oxford entzogen ward", ein Satz, der allerdings insofern nicht zutrifft, als Huß bekanntlich in wesentlichen Punkten, so in der Abendmahlslehre, den Weg der katholischen Kirche nicht verlassen hat, um jenen Wiclifs endgültig zu betreten. Doch hat Böhringer die eigentümliche Richtung tschechischer Professoren in Prag — er bezeichnet sie auch als die nationalböhmisch-freisinnige — mit Recht als eine Wiclifsche bezeichnet. Er hat an mehreren Stellen die Beobachtung gemacht, daß sich Huß „fast" in den Worten Wiclifs ausdrücke. Die Gründe, die Huß zur Verteidigung der Schrift Wiclifs über die Dreieinigkeit anführt, erinnern ihn an die Rechtfertigung der „armen Priester", wie sie Wiclif gegeben, und an die Art, wie dieser das Recht der freien Predigt denen gegenüber, die Gottes Wort binden wollten, verteidigt hat. Daß Huß ganze Traktate Wiclifs oder die vornehmsten Argumente daraus aus Wiclifschen Schriften genommen, darauf ist freilich auch Böhringer nicht gekommen. Schon da, wo er Hussens Erklärung der Sündenvergebung bespricht, hätte er bemerken können, daß sie mit jener Wiclifs wörtlich übereinstimmt. Nur Anklänge an Wiclif findet er in einem Traktate, der nahezu gänzlich mit dessen Worten prunkt. Daß König Sigismund mit seiner Äußerung: „Wahrlich, ich war noch jung, als diese Sekte in Böhmen entstand, und siehe, zu welcher Stärke ist sie seitdem emporgewachsen, nicht wie Böhringer meinte, auf die sog. Vorläufer Hussens, sondern auf die böhmischen Wiclifiten zielte, wird bei dem streng katholischen Standpunkt dieser Vorläufer begreiflich erscheinen. Man hätte erwarten dürfen, daß Hefeles Konziliengeschichte auf die Sache eingehen würde. Wiewohl er Hussens Streitschrift von der Kirche zergliedert, entgeht es ihm und so auch Czerwenka in seiner Geschichte der evangelischen Kirche in Böhmen, daß in dieser und den Streitschriften gegen Stanislaus von Znaim und Stephan von Palecz nur einige polemische Äußerungen Hussens gegen diese seine Widersacher als sein geistiges Eigentum bezeichnet werden können.[1]

Ganz irrige Ansichten finden sich in den meisten älteren Handbüchern der Kirchengeschichte, so in dem Ritters[2], wo Huß Werke zugeschrieben werden, deren Autor er nachweislich nicht gewesen, sowie auch die Abfassungszeit anderer irrtümlich angegeben ist. Was Hussens Hauptwerk De Ecclesia betrifft, sei Wahrheit und Irrtum darin so kunstreich ineinander verflochten, daß die große Menge auch den Irrtum für Wahrheit nehmen mußte. Die Irrtümer, auf Grund deren Huß als Ketzer verdammt wurde,

---

[1] Czerwenka betont vornehmlich Hussens Abhängigkeit von Janow. Was Huß aus dessen Werken entnommen hat, ist in dem Buche Sedláks vermerkt.

[2] 2. Bd., 6. Aufl., herausgegeben von Ennen, 114 f.

werden zwar von Ritter angeführt, die Frage, inwieweit sie tatsächlich von Huß herrühren, ist von ihm nicht berührt worden.

Auch Wessenberg räumt[1]) den Vorläufern einen breiten Raum ein. Er läßt sogar Milicz von Kremsier und Matthias von Janow bereits die Notwendigkeit erörtern, den Laienkelch wieder herzustellen. Der Einfluß, den das Studium der Schriften Wiclifs auf Huß gehabt, wird jedoch kaum berührt und nur leise die Ähnlichkeit der Lehrsätze des Huß mit jenen Wiclifs angedeutet. Eine Analyse des hussitischen Lehrgebäudes wird zwar nach Hussens Traktat von der Kirche zu geben versucht, daß dies aber nur Lehren des Engländers enthält, hat Wessenberg nicht erkannt.

Ganz unkritisch sind die Ausführungen in den kirchengeschichtlichen Werken eines Lenfant[2]), Royko[3]), Marmor[4]) und selbst Tostis[5]), des gelehrten Abtes von Monte Cassino. Dessen Buch in seiner deutschen Bearbeitung von Arnold steht ganz auf den Schultern Helferts. Unter den verschiedenen Monographien über Huß ist daher jene Helferts an erster Stelle zu nennen.

Sie schlägt den Einfluß von Wiclifs Schriften auf ihn außerordentlich gering an, ja in dem Sinne, den wir damit verknüpfen, wird er überhaupt geleugnet. Es lasse sich sagen[6]), daß die reformatorische Opposition, die Wiclif in Schriften und vom Lehrstuhl herab gegen die kirchliche Ordnung unternommen hatte, sich auf seine Person beschränkte und mit ihm zu Grabe ging. Es sei schwer zu fassen, wie eine Lehre, die im Lande ihres Entstehens selbst ohne nachhaltige Folgen vorüberging, auf einem anderen Boden, in den sie als fremdländisches Gewächs verpflanzt worden, so tiefe Wurzeln habe schlagen, zu so unheilvoller Reife habe gedeihen können. Bei näherem Eingehen falle daher jene Behauptung in die Kategorie des oberflächlichen post hoc, ergo propter hoc. Trotzdem stellt Helfert nicht in Abrede, und damit stößt er die eigene Ansicht zum Teil wieder um, daß die Bekanntschaft mit den Wiclifschen Lehrsätzen erheblichen Anteil an dem Ausbruch und der Erstarkung der kirchlichen Bewegung in Böhmen hatte. Ohne in eine Widerlegung dieser Ansicht schon an dieser Stelle einzugehen, muß doch von vornherein bemerkt werden, daß Hussens Schriften nicht etwa „eine Bekanntschaft mit den Wiclifschen Lehrsätzen zeigen", sondern in Wirklichkeit die einen ganz, die anderen zum größten Teile Wiclifs

---

[1]) Die großen Kirchenversammlungen des 15. und 16. Jahrh., 2, 121.

[2]) Geschichte des Hussitenkrieges, 1, 13 ff.

[3]) Geschichte der allgemeinen großen Kirchenversammlung zu Kostnitz, 1, 13 ff.

[4]) Konzil von Konstanz, 17.

[5]) Geschichte des Konziliums von Konstanz, aus dem Italienischen übersetzt und bearbeitet von Arnold, 146 ff.

[6]) Hus und Hieronymus, 34.

vollständiges Eigentum bilden und von einer originalen hussitischen Lehre sonach nicht gesprochen werden sollte.

Helfert ist der Ansicht, daß auch in dem Falle, daß die Werke des Oxforder Gelehrten unter den Prager Magistern nicht bekannt worden wären, dennoch die Spaltung in den Ansichten über Kirchenregiment und kirchliche Ordnung sowie das Entbrennen des gewaltigen Kampfes, der die unaufhaltsame Folge davon war, in Böhmen nicht ausgeblieben wären; denn diejenigen Sätze, die den hervorragendsten Anteil an dem Abfall Böhmens von der kirchlichen Einheit hatten, wie die Darstellung des Papstes als Antichrist, die Reformen in dem Genuß des Altarsakraments, die Angriffe gegen die weltlichen Besitzungen der Geistlichkeit wiederhallten bereits in den Reden des Milicz von Kremsier und in dem großen Werke Janows, der bereits den Genuß des Abendmahls unter beiden Gestalten verteidigte. Das ist durchaus irrig. Sieht man genauer zu, so wird man finden, daß der Antichrist des Milicz etwas anderes bedeutet, als jener Wiclifs oder der des Huß. Den Papst hat Wiclif in seinen Schriften nur bedingungsweise als Antichrist bezeichnet und Huß ist ihm hierin gefolgt. Beide machen nämlich bei dem Satze eine Einschränkung, die nicht zu übersehen ist.[1]) Was die Reformen in bezug auf den Genuß des Altarsakramentes betrifft, so bewegen sich auch diese in den Tagen der sog. Vorläufer auf dem Boden der Kirche: Das Abendmahl unter beiden Gestalten ist in Böhmen vor dem Jahre 1414 von niemandem verteidigt worden. Bei den Abendmahlsstreitigkeiten handelte es sich lediglich um die Frage des oftmaligen oder selbst täglichen Empfanges der Kommunion. Wir vermögen das Wesentliche im Hussitismus demnach nicht schon in der Lehre und dem Wirken der Vorläufer zu erblicken, sondern in der Verpflanzung der Wiclifie[2]), die in den für ihre Entwicklung günstigsten Momenten in Böhmen auftritt.

Wenn man den Einfluß der Vorläufer auf Huß erforschen will, suche man in Hussens Schriften nach. Kaum daß sie einmal, sicher aber nicht in einer seiner Reformationsschriften genannt werden. Ein oder der andere Satz Janows findet sich in seinen Schriften, wogegen er ganze Traktate Wiclifs zu den seinigen gemacht hat. Und ebenso scheint auch die persönliche Anregung, die er von den Vorläufern erhalten hat, nicht besonders stark gewesen zu sein, denn wiewohl schon diese gegen die Indulgenzen gesprochen — der Pfarrer von St. Martin in der Prager Altstadt nannte

---

[1]) S. meinen Aufsatz über Wiclifs Lehre vom wahren und falschen Papsttum, Hist. Zeitschr., 99. B., S. 237—255.

[2]) Dieses Wort wird von den Zeitgenossen des Huß sowohl im Lateinischen als auch im Deutschen gebraucht: Et tunc mox Wiclefia coepit invalescere. Geschichtsschr. der hussitischen Bewegung, 2, 73. Palacky, Urkundliche Beiträge zur Gesch. der Hussitenkriege, 1, 16, „daß er der Wiclefie entweiche".

im Jahre 1392 den Ablaß Betrug[1]) — opferte Huß in demselben Jahre noch gläubig seine letzten vier Groschen, um des Ablasses teilhaftig zu werden.[2]) Hussens spätere Lehre vom Ablaß ist die Wiclifs. Nicht ein Wort hat er daran geändert.

So vorbereitet als in Böhmen für eine Reform der Kirche war der Boden auch in anderen Ländern Europas vor der Konstanzer Versammlung, von der man die Reformation erwartete. Ja, einzelne Männer, wie Pierre d'Ailli[3]) und Gerson, gehen in ihrer Opposition gegen die in der Kirche vorhandenen Übelstände viel weiter als die Vorläufer. Gleich Wiclif behauptet jener, daß nicht der Papst, sondern Christus das Fundament der Kirche bilde, und daß jede Behauptung töricht sei, die sich nicht aus der hl. Schrift ableiten lasse. Und von dem Predigtamte hat Gerson[4]) wohl ebenso hohe Begriffe gehegt als Wiclif. Die Worte eines Matthäus von Krakau gegen die Übelstände in der Kirche sind ebenso freimütig, die eines Nikolaus von Clemengis, viel schärfer noch als jene des Huß. So schneidig wie Clemengis hat dieser zu keiner Zeit gegen die Lasterhaftigkeit des Klerus gepredigt.[5]) Freilich in solcher Weise wie in Frankreich haben die böhmischen Eiferer den Reformgedanken überhaupt nicht angefaßt und darin und zugleich in der umfassenden Gelehrsamkeit der französischen Theologen liegt der Unterschied zwischen ihnen und den einem gleichen Ziele zustrebenden Reformfreunden in Böhmen.

Friedrich erkannte deutlich[6]), daß Hussens Lehre keineswegs originell, sondern nur ein Bekenntnis „fast aller" Sätze Wiclifs ist. Er führte aus, daß der Wiclifismus nicht als fertiges System, sondern in kühnen, selbst widerspruchsvollen Behauptungen auftrat, dabei aber einen Angriff auf die Kirche und ihre dogmatischen Bestimmungen in sich schloß, wie etwas ähnliches noch nicht dagewesen war.

· Von einem fertigen System des Wiclifismus läßt sich allerdings nicht sprechen, wenn man bedenkt, daß Wiclifs Opposition gegen die mittelalterliche Kirche, aus politischen Motiven entsprungen, nicht bloß bis an sein Lebensende angedauert, sondern auch immer schärfer geworden ist.

---

[1]) Discurrebant dempto uno puta magistro Wenceslao dicto Rohle pro tunc plebano ecclesie sancti Martini maioris civitatis Pragensis, qui non indulgencias sed decepciones appellabat. Chron. univ. Prag. ad annum 1392.

[2]) Allerdings angeeifert durch den „Vorläufer Stěkna". Et pro tunc magister Johannes Hus nondum presbyter deceptus frivole per tales exhortationes in Wissegrado confessus, ultimos quatuor grossos, quos habuit, confessori assignando, non habuit nisi panem siccum ad manducandum, qui tamen factus presbyter et predicator (d. h. als er Wiclifs Werke kennen lernte) multipliciter doluit.

[3]) Tschakert, Pierre d'Ailli, 17,

[4]) Schwab, Johannes Gerson, 376.

[5]) Von der Hardt, Acta concilii Constantiensis, 1. pars, 3. cap., 17, 18, 22, 32 etc.

[6]) J. Friedrich, Joh. Hus. Ein Lebensbild. 1. Abteilung: Johann Hus, der Feind der Deutschen und des deutschen Wesens, 13.

Trotzdem Friedrich den Wiclifschen Ursprung der Lehren des Huß behauptet hat, spricht er doch später[1]) von den Irrlehren des Huß, nennt namentlich die Lehre von der unbedingten Prädestination eine hussitische, wiewohl sie Huß wortgetreu aus den Schriften Wiclifs übernommen hat. Man erkennt daraus, daß sich auch Friedrich über das wahre Verhältnis des Huß und seiner Anhänger zu den Lehren Wiclifs nicht völlig klar geworden ist. Nur so ist es auch zu verstehen, wenn er mit Lebhaftigkeit ausruft[2]): Es ist allerdings wahr und wir leugnen dies keinen Augenblick: Die neue Zeit brach mit Johann Huß, nicht erst mit Luther an. Das ist aber ungefähr das Gegenteil von dem, was Friedrich selbst über die Originalität des Hussitismus behauptet hat.

Mehrfache Irrtümer finden sich in den Monographien von Lüders[3]), Becker[4]), und Bonnechose.[5]) Daß Huß aus den Schriften des Wiclif mannigfache Anregung und Förderung gewann, betonen sie insgesamt, doch kennzeichnet sie sämtlich mehr oder minder großer Mangel an Kritik.

Als der bedeutendste Vertreter der Wiclifschen Richtung ist Huß von W. Berger bezeichnet worden.[6]) Auf das, was in Hussens Schriften auf Wiclif zurückzuführen und was des böhmischen Magisters geistiges Eigentum bildet, ist Berger allerdings nicht eingegangen. Doch wird betont, daß Huß, seitdem er einmal mit Wiclifs philosophischen Schriften bekannt wurde, von ihnen Zeit seines Lebens gefangen gehalten blieb. Gegenüber der enthusiastischen Art, in der Krummel von der hohen geistigen Bedeutung des Huß spricht, hat Berger mit Recht bemerkt, daß die Bildung des Huß sich nicht über das gewöhnliche Maß jener Zeit erhob. Namentlich hat sich Berger gegen das, was von der klassischen Durchbildung Hussens gesagt wurde, ganz ablehnend verhalten. Es mag immerhin zugegeben werden, daß Huß, wie Berger nach Schwab annimmt, auf die Lektüre des gratianischen Dekretes besonderen Fleiß verwendet habe, nur kann man

---

[1]) 2. Abt.: Johann Hus als Reformator und seine Verurteilung, 5 ff. a) Irrlehren des Hus. Die Lehre von der Prädestination hat Wiclif in verschiedenen seiner Schriften vorgetragen. S. darüber weiter unten.

[2]) 1. Abt.: 5. Während Huß bis auf einen oder zwei Lehrsätze ein getreuer Jünger Wiclifs ist, heißt es da 5 (2. Abt.): Huß hat Hand an die Kirche gelegt, er hat eine andere Kirche gründen gewollt; er hat Lehren und Grundsätze proklamiert, die der christlichen Wahrheit zuwiderlaufen; es wird nun von einem System des Huß gesprochen usw.

[3]) Johann Hus, Cüstrin 1854.

[4]) Die beiden böhmischen Reformatoren Hus und Hieronymus von Prag, Nördlingen 1858.

[5]) Joh. Hus und das Konzil von Kostnitz. 3. Aufl., Leipzig 1871. Eine in einigen Punkten richtige Anschauung über das Verhältnis des Huß zu Wiclif findet man bei Aschbach, Gesch. des Kaisers Sigismund, 2, 21. Vgl. dagegen 111, wonach sich die Lehrsätze des Huß von denen Wiclifs wesentlich unterscheiden.

[6]) Johannes Huß und König Sigmund, Augsburg 1871, 37 A., 165.

das aus Hussens Schriften sehr schwer entnehmen, da, wie bemerkt, die einzelnen von ihm zitierten Stellen nur mittelbar, und zwar durch Wiclif aus dem gratianischen Dekrete genommen wurden. Was von der klassischen Ausbildung des Huß gesagt wurde, gilt, wie Berger bemerkt, auch von seinen medizinischen und naturwissenschaftlichen Kenntnissen und auch von der des Hebräischen. Wir vermuten, daß auch seine linguistischen Versuche auf das englische Beispiel zurückführen. Nach allen diesen Seiten bietet Wiclifs erst jetzt gedrucktes Werk De Mandatis Divinis beachtenswerte Gesichtspunkte.

Aber auch bei Berger erscheint noch vieles als geistiges Eigentum des Huß, was durchaus von Wiclif herrührt. Wenn es da heißt, daß Hussens Vortrag gegen die päpstliche Bulle unter seinen erhaltenen und echten Schriften die vorzüglichste Arbeit und in ihrer Art ein Muster scharfsinniger und schlagender Beweisführung ist, so wird man dagegen sagen müssen, daß diese Beweisführung nicht Huß, sondern Wiclif geliefert hat. Eine richtigere Ansicht über das Verhältnis des Huß zu diesem hat Schwab in seiner Monographie über Johannes Gerson[1]) geäußert. Zwar kann man ihm nicht zugeben, daß Huß die meisten seiner den Kirchenvätern entnommenen Belegstellen aus dem Dekrete genommen und daß er nur Gregors, Augustins und Bernhards Schriften, wie einzelne Äußerungen in seinen Predigten vermuten lassen, vollständiger gekannt habe, vielmehr läßt sich erweisen, daß er jene aus dem Dekret stammenden Stellen der überwiegenden Mehrheit nach gleichfalls aus den Schriften Wiclifs genommen und daß auch jene Zitate aus Gregor, Augustin und Bernhard nicht unmittelbar aus deren Werken, sondern aus Wiclif entlehnt sind. Um in dieser Beziehung vollständige Klarheit zu erlangen, muß man nicht Schriften und Bücher, wie De Christo et suo adversario Antichristo oder den Trialogus zu Hussens Traktat De Ecclesia halten, sondern die gleichnamige Abhandlung Wiclifs selbst. Gleichwohl hat schon Schwab mit Recht hervorgehoben, daß Neander geneigt ist, Huß eine größere Bedeutung zu geben, als ihm zukomme, namentlich hat er bereits einzelne Stellen aus dem Traktate De Ecclesia als das geistige Eigentum Wiclifs erklärt. Allerdings wird sich noch vieles andere, was Schwab noch als echt hussitisch anerkennt oder wo er den Einfluß Wiclifs als zweifelhaft bezeichnet, in den unten folgenden Beweisstücken als echt wiclifitisches Eigentum herausstellen. So hat z. B., um nur einen Fall herauszuheben, die Anschauung Wiclifs über den Ablaß tatsächlich auf Huß eingewirkt — ein Umstand, den Schwab als zweifelhaft hinstellt; ja Huß hat selbst den Begriff des Ablasses mit denselben Worten erklärt wie Wiclif.

---

[1]) Schwab, Johannes Gerson, Professor der Theologie und Kanzler der Universität zu Paris, 550 ff.

Noch deutlicher und sachgemäßer ist das Urteil, das Schwab in dem Vorwort zu seiner Monographie über diese Dinge ausgesprochen hat. So, wenn er sagt, daß die große Bedeutung, die Huß noch von Böhringer beigelegt werde, ihm nicht gebühre. Huß selbst sei ja in Konstanz bemüht gewesen, die für die kirchliche Ordnung destruktiven Konsequenzen, die aus seinen im Anschluß an Wiclif gestellten Behauptungen gezogen wurden, durch Erklärungen zu heben, die eine Übereinstimmung mit dem kirchlichen Standpunkt herbeiführen sollten. Und von Wiclif wird mit Recht gesagt, daß er bezüglich der Reformation des 16. Jahrhunderts von größerer Wichtigkeit ist, als bisher von Seiten der protestantischen Theologie im allgemeinen zugegeben wurde[1]), denn es finde sich bei Wiclif nicht bloß das Schriftprinzip vollständig entwickelt, sondern, implicite wenigstens, auch das von der Rechtfertigung durch den Glauben.

Immer aber, meint Schwab, bleibt der Standpunkt des Huß von jenem Wiclifs in wesentlichen Punkten verschieden. Es ist mit Ausnahme der Lehre von der Kirche beinahe nur die reformatorisch-ethische Seite Wiclifs, die er sich aneignen wollte. Diese Ansicht wird sich nach einem Vergleich der beiderseitigen Schriften nicht aufrecht erhalten lassen.

Wenn sich sonach in den Ausführungen Schwabs über Wiclif und Huß manches Irrige findet[2]), so war das bei dem seinerzeitigen Mangel einer Gesamtausgabe von Wiclifs Werken leicht erklärbar.

Auch Tschackert hat in seinem ausgezeichneten Buche über Petrus von Ailli über verschiedene Lehrsätze Hussens gesprochen, die in Wirklichkeit Wiclif angehören. So, wenn es heißt[3]): Man hatte auf dem Konzil zuerst mit aller Schärfe Hussens Prädestinationslehre in ihrer Anwendung auf den Kirchenbegriff ins Auge gefaßt: Die Kirche ist die Gesamtheit der Prädestinierten und nur als eine solche bildet sie einen Artikel des Glaubens. Dieser eine Grundsatz stieß den ganzen Bau der hierarchischen Kirche und damit das Recht des Konzils um. Aber erst bei der Verlesung des 12. Artikels, daß die päpstliche Würde von den Kaisern herstamme, interpellierte d'Ailli den Angeklagten. Der eine und der andere Artikel gehören bekanntlich ganz und gar Wiclif an, der seine Prädestinationslehre zu wiederholtenmalen entwickelt hat und dem sie Huß samt ihrer Anwendung auf den

---

[1]) Ohne auf dies Kapitel an dieser Stelle näher einzugehen, möge doch wenigstens bemerkt werden, daß das no popery, das in England so lange das Stichwort starker Parteien war, im 14. Jahrh. nicht weniger laut ertönte als im 16. und 17., und daß die Entwicklung dieser Seite protestantischer Polemik noch nicht genügend aus den Quellen heraus untersucht worden ist. Das gleiche gilt von der Frage der Säkularisierung des englischen Kirchengutes.

[2]) Ich finde, daß Huß sich auch über den Glauben nicht anders ausdrückt, als Wiclif.

[3]) Petrus von Ailli, Zur Geschichte des großen abendländischen Schismas und der Reformkonzilien von Pisa und Konstanz, 225 ff, 231.

Kirchenbegriff entlehnt hat. Die Sätze: Heilige katholische Kirche ist nur die Gesamtheit derer, die nach Gottes ewigem Rat wirkliche Glieder des mystischen Körpers Christi sind, dann daß die hl. Schrift allein die Norm des christlichen Glaubens sei, daß die würdigen Priester einander gleichstehen und die Gewalt, Sakramente zu spenden, von Christus unmittelbar haben, und andere werden Huß zugeschrieben, während sie Wiclif entlehnt sind. Geschieden also, heißt es bei Tschackert weiter, hatte Huß in echt reformatorischem Sinne zwischen der wahren Kirche Christi und der in Wirklichkeit vorhandenen, aber zugleich die sakramentale Gewalt des Priesters durch seine religiös-sittliche Würdigkeit bedingt sein lassen. An allen diesen Stellen wird man statt des Namens Huß jenen Wiclifs einsetzen oder mindestens die Quelle von Hussens Lehren kenntlich machen müssen. Ganz richtig hebt jedoch Tschackert hervor, daß Peter von Ailli und Huß darin übereinstimmen, daß der Fels, auf dem die Kirche gegründet ist, Christus selbst sei; doch auch dieser Satz gehört Huß nicht eigentümlich zu, sondern findet sich in verschiedenen Abänderungen in einzelnen Schriften Wiclifs.

Viel höher hat Höfler den Einfluß Wiclifs auf Huß angeschlagen, es aber unterlassen, für seine Behauptungen die entsprechenden Beweisstellen anzuführen, und so ist es gekommen, daß auch nach Höfler dieser Einfluß ebenso lebhaft bezweifelt oder geradezu geleugnet wurde, wie ihn dieser behauptet hat. Wohl trug, sagt Höfler[1]), Huß selbst Schuld an der Verwirrung der Begriffe, die in betreff seiner herrschten. Er nahm beständig Wiclif in Schutz, empfahl seine Lehre den Studenten, disputierte öffentlich, um die Rechtgläubigkeit Wiclifs nachzuweisen, verlangte aber, während er sich so fort und fort mit Wiclif identifizierte, daß man ihn für keinen Wiclifiten halte. Man erkennt, daß Höfler eine äußere Beglaubigung für die Wiclifie Hussens im Auge hat; aber die betreffenden Zeugnisse rühren doch meistens von dessen Gegnern her. Die eigentlichen Beweisstellen, daß Huß, wie sich Hausrath derb ausgedrückt hat[2]), seine ganze Theologie aus Wiclif gestohlen, fehlen. Daher haben auch Höflers Schriften niemanden zu überzeugen vermocht. Man hat höchstens den Eindruck gewinnen können, daß sich Huß bloß „auf die Lehren des Engländers Wiclif gestützt“, „sich an ihn angeschlossen“ und daß „ihm auch andere Führer der tschechischen Nation auf diesem Gebiete gefolgt seien“.

Man durfte erwarten, daß Gotthard Lechler, der ausgezeichnete Kenner der Lehre Wiclifs wie jener des Huß, die Frage endgültig lösen werde. In

---

[1]) Geschichtsschreiber der hussitischen Bewegung, 3, 90, 1, XVII u. a. Vgl. dazu Höfler, der Magister Johannes Hus und der Abzug der deutschen Professoren und Studenten aus Prag, 159 ff.

[2]) Hausrath, Höflers Entdeckungen in Mladenowitz in der Hist. Zeitschr., 6, 18.

der Tat ist Lechler dem Sachverhalt am nächsten gekommen.[1]) Die ganze hussitische Bewegung ist ihm, wenn er auch noch andere Motive gelten läßt, im wesentlichen doch nur eine Folge dessen, was in bezug auf die Kirchenreform in England geschehen ist. Unter die „Nachwirkungen Wiclifs" wird das Kapitel von der böhmischen Reformation eingereiht. Mit Recht führt Lechler aus, daß Hussens ganze Lehre von der Kirche, Kirchenbegriff, Kirche und Papst u. a. von Wiclif herrühre, wenn Huß auch unterläßt, seine Quelle mit Namen zu nennen. Es ist, sagt Lechler, Tatsache, daß die maßgebenden Begriffe und Anschauungen von Wiclif ausgesprochen sind, so daß nur die jedesmalige Ausführung Hussens Eigentum ist. Aber auch die Begründung und Beweisführung richtet sich nicht selten nach Wiclifs Vorgang. Seine Kenntnisse von Grosseteste[2]) und dessen Opposition wider Innocenz IV. verdankt Huß nachweisbar den Schriften Wiclifs. Auch die kirchengeschichtliche Anschauung von den ersten drei Jahrhunderten, von dem Aufsteigen des Papsttums durch die konstantinische Schenkung ist unstreitig von Wiclif auf Huß vererbt. Mit vollem Rechte führt Lechler aus: Daß 1409, 1410 und in den folgenden Jahren der Wiclifismus der Angelpunkt der ganzen böhmischen Bewegung gewesen ist, das ergebe sich aus den amtlichen Urkunden bis zur Evidenz.

Leider hat Lechler auf diese zu viel, auf die Vergleichung der beiderseitigen Schriften Wiclifs und Hussens zu wenig Gewicht gelegt. Dadurch ist auch von ihm der hussitischen Bewegung noch ein selbständigerer Charakter beigemessen worden, als sie ihn tatsächlich besitzt und ist es selbst nach Lechlers eingehenden Studien noch möglich gewesen, das wirkliche Verhältnis zwischen Huß und Wiclif ganz zu leugnen. Es ist bezeichnend, daß dies fünf Jahre nach dem grundlegenden Buche Lechlers und trotzdem man dieses gekannt hat, geschehen ist, und dies in einem französischen Buche, das sich vorzugsweise auf die Studien tschechischer Historiker stützt.

Von diesen anerkennt Tomek die hohe Bedeutung, die das Studium von Wiclifs Werken auf Huß ausgeübt hat. Er hebt die tiefinnige Pietät hervor, mit der der letztere an seinem teuren Vorbilde hing. Aber bei aller Achtung, mit der Huß den Wiclif als berühmten christlichen Lehrer oder den „evangelischen Doktor" hochhielt, war er nach Tomeks Meinung doch „kein blinder Anhänger seiner Lehre".[3]) Indem er aus dessen Büchern schöpfte, was ihm recht und nützlich zu sein schien, bemühte er sich doch

---

[1]) Lechler, Johann von Wiclif und die Vorgeschichte der Reformation, 2 Bde., Leipzig 1873.

[2]) Daß übrigens Werke Grossetestes zu Hussens Zeit in Böhmen bekannt waren, vor allem die Dicta s. in meinem Aufsatze, der älteste Katalog der Prager Universitätsbibliothek „Das erste Abecedarium". MIÖG XI, 301 ff.

[3]) Dějepis města Prahy, díl, 3, 450.

nicht weniger als Matthias von Janow oder Thomas von Štitny, im Verbande mit der Lehre der allgemeinen Kirche zu verbleiben. Tomek führt aus, daß Huß gerade die Lehre Wiclifs, von der sich zuerst Spuren in Böhmen vorfanden, die vom Altarsakrament, niemals gebilligt, desgleichen die Lehre, daß zur gültigen Ausübung priesterlicher Handlungen die sub-jektive Eignung des Priesters erforderlich sei.[1]) Gleich Janow legte er den höchsten Wert auf die hl. Schrift als der sichersten und absolut un-fehlbaren Quelle des christlichen Glaubens, aber er verwarf nicht, wie Wiclif, die Tradition der Kirche und die Lehren der heiligen Doktoren. Und auch mit Janow kam er nicht in allen Lehren überein, er benahm sich in vielem ruhiger als dieser. Wie man sieht, wird hier der hussitischen Lehre eine ver-hältnismäßige Unabhängigkeit sowohl von den Vorläufern als auch von Wiclif beigemessen. Aber in der Abendmahlslehre hat sich Huß, wie man aus den wider ihn gemachten Aussagen unbedingt entnehmen muß, wenigstens eine Zeitlang in stark Wiclifschem Sinne geäußert und in seiner Stellung zur Schrift als Norm des Glaubens hängt er nicht von den Vorläufern, sondern von Wiclif ab; der Tradition und den Väter hat er jedoch nicht immer eine gleiche Bedeutung zuerkannt.

Zu ähnlichen Resultaten ist Lenz[2]) in seinem gleichfalls in tschechi-scher Sprache geschriebenen Buche „Die Lehre des Magisters Johann Huß auf Grund seiner lateinischen und tschechischen Schriften nebst der Verurteilung desselben durch die Kirchenversammlung zu Kostnitz" ge-langt. Über das Verhältnis des Huß zu Wiclif spricht er sich nur nebenher in der Einleitung aus: „In diesem exzentrischen Wesen, sagt Lenz da, wo er von der Tätigkeit des Huß als Prediger spricht, „hatte Huß als Muster einer geradezu dämonischen Leidenschaftlichkeit den Meister Johannes Wiclif". „Huß schloß," heißt es weiter, „die Schriften des englischen Refor-mators gerade wegen ihrer reformatorischen Richtung in sein Herz, ohne daß er die Kluft geahnt hätte, die sich zwischen Wiclif und der katholischen Glaubenslehre auftat. Ja, es scheint, als ob Huß bis zu seinem Tode zu dieser Ansicht nicht gelangt ist. Die Londoner Synode verurteilte zwar schon 1382 vierundzwanzig Artikel Wiclifs und das war gewiß für Huß kein Geheimnis, aber er ließ sich hierdurch in seinem günstigen Urteil über Wiclif nicht beirren, ja gerade im Gegenteil, er bewährte sich frühzeitig als dessen Freund.

Obgleich aber Huß in der Lehre Wiclifs sein Vorbild fand, wäre es doch irrig, zu behaupten, daß Huß ein blinder Nachbeter Wiclifs gewesen

---

[1]) S. dagegen die Ausführungen bei Lenz (s. die nächste Note).

[2]) Učení mistra Jana Husi na základě latinských i českých spisův jeho, jakož i odsouzení Husovo na sněmu kostnickém. V Praze 1875. Für deutsche Leser findet sich ein Auszug aus dem ersten Teil dieses Buches im Programm des k. u. k. deut-schen Staatsgymnasiums in Budweis, 1881, den Kubišta veranstaltet hat.

wäre, vielmehr unterschieden sich beide gewaltig voneinander. Huß folgte diesem nur bis zu einem gewissen Grade, dementsprechend wird Hussens Lehre immer noch für eine mehr oder minder originelle gehalten und werden Wiclifsche Lehren und Ausführungen für solche Hussens angesehen.

Lenz würde ein anderes Urteil gefällt haben, wenn er ebenso sorgsam wie die Schriften des Huß auch jene Wiclifs studiert hätte. Aber auf eine Untersuchung der Werke des Huß auf ihre Quellen hin hat er sich überhaupt nicht eingelassen. Immerhin hat er aus Hussens Schriften selbst und den Aktenstücken, die auf ihn Bezug haben, den Eindruck gewonnen, daß Wiclifs Schriften einen bedeutsamen Einfluß auf Huß ausgeübt haben müssen. Um so merkwürdiger ist es, daß dieser Umstand noch einmal, und zwar in einer gewissen erregten Weise, in Abrede gestellt werden konnte. Es ist der Franzose Ernest Dénis, der, tschechischer gesinnt als die Tschechen selbst, wie er sich überhaupt bis in die jüngsten Tage als Parteigänger des Tschechentums hervorgetan hat, in seinem Buche *Huß et la guerre des Hussites*[1]) die völlige Abhängigkeit Hussens von Wiclif geleugnet hat. Daß er dies ohne alle Kenntnis der Schriften beider Männer getan, leuchtet sofort hervor, denn sonst wäre die Sache unerklärlich und könnten nicht so irrige Behauptungen aufgestellt werden, wie diese, daß die Punkte, in denen Huß mit Wiclif übereinstimmte, schon von Janow behandelt worden waren.

Seit dem Erscheinen unserer ersten Beiträge zu dieser Frage sind derlei Behauptungen in wissenschaftlichen Werken nicht mehr vorgetragen worden. Nur gelegentlich wurde noch ein Wort zugunsten der angeblichen Originalität der Ideen und Lehrsätze des Huß laut. Wenn eine solche Stimme sich dahin vernehmen ließ, daß die Abhängigkeit Hussens von Wiclif nur aus seinen lateinischen Schriften[2]) nachgewiesen wurde, in den tschechischen aber nicht vorhanden sei, so darf man heute auf die Arbeiten Jan Sedláks auf diesem Gebiete hinweisen, der unsere Ausführungen ergänzt und in bezug auf Hussens tschechische Schriften weitergeführt hat. Danach ist es um diese, sie seien nun pastoralen oder polemischen Inhalts, nicht anders bestellt, als um die lateinischen. Vieles von dem, was Huß nach dieser Seite geleistet, ist nichts anderes als eine Übersetzung Wiclif-

---

[1]) Paris 1878.

[2]) Universitätsberichte Kiew 1884, Bd. 5. Wir müssen uns gegen die Behauptung dieses Kritikers, daß unsere Darstellung eine tendenziöse, gegen das Slawentum gerichtete sei, verwahren. Kein Satz der unten folgenden Ausführungen läßt eine derartige Tendenz erkennen; denn wenn auch einmal betont wurde, daß sich Huß von Deutschfeindlichkeit nicht freisprechen läßt, so ist damit nur eine Tatsache, an der übrigens niemand zweifelt, festgestellt. Auch von einer völligen Identifizierung des Hussitentums mit dem Wiclifismus kann keine Rede sein, denn unter den Hussiten stand die Mehrzahl nicht ganz auf der Stufe Wiclifs.

scher Texte.[1]) Und so hat auch der neueste Herausgeber von Werken des
Huß, W. Flajšhans, in den bisher erschienenen drei Bänden den Wiclifismus des böhmischen Reformators, wenn auch nicht mit der wünschens-
werten Genauigkeit und Vollständigkeit, anerkannt. Daß die Art, wie Huß
Wiclifs Werke ausschrieb, ein eigentümliches Licht auf seine Persönlichkeit
wirft, wer wollte das leugnen? Nach dieser Seite hin hat sich noch jüngstens ein Gelehrter wie Albert Hauck in scharfer Weise vernehmen
lassen.[2])

---

[1]) S. meinen Aufsatz, Neuere Erscheinungen der Wiclif- und Huß-Literatur,
Zeitschrift des deutschen Vereins für die Geschichte Mährens und Schlesiens, a. a. O.,
258 ff., wo Sedláks Arbeiten Jan Hus und seine Studie a texty k náboženským dějinám
besprochen werden. In diesem Zusammenhang mag noch die Arbeit von Václav
Flajšhans, Literarní činnost mistra Jana Husi (die literarische Tätigkeit des Magisters Johann Hus) Prag 1900, erwähnt werden, die nicht bloß eine gute Übersicht
über die gesamte schriftstellerische Tätigkeit des Huß gewährt, sondern bei einzelnen
Schriften auch deren Wiclifschen Beisatz anmerkt. S. 27, 61, 67, 84, 86, 98, 147,
158 u. a.

[2]) Studien zu Johann Huß, S. 57 ff.

Erstes Buch

Der Wiclifismus in Böhmen bis zu seiner Verurteilung durch das Konzil von Konstanz

―――――

1. Kapitel.

Kirchliche Zustände in Böhmen in der Zeit Karls IV.

Arnest von Pardubitz und die böhmische Kirche.

Wer etwa in den letzten zehn Jahren des 14. Jahrhunderts in Böhmen, Mähren oder Schlesien an die Zeiten Karls IV. gedachte, die er erlebt, oder gar erst in den zwanziger Jahren des nächsten Jahrhunderts Rückschau hielt, dem mußten die Tage Karls IV. als das goldene Zeitalter erscheinen. In der Tat, lebhaft genug lassen sich die Schriftsteller über sie aus. Dieser glorreiche Fürst, ruft Ludolf von Sagan aus, dieser Freund der Gerechtigkeit und Eiferer für den Frieden, schuf im Königreich Böhmen in so nachdrücklicher Weise Ordnung, daß sich kein bewaffneter Arm gegen einen Nachbarn erhob. In Wäldern und Fluren herrschte tiefster Friede, und nicht brauchte zu fürchten, wer etwa goldbeladen die Straßen dahinzog.[1]

Nicht so enthusiastisch, doch immer noch lebhaft genug, schildern andere Schriftsteller, zumal wenn sie dem geistlichen Stande zugehören, diese Zeiten. Die Geistlichkeit empfand eben den späteren Wechsel viel schwerer. Die Regierung Wenzels lastete hart auf ihr und bot nicht viele Lichtblicke.

Wie anders lagen die Dinge unter Karl IV., dem Freund des Klerus — den Pfaffenkaiser, imperadore de preti, hat ihn im fernen Italien Giovanni Villani genannt — unter dem Könige, dessen größter Ruhm es zu sein schien, neue Kirchen zu bauen und die verfallenen wieder herzustellen.

Auch im Reiche rühmte man seine Liebe zur Kirche: Es war, läßt sich ein Nürnberger hören, Karolus ein überfleißiger Mann zum Heiltum, und er sucht und stellet nach solchem und ehret es in allen Landen.[2]

Die Geistlichkeit hatte auch sonst viel Freude an diesem Kaiser. War er doch nach Erziehung und Neigung selbst mehr ein Geistlicher als ein Laie.[3]

---

[1] Ludolf von Sagan, de longevo schismate (ed. Loserth) im Arch. f. österr. Gesch., 60, 408.

[2] Sigmund Meisterlin, Chroniken der deutschen Städte, 3 Bd. (Nürnberg, 156).

[3] S. die Leichenrede des Erzbischofs Očko von Wlaschim bei Freher, SS. rer. Boh. 111: Nam horas suas canonicas, sicut unus sacerdos, dicebat. psalteri um in aliquibus locis pulcherrime exposuit ... ipse enim fuit ordinatus acoluthus.

2*

Wie ein Priester unterzog er sich den kirchlichen Übungen, den Psalter und die Evangelien wußte er in herrlicher Weise auszulegen und mit Magistern und Doktoren zu disputieren. Die Freude an Disputationen hat er seinem Sohne Wenzel vererbt, der gern theologische Streitfragen, besonders recht spitzfindige, aufwarf. Von der theologischen Gelehrsamkeit Karls IV. hat sich manches erhalten: Auslegungen von Gleichnissen u. dgl.

Daß unter einer solchen Herrschaft die Kirche auch äußerlich wohl gedeihen mußte, läßt sich erwarten. Ihr Wachstum an weltlichem Gut, an Gründungen und Stiftungen ist in der Tat ein erstaunliches.[1] Die Angabe des Huß, daß sich ein Viertel oder ein Drittel von Grund und Boden in Böhmen im Besitze der toten Hand befinde, ist allerdings nicht genau verbürgt, er hat die Stelle mit einer sachlichen Änderung aus Wiclif entlehnt[2]), und englische Verhältnisse auf Böhmen angewendet, aber ähnlich lagen ja die Dinge auch in Böhmen. Es ist klar, daß sie solchergestalt nicht zum Gedeihen der Kirche ausschlagen konnten. Freilich unter Karl sorgten noch jene Männer, die er an die Spitze der kirchlichen Verwaltung gestellt hatte, dafür, daß die böhmische Geistlichkeit nicht ganz und gar der Verweltlichung anheimfiel und jenen Übeln, mit denen der Klerus in anderen Ländern behaftet war.

Unter den Männern, deren sich Karl IV. zur Ausführung seiner Pläne bediente, hat wohl keiner ein größeres Vertrauen bei ihm besessen als Arnest von Pardubitz[3]), der seit 1343, wo er dem hartgeprüften Johann von Dražic nachfolgte, an der Spitze des böhmischen Kirchenwesens stand.

Seine kirchliche Verwaltung hat geradezu Epoche gemacht und ist für viele Jahrzehnte nach seinem Tode noch als mustergültig erachtet worden. Er stammte aus dem böhmischen Geschlechte der Ritter von Weißenburg. Seine ersten Studien hat er bei den Johannitern in Glatz, dann bei den Benediktinern in Braunau gemacht, von wo er nach Prag wahrscheinlich an die Metropolitanschule kam, bis er endlich zu seiner vollständigen Ausbildung noch die Universitäten in Bologna und Padua besuchte. Nach seiner Heimkehr wurde er Dekan des Kollegiatkapitels in Sadska und lenkte bald die Aufmerksamkeit Karls IV. auf sich, durch dessen Einfluß er auf den Prager Bischofsstuhl gelangt sein dürfte. Die Zeitverhältnisse lagen damals außerordentlich günstig, um einen alten Lieblingswunsch böhmischer Könige — dessen Erfüllung schon Přemysl Ottokar I. im Jahre 1204 lebhaft

---

[1]) Die Materialien hierfür s. in den MM. Vaticana res gestas Bohemicas illustrantia I (Opera Klicman), II (Opera Novák) reicht aber nur bis 1362. Einzelnes bei K. Krofta, Kurie a církevní správa zemí Českých v době předhusitské. Čast III (SA. aus dem Český časopis hist. XIV).

[2]) Sie stammt aus De Ecclesia cap. XV, S. 338.

[3]) Für die biogr. Notizen über Arnest von Pardulitz s. Tadra in d. Cancellaria Arnesti. Arch f. österr. Gesch., 61, 276 ff.

ersehnt hat — durchzusetzen: Die Loslösung Prags von der Verbindung mit Mainz und seine Erhebung zum Erzbistum. Der Mainzer Erzbischof Heinrich von Virneburg, einer der treuesten Anhänger Ludwigs des Bayern, war vom Papste am 15. Oktober 1341 suspendiert worden. Seit dieser Zeit erneuerten die Luxemburger den Versuch, in Prag ein Erzbistum zu begründen, und nichts kam ihren Zwecken so gelegen, als die Erhebung Klemens VI. auf den päpstlichen Stuhl, des Mannes, der schon als Kleriker mit Karl IV. auf vertrautem Fuße gestanden. Im November 1343 lud er den König Johann von Böhmen und dessen Sohn, den Markgrafen Karl nach Avignon ein, um ihre Gründe für die Errichtung des Prager Erzbistums persönlich vorzubringen. Vom 30. April 1344 ist die Bulle datiert[1]), durch die Prag der Sitz eines Erzbistums wurde. Als Gründe für die Trennung von dem Jahrhunderte alten Verband mit Mainz wurden streng genommen dieselben zur Geltung gebracht, die man schon im Jahre 1204 zur Hand hatte: Die weite Entfernung von Mainz und die Verschiedenheit der Sprachen in Deutschland und Böhmen. Der erste Erzbischof war Arnest. Aus dieser Zeit stammt wohl das Bild, das der Dechant Wilhelm von Lestkow von ihm entwirft: Ein Mann von hoher Gestalt und liebreichem Aussehen, eine ernste schweigsame Natur und doch voll von Wohlwollen und Milde. Seine Freigebigkeit zumal armen Studenten gegenüber wird rühmend hervorgehoben und daß er ein Feind aller nepotischen Neigungen war, ausdrücklich bemerkt. Dem Kaiser war er Beichtvater und Vertrauter. Auch in diplomatischen Aktionen hat er sich bewährt. Im Jahre 1346 ging er mit dem Herzog Niklas von Troppau nach Avignon, um dem Papste die Wahl Karls IV. anzukündigen. Die Rede, die er damals gehalten, ist noch vorhanden. Der Erzbischof vergißt nicht, auf die zahlreichen Akte frommer Gesinnung Karls IV. hinzuweisen. Auch Villani weiß von Arnests Gewandtheit als Diplomat zu erzählen. Als die Universität in Prag ins Leben gerufen wurde, wurde Arnest ihr Kanzler. Ja, als Innocenz VI. starb, soll man daran gedacht haben, ihn auf den päpstlichen Stuhl zu erheben. Seine Bescheidenheit soll ihn auch verhindert haben, den Purpur anzunehmen. Bis zu seinen letzten Augenblicken finden wir ihn in den Diensten des Kaisers. In dessen Gefolge weilte er zu Pfingsten 1364 in Bautzen und dort ist er nach kurzer Krankheit am 30. Juni gestorben.

---

[1]) Das Material für die Errichtung des Erzbistums in Prag findet sich jetzt am genauesten im 1. Bd. der MM. Vaticana res gestas Bohemicas illustrantia ed. Klicmann, Nr. 363. Die Erhebung Arnests ebenda, Nr. 364. Eine Reihe päpstlicher Verfügungen hängt damit zusammen. Nr. 365—367 u. a. Daß nicht jenes läppische Märchen, das von Nanker von Breslau erzählt wird: Johann von Böhmen sei nur ein armes Königlein, der in seinem Lande nicht einmal einen Metropoliten habe, die Gründung des Erzbistums hervorgerufen habe, mag man aus Benesch von Weitmühl ersehen.

Seine Verdienste um die literarischen und künstlerischen Bestrebungen müssen an dieser Stelle übergangen werden.[1]) Auf kirchlichem
Gebiete entfaltete er eine staunenswerte organisierende Tätigkeit. Seine
Nachfolger durften nur auf dem von ihm gelegten Grunde weiter bauen.
Reiche Denkmäler seiner Tätigkeit sind in dem Formelbuche erhalten, das
aus seiner Kanzlei stammt, der Cancellaria Arnesti, dann aber namentlich
in seinen Statuten und Synodalverordnungen. Da die bisherigen Provinzialstatuten seit der Trennung der Prager Diözese von Mainz ihre Bedeutung verloren hatten, war Arnest genötigt, neue Verordnungen zu erlassen. Das ist auf der großen Provinzialsynode des Jahres 1349 geschehen,
auf welcher die Statuta Arnesti verkündigt wurden, die nunmehr als Gesetzbuch für die Prager Metropolie, demnach auch für die Bistümer Olmütz
und Leitomischl gelten sollten.[2]) Die in diesen Diözesen vorhandenen Mißbräuche, namentlich jene, die sich auf Erwerbung von Pfründen und die
Erlangung von Weihen bezogen, sollten abgeschafft, die sittliche Haltung
der Geistlichkeit verbessert und die kirchliche Verwaltung überhaupt
in strengster Weise geregelt werden.[3]) Die Suffraganbischöfe von Olmütz
und Leitomischl hatten die Statuten in ihren Diözesen zu verkünden.
In allen Kirchen des Landes mußten sich Abschriften davon befinden,
und zwar in den Kathedral- und Kollegiatkirchen je zwei, bei den Archidiakonen, in den Dechanteien und Pfarreien je eine. Drei Monate nach
ihrer Kundmachung sollte sich kein Geistlicher mehr mit ihrer Unkenntnis entschuldigen dürfen. Jeder Erzbischof mußte sich bei seinem Amts-
antritt zur strengen Einhaltung der Statuten eidlich verpflichten.

Zur Befestigung der neuen Ordnung wurde die Unterstützung des
Domkapitels in energischer Weise gefordert. Ihm hat Arnest bald nach
der Erhebung Prags zum Erzbistum seine besondere Sorgfalt zugewendet.
Eine eigene Kommission wurde mit der Aufgabe betraut, Statuten für das
Domkapitel abzufassen[4]), aber dessen Mitglieder konnten sich über eine
Anzahl wichtiger Bestimmungen, von denen das Gedeihen der Kirche
abzuhängen schien, nicht einigen; zudem waren einzelne Punkte zu scharf

---

[1]) Doch kann man nicht umhin, auf die ausgezeichnete Charakteristik der
Kanzlei und der Anfänge der Renaissance von Konrad Burdach im Zentralblatt
für Bibliothekswesen, VIII, 433 ff., hinzuweisen. Man darf auch nicht vergessen,
daß in der luxemburgischen Periode in Böhmen das bedeutendste deutsche Prosa-
werk im Mittelalter geschaffen wurde: Der Ackermann aus Böhmen. S. Burdach,
vom Mittelalter zur Reformation, III, Berlin 1917.

[2]) Über Handschriften und Drucke dieser Statuten s. Dudik im 37. Bd. des
Arch. für österr. Gesch., 414.

[3]) Frind, Kirchengeschichte von Böhmen, 2, 94.

[4]) S. die Einleitung zu den Statuta ecclesiae Pragensis, herausg. von Dudik
im 37. Bd. d. Arch. f. österr. Gesch., 422. S. auch Menčík, Několik statutu a nařízení
arcibiskupů pražských Arnošta a Jana, Abh. d. kgl. Ges. d. Wissensch., 6. Folge,
11. Bd.

gefaßt, so daß einige Bestimmungen gemäßigt werden mußten, andere zu dunkel, so daß sie einer Erläuterung bedurften — kurz, es stellte sich die Notwendigkeit heraus, an ihre Neubearbeitung zu schreiten.

Diese schwierige Aufgabe wurde dem Doktor der Theologie und Domherrn von Prag, Johann von Padua, übertragen. Arnest hat selbst an der Arbeit Anteil genommen, indem er die Statuten einer wiederholten Prüfung unterzog. Niedergeschrieben wurden sie im Jahre 1350 auf neun Pergamentblättern von der Hand des Notars Albert von Wayzow. Diese Statuten umfassen den ganzen Wirkungskreis aller zum Kapitel und zur Metropolitankirche gehörigen Personen. Die Rechte und Pflichten eines jeden einzelnen werden genau festgestellt und die Einkünfte aller aufgezählt. Daß bei der Anlage der neuen Statuten auf alte, in der Prager Diözese vorhandene Gebräuche Rücksicht genommen wurde, ist selbstverständlich.[1]

Auch andere Einrichtungen Arnests sind in der Folge beibehalten worden. Synoden wurden schon vor seiner Zeit in Böhmen und Mähren gehalten: nun wurde es Regel, daß sie des Jahres zweimal an festbestimmten Tagen zusammentraten. Zur strengeren Handhabung seiner Anordnungen schuf er das Institut der Korrektoren, die das Gebahren der Geistlichkeit zu überwachen und Mahnungen, Drohungen und Strafen auszuteilen hatten. Neben den Korrektoren erscheinen Inquisitoren, die für die Reinhaltung des Glaubens sorgen sollten.

Unter solchen Umständen ist es völlig glaubwürdig, was der Biograph Arnests versichert, daß sich in ganz Deutschland kein zweiter Kirchenfürst fand, dessen Tätigkeit an jene des Prager Kirchenhirten heranreichte.[2] Man kann sie heute noch in seinen Stiftungs- und Bestätigungsbüchern bewundern.[3]

Der Nachfolger Arnests von Pardubitz, der bisherige Bischof von Olmütz, Johann Očko von Wlaschim, wie Arnest selbst ein Freund und Ratgeber des Kaisers, schritt auf den Bahnen seines Vorgängers weiter. Besonders bemerkenswert ist, daß von diesem Erzbischof die meisten Synodalstatuten auf uns gekommen sind. Man vermag aus diesen am besten die sittlichen Zustände der Geistlichkeit und des Volkes in Böhmen

---

[1] Auch ist es natürlich, daß einzelne Teile der Statuten mit denen übereinstimmten, die einstens die Mainzer Erzbischöfe erlassen hatten. Ähnlich waren die Statuten Arnests für die Olmützer Diözese. Sie sind herausgegeben von Dudik im 41. Bd. d. Arch. f. österr. Gesch., 195 ff.

[2] Die vita Arnesti des obengenannten Dekans Wilhelm (zum Teil einer älteren Legende nachgebildet) in den Geschichtsschr. der hussitischen Bewegung, 2, 1—11.

[3] Jene sind die libri erectionum, die von 1358 angefangen alle Stiftungen von Messen, Pfarren usw. enthalten. Sie bildeten gemäß eines kaiserlichen Privilegiums die geistliche Landtafel Böhmens und es mußte ihnen in Streitsachen unbedingter Glaube geschenkt werden. Diese sind die libri confirmationum, die alle Präsentationen und Ernennungen zu geistlichen Benefizien enthalten. S. Frind, Kirchengesch., 2, 96.

in der karolinischen Periode erkennen, weshalb es zweckmäßig erscheint, einen Augenblick bei ihnen zu verweilen. Die ersten Statuten, die noch erhalten sind, stammen aus dem Jahre 1353, rühren also noch von Arnest von Pardubitz her. Die erste und vornehmste Sorge des Erzbischofs ist den Ketzern gewidmet: Die Geistlichkeit muß ihnen und anderen verdächtigen Personen mit Eifer nachspüren und sie entweder dem Erzbischof oder dem Inquisitor anzeigen. Die nächste Sorge bezieht sich auf die Provinzialsynoden. Zu diesen sollen sich alle Geistlichen der Diözese einfinden und die Provinzialstatuten mitbringen. Nur dem Armen wird deren Anschaffung nachgesehen. Für die Spendung der Sakramente und die Bestattung der Leichen soll nichts, für das Geläute nur ein mäßiger Betrag eingehoben werden. Die Kirchengefäße sind rein zu halten, die Gemeinden zum Besuch der gottesdienstlichen Handlungen einzuladen; mit Schweigen und Ehrerbietung muß man ihnen beiwohnen, den Lastern des Fraßes und der Trunkenheit, der Spielsucht, Ausschweifungen, Wahrsagereien usw. soll die Geistlichkeit nach Kräften entgegenwirken.[1]

Mit Nachdruck wird gefordert, daß der Klerus sittsam einhergehe, sich vom Tanzboden und anderen Vergnügungsorten fernhalte, die vorgeschriebenen Gebete und Zeremonien einhalte, keine Fremden zur Seelsorge zulasse und Wucherer, Feinde der Geistlichkeit und Verächter der kirchlichen Zensuren beim Erzbischof anzeige. Der Unzucht soll man sich enthalten: Geistliche, die mit jungen Frauenzimmern wohnen oder Waffen tragen, Karten- und Würfelspieler, Mordbrenner, Diebe und Diebshehler sind von den Erzpriestern zu belangen. Weitere Anordnungen sind gegen die Mörder geistlicher Personen gerichtet. Sonn- und Feiertage sollen in gebührender Andacht gefeiert und die gebotenen Fasten beobachtet werden. Gestohlenes Gut muß zurückgestellt werden. Die Gläubigen mögen sich hüten, Wälder anzuzünden: Waldbrenner, jene die man Požary nennt, dürfen nur vom Erzbischof selbst absolviert werden. Von diesen Statuten muß ein jeder Pfarrer eine Kopie besitzen.

Ein Statut vom Jahre 1355[2] enthält einzelne neue Bestimmungen. Man sieht, welche Sorgfalt schon auf die Anwendung und Pflege der Volkssprache gelegt wird: Die Pfarrer und ihre Vikare haben sich bei den Predigten an Sonn- und Feiertagen beim Verlesen des Glaubensbekenntnisses und Vaterunsers der Volkssprache zu bedienen.

Neu sind die Bestimmungen über gewisse festliche Tage, namentlich

---

[1] Von dem Einschreiten Arnests gegen die Gottesgerichte findet sich merkwürdigerweise in den Synodalstatuten so gut wie nichts. S. darüber die vita Arnesti, a. a. O., 7.

[2] Der Ausdruck statutum minus kann leicht irreführen. Man könnte danach diese Statuten für einen Auszug aus den größeren Statuten halten, tatsächlich sind aber hier noch neue Bestimmungen.

über das Reliquienfest, über Ablässe und einzelne liturgische Sachen. Auch diese Statuten sind genau aufzubewahren. Ein anderes Statut vom 18. Oktober 1361 ändert gewisse Bestimmungen der großen Statuten ab, einige Punkte werden neu angefügt; am wichtigsten sind die Bestimmungen gegen Kleriker der niederen Weihen, die bald als Geistliche, bald als Laien gelten wollen, um sich im gegebenen Fall der geistlichen oder weltlichen Gerichtsbarkeit zu entziehen.

Auf diesem Boden bewegt sich die kirchliche Gesetzgebung auch unter Arnests Nachfolgern Johann Očko von Wlaschim und Johann von Jenzenstein. Meist sind es die obengenannten Laster, gegen die auch die späteren Synoden einzuschreiten veranlaßt sind[1]); bei der Geistlichkeit vor allem der Hang zu weltlichem Leben, zu Spiel und Trunk und zu geschlechtlichen Ausschweifungen. An anderen Gläubigen werden daneben andere Fehler gerügt und Anordnungen gegen Raub, Diebstahl und Hehlerei getroffen. Besonders häufig begegnet man Bestimmungen gegen den Wucher. Es wird strenge darauf gesehen, daß ein jeder Erzpriester, Dechant, Pfarrer und Vikar mit dem Inhalt der Provinzial- und Synodalstatuten vertraut sei. Gegen Reste des Heidentums in den Gebräuchen des Volkes wird angekämpft, so gegen das Todaustreiben, das in den slawischen Landschaften der Oder und Weichsel noch heute bekannt ist.[2]) Ebenso werden gewisse Gesänge und Spiele verboten.

Es fragt sich nur, welches die Wirkung der zahlreichen Gebote gewesen ist, die fast alljährlich von neuem eingeschärft wurden. Da klingt es denn nicht verheißungsvoll, wenn man in den Synodalstatuten Klagen gegen die Archidiakonen findet, denen die Aufsicht über die einzelnen Dekanate anvertraut ist, und hört, daß sie schnöden Gewinnes halber offenkundige Gebrechen der Geistlichkeit verschweigen.[3]) Über die kirchlichen Zustände, wie sie vor und während der ersten hussitischen Wirren gewesen sind, sind wir gut unterrichtet. Für die Zeiten Arnests von Pardubitz finden sich wichtige Nachrichten in seiner Cancellaria; für die Zeit des Erzbischofs Očko von Wlaschim und Johann von Jenzenstein belehrt uns ein Buch aus dem Jahre 1379, in welchem die Ergebnisse der Visitationsreise eines Archidiakons durch mehrere Diakonate niedergelegt sind.[4])

---

[1]) Solche Synodalstatuten haben sich noch aus den Jahren 1365, 1366, 1371, 1374, 1377, 1380, 1384, 1386, 1387, 1389—1392, 1403, 1405—1410, 1412, 1413 erhalten; s. Concilia Prag, 9 ff.

[2]) De mortis imagine. Conc. Prag, 11.

[3]) Ebenda, 12, Archidaconi in suis visitationibus . . . qui sunt questus et turpia lucra querunt. Die Erzdiözese war in der Zeit Arnests in 10 Archidiakonate Prag, Kauřim, Bechin, Pilsen, Bischof-Teinitz, Saaz, Bilin, Leitmeritz, Jungbunzlau und Königgrätz geteilt, von denen je eines mehrere Dekanate umfaßte. Deren Vorstände wurden aus den Pfarrern der Dekanate gewählt. Über die Pflichten der Archidiakone s. die Cancellaria Arnesti, 284.

[4]) Cod. arch. metrop. capit, Prag. XIV.

Aus einem anderen Buche, das aus dem Jahre 1407 stammt und worin das Verfahren gegen sündhafte Geistliche erzählt wird, erhalten wir die entsprechenden Ergänzungen.

Man entnimmt diesen Quellen, daß die zahlreichen und scharfen Erlasse auf den Synoden wohl einem dringenden Bedürfnisse begegneten, im ganzen aber doch nicht viel gefruchtet haben. Zwar die Biographie Arnests sagt, daß dieser dem tiefen Verfall der Kirchenzucht in der Prager Diözese gänzlich Einhalt getan habe, in Wirklichkeit steht aber fest, daß auch unter ihm starke Verstöße gegen die kirchliche Zucht an der Tagesordnung waren.[1]) Wir finden in seinen Akten, daß viele Priester ohne Erlaubnis der Vorgesetzten von ihren Berufsorten entfernt lebten, ohne sich um die Ermahnungen der Dekane viel zu bekümmern, ja ihre Einkünfte an andere Personen verpachteten[2]) und daß die Mönchs- und Nonnenklöster wiederholter Mahnungen zu einem ordentlichen Leben ihrer Mitglieder bedurften.

Klagen über sittliche Vergehen, besonders über den Konkubinat[3]) der Geistlichen, sind ebenso häufig wie früher; Archidiakone, die die Anzeige hiervon erstatten sollen, werden bestochen, andere müssen wiederholt gemahnt werden, die ihnen übertragene Aufsicht überhaupt vorzunehmen. Der Magistrat der Kleinseite von Prag erhält volle Macht, einzelne Kleriker, die sich in Kneipen mit Kegel- und Würfelspiel beschäftigen oder die bewaffnet einherschreiten, gefänglich einzuziehen[4]), die Kapitularen der Prager Kirche lassen die Schule verfallen.[5]) Einzelne Geistliche stecken tief in Schulden usw.

Auch von Ketzern ist die Rede: Namentlich in der Piseker Gegend sollen sich viele aufhalten. Noch in den Konsistorialakten vom Jahre 1381 heißt es, daß man den Priester Johl von Pisek nicht ordinieren könne, weil sein Vater und auch sein Großvater Ketzer waren.[6]) Schlimmer

---

[1]) Nimirum clerus illius temporis modice proh dolor legi subiacebat ... alius enim concubinis adherens et nec tonsuram seu coronam deferens turpi se ipsum polluit feditate, quorum tamen insania sub ipsius regimine conquievit penitus. Geschichtsschr. d. hussit. Bewegung, 2, 7. S. Cancellaria Arnesti, a. a. O. 286.

[2]) Ebenda, 291.

[3]) Litera monicionis cum sentencia domini Alberti de Ujezdez, qui cum duabus sororibus incestum dicitur perpetrasse, 305.

[4]) Ebenda, 488.

[5]) Ebenda, 306.

[6]) Ebenda, 340. Note aus den acta consistorii de anno 1381: ex quo pater suus et eciam avus suus fuerint heretici et convicti de heresi ac eciam condempnati. S. die Commissio super officio inquisicionis heretice pravitatis. Ebenda, S. 338 und 330. Neben dem gewöhnlichen geistlichen Gericht (unter den correctores cleri) bestand seit früherer Zeit zur Ausforschung und Bestrafung von Ketzern das Inquisitionsgericht, worüber die Cancellaria die erwähnten Nachrichten bringt. S. ebenda, 281.

scheinen die Zustände unter Arnests Nachfolger Očko von Wlaschim gewesen zu sein.

Die meisten Klagen, die jetzt vor die Visitatoren gebracht werden, beziehen sich auf den Konkubinat der Geistlichkeit.[1]) Da gibt es kaum eine Kirche, an der der Visitator ein vollkommen tadelloses Leben der Geistlichkeit fände. Darum ist auch seine erste Frage, ob sich an der betreffenden Kirche Konkubinare, und zwar nicht bloß unter den Geistlichen befinden, denn auch die Weltlichen stehen Rede: Ritter, Bürger und Bauern. Finden sich solche, dann wird die Untersuchung eingeleitet, die oft merkwürdige Dinge zutage fördert. Die Schuldigen werden mit Geldstrafen zugunsten des Dombaues oder mit der Exekution belegt. Sehr häufig finden sich Klagen über den Wucher, der nicht bloß von Laien, sondern auch von der Geistlichkeit getrieben wird. Doch kommen auch Verbrechen wie Notzucht und Diebstahl vor. Sehr sorgsam wird darauf gesehen, daß die Statuten des Erzbischofs Arnest und die Synodalverordnungen in den Pfarreien vorhanden seien. Es kommt vor, daß ein Pfarrer verhalten wird, seinen schadhaft gewordenen Papierkodex gegen einen solchen aus Pergament umzutauschen. Vereinzelt finden sich auch Klagen über Besitzstörungen, öfter hört man von häufigem Besuch der Gasthäuser und vom Spiel der Geistlichen reden.[2]) Von Klagen über häretische Anschauungen findet sich, wie es scheint, in diesen Akten nichts. Um gerecht zu sein, muß man gestehen, daß die Behörden die Auswüchse, die am meisten Ärgernis gaben, in schärfster Weise ahndeten. Wegen Diebstahls und Straßenraubes erhält ein Priester, Wenzel von Komotau, neben einer augenblicklichen schmachvollen Strafe eine schwere zweijährige Kerkerhaft. Ein anderer Priester namens Johannes wird wegen eines öffentlichen Straßenraubes bestraft, den er in Gesellschaft mit zwei anderen im Walde, wo man nach St. Prokop geht, begangen hat. Ein anderes Mal handelt es sich um einen Bücherdiebstahl.[3]) Einem Diebshehler wird nach erfolgter

---

[1]) Einige Fälle enthält Tomeks Dějepis města Prahy, 216, 243—51.

[2]) Acta correctoria, liber archivi cap. Prag, XX, 38 b: Die mensis Martii dominus Hersso corrector cleri diocesis Pragensis mandavit domino Petro plebano, ut deinceps ludos . . . non exerceat . . . nec honestis mulieribus adhereat nec foveat . . . die 26 Martis: mandavit domino Valentino plebano, ut deinceps Anne de Velvar, quam tenuit pro domestica, non adhereat nec ipsam visitet . . . et loca inhonesta non visitet, suspectis non adhereat . . . mandavit domino Petro plebano penitencia carcerali emisso, ut deinceps tabernas continuo non visitet.

[3]) Die 9 mensis Octobris dominus Bohunco plebanus in Swagerzicz restituit librum viaticum . . . in quo viatico in secundo folio . . . ipsius viatici erat scriptum psalmus et versus „Sepulchrum patens" in toto et in fine ipsius libri quedam tabula de inponendis historiis . . . qui liber erat furtive ablatus per dominum Mathiam . . . presbyterum domino Petro plebano in Mukarzew prope Pragam . . . quem librum ipse dominus Petrus recepit in presencia domini Herssonis correctoris . . . qui liber erat venditus ipse domino Bohunconi in octoginta quinque grossis per prefatum dominum Mathiam.

Bestrafung die Mahnung mit auf den Weg gegeben, er möge sich in Zukunft nicht an Diebe hängen.

Bemerkenswert ist es immerhin, daß unter den einzelnen Fällen, die im Laufe eines einzigen Jahres zur Untersuchung gelangen, sich gegen 20 befinden, die auf Diebstahl lauten.

Man darf jedoch nicht den niederen Klerus allein ins Auge fassen: schlimmer war es mit dem höheren bestellt. Gewiß keine Zierde des Domkapitels war dessen Probst Georg Burkhard von Janowitz. Wir hören über ihn die Klage des Erzbischofs Sbinko von Hasenburg: Als ich den Prager Probst wegen seines Unfugs vor mich berief, rotteten sich die Leute, denen sich einige Diener des Königs angeschlossen hatten, zusammen, bewehrt mit Armbrust und Panzer, um sich hochmütig mit bewaffneter Hand dem zu widersetzen.

Das Testament dieses Herrn hat sich im Archiv der Stadt Budweis gefunden. Wir ersehen daraus, daß er ein glücklicher Vater von drei Söhnen war, denen er ein, wie es scheint, nicht ganz unbedeutendes Vermögen vermacht hat.[1]

Die Übelstände, wie sie aus den Visitations- und Korrektionsbüchern der Prager Erzdiözese in so grellen Farben herausleuchten und denen man eben noch die zahlreichen Klagen über die Verweltlichung und Verkommenheit des Klerus in seinen oberen Schichten hinzufügen muß, zeigen deutlich, wie vorbereitet der Boden für eine durchgreifende reformatorische Tätigkeit einzelner gewesen ist. Nur muß festgehalten werden, daß nicht Böhmen allein dieser Boden war, auf dem solches Unkraut wucherte.[2] Die verschiedenartigen Reformvorschläge, die im Schoße der Hierarchie vor und während der Zeit des Konstanzer Konzils auftauchten, enthalten hierüber die reichhaltigsten Materialien. Um nur einen Landsmann des Huß zu nennen, der in Sachen der kirchlichen Lehre gar nicht zu seinen Freunden gerechnet werden darf — Stephan von Prag ruft in seiner Rede an die Väter des Konzils aus: Heutzutage sucht man auf der ganzen Welt nur Geschenke und Vorteile, Gewinn und Ehren, Gunstbezeigungen und fleischliche Lüste. Ignoranten, Unfähige und Schlechte werden zu den höchsten geistlichen Ämtern befördert.[3] Und eine andere Stimme läßt sich ebenfalls vernehmen: Es sei gewiß notwendig, die Ketzer in Böhmen und Mähren von der Erde zu vertilgen, aber ich vermag nicht abzusehen, wie das ohne vorhergegangene gründliche Reform der römischen Kurie selbst geschehen könnte.[4]

---

[1] Köpl, Testament des Georg Burkhard von Janowitz, MVGDB. 21, 93.

[2] S. die Stelle über die Kurie aus einer Osseker Handschrift bei Sedlák, Jan Hus, S. 29.

[3] Von der Hardt, 1, 843.

[4] Ebenda, 7, 306. Dietrich von Niem, De necessitate reformationis in conc. univ. cap. 29. Vgl. dazu die Klagen des Huß über die Bischöfe und Priester seiner

Auf einem Boden, wie ihn die Landeshauptstadt Prag und die verschiedenen Dekanate Böhmens darboten, aus deren Ortschaften Jahr für Jahr lebhafte Klagen zu den Zentralpunkten des kirchlichen Lebens gelangten, mußte eine Opposition gegen die vorhandenen Übelstände in der Verwaltung der Kirche und dem Leben der Geistlichkeit einen mächtigen Anklang finden.

2. Kapitel.

Die sogenannten Vorläufer der hussitischen Bewegung.

Der erste der Männer, der voll reformatorischen Eifers gegen einzelne in der Kirche vorhandene Mißbräuche eiferte und als Prediger große Erfolge errang, war Konrad, ein Mönch aus dem Augustinerkloster Waldhausen in Österreich.[1]) Seine Bedeutung für die Geschichte der böhmischen Kirche läßt sich aus dem glänzenden Nachruf ermessen, den ihm der Freund Karls IV. und Geschichtsschreiber Böhmens, Benesch Krabice von Weitmühl, in seiner Chronik der Prager Kirche unmittelbar nach seinem Abscheiden gewidmet hat. Andere Zeitgenossen und spätere Schriftsteller erinnern an sein erfolgreiches Wirken.[2])

Zeit, über die Domherren und faulen Meßstecher, die aus der Kirche in die Wirtshäuser und auf den Tanzboden eilen; s. Joh. Huß' Predigten, aus dem Böhmischen übersetzt von Novotny, 1, 7—9, 27, 45, 2, 29, 45, an einer Stelle spricht er sogar von Bischöfen und selbst von Päpsten, die nicht lesen können, 2, 90.

[1]) Eine Zusammenstellung des Quellenstoffes zur Gesch. Konrads s. Real-Enz. für prot. Theol. XX, 840. J. Sedlák, Mag. Jan Hus. Klicman, Zpráva o cestě po knihovnách etc. (Reisebericht aus österr. und deutschen Bibliotheken.) Věstnik české akademie, II, 63; Zibrt, Bibliografie hist. české, II, 1117. Palacky, Die Vorläufer des Hussitentums in Böhmen, N. A. 1869, S. 16. — Noch fehlt es an einer Gesamtausgabe der Werke Konrads, vor allem der Predigten. Für unsere Zwecke kommt namentlich seine Apologie in Betracht. (Apologia Konradi in Waldhausen ed. Höfler, FF. rer. Austr. 2. VI, 17—39.) Was Konrads Korrespondenz betrifft, finden sich in der unten genannten Schrift von Menčík 16 Aktenstücke und Briefe. Über Konrad berichtet ein Nürnberger: Anonymi de Conrado, Milicio alioque Praedicatore Relacio bei Sedlák, Mag. Jan Hus, p. 1*—3* der Beilagen. Von Bearbeitungen s. außer Palacky und Neander G. Lechler, Johann v. Wiclif und die Vorgesch. d. Reformation, II, 111ff. Tomek, Dějepis Prahy (Gesch. von Prag), III, 286ff. F. Menčík, Konrad Waldhauser, mnich řádu sv. Augustina (K. W. Mönch d. Augustinerordens), Abh. d. kgl. böhm. Ges. d. Wissensch., VI, Folge XI.

[2]) Benesch, SS. rer. Boh., II, 403. Anonymi de Conrado: Audivi et novi in puericia mea dominum Conradum Waldhauser ord. s. Aug., cuius in omnibus supra et infra scriptis condicionibus non vidi similem nec audivi, neque in Alamania neque in Bohemia nec in Bavaria nec in Francia... Ecce illum nosti predicatorem in sermone potentem et opere, virum laudabilis vite et multum acceptabilis in auribus cunctorum auditorum. . . .

Über seine ersten Lebensverhältnisse, Jugend und Erziehung ist wenig bekannt. In frühen Jahren muß er ins Kloster eingetreten sein. Dort erhielt er wohl auch seine erste Ausbildung. Um 1343 wurde er zum Priester geweiht. Führte ihn sein Eifer für die Wissenschaft 1349 nach Bologna, so bot ihm das Jubeljahr 1350 Gelegenheit, Rom zu sehen. In die Heimat zurückgekehrt, widmete er sich an verschiedenen Orten, zumeist in Wien, seinem geistlichen Berufe, vor allem dem Predigtamte, für das er eine hervorragende Begabung bekundete: Denn eine wunderbare Kraft der Rede, die ihre Wirkung niemals verfehlte, stand ihm zu Gebote. Schon als er in Österreich predigte, sagten neidische Bettelmönche mit hämischer Zweideutigkeit, hat er das Volk in Aufregung versetzt, und als er später seine Predigten in Prag in der Galluskirche hielt, vermochte sie nicht alle Zuhörer zu fassen, so daß er genötigt war, auf freiem Markte zu predigen. Seine Tätigkeit brachte ihn in die Nähe des österreichischen Hofes und in Beziehungen zu dem Bischof Gottfried von Weisseneck von Passau. Seine Beredsamkeit erregte die Bewunderung Karls IV., der ihn bei seinem Aufenthalt in Wien 1357 kennen lernte und ihn durch Vermittlung des mächtigen südböhmischen Herrenhauses der Rosenberg nach Prag zog, wo er 1358 die Stelle eines Pfarrers bei St. Gallus in der Altstadt erhielt. Hier begann er seine Tätigkeit als Prediger und Sittenrichter, die gleich anfangs großes Aufsehen erregte. Furchtlos und von evangelischem Eifer beseelt, geißelte er die Sittenlosigkeit in den vornehmen und reichen Kreisen, ihren Hochmut, ihre Üppigkeit und Habsucht. Hatten die Bettelorden ihn anfänglich willkommen geheißen, so wurden sie nun um ihren Einfluß besorgt, und wiewohl sie früher untereinander uneins gewesen, verbündeten sie sich gegen den kühnen Fremdling, der gegen ihre unersättliche Habsucht, gegen das Unwesen, das sie mit den Reliquien trieben, oder gegen den dummen Stolz zu Felde zog, mit dem sie sich auf die Heiligkeit ihrer Stifter steiften. Sie schalten ihn einen Friedensstörer und Abtrünnigen seines Ordens, weil er eine weltliche Pfarre innehabe. Vergebens versuchte Simon von Langres, der General des Predigerordens, den der Papst nach Prag gesandt hatte, den Streit beizulegen. Die Fortsetzung des Prozesses wurde dem Erzbischof überlassen. Die Bettelmönche stellten nun wider Konrad 24 Artikel zusammen, die den Sinn seiner Reden aber völlig entstellten; je weniger sie ihre Anschuldigungen zu beweisen vermochten, um so heller strahlte der Ruhm des Predigers, dessen Früchte jetzt erst zu reifen begannen. Immer bedeutender werden seine Erfolge: Die Wucherer verzichten auf ihren ungerechten Gewinn, verbuhlte Lebemänner werden zu sittsamem Lebenswandel geführt, Frauen legen ihre kostbaren Schleier, die mit Gold und Perlen besetzten Gewänder ab und einfache Tracht an, ja, schon findet Konrad unter den Geistlichen selbst Nachahmer: nur daß diese zuweilen übertreiben und den Klerus überhaupt in Mißachtung bringen. Im Jahre 1361 Vorstand der Thomaskirche auf der Kleinseite, erhielt er zwei Jahre später die Allerheiligenpfarre in Leitmeritz, durfte jedoch mit Einwilligung der Oberen in Prag verbleiben. Aufs neue erhoben sich seine Widersacher, um ihn zu verdrängen, immer gehässiger wurden ihre Anschuldigungen, sie warfen ihm gewinnsüchtige Motive für sein Verbleiben in Prag vor, schalten ihn Antichrist und verbreiteten ihre Verleumdungen in seine österreichische Heimat — an den Hof Rudolfs des Stifters. Einen Ruf dahin lehnte Konrad im Hinblick auf sein Verhältnis zum Kaiser, der ihn zu wichtigen Geschäften verwendete, zwar ab, unterließ aber nicht, seine Landsleute über die Machenschaften seiner Gegner aufzuklären. Zu diesem Zweck schrieb er seine Apologie. Zu Beginn 1365 zum Pfarrer an der großen Teynkirche in Prag ernannt, dehnte er sein reformatorisches Wirken nicht bloß über die böhmische und salzburgische Erzdiözese aus, sondern suchte den Kaiser auch zu kraftvollem Einschreiten in die verrotteten Verhältnisse Italiens zu bewegen. In seiner Tätigkeit als Prediger sah er sich auch jetzt noch durch seine alten Feinde behindert. Als er am 1. Mai 1365 in Saaz predigte, fingen die Minoriten, um seine Stimme zu übertönen, mit allen Glocken zu läuten an. Der Kampf gegen die Bettelmönche ging auch in den nächsten Jahren weiter. Konrad fand seinen Trost in der Freundschaft gelehrter Männer, von denen einzelne, wie der Magister Adalbertus Ranconis, mit ihm im Briefwechsel standen, andere, wie Militsch von Kremsier, von ihm ihre stärksten Anregungen erhielten. Leider sind jene Predigten, durch die er in so erschütternder Weise auf seine Zuhörer wirkte, nicht erhalten geblieben. Konrad starb am 8. Dezember 1369, tief betrauert nicht bloß von den deutschen, sondern auch von den tschechischen Bewohnern von Prag.

Jene Predigten, die wir heute als aus seiner Feder stammend kennen, sind vor Studierenden gehalten und dann auch wesentlich zu Schulzwecken niedergeschrieben worden: Angehende Priester sollten aus ihnen Anregung und Stoff für den eigenen Vortrag erhalten, und diesem Zweck haben sie noch viele Jahrzehnte nach dem Tode ihres Verfassers gedient. Denn sie wurden nicht bloß in Prag von den Klerikern sehr eifrig gesammelt[1]), sondern verbreiteten sich auch über Mähren, Schlesien, Österreich und Tirol bis in die Schweiz.[2])

---

[1]) Cod. 285 des böhmischen Museums, 244: Ferias Pentecostales de postilla Konradi quere circa Quadragesimales dictorum suorum, si illa poteris habere. Ego autem non vidi eadem sed tantum Milicii.

[2]) Über Handschriften in Böhmen s. Palacky, Vorläufer, S. 16, Truhlař, Catalogus codd. manuscript. Latin. Postilla: Nr. 89, 151, 656, 835, 1106, 1275, 1276, 1284, 2625, Apologie, 2625, über mährische Dudík im Archiv f. österr. Gesch. XXXIX, über tirolische Friedjung, Karl IV. S. 171. In Breslau finden sich sowohl in der Stadt- als auch in der Un.-Bibl. einzelne Handschriften; über St. Galler Handschriften s. das Verzeichnis der Handschriften der Stiftsbibliothek in St. Gallen, Nr. 714 und

Da Konrad die Sammlung seiner Predigten auf den Wunsch der Prager Studierenden angelegt hat, so wird sie auch in den Handschriften als die Postille der Prager Studenten bezeichnet. In der Mehrzahl der Handschriften zählt man im ganzen 73 Predigten. Die erste von ihnen verbreitet sich über den Zweck der Sammlung. Was er vor dem Volke „mit eigenem Munde" gepredigt und was er „mit vergänglicher Stimme" den Studierenden vorgebracht habe, das will er der dauernden Schrift anvertrauen. Aus diesen Worten könnte man entnehmen, daß die Predigten vor einem größeren Publikum gehalten worden seien, bevor er sie in die lateinische Form gegossen. Dem ist jedoch nicht so. Dagegen spricht der gelehrte Apparat, mit dem sie Konrad versehen hat. Was soll es dem großen Publikum, wenn er in einer Predigt über die Zucht in ausführlicher Weise die Belagerung von Numantia erzählt, die einzelnen Feldherren anführt, die mit Schande bedeckt, abziehen mußten, bis es endlich dem Publius Cornelius Scipio gelang, sein Heer an Zucht zu gewöhnen, oder wenn er in einer anderen Predigt den ganzen Streit zwischen der griechischen und römischen Kirche über den hl. Geist in sehr gelehrter Weise auseinandersetzt?

Schon die Einleitung zu seinen Predigten ist ähnlich gehalten. Sowie das Sonnenjahr, liest man da, in vier größere Zeiträume geteilt wird, so zerfällt die Zeit von Adam bis zum Weltuntergang gleichfalls in vier größere Abschnitte. Die Zeit von Adam bis Moses sei die Zeit des Dunkels, die der Dämmerung reichte von da bis Christus, die Zeit Christi ist die der Versöhnung, der endlich die Zeit der Pilgrimschaft folge, die bis zum Ausgang aller irdischen Dinge reiche. Nach diesem System wird auch das Kirchenjahr in vier Teile gegliedert. Diese Gliederung setzt aber nicht nur eine gute Kenntnis der Bibel, sondern auch der Liturgie voraus. Noch genauer wird dies Verhältnis bestimmt, wenn man etwa die Predigt betrachtet, die er am Beginn der Osterperiode hält. An dieser Stelle finden wir förmlich einen gelehrten Vortrag über die Bedeutung des jüdischen Paschafestes und die Osterberechnung.[1]

Das Gefüge der einzelnen Predigten ist ein durchaus kunstvolles: Alle sind sorgfältig gegliedert. Der Zweck der Schulpredigten tritt auch äußerlich hervor. Er spricht die Studierenden an: „Teuerste" oder „geliebte Jünglinge". Er nimmt seine Belege nicht selten aus studentischen Bräuchen; auch fehlt es nicht an Hindeutungen praktischer Art für den angehenden Prediger: Wenn dir Zeit bleibt, sagt er an einer Stelle, so

---

805, in Kiel bei Sedlák, 67. Man findet ihrer auch sonst in den einzelnen Klöstern und Bibliotheken Österreichs, z. B. in Graz (Cod. II, 597), Wien (Cod. 3687, 3691 3692, 3722, 4246, 4385, 4392; in Codd. 3691 und 3692 auch ein ordo gestorum etc cum concordanciis evangelistarum.

[1] Cod. Vindob., Nr. 3691, 134b.

magst du dies Evangelium nach dem vorhergehenden predigen, sonst nimm es nachmittags vor oder wie es am besten der Beschaffenheit deiner Zuhörer entspricht. An einer anderen Stelle sagt er: Wie es Sitte sei, daß der Studierende nach Vollendung seiner Studien von deren Erfolgen in öffentlicher Disputation Zeugnis ablege, wobei es jedermann freisteht, den Disputanten etwaigen Irrtums zu zeihen, so dachten die Juden den Herrn in der Rede zu fangen. Oft knüpft er seine Predigt derart an die vorhergehende an, daß er deren Inhalt nochmals in Kürze durchaus schulmäßig zusammenfaßt. Stark nach dem Katheder klingt es, wenn er das Verhältnis der Passionsgeschichte bei den einzelnen Evangelisten auseinandersetzt: Matthäus erzähle sie ausführlicher und stimme mit Markus überein, Lukas lasse dagegen verschiedenes aus, weil jene den Gegenstand bereits behandelt haben, berichte anderseits verschiedene Einzelheiten, die ihnen fehlen, Johannes endlich habe am wenigsten vom Leiden Christi geschrieben, weil er sein Evangelium zuletzt abgefaßt und gleichfalls vorausgesetzt hat, daß die andern schon genug berichtet hätten.

Wenn Konrad mit dieser Predigtsammlung einem ausgesprochenen Bedürfnis der Studenten in Prag entgegenkam, so lag es ihm gleichwohl fern, einen Faulenzer zu schaffen. Man müsse, sagt er, seine Predigten studieren, um sie recht verstehen zu können, denn sie seien gar lang und enthalten manche dunkle Stellen alter Kirchenväter und Kirchenlehrer.

Was den Inhalt der Predigten anbelangt, wird man den Zweck, dem sie dienen, im Auge behalten müssen: Seine Hörer sollten dereinst Lehrer und Priester des Volkes sein, um selbst den Platz einzunehmen, auf dem der Prediger nun steht. Diesem Zwecke entsprechend sind sie nach der ethischen Seite stark ausgeprägt, dogmatische Erörterungen kommen selten vor, polemische fehlen nicht ganz[1]) und richten sich meist im allgemeinen gegen das Böse überhaupt. Die sittliche Ausbildung der Jugend liegt ihm am meisten am Herzen. Einer seiner ersten Sätze lautet: Wer ein guter Prediger werden will, muß zunächst ein guter Mensch sein.[2]) In einem anderen Sinne biete er übrigens auch seine Postille den Studierenden nicht an: Dem bösen Menschen könne kein Buch dazu verhelfen, ein guter Redner zu werden. Dementsprechend eifert er seine Studenten zu den Tugenden an und sucht ihnen die üblen Folgen einzelner Laster darzulegen; namentlich spornt er sie zu großem Eifer in der Verrichtung ihrer geistlichen Handlungen an. Seine Darstellung ist schlicht, oft von drastischer Derbheit, so wenn er erzählt, daß die Heiligen mitunter zu handgreiflichen Mitteln

---

[1]) So findet sich eine Predigt mit einer Spitze gegen die Mißbräuche bei den Bettelmönchen, gegen das Pochen auf die Verdienste und die Heiligkeit der Ordensstifter.

[2]) Vis fieri bonus doctor, efficiaris prius bonus homo.

ihre Zuflucht nehmen, um den Eifer der Geistlichen anzuspornen.[1]) Unter den Lastern geht er namentlich der Habgier und der Zuchtlosigkeit zu Leibe. Darum ist er ein so heftiger Gegner der Schenkungen an die Bettelmönche, weil sie durch jene hervorgerufen sind und diese befördern. In den Schulpredigten gibt es darüber kaum Andeutungen, dagegen die Anmerkung, daß die Gabe, die man verschenke, an Bedingungen geknüpft sein müsse, die Geber und Nehmer zu erfüllen haben. Das Ansehen des geistlichen Standes sucht er in jeder Weise hochzuhalten: Ein jeder Prediger beginne sein Wirken in seinem Kirchenspiele so, daß sein guter Ruf sich über die ganze Erde verbreite und sich in die Herzen aller Menschen einpräge.[2])

Neben diesem ethischen Zweck verfolgen seine Predigten noch einen anderen, der ihm noch über jenem steht. Er versieht nämlich die einzelnen Sonntagsevangelien mit einem fortlaufenden Kommentar: Satz für Satz in dem Evangelium vorwärtsschreitend. Im Eingang einzelner Predigten wird zunächst die Bedeutung jedes einzelnen Sonntags auseinandergesetzt. Die Länge der Predigt und ihr innerer Gehalt ist der Bedeutung des betreffenden Sonntags angemessen. Bei der Beliebtheit, deren sich diese Sammlung ihrer Zeit und in den folgenden Jahrzehnten erfreute, wurde sie nicht nur rasch verbreitet, sondern erfuhr auch manche Veränderung. Schon Konrad hatte den Mangel seiner Predigten darin erkannt, daß einzelne zu umfangreich seien; diese wurden gekürzt und so entstand eine wesentlich knappere Redaktion. Die sachlichen Unterschiede beider sind unerheblich, meist sind es rein formelle Teile, die weggelassen sind; in der gekürzten Redaktion geht er ohne Umschweife auf den Kern der Sache los.

Wie Konrad dem angehenden Prediger eine Reihe von beherzigenswerten Winken und praktischen Fingerzeigen gibt, so ist er überhaupt geneigt, eine Theorie über die Kunst des Predigens aufzustellen: Ein jeder Prediger hüte sich vor Weitschweifigkeit, das sei einer der übelsten Fehler, in den man verfallen kann. Er selbst ist ja nicht frei von der Furcht, daß seine Predigten zu lang geraten seien, doch tröstet ihn der Gedanke, daß der Einsichtsvolle sie studieren und wenn es not tue, auch kürzen werde: wenn erst der überfließende Schaum von ihnen hinweggenommen sei, dann werden sie sich als recht brauchbar erweisen; er vergleicht sie

---

[1]) Legitur de beata Chunegunda, que, cum in quodam monasterio sanctimonialium a se fundato quondam abbatissam haberet negligentem ... quodam die dominico ... manu sua dedit alapam — deren Spuren die Äbtissin bis an ihr Lebensende tragen mußte.

[2]) Daß er selbst danach handelte wird man den Worten des Zeitgenossen Benesch von Weitmühl entnehmen: Predicatione sancta sua correxit mores hominum patrie nostre, ita ut multi, omissis vanitatibus saeculi, sedula mente Deo servirent. Daß Konrad hie und da die Grenzen seiner Tätigkeit überschreiten mochte, s. bei Menčík, a. a. O. S. 28.

mit dem Fleische, das nicht gut sei beim ersten Anschwellen, sondern erst, wenn es gargekocht sei. In einem eigenen Werke hat er eine Theorie über die Kunst zu predigen aufgestellt. Anders müsse man, sagt er da, den Mönchen predigen, anders den Laien, anders den Bürgern und wieder anders den Bauern, je nach dem Bedürfnis der einzelnen Stände, nach deren Verstand und Fähigkeiten. Man schelte sie wegen einzelner Sünden, der Prediger schmeichle den Hörern nicht, sondern halte ihnen ihre Vergehen strenge vor. Beim Tadel müsse man jedoch vorsichtig sein, besonders warnt er davor, den Laien die Laster des Klerus aufzudecken. Man erfährt freilich aus den wider ihn erhobenen Anklagen, daß er sich nicht immer seine Lehren gegenwärtig gehalten.

Man würde fehl gehen, wollte man aus diesen Schulpredigten die volle Bedeutung des Mannes ermessen, der in so scharfer Weise gegen die Fehler der Gesellschaft zu Felde zog. Er berührt nicht einmal die Zeitverhältnisse. Spricht er von den Turnieren, die an den Höfen der Fürsten zur Fastnachtzeit stattfinden, so geschieht es nicht etwa in der Absicht, gegen die Verschwendung der Fürsten loszuziehen, ihm ist es um einen Vergleich zu tun: Wie die Fürsten in den Faschingstagen durch ihre Ritter und Hofdiener festliche Spiele aufführen lassen, so haben auch jene beiden gewaltigsten Fürsten, Gott und der Teufel, um jene Zeit ihre Turniere.

Weitaus bedeutsamer sind gewiß jene Predigten gewesen, die er vor einem größeren Publikum gehalten hat, von denen leider keine einzige auf uns gekommen ist, so daß man billig bezweifeln darf, ob sie jemals aufgezeichnet wurden.[1]) Soweit wir über Konrad unterrichtet sind, darf man ihn nicht auf eine Linie mit den Mystikern stellen, denn ihm fehlt die Tiefe der Gottesinnigkeit, wie wir sie bei seinem Nachfolger Militsch finden; von ihnen scheidet ihn ferner seine durchaus praktische Richtung, wie sie schon in den Schulpredigten hervortritt. Man weiß aus gleichzeitigen Berichten, daß seine Strafreden vornehmlich gegen den Luxus der Frauen, die Leichtfertigkeit und Eitelkeit der Jugend und den Wucher gerichtet waren. Der Apologie kann man noch einige seiner gegen die Bettelmönche gerichteten Sätze entnehmen: Es sei eine Torheit, zum Haupte der hl. Barbara zu laufen, denn dieses befindet sich nicht in Prag, sondern in Preußen.[2]) Oder er mahnt seine Zuhörer: Den Armen wollt ihr nicht geben und werfet den Mönchen zu, diesen dicken Schwätzern, die mehr haben, als sie haben

---

[1]) In Breslau findet sich eine Handschrift, die Predigten Konrads, und in ihnen einige schärfere Ausfälle gegen die Geistlichkeit seiner Zeit enthält.

[2]) Er erläuterte allerdings den Satz: Quod homines deciperentur per reliquias, cuius signum esset, quod in Prussia diceretur esse caput S. Barbare et eciam quidam dicerent se in Praga habere; cui dicto in responsionibus hoc addidi et eciam nunc addo, quod, sicut heu verum est, quod propter lucrum diliguntur sanctorum corpora sepe plus quam diligatur propter celeste regnum eorum vita, cum tamen sancti non fecerunt sanctitatem, sed sanctitas sanctos.

3*

sollen. Befände sich doch in jedem ihrer Kollegien nur einer, der solche Gaben verdienen würde, die solche Leute durch ihre Gurgel hinabschütten.

Konrads Persönlichkeit muß eine bedeutende gewesen sein, wenn es ihm als Ausländer gelang, so mächtige Erfolge zu erzielen und die Erinnerung an ihn noch nahezu ein halbes Jahrhundert wachblieb. Doch nennt ihn von den jüngeren nur noch Andreas von Brod[1]); daß Huß sich mit seinen Schriften beschäftigt hätte, dafür ergeben sich keine Anhaltspunkte.

Noch viel mächtiger als Konrad von Waldhausen hat ein anderer Prediger auf seine Zeitgenossen in Böhmen eingewirkt — Militsch von Kremsier[2]), also gleich Konrad kein gebürtiger Böhme. Wollte man die sog. Vorläufer der hussitischen Bewegung nicht der Zeitfolge nach, sondern nach den Ergebnissen ihrer Wirksamkeit beurteilen, dann müßte Militsch zweifellos an die erste Stelle gesetzt werden. Militsch — so lautet sein Taufname — Matthias von Janow übersetzt ihn mit carissimus, der Liebste — wurde zu Kremsier in Mähren, man weiß nicht, in welchem Jahr, von armen Eltern geboren. Es wurde bemerkt, daß er kaum an einer deutschen Schule studiert haben dürfte, da er erst spät, sein Biograph sagt im Greisenalter, die deutsche Sprache erlernte, eine Angabe, die durchaus unrichtig ist. Wenn wir Militsch in der Kanzlei Kaiser Karls IV. beschäf-

---

[1]) Geschichtschr. der huss. Bewegung, II, 40, Doc. mag. Joannis Hus ed. Palacky, 520.

[2]) Zur Lit. über Militsch s. Zibrt, Bibliographie, II, 1117/8, RE[3], unter Militsch, Quellen zu seiner Geschichte gibt es in lateinischer, deutscher und tschechischer Sprache. In lat. Sprache existieren zwei Predigtsammlungen, Graciae Dei und Abortivus. Die Sermones synodales bilden einen Teil des Abortivus. Daneben finden sich vereinzelte Predigten und eine Sammlung von Zitaten. Sein libellus de Antichristo, herausg. von Menčík in Věstník (Sitz.-Ber. d. kgl. böhm. Ges. d. Wiss.) 1890, S. 328—336, von V. Kybal in Matthias von Janow, Regulae Veteris et Novi Testamenti, III, 368—381. Seine Briefe sind nur teilweise, seine Predigtsammlung, die Gebete, die es im 14. Jahrhundert gab, nicht erhalten. Andere Schriften werden ihm mit Unrecht zugeschrieben. Zu seinen Biographen gehört einer seiner Schüler, der ihn nach Avignon geleitete. Dessen Vita venerabilis presbyteri Milicii praelati ecclesiae Pragensis in den Fontes rer. Boh., I, 401—430. Einen Bericht über das Leben des Militsch schrieb Matthias von Janow in dem oben genannten Werke als Narracio de Milicio, gedruckt in den Geschichtsschr. d. huss. Bewegung, II, 40—46 (mit Fehlern), in den FF. rer. Boh., I, 431—436 (mit tschechischer Übersetzung) und jetzt in der Ausgabe von Kybal, III, 358—367. Ein Bruchstück über das Zeugenverhör gegen Militsch bei Menčík wie oben, S. 317. Die Schreiben Gregors XI., s. darüber Loserth, Studien zur Kirchenpolitik Englands (Sitz.-Ber. d. Wiener Ak., 136, S. 116). Raynald. Ann. eccl. a. a., 1374. Die zwölf Artikel in Palacky, Vorläufer, S. 39—43. Die Articuli declaratorii contra eundem, S. 43—46. Neuere Literatur: Tomek, Gesch. v. Prag, III (tschechisch). Palacky, Vorläufer, wie oben. Gesch. Böhmens, III, 1, Neander, 4. A., IX, 221—233. Lechler, Joh. v. Wiclif, II, 118—122. Klicman, Studie o Miličovi. Listy phil., XVII, und dessen Artikel im Slovník naučny, S. 342. Im allgemeinen Werunsky, Geschichte Karls IV. und seiner Zeit, III.

tigt sehen und ihn durch zwei Jahre mit dem Hofe des Kaisers in deutschen
Gegenden, vornehmlich in Nürnberg finden, so muß er schon damals des
Deutschen mächtig gewesen sein, ohne dessen genaue Kenntnis er keine
Aufnahme in die deutsche Reichskanzlei gefunden hätte. Ob er in Deutsch-
land oder in Italien studiert oder ob er, was das wahrscheinlichste ist, seine
Ausbildung in der Heimat erhalten, darüber ist nichts Sicheres überliefert.
Man nimmt an, daß er um 1350 zum Geistlichen geweiht worden und
dann in die Dienste des Markgrafen Johann von Mähren eingetreten sei.
Er kam dann in die kaiserliche Kanzlei[1]); dort war er 1358—1360 als Regi-
strator, die beiden folgenden Jahre als Korrektor tätig. In dieser Eigen-
schaft begleitete er den Kaiser ins Reich, was ihm Gelegenheit bot, der
Stellung des Kaisertums als solchem eine eingehendere Betrachtung zu
widmen. Er nennt es als das Beispiel „eines in sich geteilten Landes".
Der Kaiser habe keinen Bissen Brot, den ihm nicht Böhmen gewähre.
1362 wurde Militsch Kanonikus und Schatzverwalter der Prager Kirche.

Vom Erzbischof zum Archidiakon ernannt, erfüllte er als solcher seine
Pflichten mit größter Gewissenhaftigkeit: „er begehrte von den Pfarrern,
die er beaufsichtigte, nichts als ihr eigenes und das Seelenheil der ihnen
anvertrauten Gemeinden". In asketischer Selbstzucht trug er ein härenes
Gewand auf bloßem Leib. Des Treibens der Welt müde, legte er (1363)
seine Ämter nieder, angeregt wie einst der hl. Franziskus durch die Worte des
Herrn von der evangelischen Armut.[2]) Der Erzbischof — es war der treffliche
Arnest von Pardubitz — sah ihn ungern scheiden. „Was könnt Ihr, Herr
Militsch", sagte er ihm, „wohl besseres tun, als Eurem Herrn helfen, die ihm
anvertraute Gemeinde zu weiden. Militsch lehnte das nicht unbedingt ab;
er war entschlossen, sich ganz der Predigt zu widmen, doch wollte er erst
seine Tauglichkeit hierzu erproben und zog nach Bischof-Teinitz, wo er
sich in seiner Tätigkeit übte und voll von Entsagung selbst auf jene unschuldigen Vergnügungen verzichtete, die ihm der schattige Garten des
dortigen Pfarrhofes gewähren konnte. Schon nach einem halben Jahre
konnte er die Stätte seines Wirkens in Prag aufschlagen: er predigte erst
in St. Niklas auf der Kleinseite, dann bei St. Egid in der Altstadt. Sein
Zuhörerkreis war anfänglich nur klein, denn man war in Prag an glänzende
Kanzelredner gewöhnt, während er eine in den besseren Kreisen der Bürger
wenig geachtete Sprache redete.[3]) Sein etwas linkisches Gebahren, seine

---

[1]) In qua erat singulariter famatus et dilectus. Narratio de Milicio, S. 358.

[2]) Ego (sagt Janow) vidi ipsum, cum nichil prorsus possideret, cum omnia relique-
rat propter Christum, tamen ducentas personas de mulieribus penitentibus sua sollicitudine nutrire et vestire et habundanter omnibus procuravit cottidie ministrari,
S. 360.

[3]) Man darf aus dem Satz des Biographen: licet ab aliquibus propter incon-
gruenciam vulgaris sermonis nicht mit Palacky, Neander und noch mit Bachmann

Vergeßlichkeit bei der Verkündigung der Kirchenfeste erregten anfangs viel Heiterkeit. Seine Freunde rieten ihm zum Rückzug. Gebe es doch in Prag so bedeutende Prediger und wie winzig sei ihr Erfolg. Militsch blieb fest. Allmählich zog er sich eine Gemeinde heran, die zu ihm hielt. Seine strengen Worte gegen den Hochmut der Menge, ihre Habsucht und Unzucht schlugen in den Herzen vieler Wurzel: Weiber legen ihre stolzen Gewänder, die mit Gold und Edelsteinen verzierten Hauben und anderen Putz ab, öffentliche und geheime Sünder tun Buße usw. Von seltenem Eifer erfüllt, predigte er zweimal, ja, wenn es Not tat, selbst vier- oder fünfmal des Tages.[1] Der Zudrang des Volkes wird um so stärker, je inniger seine Beziehungen zu ihm werden. Darüber hat er sich in seinen Predigten offen ausgesprochen. Es bedarf keiner gelehrten Prediger: ein simpler richtet oft mehr aus als diese. Neben der Predigt zieht ihn das Studium der hl. Schrift am meisten an: „Von ihr wurde er weitaus heftiger entzündet, nach ihr sehnte er sich mehr als nach körperlicher Nahrung".

Und doch, so groß seine Erfolge bisher waren, sie gewährten ihm nicht die gewünschte Befriedigung. Er wollte jene Weisheit erlangen, die niemanden trügt, aber auch selbst nicht getäuscht wird, wollte die Mittel kennen lernen, durch die er sich selbst und der Kirche zu helfen vermöchte. Eine innere Stimme ruft ihm zu, das Kreuz auf sich zu nehmen, sich in einen strengen Orden zurückzuziehen, der Predigt zu entsagen, „weil ihm hierzu der innere Beruf fehle". Mit Mühe bringen seine Ratgeber — und man darf hier an seinen Freund und Gönner Konrad von Waldhausen denken — ihn von solchen Plänen ab, aber so weit ringt er sich durch, daß er durch längere Zeit das Predigen einstellt. Bald kommen Anfechtungen über ihn, deren er aus eigener Kraft nicht Herr zu werden vermag. Er denkt an die Weissagungen vom Antichrist und seiner Ankunft. Aufs tiefste ergriffen, liest er die Worte vom Gräuel der Verwüstung an hl. Stätte und von den Anzeichen des kommenden Weltgerichtes. Er möchte wissen, wann dieses erwartet wird. Vergebens forscht er bei den jüdischen und christlichen Gelehrten. Er entschließt sich, zum Papst zu ziehen, dieser allein kann seine Zweifel lösen.[2] Die Kurie verlegt ihren Sitz von Avignon nach Rom, und auf dem päpstlichen Stuhl sitzt Urban V., der beste der avignonesischen Päpste, schon bei Lebzeiten ein heiligmäßiger Mann.

herauslesen wollen, daß er wegen des ungewöhnlichen Klanges seines mährischen Dialektes verlacht wurde. Es war eben bis dahin etwas Ungebräuchliches, in tschechischer Sprache zu predigen.

[1] Die Narratio de Milicio sagt: Dives in verbo erat Milicius. Quinquies in die predicavit, semel in latino sermone, semel in theutuncio, ter in bohemico.

[2] Milicius, De Antichristo, p. 370: Ecce nemo potest auferre de corde meo istam materiam nisi dominus papa. Ideo vado Romam et ibi aperiam sibi cor meum et quicquid mandaverit, faciam.

So zieht Militsch im Frühlinge 1367 nach Rom. Dort kommt ihm die Erleuchtung, wie die danielischen Tage zu verstehen seien. Wenn man zu den 1335 Jahren bei Daniel (XII, 12) — denn das sollen Daniels „Tage" bedeuten, jene 42 Jahre addiert, die vom Tode Christi bis zur Zerstörung Jerusalems verflossen sind, gelangt man auf das Jahr 1367: Kein Zweifel, daß dies das Jahr der Vollendung und darum das Ende nahe ist. Und nun treffen auch die Anzeichen des Unterganges zu, wie sie das Evangelium schildert, denn mehr als jemals früher ist die Liebe der Menschen erkaltet. Er behält sein Geheimnis vorläufig bei sich. Da sich des Papstes Ankunft verzieht, will er nach Avignon ziehen. Da ruft ihm eine innere Stimme zu, mit seinen Ansichten nicht zurückzuhalten. In einer Ankündigung, die er an die Kirchentore von St. Peter heftet, verkündet er die Ankunft des Antichrist. Klerus und Volk mögen für den Papst und Kaiser beten, damit sie die hl. Kirche so ordnen, daß das gläubige Volk in Sicherheit seinem Schöpfer dienen könne. Militsch kam nicht dazu, seine Predigt zu halten. Die Inquisition erhielt Kenntnis von seinem Vorhaben und setzte ihn gefangen in das Minoritenkloster Ara Coeli auf dem Kapitol. Mit der Folter bedroht, wenn er mit seiner Meinung zurückhalte, schrieb er den Libellus de Antichristo im Gefängnis nieder. Von einer durchgreifenden Reform der Kirche ist da keine Rede. Dabei unterwirft er sich und sein Büchlein ganz dem Urteil des Papstes, denn „diesem allein sei gegeben, Geist und Schrift zu prüfen". Er erwies sich sonach von guter Gesinnung und wurde denn auch nach der Ankunft des Papstes (Oktober 16) aus der Haft entlassen, ja, er gewann sogar das Wohlwollen des Kardinals von Albano, Ange Grimauds, Bruders des Papstes. Vor seiner Abreise von Rom überreichte er aber doch noch dem Papst ein Schreiben, voll von Klagen über die schweren Gebrechen in der Kirche. Zu ihrer Heilung tue ein allgemeines Konzil not. Gute Prediger müssen ausgesandt werden, um das Volk zu belehren. Auf seine Antichriststudien kam er nicht mehr zurück. Hatten sie ihn doch schon, ehe er nach Rom ging, in schwierige Lagen versetzt. Wie Matthias von Janow berichtet[1]), ließ er sich einst in einer Predigt — sie handelte wohl wieder von der Ankunft des Antichrist — von seinem Eifer so sehr hinreißen, daß er vor der versammelten Menge, mit dem Finger auf den Kaiser Karl hinweisend, in die Worte ausbrach: „Das ist der große Antichrist", wofür er eine Zeitlang hinter Schloß und Riegel büßte.

Heimgekehrt wird er von seiner Gemeinde mit Jubel begrüßt, zum Ärger der Bettelmönche, die von ihren Kanzeln herab schon triumphierend gemeldet hatten, Militsch würde verbrannt werden. Mit noch größerem Eifer als vordem wirkte er als Prediger und Lehrer des Volkes. Noch einmal, man weiß nicht, aus welchem Motiv, zog er nach Rom. Noch ehe er

---

[1]) Narratio de Milicio, cap. 7.

zurückgekehrt war, war Konrad von Waldhausen gestorben, und nun begann Militsch als sein Nachfolger an der Teynkirche zu predigen; dort in deutscher, in St. Egid und seit 1372 in seiner Stiftung Jerusalem in tschechischer Sprache. Hierbei machte die Kühnheit, mit der er der unwürdigen Geistlichkeit, vor allem den Bettelmönchen, zu Leibe ging, Aufsehen.[1] Es mochte Leute geben, die schon früher hinter seinen Predigten Ketzerei gewittert hatten. Damals waren in Prag zwei Gelehrte von Ruf: Adalbertus Ranconis de Ericinio[2]), dessen Huß als des zierlichsten Redners gedenkt, und der Dekan Wilhelm von Hasenburg[3]). Ihnen übergab der Erzbischof des Militsch Predigten zur Durchsicht und Prüfung. Adalbert lehnte ihre Verbesserung mit den schönen Worten ab: Es kann nicht meine Aufgabe sein, Werke einer Verbesserung zu unterziehen, die unter der Einwirkung des hl. Geistes verfaßt worden sind. Diese Predigten wurden fleißig kopiert und im ganzen Land und weit über die Grenzen Böhmens hinaus verbreitet.[4] Sie enthielten, was die Menge anzog: so wenn Militsch die Liebe und den Schmerz der Gottesmutter schildert, wie in ihrem Herzen doppelte Liebe lebt, die zu ihrem Sohn und zum ganzen Menschengeschlecht, und doppelter Schmerz es zerreißt, der über den Tod ihres Sohnes und über unsere Verdammnis, wie aber die Liebe zum Menschengeschlecht selbst den Schmerz über den Tod ihres Sohne überragt.

Den Zeitgenossen erschien es wie ein Wunder, daß er für seine Predigten alles das in wenig Augenblicken zusammenstellte, wozu selbst gelehrte Männer Monate brauchen. Dabei ist seine Predigt nicht etwa bloß eine Zusammenstellung von Zitaten. Seine Beispiele entnimmt er der Natur und dem Leben des Alltags. In kräftigster Weise weiß er die Laster zu strafen, und die sittliche Kraft seines Wesens erzielte von Jahr zu Jahr wachsende Erfolge. Es war sein Ruhm, über 300 öffentliche Dirnen zu unbescholtenem Leben und ehrbarer Hantierung zurückgeführt zu haben. An der Stätte, wo bisher der Venus geopfert worden war (im Volksmund Venedig genannt), errichtete er mit Unterstützung des Kaisers und anderer frommer Personen eine der hl. Magdalena geweihte Stiftung für gefallene und sodann büßende Frauen, Jerusalem genannt, wo diese früheren Ge-

---

[1] Hic prelatos summos, archiepiscopos et episcopos corripuit viriliter.

[2] S. unten.

[3] S. über ihn Benesch v. Weitmühl, ad annum 1370.

[4] Libri ... sunt maxime quantitatis, scilicet sermones, quos „Abortivum" propter humilitatem vocitavit et postille omnium evangeliornm ..., quibus „Gracie dei" nomen imposuit ... Der älteste Bestand der Prager Universitätsbibliothek, und zwar die für die böhmische Nation bestimmte Abteilung, hatte außer den Predigten Konrads (alte Sign., O, 58, 59) auch jene des Militsch (O, 63, 66), dann dessen Epp. ad dominos Rozberienses (1, 15). S. meine Abhandlg., der älteste Katalog der Prager Univ.-Bibl., MIÖG. XI, 310.

schöpfe der Sünde, ohne in einem wirklichen Kloster zu sein, ein zurück-
gezogenes, auferbauliches Leben führten. Am stärksten freilich wirkte
seine Rede, wenn er den Sündenpfuhl berührte, darin er den größeren Teil
des Klerus versunken sah. Da ist ihm kein Wort stark genug, um ihre
Unzucht[1]), Hab- und Genußsucht[2]), ihre Völlerei und Trunksucht[3]) zu
schildern. Wie machte er sich über ihre Gewandung lustig, in der sie Harle-
kinen glichen. Man begreift, daß dieser Klerus einen Prediger haßte, der
sich nicht scheute, wie uns die Gerichtsakten des Konsistoriums in Prag
lehren, selbst gegen den Erzbischof aufzutreten, sich freilich zum Schluß,
denn der Erzbischof war tadellos, vor ihm in tiefer Demut beugte. Dazu
kommt der alte Haß der Bettelmönche, die ihn schon längst verklagt hatten,
daß er sie Betrüger gescholten, indes er bloß die gläubige Menge nicht an
sie, sondern an ihre Ortspfarrer wies. Endlich noch die Entrüstung der
Pfarrer selbst, in deren Seelsorge er durch die Errichtung von Jerusalem
eingreift. Dieser Klerus bringt seine Klage 1373 vor die Provinzialsynode.
Herrisch werden des Militsch Anhänger zurückgedrängt, aber noch halten
Kaiser und Erzbischof die schützende Hand über den Mann, dessen unver-
gleichliches Wirken im Interesse der Gesellschaft sie durchaus billigen.
Seine Gegner erreichen mit ihren Anklagen in Prag nichts. Da fehlt es
nicht an Schelt- und Schimpfworten für Militsch. Er wird Begharde genannt und Heuchler gescholten.

Gefährlicher wird die Anklage, die der Prager Klerus nunmehr in
Avignon selbst führt; durch einen Magister Johannes Klenkoth werden
bei der Kurie 12 Klagepunkte eingereicht. Sie betreffen seine Lehre vom
Antichrist, seine Strenge gegen den Wucher, seine Lehre vom häufigen
Genuß des Abendmahls, die Gründung von Jerusalem usw., aber auch
seinen angeblichen Haß gegen das Studium der freien Künste, das er für
sündhaft gehalten haben soll. Die Kurie verlangte Bericht. Eine Zuschrift
an die Erzbischöfe von Prag und Gnesen, die Bischöfe von Olmütz, Leitomischl, Krakau und Breslau begehrte zu wissen, was an den Artikeln
Wahres sei. Am 10. Februar 1374 richtete der Papst ein Schreiben an
Karl IV.: Ein gewisser Milicius maße sich unter dem Schein der Heiligkeit das Predigtamt an und streue ketzerische Lehren im Böhmerlande
und den Nachbarprovinzen aus; der Kaiser werde den Bischöfen seine
Hilfe nicht versagen[4]). Der Erzbischof hatte Sorge, nicht so sehr um seiner
selbst willen, als um des Predigers willen. Militsch selbst mußte ihn trösten.

---

[1]) Adulteriis, fornicationibus, incestibus carnalibus, mulierum amoribus et
amplexibus, concubinarum cohabitacionibus meretricum commerciis se ingerunt.

[2]) Non laborant, nisi sunt lucra et pingues prebende. . .

[3]) Die ac nocte bibunt et devorant sicut porci . . .

[4]) Reg. Gregors XI., Cod. 270, fol. XIIIa, et Indice, fol. III, übrigens auch in
Raynald (gut) abgedruckt.

Er appellierte und begab sich nach Avignon, wo sich alles zu seinen Gunsten wandte. Auch diesmal war es Grimaud, der die Hand über ihn hielt. Klenkoth selbst erklärte, in den Artikeln nichts Ketzerisches zu finden und sie nur auf Betreiben eines Prager Pfarrers vor den Papst gebracht zu haben. Die Rechtfertigung des Militsch war so vollständig, daß er vor den Kardinälen predigen durfte und von Grimaud zur Tafel gezogen ward. Bald nachher starb Klenkoth, worüber Militsch Berichte in die Heimat sandte. Er selbst erkrankte nicht lange nachher. Sein Ende erwartend nahm er von seinen Freunden brieflich Abschied. Als Grimaud das Schreiben las, sagte er: So sehr unser Herr der (verstorbene) Papst Urban V., durch Wunderwerke glänzt, ich meine, Militsch wird noch früher heilig gesprochen werden. Militsch starb am 29. Juni 1374. Auf die Kunde hiervon kam es in Prag zu einer gewaltigen Erregung der Gemüter, deren Nachwirkung in dem Bericht des Biographen noch deutlich zutage tritt.

Den Vorläufern der hussitischen Bewegung hat man in unseren Tagen auch Johannes, den Prediger der Deutschen bei St. Gallus, zugesellen wollen; aber der Grund hierzu ist nicht zutreffend. Zwar hat Johannes ein umfangreiches Werk — das Communiloquium — geschrieben, das von der Verfassung des Staates und seinen Gliedern handelt und eine Fülle schöner und treffender Bemerkungen enthält, sich aber seinem Inhalte nach doch nur an die Gebildeten des Landes wandte, weil er nur diesen verständlich war.[1] Das Andenken an ihn ist denn auch schon mit seinem Tode erloschen.

Dagegen beansprucht eine höhere Wertschätzung der Magister Adalbertus Ranconis de Ericinio, über dessen Lebensverhältnisse und Bestrebungen einige Arbeiten der letzten Jahrzehnte etwas Licht verbreitet haben.[2] Er war einer der hauptsächlichsten Förderer der literarischen und vornehmlich auch der nationalen Bestrebungen in seinem Vaterland und hat als solcher zu seinen Lebzeiten ein unbestrittenes An-

---

[1] Damit steht nicht in Widerspruch, daß der Verf. sein volles Interesse auch den Handwerkern und den Arbeitern zuwendet, ,,die durch das Evangelium gewonnen werden müßten, um den drückenden Unterschied nicht bloß des Standes, sondern auch der Besitzlosigkeit den Reichen gegenüber zu ertragen". Über das Werk des Johannes s. Höfler, Concilia Pragensia, XXXIV—XXXIX, u. A. Bachmann, Gesch. Böhmens, II, 149. Es ist die Frage, ob Johannes seine Lehren ,,vor der horchenden Menge auseinandersetzte". Wir dürfen es bezweifeln.

[2] S. über ihn meine Studie, Der Magister Adalbertus Ranconis de Ericinio, im 57. Bd. d. Arch. f. österr. Gesch, 210ff. Tadra im Časopis mus. čeckého 1880, und Kulturní styky, 246ff. Zibrt, Bibliogr., 1122 und 13765ff. Eine Einzeichnung von seiner eigenen Hand im Cod., III, G. 1. der Prager Univ.-Bibl.: Iste est liber magistri Adalberti de Ericinio in Boemia (demnach ein Orts- und kein Geschlechtsname, wie man gemeint hat) scolastici ecclesie Pragensis, magistri in theologia et in artibus Parisiensis. Ein Schreiben des Ranconis auch in den Studien und Mitt. aus dem Bened.- und Zisterzienserorden, XI, 292.

sehen genossen und auch nach seinem Tode ist noch oft und lange seiner Verdienste gedacht worden. Im Jahre 1349 war er Magister und 1355 Rektor an der hohen Schule in Paris. Daher rühmt Thomas von Štitny von ihm: Er war der erste unter den Tschechen, der die Magisterwürde in der hl. Schrift auf der hohen Schule in Paris erlangt hat. In den 60er Jahren erscheint er als Lehrer an der Hochschule in Prag und Kanonikus am Domkapitel daselbst. Im Jahre 1370 finden wir ihn in einem lebhaften Streit mit Heinrich von Oyta, den er bei dem Auditor der päpstlichen Kanzlei um sechs Artikel willen belangte.[1]) Von diesen erinnert einer an die gleiche Lehre der Hussiten, wonach der hl. Geist, nicht der Priester, die Sünden vergibt. Sache des Priesters ist es nur, zu verkünden, daß der hl. Geist dem Sünder verziehen habe.

In einen heftigen Konflikt geriet Adalbert um 1385 mit dem Erzbischof Johann von Jenzenstein, wobei es sich um mehrere Punkte handelte, deren ersten kein Geringerer als der König Wenzel selbst angeregt hatte. Eines Tages stellte dieser, wie er öfter zu tun pflegte, auf seinem Schlosse Pürglitz an den Magister eine Frage, die sich auf das Fegefeuer bezog. Wir kennen sie aus der Aussage des Erzbischofs: Ist es wahr, Meister Adalbert, daß kein Heiliger im Himmel sei, der nicht zuvor zum Fegefeuer hinabgestiegen ist? Als dieser die Frage bejahte, fiel der Erzbischof ein: Mit Ausnahme der treugebliebenen Engel, worauf der Magister unwillig erwiderte: Es ist nicht wahr. Und der Erzbischof: Sieh' zu, ob du auch recht geredet hast. Darüber kam es zu langen Auseinandersetzungen. Von den übrigen Punkten war der wichtigste jener, der die Frage des Heimfallsrechtes betraf. Darin trat der Domherr Kunesch von Třebowel für die Anschauungen des Erzbischofs ein, der sich als warmer Freund des Bauernstandes bekannte. Man darf hier daran erinnern, daß wir uns in den Tagen befinden, wo sich in England noch die Nachwehen des großen Aufstandes von 1381 bemerkbar machten und die Beziehungen zwischen Böhmen und England rege waren. Der Erzbischof nahm für die Bauern das freie Verfügungsrecht über ihr bewegliches und unbewegliches Gut auch dann in Anspruch, wenn sie keinen direkten Erben hinterließen. Er hat in diesem Sinne selbst nicht nur einen Traktat verfaßt[2]), sondern auch auf den erzbischöflichen Gütern zu ihren Gunsten die Verfügung getroffen, daß sie über ihren Besitz nach eigenem Ermessen verfügen dürfen. Sollte jemand sterben, ohne ein Testament zu hinterlassen oder

---

[1]) S, Aschbach, Gesch. d. Wiener Universität I, 406 und Sedlák, Jan Hus 36.

[2]) S. meinen Aufsatz im 57. Bd. des Arch. f. österr. Gesch. 232 ff. Dazu J. Kalausek, Traktat Jana z Jenšteina proti Vojtěchoví Rankovu o odúmrtich (Traktat Johanns von Jenzenstein über das Heimfallsrecht). Huß behandelt den Gegenstand in einer Predigt. Daß er die Schriften des Adalbert und Jenzensteins gekannt habe, ist wohl möglich. S. Opp. II, 35 b.

einen Erben zu bestimmen, so soll sein Eigentum an seine Bluts- oder die nächsten Seitenverwandten fallen. Aus der Polemik erfahren wir die Tatsache, daß Adalbert auch über das Schisma einen Traktat verfaßt hat, der ihm die Mißbilligung des Erzbischofs eintrug.[1]) Dieser kann in seiner polemischen Schrift als ein Vorläufer von Hussens Gegnern — einem Stanislaus von Znaim und Stephan von Palecz bezeichnet werden, wogegen sich Adalbert im Gedankenkreis Wiclifs bewegt. Man beachte den Satz, der sich fast mit gleichen oder wenig geänderten Worten in verschiedenen Werken Wiclifs findet: Wir sollen in diesen Tagen des Schismas nicht glauben, daß die Kirche kein Oberhaupt habe, denn dieses ist Christus. Es ist bekanntlich der Hauptsatz in Wiclifs berühmtem Buch von der Kirche.[2]) Daß Adalbert Kenntnis hievon haben konnte, ist aus seinen literarischen Beziehungen zu erweisen, die nicht nur nach Frankreich, sondern auch nach England reichen. Es ist übrigens erwiesen, daß Wiclifs Schriften, auch die theologischen, in Böhmen noch früher bekannt waren[3]), als man die längste Zeit gemeint hat.

Als Förderer der literarischen Interessen seiner Landsleute ist Adalbertus Ranconis vielfach tätig gewesen. In diesem Sinne sagt Štitny von ihm: Er war keiner von denen, die mit den Zähnen knirschen, weil ich eine solche Schrift schreibe, oder von denen, die alles anschwärzen, weil ich tschechisch schreibe: es schien ihm nicht schlecht zu sein, für Tschechen tschechische Bücher zu schreiben. Wie Štitny, so haben auch andere Männer seinen gelehrten Beirat erbeten. Zeitgenossen und jüngere, namentlich auch Huß, erwähnen seiner mit großer Ehrfurcht. Als warmer Freund der Interessen seines Volkes steht er im Bunde mit gleichgesinnten Männern aus dem Ritter- und Bürgerstande und gerade mit jenen beiden, die die berühmte Bethlehemskapelle, die Stätte, an der Huß seine Wirksamkeit entfaltete, errichtet und begabt hatten — das sind der Kaufmann Kreuz[4]) und der Ritter und königliche Rat Johann von Mülheim. Dieser stiftete an der genannten Kapelle einen Prediger unter der Bedingung, daß er ein Weltgeistlicher sei und ausschließlich in tschechischer Sprache predige. In diesem Kreise nationalgesinnter Männer vertritt Adalbert den Gelehrten-, Mülheim den Ritter- und Kreuz den Bürgerstand. Wie seine beiden Freunde hat auch Adalbert eine Stiftung hinterlassen, die in mehr als einer Hinsicht Interesse erweckt. Er stiftete nämlich einen jährlichen Zins zugunsten tschechischer, in Paris oder Oxford studierender Jüng-

---

[1]) Arch. f. österr. Gesch., 57, 269. S. dazu auch Sedlák, S. 40 ff.

[2]) Der Kirchenbegriff wird von Adalbert in fünffacher Weise erklärt ... quinto pro universali et totali congregacione fidelium, qui sunt in gracia Dei constituti ...

[3]) Sedlák, Jan Hus, S. 74/5.

[4]) Er gehörte einer angesehenen tschechischen Familie an. S. das Registrum Slavorum, herausg. von L. Helmling und A. Horčička, Prag 1904. Auch Mülheim war trotz seines deutschen Namens Tscheche.

linge. So erscheint er auch mittelbar als Förderer Wiclifscher Lehren in seinem Heimatlande. Sein Testament ist im Hause des Kreuz verfaßt und dieser zum Testamentsvollstrecker ernannt worden. Über seinen reichen Bücherschatz hatte er schon früher zugunsten des Klosters Břewnow verfügt.[1]) Der Wortlaut der Stiftung zeugt davon,[2]) wie hoch die Wogen der nationalen Bewegung in Böhmen bereits im Jahre 1388 gegangen sind. Die Stiftung war nur für solche Studierende, die sich den freien Künsten oder der Gottesgelahrtheit widmeten. Sie mußten jedoch von väterlicher und mütterlicher Seite der tschechischen Nation angehören. Die Verwaltung des Geldes erhielt der Scholastikus der Prager Domkirche, doch nur unter der Bedingung, daß er ein Tscheche sei. Wäre dies nicht der Fall, dann sollte der jeweilige Dekan des Prager Domkapitels die Verwaltung übernehmen; er mußte sich jedoch mit einem Beirat von drei Personen umgeben, die gleichfalls gebürtige Tschechen sein müssen. Die Einkünfte der Stiftung werden bei dem Dekan des Domkapitels hinterlegt. Sie übersenden das Geld an die bestimmten Studenten nach Paris oder Oxford.

Zu den kirchlichen Fragen der Zeit hat Adalbert wiederholt das Wort ergriffen. Bedeutend war er als Kanzelredner. Den klarsten Redner nennt ihn Huß, wie ihn Janow als großen Gelehrten „im kanonischen Rechte und in der Gottesgelahrtheit" bezeichnet.[3]) Leider ist von seiner Kanzelberedsamkeit nur wenig auf uns gekommen — eine Synodalpredigt von 1375, eine Rede an den Kardinal Pileus de Prata und eine Leichenrede auf Karl IV.[4]) Wie Štitny erzählt, hat auch er sich in wichtigen und zweifelhaften Sachen des Rates Adalberts bedient und ihm seine Arbeit von den allgemeinen christlichen Angelegenheiten mit der Bitte überreicht, daran zu bessern, was etwa mit der hl. Schrift nicht in Übereinstimmung stünde.

Wie Adalbert Ranconis war auch Thomas von Štitny, der dem Adelstande Böhmens angehörte, ein warmer Freund der nationalen Interessen, zugleich aber auch der inneren Reform der Kirche. Wie er daher auf der einen Seite in genauer Verbindung mit Ranconis steht, ist er anderseits auch mit Militsch befreundet, dessen Bestrebungen er wohl mit lebhaftem Anteile verfolgte. Dabei ging er mit dieser niemals über die Grenzen des herrschenden Kirchensystems hinaus. Wie tief er auch daher bekümmert

---

[1]) Ein Buch aus seinem Besitz ist der Codex pal. Vindob. 1430. Libri septem de paupertate Salvatoris seu de mendicitate Fratrum, fol. 1a, in marg: Iste est liber magistri Adalberti Ranconis de Ericinio in Boemia. Et fuit reverendi domini Ricardi primatis Ybernie doctoris eximii sacre theologie, quem ipsemet dominus Ricardus composuit contra fratres mendicantes in curia Romana ad instanciam Clementis pape VI.

[2]) Das Testament wurde von mir 1878 im Wittingauer Archiv gefunden. Gedr. MVGDB. XVII, 210—213.

[3]) Limpidissimus orator bei Huß, magnus vir in iure canonico et in theologia.

[4]) S. FF. rer. Boh., III, 433. Auf Spuren, die auf seine Kanzelberedtsamkeit lenken, habe ich aufmerksam gemacht im Arch. f. österr. Gesch., 57, 226.

ist ob der kirchlichen Streitigkeiten, die in seinen letzten Lebensjahren in Prag auftauchten und wie sehr er von dem Gedanken gequält wird, das Rechte nicht leicht finden zu können, so tröstet er sich doch: Die Kirche werde wohl entscheiden, was Rechtens sei. Er suchte durch seine in der Volkssprache niedergeschriebenen Erbauungsschriften auf seine Landsleute einzuwirken und man bewundert noch heute die Meisterschaft, mit der er die reichen Formen der böhmischen Sprache handhabte.[1]) Man hat ihn mit Thomas Kempis verglichen: wie dieser sucht er die Kluft zwischen Schule und Leben durch eine volkstümliche Darstellung des gesamten Schulwissens seiner Zeit, soweit er es in sich aufgenommen, auszufüllen und damit dem Volke zugänglich zu machen, was die Schule bisher nur als ihr Eigentum ansah.[2]) In diesen seinen auf praktische Ziele gerichteten Bestrebungen liegt seine Bedeutung und damit hängt es auch zusammen, daß er seine tschechische Muttersprache auch für gelehrte Erörterungen in Anwendung brachte. Štitny hat noch die Anfänge der eigentlichen hussitischen Bewegung gesehen: er starb um das Jahr 1400.[3])

Wie Štitny war auch Matthias von Janow von ritterlicher Herkunft[4]), besaß jedoch im Gegensatz zu diesem eine gelehrte Bildung, die er sich teils in Prag, teils in Paris, wo er neun Jahre verweilte, erworben hatte. Von diesen Jahren widmete er sechs dem Studium der Theologie. Die päpstliche Bulle, die ihm eine Domherrnstelle verleiht[5]), rühmt die Ehrbarkeit seines Lebens und sonstige Verdienste. Sind das freilich in der Regel nur formelhafte Worte, so dürften sie in diesem Falle der Wahrheit entsprechen. Gleichwohl bekennt Janow selbst, in seinen jüngeren Jahren dem Ruhm und den Ehren der Welt nachgegangen und beim Streben nach Reichtum in die Schlingen des Teufels gefallen zu sein.

Dem Magister Adalbert stand er nahe und der Erzbischof Johann von Jenzenstein, der wie der Pariser — so pflegte man Janow zu nennen —

---

[1]) Palacky, Gesch. v. Böhmen, 3, 188.

[2]) Conc. Prag, 40.

[3]) Sedlák setzt seinen Tod auf das Jahr 1401 an; s. S. 49. Dort findet sich auch die neuere Literatur zu Štitny vermerkt.

[4]) Diesem nach jeder Seite hin bedeutenden Schriftsteller hat Vlastimil Kybal eine umfangreiche Darstellung in tschechischer Sprache: M. Matěj z Janowa. Jeho život, spisy a učení (Magister Matthias von Janow, Sein Leben, seine Schriften und Lehre), Prag 1905, gewidmet. Die bedeutendste und hervorragendste Arbeit auf diesem Gebiete in vorhussitischer Zeit sind seine ,,Regulae Veteris et Novi Testamenti", herausg. von V. Kybal, Bd. 1—4., Innsbruck 1908—1913. S. A. Naegle, der Prag. Kanonikus Matthias von Janow auf Grund seiner Regulae veteris et novi testamenti im 48. Bd. d. MVGDB. Einzelnes bei Tadra, Kulturni styky 252/3, ausführlicher bei Sedlák, Jan Hus, wo S. 72/3 auf die Benutzung d. Regulae durch Huß hingewiesen wird.

[5]) Die päpstliche Urkunde, die ihm ein Kanonikat in Prag zuweist, s. im MM. Vaticana res gestas Boh. illustrantia V, 54.

an der Sorbonne studiert hatte, war ihm gewogen. Janow und Jenzenstein[1]) zeigen überhaupt in ihrem Entwicklungsgange bedeutsame Analogien und vielleicht ist das Beispiel des Oberhirten nicht ganz ohne Einfluß auf Matthias gewesen. Auch Jenzenstein hatte fremde Länder besucht, um seine Erziehung zu vollenden und war gleich diesem den Freuden der Welt im Anfang nicht abhold. Wie Matthias Klage erhebt, daß sein Geist, einst von einer dichten Wand umgeben, nur an das gedacht, was Auge und Ohr ergötzt, bis es dem Herrn gefiel, ihn wie einen Feuerbrand mitten aus den Flammen zu ziehen[2]), so klagt auch Jenzenstein, daß er die schönen Jahre seiner Jugend in eitlem Tand, in Saus und Braus verlebt und auf seinen Kreuz- und Querzügen sich wohl die Laster der Welt, nicht aber deren Tugenden angeeignet habe, bis ihn die Hand des Herrn getroffen. Erst in der Fieberhitze und wenn eisige Kälte sein Gebein durchschauerte, sei ihm die fleischliche Gier ertötet worden, habe er den alten Menschen aus-, den neuen angezogen. Der plötzliche Tod des Erzbischofs von Magde- burg inmitten der lärmenden Freuden der Fastnacht habe auf ihn einen nachhaltigen Eindruck gemacht. Jenzenstein ist freilich schon in der Jugend von aszetischen Anwandlungen nicht freigeblieben, und man darf wohl seine Selbstanklagen nicht allzu wörtlich nehmen. Begründeter sind jeden- falls seine Klagen über die gesunkene kirchliche Disziplin und die Verwelt- lichung in den oberen Reihen des Klerus. Darin stimmt mit ihm Janow überein.

Dieser nimmt heute unter den sog. Vorläufern der hussitischen Be- wegung die höchste Stelle ein; man hat indes seine Bedeutung überschätzt, nicht was den inneren Gehalt seiner Schriften, den man allerdings hoch genug stellen muß, wohl aber was den Einfluß betrifft, den er auf das geistige Leben seiner Zeit genommen hat. Er hatte es allerdings nicht darauf abge- sehen, die Massen anzuregen und zu gewinnen, es auch strenge vermieden, den politischen oder wirtschaftlichen Fragen der Zeit nahezutreten und etwa durch Flugschriften auf die Menge zu wirken. Wie anders Wiclif, der aus jedem seiner dickleibigen Bücher eine wirksame Flugschrift formt und sie lateinisch und englisch in die Welt hinausschickt oder ein Huß, der aus Wiclifs schwerfälligem Buch von der Kirche einen schmächtigen Auszug herausschneidet. Schon der ungeheure Umfang der Regulae Janows stand seiner Verbreitung in weitere Kreise im Wege.[3]) Jene anderen Werke empfahlen sich durch ihre schlagfertige Kürze und den weitaus kräftigeren,

---

[1]) Über ihn und das Folgende s. die Einleitung zu meiner Ausgabe des Codex epistolaris Johannes von Jenzenstein im Arch. f. österr. Gesch. 55, 267 ff.

[2]) Vgl. Regulae IV, 37.

[3]) An der Universität wurden seine Schriften jedenfalls fleißig gelesen. Die Bibliothek der böhmischen Nation besaß Exemplare seiner Sermones, der Regulae, ein Speculum aureum de frequentacione communionis u. a. S. Loserth, der älteste Katalog der Prager Universitätsbibliothek im 11. Bd. d. MIÖG S. 310.

Ton, der in ihnen klingt. Dazu kommt, daß Janow sich „willig der Entscheidung der Kirche fügt", während schon Adalbert einen starken Schritt weitergeht, dessen Begriff von der Kirche von dem des englisch-hussitischen nicht weit absteht. Man mag schon daraus entnehmen, was es damit für eine Bewandtnis hat, wenn man mit Neander sagt, daß ein Huß hinter Matthias von Janow eher zurückgeblieben als über ihn hinausgegangen ist. Demgegenüber muß man immer betonen, daß Janow gleich seinen Vorgängern an den Traditionen der Kirche festhält und die große Besorgnis, etwa aus dem Rahmen der kirchlichen Einheit herauszutreten, wiederholt und mit Schärfe betont. Wo findet sich bei ihm ein Satz wie jener, der Hussens Lehre von der Kirche zum Fundamente dient und geeignet war, nicht bloß die bestehende Ordnung in der Kirche, sondern auch im Staate zu vernichten. In alle dem freilich, was die Disziplin in der Kirche betrifft, spricht der eine wie der andere, es ist verschiedener Wortlaut, aber der gleiche Inhalt. Selbst das, was der englisch-böhmische Wiclifismus die Verkaiserung der Kirche nennt, kommt schon bei Janow, wenngleich in anderen Wendungen, zur Sprache. Das Elend, heißt es hier, ist in die Kirche gekommen, seit der Papst alle Pfründen an sich gezogen hat und die Verteilung der Ämter nach seinem Gutdünken geschieht. Seit dieser Zeit gibt es unter dem Klerus nichts als Streit und Haß und ein Jagen und Haschen nach solchem Besitz. Solche Worte müssen Eindruck machen, weil sie von einem Manne herrühren, der nach eigener Aussage an dem Wettrennen nach Pfründen lebhaft teilgenommen hat. Auch die Forderung, die Kirche auf den Stand der apostolischen Zeit zurückzuführen, spielt schon hier mit; freilich, meint Janow, werden da noch viele Umwälzungen vorhergehen, förmliche Regenerationen des Menschentums eintreten müssen. Im Schisma sieht er wie die Späteren ein Zeichen dafür, daß die Erneuerung der Kirche nahe ist. Er denkt in dieser Beziehung nicht anders als die zahllosen Reformfreunde in allen Ländern der abendländischen Christenheit. Wie er ein Sittenschilderer ersten Ranges ist, kann hier nur angedeutet werden, aber hervorzuheben ist, daß er mit dem Wiclifismus die Liebe zum biblischen Studium teilt. Von Jugend an, sagt er, habe ich die Bibel geliebt und sie meine Freundin und Braut genannt, die Mutter schöner Liebe und der Erkenntnis, der Furcht und hl. Hoffnung. Gleichwohl stützt sich Huß da, wo er von der Bibel spricht, nicht auf Janow, sondern auf sein englisches Vorbild. Wo Janow von den Hindernissen spricht, die der Predigt der Wahrheit in den Weg gelegt werden, glaubt man Wiclif zu vernehmen. Man kennt dessen Angriffe auf die Predigtmanier der Zeit, die es nicht duldet, daß man den Gläubigen das Gesetz Gottes verkündigt, sondern ihnen einen Hokuspokus vormacht. Bei Janow liest man ähnliches. So auch, wo von den geschlechtlichen Ausschreitungen des Welt- und Regularklerus gesprochen, ihr Verhalten mit dem der Laienwelt verglichen oder wo ihr Drang nach Ehren und Pfründen, ihr Pomp und ihre ganze Haltung gegeißelt wird. Wie Wiclif, hält auch Janow diesem Klerus das Beispiel der ersten Christenheit entgegen, klagt über unnütze Zeremonien, und die sufficientia legis Christi, die bei jenem eine so wesentliche Rolle spielt, ist auch hier nicht ganz unerwähnt geblieben. Aber all das wird nicht in der stürmischen Art des Engländers, sondern in maßvoller Weise vorgetragen, weshalb es dem Sturm und Drang der folgenden Jahrzehnte wenig zugesagt hätte, auch wenn es ihm, was doch nicht ausgemacht ist, bekannt geworden wäre.

Wir erfahren aus Janows großem Werke von Synodalbeschlüssen seiner Zeit und seiner Heimat, über die sonst nichts bekannt ist und die sich gegen die falsche Verehrung der Bilder richten. Gegen diese Mißbräuche hat er auf das schärfste gesprochen: Die Lehrer sagen vieles in den Schulen, was vor dem gemeinen Volke keineswegs so gepredigt werden muß; obgleich die hl. Kirche die Bilderverehrung zugelassen hat, hat sie doch nie gelehrt, daß sie angebetet werden müssen, doch jetzt sind viele große Männer, die sagen, daß solche Dinge den Einfältigen nützen. Janow meint die übertriebene Bilderverehrung und die Anpreisung der durch sie vollbrachten Wunder. Solche Lehren erregten Anstoß. Die Prager Synode des Jahres 1389 nötigte ihn zum Widerruf, den er am 19. Oktober dieses Jahres auch geleistet hat.

Nicht minder macht er die Lügen verächtlich, die von den verschiedenen Orden über ihre Stifter ausgestreut wurden, als ob es diese Heiligen nötig hätten, ihren Ruhm durch lügenhafte Erdichtungen noch vergrößert zu wissen, und so kämpfen diese Orden um den größeren Ruhm ihrer Stifter gegeneinander, um Leute damit in ihren Orden zu ziehen, daß sie dann einer Fraternität angehören, die Messen für sie in größter Anzahl lesen lasse. Ja Janow stellt diese Leute auf eine Linie mit dem in Westeuropa fressenden Krebsschaden jener Tage — den bösen Gesellschaften, die ganze Länder und Reiche verwüsten. Schärfer hat sich auch die englische Reformpartei über die Mönchsorden nicht ausgesprochen als Janow, der den unglaublichen Hochmut der einzelnen Orden geißelt, die geradezu lehren, daß außerhalb ihrer Gesellschaft niemand zu seinem Heil gelangen könne. Diese Opposition ist gewiß eine kräftige, aber sie hat die Wirkung der Wiclifschen Sendschreiben und Flugschriften nicht gehabt und nicht haben können, denn für eine tiefer eindringende Wirkung war sie eine zu gelehrte. Wie die englische Reformpartei setzt Janow den Unterschied zwischen dem auseinander, was die Hierarchie sein soll und in Wirklichkeit ist; schärfere Urteile sind auch hierüber in den böhmischen Landen vor den Tagen der Reformation nicht mehr gefällt worden. Es gibt das ein Bild grau in grau; indem dies aber der Zustand des böhmischen Klerus vor dem Beginn der hussitischen Bewegung war, wie es durch die amtlichen Visitationsprotokolle festgestellt ist, sieht man, daß auf diesem Boden die Aussaat des Wiclifismus am besten gedeihen mußte. Wenn man diesen protzigen Klerus, der das Wohlleben auf Erden und die Seligkeit im Jenseits so sicher hat, sagt Janow, auf die Unvereinbarkeit der beiden verweist, bekommt man die hohnvolle Antwort: Das sind abgetane Dinge. Fahr' ab, predige den Bauern. Willst du uns belehren?

Schriften, wie diese, fanden gewiß den Beifall Jenzensteins, der mit der ganzen Leidenschaft seines Charakters denselben Zielen zustrebte und gleichfalls eine bedeutende literarische Tätigkeit entfaltete. Davon geben zahlreiche Briefe Zeugnis. Während aber Jenzensteins Werk vorzugsweise für die gebildete Klasse bestimmt war, wendet sich Janow an die ,,einfachen Leute in Christo", für die ,,sein Buch allein" bestimmt sei. In der Tat kann man sagen, daß es ohne jeglichen Schwulst ist und sich hütet, im Sinne der noch nicht überwundenen Scholastik Zitat auf Zitat zu häufen. Um so leichter verständlich ist es und um so gefälliger erscheint die Darstellung. Und damit hängt es schließlich zusammen, daß sich in dem Werke verhältnismäßig wenige dogmatische Erörterungen finden: auf die Praxis des Christentums wird eben das Hauptgewicht gelegt.

Daß Janow seine Predigten in der Muttersprache gehalten, geht aus seiner Bemerkung hervor, die er gegen den Vorwurf macht, daß man in der Landessprache vor dem Volke die Schlechtigkeit der Geistlichen aufdecke. Man sieht es auch aus den tschechischen Worten, die er mitunter in den lateinischen Text einfügt. Matthias von Janow starb am 30. November 1394 und wurde in der Metropolitankirche bei St. Veit beigesetzt.

Zu den reformfreundlichen Männern darf man die Prediger an der Bethlehemkapelle Johann Protiva und Johann Stěkna[1]) rechnen. Diesen hat man früher oft mit Konrad von Waldhausen verwechselt. Huß nennt ihn in einer seiner Predigten ,,den vortrefflichen Prediger mit der Trompetenstimme".[2]) Daß beide dem Kreise von Männern wie Kreuz, Mühlheim und Ranconis nahestanden, ergibt sich schon aus ihrer Tätigkeit an der Bethlehemskapelle. Erscheint Stěkna einerseits als Förderer jener Richtung, die auf eine Begünstigung der Landessprache in Wort und Schrift hinarbeitete, so hat er anderseits den streng kirchlichen Standpunkt niemals verlassen. Darüber könnte schon das Zeugnis des Andreas von Brod, eines heftigen Gegners der ganzen Wiclifschen Richtung belehren, der ihn in bezug auf sein Wirken einem Konrad von Waldhausen und Militsch an die Seite stellt[3]); noch deutlicher ersieht man es aus dem Umstande, daß Stěkna ein gewaltiger Eiferer für den Ablaß war, der für Prag

---

[1]) Sedlák, S. 73. Tadra, S. 273.

[2]) Velut tuba resonans predicator eximius. Hus Opp. II. Seine Predigten galten jedenfalls als Muster ihrer Art, da sie in die Bibliothek der böhmischen Nation (neben denen des Matthäus von Krakau) eingereiht wurden (Signatur E. 37).

[3]) Doc. mag. Joannis Hus ed. Palacky 520.

im Jahre 1394 verliehen wurde. „Dieses Jubeljahr", sagt die Chronik der Prager Universität, „hat die Taschen der Armen geleert." Wenzel behielt den größeren Teil des Geldes für seine Kammer zurück, und es gab unter allen Doktoren und Magistern keinen, der sich wie ein Bollwerk gegen die Schlechtigkeit der Simonie gesträubt hätte, sondern alle gaben, als wären sie stumm gewesen, ein schlechtes Beispiel und liefen mit rohen und ungebildeten Leuten in den genannten Kirchen umher, um die so teuer erkauften Ablässe zu erlangen. Nur Wenzel Rohle, der Pfarrer an der Martinskirche in der Altstadt, sprach nicht von Ablässen, sondern nannte sie Betrügereien, freilich nicht öffentlich, sondern insgeheim aus Furcht vor den Pharisäern. Auch der Magister Stěkna, damals autorisierter Prediger in Bethlehem, ermahnte das Volk, eine so vortreffliche Gnade nicht zu vernachlässigen."[1] Und als dann ein Jahrzehnt später der Streit bezüglich der Remanenz des Brotes ausbrach, da stand Stěkna in der vordersten Reihe der kirchlich Gesinnten.[2] Dieser letzte unter den Vorläufern ist auch der erste, der gegen den Wiclifismus bereits polemisch auftrat. Sein Traktat — wahrscheinlich behandelte er die Frage der Remanenz des Brotes bei der Verwandlung — ist verloren gegangen.

---

3. Kapitel.

Der erste Abendmahlsstreit.

Der Kampf um den Kelch erhob sich in Prag, als Huß bereits den Stätten seiner bisherigen Tätigkeit entrückt war. Man muß diesen Kampf als die letzte Phase der zahlreichen Streitigkeiten über das Abendmahl ansehen, die durch mehr als ein Menschenalter auf den Kanzeln und in den Hörsälen Böhmens zum Austrag gekommen sind. Die letzte Phase war allerdings bedeutsamer als eine der früheren, die allmählich in Vergessenheit geraten sind, denn der Kampf um den Kelch hat der hussitischen Bewegung seit 1415 eine großenteils veränderte Richtung gegeben: Die Scheidung der Parteien wurde nun eine schroffere und auch nach außen hin sichtbarer.

Mehr als ein Jahrzehnt zuvor hat die Wiclifsche Abendmahlslehre ihren Einzug in Böhmen gehalten und sie war es vornehmlich, gegen die sich die Angriffe aller Widersacher des Huß und der neuen Richtung gewendet haben: Huß und seine Genossen hatten den Haß ihrer Gegner namentlich deshalb auf sich geladen, weil sie von diesen für Anhänger der Wiclifschen Lehre von der Remanenz des Brotes beim Abendmahl gehalten wurden.

---

[1] Chronicon universitatis Pragensis (Geschichtsschr. d. hussitischen Bew. II, 15).
[2] S. darüber den Brief des Huß vom Jahre 1413 in den Doc. 56.

4*

Lange zuvor — seit den siebziger Jahren des 14. Jahrhunderts — wurde eine andere Frage mit großer Lebhaftigkeit erwogen: ob es dem Menschen erlaubt sei, häufig oder gar täglich das Abendmahl zu empfangen. Kaum eine literarische Größe aus jener Zeit gibt es, die zu dieser Frage nicht das Wort ergriffen hätte. Am eingehendsten hat sich Matthias von Janow mit ihr beschäftigt. Gleich der zweite Traktat im ersten Buch seiner Regulae behandelt die Abendmahlslehre und enthält ausführliche Betrachtungen und Erörterungen über den Nutzen der oftmaligen oder täglichen Kommunion.[1])

Matthias spricht sich für den häufigen, unter Umständen selbst täglichen Empfang der Kommunion aus, ohne aber eine feste Norm aufstellen zu wollen, man müsse das der größeren oder geringeren Frömmigkeit des einzelnen überlassen; wer das eifrigste Verlangen danach trägt, dem darf das Abendmahl jederzeit gereicht werden, säumige Christen sind durch den Priester zu mahnen und gehörig vorzubereiten, diese selbst aber haben ihre Pflicht getreu zu erfüllen, widrigenfalls sie dem göttlichen Gerichte verfallen. Janow war nicht der erste, der diese Frage literarisch behandelt hat. Er gedenkt in seinem Werke seiner Vorgänger. Man müsse wissen, sagt er, daß in den gegenwärtigen Zeitläuften die Frage wegen des täglichen oder oftmaligen Empfanges des Abendmahles seitens des Volkes von den gewöhnlichen und einfachen Leuten stark in die Erörterung gezogen wird. Einige Prediger sind dafür und muntern das Volk dazu auf, andere stemmen sich dagegen und widerreden es, in der Meinung, daß der oftmalige Gang zur Kommunion ihm nicht zuträglich sei.

Aus dieser Äußerung Janows ersieht man, daß nicht bloß gelehrte Kreise, sondern auch das gewöhnliche Volk durch diese Frage eine Zeit hindurch stark in Aufregung gehalten wurde. Die Ansicht Janows hierüber gewann, wie man dem häufigen Vorkommen seines Gutachtens entnehmen kann, großen Beifall. Aber auch die Gutachten anderer gelehrter Männer finden sich noch in alten Manuskripten, Janow selbst hat sie gesammelt und teilt sie insgesamt im dritten Traktate des dritten Buches der Regulae mit. Man lernt daraus alle die Männer kennen, die im 14. Jahrhundert über den häufigen Empfang der Kommunion geschrieben haben und findet die Belegstellen, die zu ihren Gunsten angeführt werden können. So mancher damals gefeierte Name ist später der Vergessenheit anheimgefallen, aber einige erregen noch heute unser lebhafteres Interesse. Janow selbst leitet die Sammlung mit einigen knappen Worten über die Methode ein, die er hierbei einzuschlagen gedenkt. Zuerst will er die Äußerungen seiner Zeitgenossen, dann die der vorhergehenden Generation, endlich jene der

---

[1]) Das ganze Material liegt jetzt in guter Anordnung in der Ausgabe von Kybal vor: Regulae (wie oben). Tractatus secundus: De communione corporis Christi. Vol. I, 51—165.

Heiligen älterer Zeiten und der Apostel vorlegen, um dann die Einsetzungs-
worte des Herrn selbst anzufügen. So nennt er denn an erster Stelle den
hervorragenden Prediger Johannes Horlean; er nennt ihn einen großen
Gelehrten und Doktor der Theologie und des Kirchenrechtes. Heute weiß
man mit dem Namen nichts anzufangen.[1]) Horlean hat die Frage in be-
jahendem Sinne beantwortet.[2]) An nächster Stelle wird der Magister und
Domherr Franziskus vom Heiligenkreuz in Breslau und Leiter der Pfarre
daselbst genannt. Von seiner sonstigen literarischen Wirksamkeit ist
ebensowenig bekannt. In seiner kurzen Abhandlung sagt er: Man muß
sich wundern, daß es Leute gibt, die fromm gesinnte Personen vom Genuß
des Sakramentes zurückhalten. Man muß es dem Priester überlassen, zu
entscheiden, ob sie hierzu genugsam vorbereitet sind oder nicht. Ähnlich
lautet das Urteil von Franzens Amtsbruder, dem Magister Nikolaus Wendelar in Breslau[3]), der aus dem Heiligenleben mehrere Beispiele zur Beglaubigung seiner Überzeugung beibringt. Ein großes Ansehen genoß in
seiner Zeit Matthäus von Krakau, Doktor der Theologie an der Prager
Universität.[4]) Er wurde im Jahre 1405 Bischof von Worms. König
Ruprecht ernannte ihn wegen seiner Verdienste zum Kanzler. Im März
des Jahres 1410 ist er gestorben. Welches Ansehen er als Professor der
Theologie an der Prager Hochschule genoß, ersieht man daraus, daß ihn
die Universität als Gesandten an den Papst Urban VI. schickte. Schon
das Thema, das er für seine Rede vor dem Papste gewählt hat, ist sehr
bezeichnend[5]): Nie, sagt er, habe es so viele Antichristen gegeben als jetzt.
Unzählbar sind die Gebrechen und Laster im Klerus, schon scheint die

---

[1]) De hoc auctore nil omnino nobis constat, sagt der Herausgeber der Regulae
II, 75.

[2]) Dimissis argumentis pro et contra, videtur, quod sic. Der kurze Traktat
findet sich noch in der Handschrift 672 der Prager Universitätsbibliothek. S. Truhlař,
Catalogus I, p. 269.

[3]) Er wird vir illustris et devotus genannt.

[4]) S. Ullmann, Die Reformatoren vor der Reformation I, 279. Palacky, Lechler
u. a. nennen ihn auch Matthäus von Krokow in Pommern, aber in Andreas von Regens-
burg finde ich die Stelle: Secundum quod petivit, quod ea mortua erigeret studium
generale in Cracovia, quod eciam fecit, et hoc principaliter per magistrum Matthaeum,
qui postea factus est episcopus Wormaciensis, quem ad hoc specialiter vocavit, eo
quod de Cracovia esset oriundus. Geschichtschr. d. huss. Beweg. 2, 433. In
der Prager Matrikel wird er auch Matthaeus de Cracovia genannt, s. MM. hist. univ.
Prag. 1, 135. Wiederholt erhalten Polen unter ihm die Magisterwürde. Ebenda 180,
107. Theo Sommerlad, Matthäus von Krakau, Halle, Diss. 1891, G. Sommerfeld,
Zu Matthäus de Cracovias kanzelrednerischen Schriften, Z. f. Kirch.-Gesch. 22, 465 ff.

[5]) Sermo quem fecit magister Matthaeus scilicet de Cracovia ... coram Urbano
papa VI., cum esset ambasciator studii Pragensis. Das Thema lautet: Quomodo
facta est meretrix civitas fidelis. MS. der Olmützer Studienbibliothek. Er erörtert,
wie schwierig es sei, vor dem Papste zu reden, aber noch gefährlicher sei es, dort zu
schweigen, wo man den Leiden der Christenheit in wirksamer Weise abhelfen könne.

Krankheit eine unheilbare geworden zu sein. Die Kirche könne nur reformiert werden, wenn die Reform bei den Leitern begonnen werde. Man braucht Männer, deren Doktrin heilsam, deren Lebensweise unbescholten sei und die in heiligem Eifer erglühen. Auch gegen die Annaten und Provisionen spricht er. Ähnlichen Inhalts ist die Schrift De squaloribus curiae Romanae, die ihm zugeschrieben wird und zwischen 1389 und 1403 abgefaßt ist.[1] Sie berührt sich mit der Schrift Speculum aureum, die um dieselbe Zeit abgefaßt wurde. Sie wird dem Magister Albert Engelschalk zugeschrieben. Größeren Beifall hatte ein Dialog, in welchem Matthäus die Vernunft und das Gewissen ein Zwiegespräch über den Genuß des Abendmahls führen läßt. Von seiner Beliebtheit zeugt seine große Verbreitung.[2] Er wurde auch in die Landessprachen — ins Deutsche sowohl als ins Tschechische übertragen und erinnert in vielen Punkten an die Schriften deutscher Mystiker. Der Verstand eifert das Gewissen zu häufigem Genuß des Sakramentes an. Da dieses aus übergroßer Furcht zögert, erörtert er die Natur des Altarssakramentes, darin die Gottheit geheimnisvoller Weise enthalten sei. Es gewähre unendlichen Trost und Nutzen, es zu genießen. Dem Priester wird es zur Pflicht gemacht, es darzubringen. Ja, meint das Gewissen, der Priester, der sich in sündhaftem Zustand befindet, könne nicht würdig spenden, wenigstens nicht vor Gott, der alles weiß; tut er es dennoch, so gereicht es dem Volke, noch mehr ihm selbst zum Schaden. Der Verstand spricht nun viel über die Süßigkeit des Sakramentes, das man genießen solle, wenn es die Gottheit gleichsam gebiete.[3] Man sieht, auch dieser gefeierte Mann ist für den oftmaligen Empfang des

---

[1]) Walch, Monumenta medii aevi I. Lechler, a. a. O. 133. Die Autorschaft des Matthäus wird übrigens bestritten, s. Sedlák 31.

[2]) Tractatus de quodam conflictu racionis et consciencie de communione eucaristie sacramenti. Er findet sich in fast allen größeren Bibliotheken in Österreich, Böhmen, Mähren, Schlesien usw. In der Prager Universitätsbibliothek allein in 14 Exemplaren (Kybal). In Wittingau A. 5, Breslau, Un. Bibl. Q. 157. Prag. Domkapitel O. 44. Wien, Hofbibl. 1399, 3470, 3598, 3737, 3947, 4031, 4350, 4533, 5099, 5332. Als Kampfkrieg der Vernunft, Prag. Un.-Bibl. u. a. Außer den Werken des Matthäus, die schon bei Balbin, Bohemia docta angeführt werden, erwähne ich noch einen Tractatus de contractibus (Breslau U. B. 1, F. 212), de arte moriendi (1 Q 37, ebenda), de disposicione communicantis (ebenda 1, F. 114), Exposicio super Cantica canticorum (ebenda 1, F. 83), de corpore Christi (ebenda I, F. 234), Epistole (ebenda I, F. 272), Sacramentale (ebenda I, F. 277), de commercio cum Judaeis epistola (ebenda I, F. 286), Solemnis postilla (ebenda I, F. 497), Confessio bona et utilis lingua teotonica scripta (ebenda I, F. 580). Kleinere Werke in Codd. I Q 372, 383. Breslauer Stadtbibl. 1606. Groß dürfte die Zahl von seinen Einzelschriften sein, die sich in den verschiedenen Klosterbibliotheken finden.

[3]) Error plurimorum, qui multum affligunt se, ieiunant, orant et vigilant eciam in tantum, quod sensus obruitur et ab omni devocione impeditur pocius quam promovetur et habent aliqua de viciis in se etc. Die weitere Analyse bei Höfler, Concilia Pragensia LV.

Abendsmahls. In der von Janow mitgeteilten Fassung des Traktes ist die Form des Dialogs zwischen Gewissen und Vernunft beibehalten.[1])

Auch Adalbertus Ranconis hat auf Bitten des Pfarrers von St. Martin beim Hospital der Altstadt Prag seine Meinung über die strittige Frage bekannt gegeben. Wenn er diesem schreibt: Dringend und stürmisch hast du mich um meine Meinung gebeten, so wird auch daraus ersichtlich, wie diese Bewegung in die Weite und Tiefe ging. Nicht unbedingt kann Adalbert das häufige Kommunizieren loben: Er spricht von den Gefahren der unwürdigen Kommunion. Abschrecken wolle er freilich niemanden; denn immerhin sei es lobenswerter, dieses Sakrament zu empfangen, als sich seiner zu enthalten, da es die Liebe entzündet, vermehrt und bestärkt.

Die Reihe älterer Autoren beginnt mit keinem geringeren als David von Augsburg, dessen Werk De Septem Profectibus Religionis zitiert wird, und der die Frage vielleicht unter allen am richtigsten löst.[2])

Einer der berühmtesten Mönche des Königsaaler Klosters, der als Autor des Malogranatum häufig genannt wird — es ist der Abt Gallus — wird in die Reihe dieser Autoren eingeschoben. Rühmend wird seine Frömmigkeit hervorgehoben, die so groß war, daß er wegen seiner Devotion die Abtswürde niederlegte. Er zitiert das Beispiel des Apollonius, eines wahren Vaters seiner Mönche, der diese aufforderte, täglich das Abendmahl zu nehmen.

Der nächste ist Militsch, dessen Gracie Dei zitiert werden und so den Autor kenntlich machen[3]), den „ehrwürdigen Mann und illustren Prediger". Mit besonderer Innigkeit werden seine Worte angemerkt: Unser tägliches Brot ist der Leib des Herrn und sein Blut. Daher müssen wir es, wenn nicht täglich, so doch oft zu uns nehmen, bis wir in der Ewigkeit davon ersättigt werden.

Es folgen ein ungenannter Verfasser eines Traktates De septem sacramentis, dann Simon de Cassia, hierauf die Determinatio der Magister eines gewissen Kollegiums, denen sich Bonaventura und der Magister Amandus — es ist kein Geringerer als Heinrich Suso — mit seinem Horologium anschließen.

Weiter finden wir die Glosse zu dem Satze aus 1. Corinth. 11, Qui enim manducat et bibit indigne, die Aussprüche des Thomas von Aquino, des Bernardus von Clairvaux, des Magisters Alanus de Insulis, des Papstes Innocenz III. in seinem Buch von der Messe — gemeint sind De sacro altaris mysterio libri sex, des Johannes Cassianus, Anselmus, des Bischofs

[1]) Cap. VI, p. 82—86.
[2]) Vix aliquis ita religiosus esse videtur, ita sanctus, exceptis sacerdotibus, quin semel in ebdomada sufficiat ei ex consuetudine communicare nisi specialis causa plus suadeat, ut in infirmitatibus . . . aliquos trahit amor dei, aliquos infirmitatis proprie intuitus . . .
[3]) Im Texte bei Höfler 2, 61, wird er auch genannt.

Caesarius von Arelat, Chrisostomus, Augustinus, Ambrosius, Hieronymus, des Papstes Anaklet, des Apostels Paulus, die Aussprüche in den Acta Apostolorum und zuletzt des Heilands selbst. Im ganzen werden mit seinem eigenen Zeugnis 30 Zeugen aufgerufen, worauf in Kürze die historische Entwicklung dargelegt wird: In der alten Kirche erhielten alle, die der Messe beiwohnten, Klerus und Laien, das Abendmahl; hierauf wurde festgesetzt, daß die Kommunion bloß an Sonntagen genommen werde; seit dem Papste Fabian wurde es üblich, dreimal im Jahre zum Abendmahl zu schreiten und seit Innocenz III. wurde bei der Lauheit der Menschen die Einrichtung getroffen, daß man wenigstens einmal im Jahre, am Osterfeste, kommuniziere.

Man sieht aus dem Ganzen, wie sich nicht bloß Mönche, sondern auch gelehrte Kreise mit der Abendmahlslehre lebhaft beschäftigten. Mit den genannten Männern ist übrigens die Zahl derer nicht erschöpft, die in dieser Frage zur Feder gegriffen haben. Auch der Olmützer Offizial Sander tritt für den öfteren Empfang des Abendmahles ein, doch hat auch er wie Janow einige Bedenken, und es sind meist ähnliche Gründe, die er gegen den täglichen Empfang des Abendmahles anführt.[1]

Von dieser lebhaften Bewegung geben auch die Prager Synodalstatuten Kunde. Die Synode vom Jahre 1389, auf welcher Janow einige seiner Lehren zurücknahm, trat auch gegen den immer stürmischer werdenden Drang nach dem täglichen Genuß des Altarssakramentes auf. Ebenso — lautet der Widerruf des Matthias — sage ich, daß man die Leute weltlichen Standes nicht zum täglichen Genuß des Abendmahles auffordern soll. Ebenso soll nicht ein jeder, der sich in dem ersten Stadium seiner Reue befindet, alsbald veranlaßt werden, das Sakrament zu empfangen. Desgleichen ist nicht jeder ohne Unterschied zum täglichen Empfang des Leibes des Herrn zuzulassen.[2] Das Urteil, das die Synode über Matthias gefällt hat, lautete dahin, daß er auf ein halbes Jahr vom Beichthören und von der Austeilung des Abendmahles außer seiner Pfarrkirche suspendiert wurde.

In dem Widerrufe ist vom Abendmahl unter beiden Gestalten keine Rede; der Mag. Johann von Rokyzan, der vor dem Basler Konzil behauptete, daß Matthias von Janow der erste war, der die Kommunion unter beiden

[1] Eine Handschrift der Olmützer Studienbibliothek (II, VI, 25) enthält einen solchen Traktat: Hec sunt extracta per dominum officialem Sanderum pro domino Petro beate memorie contra murmurantes et impedire volentes sacram communionem; Sander war 1399 Domherr in Olmütz. Er steht in Verbindung mit den Karthäusern von Dolein in den Tagen Stephans — des bekannten eifrigen Gegners von Huß. Erläuterungen zu den Texten der Determinationes finden sich in Kybals Buch M. Matěj z Janova, auf die wir hier der Kürze wegen verweisen dürfen. Die einzelnen Autoren sind dort, soweit es möglich war, verifiziert.

[2] Retractacio M. Matthie (ohne de Janov); daß sich die Revokation auf ihn bezieht, ist nicht zu bezweifeln. Höfler, Conc. Prag. 37, und Palacky, Documenta 699—700.

Gestalten empfahl, hat offenbar das obige Urteil im Auge, das sich lediglich wider den täglichen Genuß des Abendmahls ausspricht. Wie wenig aber Matthias selbst mit dem Urteil der Synode einverstanden war, lehrt sein wehmütiger Ausruf: Ach, ich Elender, sie haben mich durch ihr ungestümes Schreien auf jener Synode gezwungen, darin einzustimmen, daß die Gläubigen im allgemeinen nicht zur täglichen Kommunion eingeladen werden sollen.[1]) Mit bitteren Worten zahlt er es diesen „modernen Heuchlern, Doktoren und Prälaten" heim.

An diese Bestrebungen knüpfte auch Huß an. Noch in seinem in der Kerkerhaft zu Konstanz abgefaßten Traktate spricht er sich über den öfteren Empfang des Altarssakramentes in ähnlicher, wenn auch nicht gleicher Weise aus, wie dies durch Janow und dessen Vorgänger geschehen war. Er hält es geradezu für eine Schlechtigkeit, daß die Menschen erst in der Todesstunde oder selbst dann nicht kommunizieren wollen. Das ist aber einer der nicht allzu zahlreichen Punkte, wo wir, wie bereits bemerkt, Huß in teilweiser Übereinstimmung mit einem seiner sog. Vorläufer gewahren, wobei jedoch nicht notwendig anzunehmen ist, daß er gerade durch Janow auf diese Materien gekommen ist.

---

4. Kapitel.

Der Wiclifismus in Böhmen.

Die letzten Jahre seines Lebens hat Wiclif in der Stadt Lutterworth zugebracht, wo er das Amt eines Pfarrers bekleidete. Dort ist er am Silvestertage 1384 gestorben. Seine Anhänger, für die schon in den ersten Jahren nach seinem Tode der Lollardenname in allgemeineren Gebrauch kam[2]), bildeten eine starke Partei und faßten bis 1395 immer tiefere Wurzeln im Volke, so daß sie die Hoffnung hegen durften, eine durchgreifende Reform der kirchenpolitischen Verhältnisse in England durchsetzen zu

---

[1]) Heu, me miserum absorbentes (nach Jerem. 21, 34) clamandum similiter in synodo coegerunt, ut communiter fideles ad cottidianam communionem Christi Jhesu corporis et sanguinis non invitentur nec vocentur. Regulae III, 110. Über seinen letzten Konflikt mit den Kirchenbehörden s. Kybal, M. Matěj z Janova 21.

[2]) Über das Entstehen des Namens (von Lollium, der Lolch, das Unkraut) s. Lechler, Johann von Wiclif II, 4, und Buddensieg 616. Solche aus der Pflanzenwelt stammende Namen (s. Fasciculi zizanniorum, Medulla tritici) sind damals beliebt. Der Erklärung des Wortes durch Buddensieg von löllen, lullen, in den Schlaf singen, vermag ich nicht beizustimmen. Dagegen kommt das Wort Lollium nicht weniger als dreimal in der Bulle Gregors XI. an die Universität Oxford vor. S. Fasc. zizann. ed. Shirley, p. 293.

können. Unter der Führung von Männern, wie Nikolaus von Hereford, John Aston und John Purvey, drang der Wiclifismus in alle Schichten der Gesellschaft und durfte es elf Jahre nach dem Heimgang des Meisters noch wagen, in einer Eingabe an das Parlament dessen Mitwirkung zu den als notwendig erkannten Reformen in Anspruch zu nehmen. Erst als Thomas von Arundel 1396 den erzbischöflichen Stuhl von Canterbury bestieg, namentlich aber seit die neue Dynastie des Hauses Lancaster den Thron Englands bestieg (1399), vereinigten sich Staat und Kirche zu seiner Ausrottung. In rascher Folge wurden die tötlichen Schläge geführt: Nachdem man die hohe Schule in Oxford einer gründlichen Reinigung unterzogen, erklärten die angesehensten Lehrer daselbst 267 Sätze aus Wiclifs Schriften für irrig und ketzerisch, und als dann im Jahre 1417 Sir John Oldcastle — der gute Lord Cobham — auf dem Scheiterhaufen geendet hatte, waren die Lollarden aus ihrer Achtung gebietenden Stellung in eine Lage gedrängt, in der sie nur mehr als Sektierer erschienen. Heinrich IV. und noch mehr dessen gleichnamiger Sohn traten mit unnachsichtlicher Strenge wider sie auf: Heinrich V., sagt der Wiclifitenhammer Thomas Netter von Walden, hat die Fahne gegen sie aufgerollt.[1] Und schon im ersten Jahre der neuen Dynastie wurde das berüchtigte Gesetz de haeretico comburendo erlassen, das die Auslieferung ketzerischer Schriften zur Pflicht machte und offenkundige Ketzer dem Flammentode preisgab — das erste Gesetz in der englischen Gesetzgebung, das wegen Ketzerei die Todesstrafe verfügte. Die Wiclifiten galten nun nicht bloß als Feinde Gottes, sondern auch des Königs; das kirchliche Interesse wurde mit dem weltlichen verschmolzen: als Feinde des Königs sollten die Wiclifiten gehenkt, als Ketzer verbrannt werden.

Zu diesem scharfen Vorgehen trugen zweifellos die Dinge bei, die sich seit dem Beginn des neuen Jahrhunderts in Böhmen abspielten. Dort trat seit 1403 — vielleicht schon etwas früher — ein Apostel der Lehre Wiclifs auf, der anfangs leise und zögernd, später mit immer mehr steigendem Eifer und nachhaltigem Erfolg die Lehren des englischen Meisters verkündete — Johannes von Hussinetz, wie er in den ersten authentischen Dokumenten heißt, oder kurzweg Huß, wie er sich selbst seit 1396 zu nennen pflegte. Jahr und Tag seiner Geburt hat keine alte Quelle verzeichnet. Nach einer jüngeren, aber unsicheren wird das Jahr 1369 als sein Geburtsjahr angenommen. Wenn man neuestens den 6. Juli als seinen Geburtstag

---

[1] Doctrinale fidei ecclesie, prolog.: Rex Heinricus V. in ipso regni sui primordio primo contra Wiclefistas hereticos erexit vexillum ... Omnes Wiclefiste sicut dei proditores essent, sic proditores regni. Für die in diesem Kapitel folgenden Ausführungen sei gleich hier bemerkt, daß Netter die böhmischen Ereignisse lediglich als fortgesetzte Wiclifie betrachtet, wie er in seiner Polemik sich überhaupt nur gegen Wiclif wendet, nie gegen Huß. Scripturus contra Wiclefistas, qui hodie totam invasere Boemiam. Wiclif ist ihm der dritte Herodes usw.

— 59 —

bezeichnet hat[1]), so ist der Grund wohl darin zu suchen, daß man in Böhmen
den 6. Juli als Hussens Gedenktag gefeiert hat — aber gewiß nicht, weil
dieser Tag sein Geburts-, sondern sein Sterbetag — in gewissem Sinne
freilich auch ein Geburtstag — gewesen ist. Daß man den 6. Juli als den
Tag des ,,heiligen Märtyrers'' Huß feierte, wird von den Quellen der hussitischen Zeit ausdrücklich vermerkt.[2]) Sein Vater — er hieß Michael —
scheint nicht bemittelt gewesen zu sein. Wie später Luther hat sich auch
Huß in den ersten Jahren seiner Studien kümmerlich durchgebracht:
Durch Singen in den Kirchen und Ministrantendienste erwarb er sein Brot.[3])
Er besaß mehrere Geschwister. Um die Söhne eines Bruders — derselbe
dürfte damals schon tot gewesen sein — bekundete er noch in den letzten
Tagen seines Lebens eine rührende Fürsorge. Sie sollten ein Handwerk
ergreifen, denn er fürchtete, daß sie, falls sie sich dem geistlichen Stande
widmeten, diesen nicht heilig genug halten würden.[4])

Er selbst dachte frühzeitig daran, Geistlicher zu werden, und seinen
eigenen Worten zufolge hatte er hierbei zunächst das gemächliche Leben im
Auge, das die Geistlichkeit führte. Die erste Erziehung hatte er in der Pfarr-
schule in Prachatitz erhalten, dann bezog er die Universität in Prag. Seine
Erfolge im Studium scheinen die Aufmerksamkeit seiner Lehrer nicht auf
ihn gelenkt zu haben: Es wird angemerkt, daß er in der Reihe der zugleich
mit ihm Graduierten jedesmal in der Mitte genannt wird. Von seinen
Lehrern gedenkt er vor allem des Stanislaus von Znaim, mit dem er später
in bitterer Fehde lebte. Auch Stephan von Palecz, sein Hauptgegner auf
dem Konzil, hat unstreitig einen großen Einfluß auf ihn genommen. In
einer Predigt, die er am Gedenktage Karls IV. gehalten, läßt er die Männer Re-
vue passieren, die als Lehrer einen großen Eindruck auf ihn gemacht haben[5]):

---

[1]) Tomek, Dějepis Prahy 3, 433, Lechler 2, 133.
[2]) Schon in dem Ausschreiben der Prager Universität an ,,verschiedene Königreiche und Länder'' über die vortreffliche Lebensführung des Huß und Hieronymus
de dato Prag 1416 Mai 23 (s. meine Beiträge zur Gesch. d. hussitischen Bewegung V,
352) wird von Huß bemerkt, daß ,,eius vita moribus sanctis instituta fuit'', und die
fünf ,,Märtyrer'' nach diesen beiden wurden verurteilt, ,,quod (noluerunt) consentire
ad condempnacionem illorum sanctorum virorum''. (Ebenda Arch. f. österr.
Gesch. 82, 352, 362). In einer noch ungedruckten Schrift Johann Hofmanns von
Schweidnitz liest man: Quantum ad primum, notandum quod predicti adversarii et
presumptores de anno domini 1420 sexto die mensis Julii apud eos multum celebri
et festivo in recordacionem dampnate memorie quondam Johannis Hus
heresiarche et seductoris ipsorum, quorum memoria in maledictione est ... Cod.
Vind. 4151. Nikolaus Tempelfeld von Brieg (Arch. f. österr. Gesch. 61, 99) schreibt:
Bohemi Johannem Husz alias de Husznicz appellatum, canonizaverunt eiusque festum
die VI. mensis Julii solempniter celebrandum instituerunt et oracionibus in officio
misse consuetis ...
[3]) Sedlák 76,
[4]) Doc. mag. Hus 120.
[5]) Opera 2, 40ff.

Was würden unsere Lehrer, die Professoren der hl. Theologie, sagen, wenn sie noch antworten könnten: Was der Magister Nikolaus mit dem Beinamen Biceps[1]), der spitzfindige Dialekter, Adalbertus Ranconis, der zierlichste Redner[2]), Nikolaus von Leitomischl, der treffliche Berater, Stephan von Kolin, der glühende Freund des Vaterlandes[3]), Johannes Stĕkna, der Prediger mit der Trompetenstimme. Petrus Stupna, der treffliche Musiker — auch als Prediger bekannt.[4]) Auch des Mathematikers Janko und des ausgezeichneten Dichters Nikolaus Rachorowitz gedenkt er mit Liebe. Von besonderen Neigungen erfahren wir wenig. Er selbst hat sich in seinem Testamente, das er in Form eines an seinen Schüler Martin gerichteten Briefes niedergeschrieben hat, angeklagt, daß er einstens an gewissen Äußerlichkeiten: am Tragen schöner Kleidung u a. Wohlgefallen gefunden — verführt, wie er entschuldigend hinzusetzt, durch des Menschen schlechte Angewöhnung. Auch am Schachspiel gewann er Freude. Von seiner Leidenschaftlichkeit und Anmaßung, namentlich aber von seiner Spitzfindigkeit werden verschiedene Beispiele erzählt. Vieles mag da stärker aufgetragen worden sein, als es den Tatsachen entsprach. In übertriebener Weise wußte aber sein Anhang an der Universität seit seinem Tode nur von seiner vortrefflichen Lebensführung zu berichten, die von seiner zartesten Jugend an eine so reine und vortreffliche gewesen sei, daß niemand von so vielen Leuten, unter denen er alltäglich gewandelt, ihn auch nur einer einzigen Sünde beschuldigen konnte.[5]) Daß seine Studien über den Kreis der Schultheologie nicht hinausreichten, darauf ist in den letzten Jahren aufmerksam gemacht worden.[6])

Im September 1393 wurde er Baccalaureus und 1396 Magister der freien Künste. Die Doktorswürde hat er niemals erlangt. Seit 1398 hielt er als öffentlicher Lehrer Vorlesungen an der Universität. An dieser muß er sich rasch Geltung verschafft haben, denn schon nach kurzer Zeit wurden ihm Ämter und Würden zuteil: 1401 wurde er Dekan der philosophischen

---

[1]) Der älteste Katalog der Prager Universitätsbibliothek (a. a. O., p. 310) nennt die Dicta magistri Vicipitis. S. über ihn Sedlák 25/6. In einer guten Quelle wird er genannt, Magister Nicolaus cognomine Biceps, vir utique devocionis magne, acer ingenio, gnarus in sciencia et multiplici redimitus virtute...

[2]) Adalbert starb 1388. In diesem Jahre wird er wegen seiner Krankheit (sein Testament ist vom 3. März bzw. 2. April datiert) nicht mehr als Lehrer aufgetreten sein. Daß er längere Zeit litt, geht aus einem Briefe Jenzensteins hervor (Arch. ö. G. 55, 132). Huß wird sonach vor 1387 sein Schüler gewesen sein.

[3]) Vom ihm besaß die Bibl. einen Sermo synodalis, Loserth, d. ält. Kat., a. a. O. 316. S. auch Sedlák 91—93.

[4]) Ebenda.

[5]) Documenta 74, — Beitr. z. G. d. huss. Bew. V. Arch. f. österr. Gesch. 82, 331.

[6]) Die Belege zusammengestellt v. Berger, Huß 38, 39.

Fakultät und im folgenden Jahre Rektor. Die Rektorswürde bekleidete er durch ein halbes Jahr bis Ende April 1403.

Mit Männern wie Andreas von Brod, Stephan von Palecz u. a. verband ihn die warme Liebe für die nationalen Interessen. Seine tiefe Frömmigkeit und sein Predigertalent fanden ihre Anerkennung darin, daß er, wiewohl er erst im Jahre 1400 die Priesterweihe erlangt hatte, sofort entsprechende Dienste als Prediger fand: Zuerst bei St. Michael in der Altstadt. Seine Predigten waren sorgsam ausgearbeitet und fanden schon damals Verbreitung.[1] 1402 erhielt er das Amt eines Predigers an der Bethlehems-Kapelle, als deren Rektor er laut dem Stiftsbriefe an allen Sonn- und Feiertagen das Wort Gottes in tschechischer Sprache vortragen sollte.[2] Dieses Bethlehem, die Stätte seiner Triumphe, ist ihm in Wirklichkeit ein Heim geworden, an dem er immer mit Inbrunst gehangen.

Wohl schon als Student war Huß mit den philosophischen Schriften Wiclifs bekannt geworden. Im Jahre 1398 schrieb er die vier Traktate Wiclifs: De individuatione temporis, de ideis, de materia et forma und de universalibus ab. Huß selbst hat (fol. 134a) davon Kunde gegeben: Explicit tractatus de veris universalibus magistri venerabilis Johannis Wycleph, sacre theologie veri et magni professoris. Anno domini 1398 in die sancti Jeronimi Slawy. per manus Hus de Hussynez. Amen. Tak boh day (Sic deus det).[3]

Man entnimmt den Worten über Wiclif die hohe Verehrung, die er ihm entgegenbringt. Er tritt denn auch seit seiner Bekanntschaft mit den Schriften des Engländers in jene Richtung ein, in der er seine eigentliche Bedeutung erlangt hat. Bisher in tiefster Seele erfüllt von der Verehrung für die Gebräuche und Gnadenmittel der Kirche, begann er nun seine lebhafte Opposition dagegen.

Zwischen den Universitäten in Prag und Oxford gab es alte Verbindungen. Ein Gesetz der philosophischen Fakultät vom 20. April 1367 bestimmte, daß die Baccalare bei ihren Vorlesungen sich der Hefte bekann-

---

[1] Documenta 175. In seiner Verteidigung gegen die Aussage des Protiva sagt er: Et istud mendacium Protivae possunt comperire illi, qui habent sermones meos de primo anno predicacionis mee. Diese Predigten liegen in der Handschrift 4310 der Wiener Hofbibl. vor: Themata sermonum tam pro dominicis quam pro festis. S. Sedlák 83/4.

[2] Bei vielen älteren und neueren Historikern findet sich die irrige Behauptung, daß es bis dahin in Prag keine Kirche gegeben, wo das Volk die Predigt in der tschech. Muttersprache hören konnte. Zu dem, was Berger, Johannes Hus und König Sigismund 71 anführt, hat man die Stelle Ludolfs von Sagan, eines Zeitgenossen, der um 1370 in Prag studiert hat, anzufügen (cap. 30): Et quidem ibi fuit ab olim permixtus populus de utroque ydiomate et ideo rectores ecclesiarum prius predicabant libere et quocumque istorum ydiomatum (wie Militsch) prout sue plebi viderunt expedire.

[3] Nach einem in meinem Besitz befindlichen Facsimile Dudiks.

ter Magister der Prager, Pariser oder Oxforder Hochschule bedienen mußten: nur Doktoren und Magister durften nach eigenen Heften vortragen.[1]) So rühmte sich Ranconis, in seinen Lehren stets den heiligen und ausgezeichneten Doktoren der berühmtesten Universitäten — derer von Paris und Oxford — gefolgt zu sein. An beiden Hochschulen hat er, wie es wahrscheinlich ist, studiert; in Paris und, wie man nach einer Bemerkung, die er gegen den Erzbischof Johann von Jenzenstein gemacht hat, annehmen darf, auch in Oxford ist er Lehrer gewesen, bevor er seine Wirksamkeit in Prag aufgenommen hat. Du rühmst dich, ruft Jenzenstein ihm zu, daß man dir weder an der Universität in Oxford noch an der in Paris einen Irrtum vorgehalten hat, den du hättest widerrufen müssen.[2]) Daß der Besuch der englischen Hochschule von Seiten böhmischer Studenten eben nichts Seltenes war, lehrt das Testament des Ranconis. Beliebter wurde er aber erst, seitdem Wenzels Schwester, Anna von Luxemburg, an König Richard vermählt wurde (1382). In ihrem Dienste befanden sich viele ihrer Landsleute und selbst im Dienste vornehmer Engländer verweilten Leute aus Böhmen.[3]) Seit jener Zeit datiert die Verbreitung Wiclifscher Schriften in Prag. Daß man sie mindestens in die zweite Hälfte der achtziger Jahre des 14. Jahrhunderts zu setzen hat, davon zeugt die Äußerung, die Huß dem Engländer Stockes gegenüber im Jahre 1411 getan hat: Ich, sagt er, und die Mitglieder unserer Universität besitzen und lesen jene Bücher schon seit zwanzig und mehr Jahren.[4]) Kein Wunder, daß hervorragende Lehrer und Freunde des Huß dem Wiclifschen Realismus huldigten: ein Stephan von Kolin, Peter und Stanislaus von Znaim und Stephan von Palecz. Die Führung der ganzen Schar dürfte Stanislaus besessen haben, der selbst eine umfangreiche Schrift Universalia realia geschrieben hat, die mit Wiclifschen Gedanken angefüllt ist.[5])

Bis zum Tode der Königin Anna wird dieser lebhafte Verkehr angedauert haben, ganz unterbrochen ist er aber auch später nicht gewesen.

Über die Frage, wer die theologischen Schriften Wiclifs nach Böhmen gebracht hat, denn nur um diese handelt es sich, da die philosophischen diesen großen Umschwung der kirchlichen und staatlichen Verhältnisse niemals erzielt hätten, gab es schon in der Mitte des 15. Jahrhunderts verschiedenartige Anschauungen. Bezeichnend ist, daß ein Mann, der inmitten der Zeit gestanden und die Bewegung der Geister in Böhmen von ihren ersten Anfängen mit prüfendem Blicke betrachtet hat, der Schlesier Ludolf von

[1]) MM. univ. Prag 1, 41, 50.
[2]) Arch. f. öst. Gesch. 57, 11, 71.
[3]) Höfler, Anna v. Luxemburg 83, 93. Lindner, Gesch. d. deutsch. Reiches unter Wenzel 1, 118 ff.
[4]) Opera 1, 108.
[5]) Sedlák 80.

Sagan, erklärt, er wisse nicht, wer die ketzerischen Schriften des Engländers nach Prag gebracht habe.[1]) Ein Mitglied seines Klosters wußte dann ein halbes Jahrhundert später schon zu erzählen, daß die Tschechen, um es in der Gelehrsamkeit mit den Deutschen aufnehmen zu können, zwei ihrer Landsleute, die sich durch besondere Talente vor den anderen hervortaten, nach Oxford gesandt hätten — den Magister Johannes Huß und Hieronymus von Prag. Dort seien sie mit Wiclifs Schriften bekannt geworden.[2]) Daß in dieser Notiz nicht ein Funke Wahrheit vorhanden ist, liegt auf der Hand: Huß ist niemals in Oxford gewesen und Hieronymus wurde nicht von den Pragern und am wenigsten zu dem angegebenen Zwecke dahin gesandt.

Aber ebenso unrichtig ist die Behauptung des Enea Silvio, daß ein Mann aus vornehmem Hause, Namens Faulfisch, die e r s t e n Exemplare Wiclifscher Schriften nach Prag überbracht habe.[3]) Es ist das eine Verwechslung mit jenem Nikolaus Faulfisch, der in Gesellschaft mit einem anderen Studierenden, Georg von Knienchnitz, eine Urkunde nach Prag brachte, in welcher die Universität Oxford am 5. Oktober 1406 die Rechtgläubigkeit Wiclifs behauptete.

Der Domherr Nikolaus Tempelfeld von Brieg, einer der leidenschaftlichsten Gegner des Königs Georg von Podiebrad, läßt Wiclifs Lehren durch gewisse Engländer, deren Namen er nicht nennt, nach Böhmen gelangen.[4]) Er hat hierbei offenbar den Magister Peter Payne im Auge, der von 1410 bis 1415 die Würde eines Vizeprinzipals der Edmundshall in Oxford bekleidete, später nach Böhmen ging und sich dort in lebhaftester Weise an den kirchlichen Fragen der Zeit und des Landes beteiligte. Er war Zeit seines Lebens eifriger Wiclifit und ist erst 1455, drei Jahre bevor Tempelfeld seinen Traktat abgefaßt hat, gestorben.

Ebensowenig glaubwürdig ist die Erzählung des Stanislaus von Welwar, der im Jahre 1455 als Dekan an der Artistenfakultät in Prag erscheint und Kanonikus wurde. Von ihm ist eine Rede erhalten[5]), in der er erzählt, daß ein Baccalaureus der Prager Universität nach Oxford entsendet wurde, um zu erforschen, ob die Tatsache richtig sei, daß Wiclif vom Erzbischof von Canterbury und vielen Bischöfen verurteilt worden sei. Der Baccalaureus wußte sich ein Beglaubigungsschreiben der Universität Oxford zu verschaffen, schabte die Schrift bis auf das Siegel ab und schrieb auf das Pergament eine Empfehlung der Schriften Wiclifs. Erst auf dem

---

[1]) Tractatus de longevo schismate, cap. 27. In meiner Ausgabe S. 425.
[2]) Catalogus abbatum Saganensium SS. rerum Sil. 2, 283.
[3]) Hist. Boh. 35.
[4]) S. meinen Aufsatz über Tempelfeld im Arch. f. österr. Gesch. 61, 135.
[5]) Oracio reverendi magistri Stanislai de Welwar canonici Pragensis ecclesie· im Cod. bibl. un. Prag XI, C 8, 280—281, gedr. in der Geschichtsschr. d. huss. Beweg 3, 17; vgl. Palacky, Die Gesch. d. Hussitentums 116.

Totenbette bereute er in Gegenwart Sigismunds von Gistebnitz seine Tat:
Kein ärgeres Verbrechen als dieses habe er in seinem Leben begangen.
Es ist ersichtlich, daß man es hier nur mit einer anderen Redaktion der
Erzählung von Nikolaus Faulfisch zu tun hat, die zu bestimmtem Zweck
erdichtet wurde.

Der Bericht des Stanislaus von Welwar findet sich in der Chronik
des Notars Prokop wieder — allerdings mit bedeutenden Abänderungen.[1]
Auch hier sind Huß und Jakobell getäuscht worden. Einige, sagt Prokop,
trugen die Bücher des von der Kirche verdammten Johannes Wiclif nach
Böhmen und fälschten eine Schrift, indem sie an die Stelle des Namens
eines als katholisch erklärten Magisters den des Johannes Wiclif setzten.
Auch hier empfindet der Betrüger am Totenbette Reue und erklärt seine
Fälschung als das ärgste Verbrechen seines Lebens.

Cochlaeus hat die Angaben Enea Silvios mit denen Tempelfelds ver-
bunden und nennt auch den Peter Payne als Verpflanzer Wiclifscher Bücher
nach Böhmen.[2] Bei späteren Historikern, namentlich von Hajek ab, finden
sich neue Einzelheiten, und so hat man noch in unseren Tagen von einem
Hieronymus Faulfisch erzählt, auf den die Propaganda für Wiclif in
Böhmen zurückgehe — eine Verknüpfung des echten Faulfisch mit Hieronymus von Prag. Von diesem weiß man, daß er theologische Schriften aus
England in seine Heimat gebracht habe. Er ist kaum vor dem Jahre
1399 ins Ausland gegangen[3]), da er erst im Jahre 1398 Licentiat wurde
und im folgenden Jahre die dispensatio biennii erhielt, die ihn von der
Verpflichtung, Schullehrerdienste zu leisten, befreite. Auf dem Konstanzer Konzil erklärte er, daß er in seinen Jugendjahren aus Lernbegierde
nach England ging und weil er hörte, daß Wiclif ein Mann von gründlicher
Bildung und ausgezeichnetem Geiste gewesen, habe er dessen Dialog und
Trialog, von denen er Handschriften erlangen konnte, abgeschrieben und
nach Prag gebracht. Das dürfte im Jahre 1401 oder 1402 geschehen sein,
denn im folgenden Jahre erfolgte bereits die Verurteilung der sog. 45 Artikel
Wiclifs.

Štitnys Werk über den christlichen Unterricht, das in seiner letzten
Redaktion erst nach 1400 abgefaßt wurde, zeigt schon die Kenntnis der
Wiclifschen Abendmahlslehre: Siehe da, sagt Štitny, ich stehe schon im
siebenzigsten Lebensjahre, und doch haben mich einige Magister wankend
gemacht, so daß ich nicht mehr mit einiger Sicherheit zu sagen weiß,
ob in dem Sakrament noch das Brot sei, unter welchem auch der Leib des
Herrn wäre oder ob da das Brot bereits aufhöre zu sein. Ich war der zweiten

---

[1]) Der Text der Ausgabe in den Geschichtsschreibern der hussitischen Bewegung
1, 68, ist verderbt.

[2]) Historia Hussitarum 8.

[3]) Darüber s. Palacky, Geschichte des Hussitentums 113.

Ansicht in der Meinung, die Kirche habe so entschieden, und diese Ansicht legte ich in einigen meiner Bücher nieder. Jene Meister taten mir aber einleuchtend dar, das Brot sei in dem Sakrament vorhanden und der Leib des Herrn auch. Indessen sage ich doch lieber: Ich weiß nicht, was wahr ist, als daß ich sagte, das oder das ist wahr, wenn die Kirche darüber selbst noch nicht entschieden hat.[1]) Man entnimmt diesen Worten, daß über die Abendmahlslehre schon früh in lebhafter Weise gesprochen und geschrieben wurde und daß sie auch außerhalb der engeren Kreise von Prag frühzeitig Eingang fand. Das ist begreiflich genug. Es waren sicherlich schon längst auch einzelne theologische Werke Wiclifs in Böhmen bekannt, ehe man sie in methodischer Weise aufzusuchen und abzuschreiben begann. Das führt auf die Namen der beiden böhmischen Studenten Nikolaus Faulfisch und Georg von Kniechnitz, die zu dem bestimmten Zweck, nach den Werken Wiclifs zu forschen und sie zu kopieren, 1406 nach England gingen. Sie waren aber weder die ersten noch die einzigen, die Schriften des englischen Reformators auf den Kontinent brachten; nur daß man seit dieser Zeit erst von einer Überflutung ihrer Heimat mit diesen Werken sprechen darf.[2])

Wie sehr aber auch die Nachrichten darüber auseinandergehen mögen, wer zuerst die theologischen Bücher Wiclifs nach Böhmen gebracht hat: Darüber hat es schon bei Hussens Zeitgenossen keinen Zweifel gegeben, daß es die Bücher des englischen Doktors gewesen sind, an denen sich die tief ins Volk gehende Bewegung entzündet hat, die von vornherein, wie man aus Štitnys Worten entnimmt, in eine neue Richtung eingelenkt hat.

Noch im Jahre 1392 opfert auch Huß seine letzten vier Groschen, um des Ablasses teilhaftig zu werden: „Und damals, sagt die Universitätschronik, wurde der Magister Huß — er war zu der Zeit noch nicht Priester — in frivoler Weise durch solche Predigten getäuscht und beichtete auf dem Wischehrad, dem Beichtvater die letzten vier Groschen darreichend, so daß ihm nichts als trockenes Brot zur Nahrung blieb. Gewiß sind es im Anfange seiner seelsorgerischen Tätigkeit nur die mit der Bethlehemskirche in Verbindung stehenden Kreise gewesen, die seine Richtung bestimmt haben — ein Johannes Stěkna und Stephan von Kolin, daß er damals noch von einer tiefen Verehrung der bestehenden Kirche und ihrer Gnadenmittel erfüllt war, kann als erwiesen gelten.

Erst Wiclifs Werke haben jene tiefe religiöse Bewegung in Böhmen hervorgerufen. Daß aber diese nichts anderes war, als

---

[1]) Wenzig, Studien über den Ritter Thomas von Štitny 20. Von Tomek, Dějepis města Prahy 444, wird die Bekanntschaft Štitnys mit den Schriften Wiclifs schon in das Jahr 1395 gesetzt, was nach dem obigen nicht bloß möglich, sondern auch sehr wahrscheinlich ist.

[2]) S. darüber den Exkurs Nr. 1.

die reine Wiclifsche, erfährt man aus urkundlichen Dokumenten und historischen Berichten dieser und der unmittelbar darauf folgenden Zeiten. Schon die ersten nachweisbaren Predigten des Huß weisen dies aus.[1]) Von den Zeitgenossen des Huß sagt Ludolf von Sagan, daß die schrecklichen, dem Glauben, der Wahrheit und Billigkeit, Gerechtigkeit, Religion und Kirche widerstrebenden Taten aus den Büchern Wiclifs ihren Ausgangspunkt genommen haben.

Ähnlich sagt Andreas von Brod, lange Zeit der Mitarbeiter des Huß, freilich auf einem Gebiete, das dem religiösen fernliegt: Ihr möget immerhin von den argen Verirrungen der Geistlichkeit sprechen: nur über die Irrtümer und Bücher Wiclifs, dessen Schützer ihr seid, schweiget. Ich armseliges Menschenkind sage euch: Wenn nicht um anderer Dinge willen — bloß deswegen, daß ihr gegen den Klerus predigt, würde niemand euch in den Kirchenbann legen, denn schon vor alten Zeiten haben Milicius, Konrad, Stěkna und noch sehr viele andere gegen den Klerus gepredigt, ohne daß einer von ihnen in den Bann getan worden wäre.[2])

Wegen der Bücher Wiclifs, heißt es in der Universitätschronik[3]), fing der erhebliche Zwiespalt im Klerus an.

Den wahren Charakter der hussitischen Bewegung in den beiden ersten Jahrzehnten ihres Bestehens kann man aus den Schriften ihres kräftigsten Gegners Stephans, des Priors der Karthause Dolein bei Olmütz, noch ziemlich deutlich erkennen. Er macht hierfür den Magister Wiclif verantwortlich, den er in einem im Jahre 1408 abgefaßten Traktate mit großer Lebhaftigkeit apostrophiert. Der Traktat führt denn auch den schon von vornherein bezeichnenden Titel Antiwiclif. Hussens Name wird darin noch nicht genannt. Dagegen wendet sich Stephan in den folgenden Traktaten: Antihussus, der 1412, dem Dialogus volatilis, der im September 1414 und in der Epistola an die Hussiten, die 1417 geschrieben ist, mit allem Nachdruck gegen Huß, aber doch noch eifriger gegen Wiclif als dessen Lehrer; dieser sei es, der Huß und Hieronymus und die anderen alle angesteckt habe.[4]) Er nennt nach dem bekannten Muster Huß den eingeborenen Sohn Wiclifs, an dem dieser sein Wohlgefallen habe (carissimus), sich selbst bezeichnet er als den Wachhund, der fleißig gebellt habe, aber nicht zu dem Zwecke, daß aus Wiclif die Hussiten hervorgehen. Huß ist ihm der vorzüglichste Lobredner und Jünger Wiclifs oder dessen Advokat, Wiclif selbst der Arius seiner Zeit. Er schilt die Hussiten, die sich in ihrem Übermut spreizen — diese Schüler Wiclifs. Die Bethlehemskapelle ist ihm die

---

[1]) S. darüber unten 2. Buch, 1. Kapitel: Zur pastoralen Tätigkeit des Huß.

[2]) Documenta 518.

[3]) Item anno domini 1403 incepit notabilis dissensio in clero propter quosdam articulos ex Johannis Wiclef doctoris Anglici libris non bene extractos . . .

[4]) Pez, Thesaurus anecdotorum 4, 596, 573, 526/7, 458, 437, 374.

Spelunke, die ihren Hinterhalt bildet, wo Konventikel gehalten werden und wo sich die satanische Schule Wiclifs befindet. In diesem Tone geht es noch in zahlreichen Redewendungen fort. Stephan hat gegen die Lesung der Bücher Wiclifs einzuwenden, daß sie minder gebildete Leute verdirbt: Würde man sie doch nur gelesen haben, um das Gute aus ihnen zu finden und das Schlechte in ihnen zu verabscheuen.[1] Sein letzter Traktat kämpft im übrigen bereits gegen die Kommunion sub utraque. Aber noch in den letzten Werken spottet er seiner Gegner, die sich der Bezeichnung Wiclifiten und Hussiten schämen, während sie doch den Lehren Wiclifs und Hussens im höchsten Grade gehorchen.

Eine alte annalistische Aufzeichnung sagt zum Jahre 1409, daß damals die Wiclifie stark zu werden begann[2] und Kunz von Zwola klagt: Die Böhmen sind Ketzer geworden, weil sie dem Erzketzer Wiclif anhängen.

Wer dem Magister Huß „die Augen geöffnet hat", das wußte man übrigens Jahrzehnte nach seinem Tode im Kreise der Taboriten noch ganz gut. Es war 1430, als die taboritische Priesterschaft mit ihrem ganzen Ansehen zum Schutz Wiclifs eintreten mußte. Der Magister Johannes Přibram hatte nämlich von dessen Büchern behauptet, daß sie irrige und ketzerische Sätze enthalten[3] und doch seien das, erwiderte man ihm darauf, jene Bücher, die der Magister Johannes Huß im Verein mit anderen Magistern an der Prager Universität siegreich verteidigt und vielfach empfohlen hat.

Die taboritische Priesterschaft gab, um solchem Vorgehen zu begegnen, eigene Satzungen, nach denen sich die Geistlichkeit in den taboritischen Städten verhalten sollte. Und unter den vier Punkten, die in dieser Beziehung am 13. Jänner 1430 festgesetzt wurden, spielt wie im Jahre 1403 der Streit wegen des Altarssakramentes immer noch eine bedeutende Rolle. Wie die Taboriten sich nicht scheuten, auf dem Basler Konzil in öffentlicher Sitzung Wiclif als den evangelischen Doktor zu bezeichnen, was ihnen der Kardinal Julian übel vermerkte, so machten sie auch daraus, daß ihre Abendmahlslehre[4] eigentlich die Wiclifs sei, kein Hehl. Von den 34 Artikeln,

---

[1] Ebenda 572 und so wiederholt: In partem Wiclef dilapsi ... vester magister Wiclef et filii tui sequaces ... quare Wicleph adheretis ... Wiclef vester deus. vestrum caput etc.

[2] Geschichtsschr. d. huss. Beweg. 2, 73.

[3] Quia nuper in hoc regno Bohemie insurrexit quidam veritatis aemulus, divisionis et dissensionis seminator nomine magister Johannes Přibram, hereticans et erroneans libros doctoris evangelici magistri Johannis sc. Wicleph, quos magister Johannes Hus sancte memorie cum aliis magistris in universitate studii Pragensis contra doctores, magistros et prelatos invincibiliter defendens multipliciter commendavit. Palacky, Urk. Beiträge 2, 88.

[4] S. meinen Aufsatz über die Wiclifsche Abendmahlslehre und ihre Aufnahme in Böhmen im 30. Jahrg. der MVGDB.

die der Kardinallegat den Böhmen vorlegte, „stammen die meisten", sagt Cochlaeus, „aus den verdammten Dogmen Wiclifs" und die ersten beziehen sich auf dessen die Abendmahlslehre betreffenden Sätze.

Noch deutlichere Auskunft erhalten wir an einer anderen Stelle: „Diese Bücher des evangelischen Doktors und Meisters Johannes Wiclif sind es gewesen, die, wie man von glaubwürdigen Zeugen weiß, dem Magister Johannes Huß seligen Angedenkens die Augen geöffnet haben, während er sie las und wieder las im Verein mit seinen Anhängern".[1] Nur irrt die sog. Taboritenchronik darin, daß sie meint, die Augen seien dem Huß erst im Jahre 1410 geöffnet worden, wir finden in seinen lange vor dieser Zeit abgefaßten Schriften Wiclifsche Lehrsätze und Beweisführungen aus Werken Wiclifs.

In jener akademischen Rede, die man mit Recht dem Huß zugeschrieben und die er im Jahre 1409 gehalten hat[2], bricht er in lebhafte Klagen aus, daß man ungerechterweise das böhmische Volk als ketzerisch in Verruf bringe, jene geheiligte böhmische Nation, von der doch das Sprichwort von altersher sage: Kein wirklicher Böhme könne ein Ketzer sein. „Glaubet denen nicht", ruft er aus, „die lügnerischerweise dem Rufe des Reiches und der geheiligten Stadt Prag nahetreten." Er klagt, daß so viele Ignoranten geistlichen Standes in ihren Reden vor allem Volke schwätzen: Hier in der Stadt seien zahllose Ketzer, man nenne sie Wiclefisten. Was mich betrifft, bekenne ich, daß ich die Bücher des Magisters Johannes Wiclif gelesen und studiert habe und gestehe gern, daß ich daraus viel Gutes gelernt habe. Ein solcher Tor freilich bin ich nicht, daß ich alles, was ich in seinen oder den Büchern eines anderen Doktors gefunden habe, dem Evangelium gleich halte. Der hl. Schrift allein will ich diese ehrfurchtsvolle Folge bewahren. Warum sollten wir auch Wiclifs Bücher nicht lesen, in denen unzählige hl. Wahrheiten niedergelegt sind? Er fordert die anwesenden Studierenden schließlich auf, Wiclifs Bücher fleißig zu studieren. Sollte in ihnen etwas enthalten sein, was sie vielleicht ihres jugendlichen Alters wegen noch nicht verstehen möchten, so mögen sie für spätere Zeiten zurückgestellt werden. Er macht sich über einen Prediger lustig, der zum Volke von der Apokalypse nicht predigte, sondern schrie und vom Schweife des Drachens sprechend die Behauptung aufgestellt hatte, daß dieser Drache der Magister Johannes Wiclif gewesen ist, der schon mehr als den dritten Teil der streitenden Kirche in seinen Irrtum verstrickt habe.

Ähnliche Äußerungen wird man bei Huß noch öfter finden.[3] Sie

---

[1] Geschichtsschr. d. hussitischen Bewegung 2, 593.

[2] Ebenda, S. 112—128, mit dem Titel: Recommendatio artium liberalium.

[3] Vgl. Huß, Predigten a. a. O. 2, 45: Und sagt irgend jemand, daß sie doch die hl. Schrift vorweisen möchten zur Begründung ihrer Satzungen, so schreien sie gleich: Seht doch den Wiclefiten, der die hl. Kirche nicht hören will. Sie halten nämlich sich selbst und ihre schriftwidrigen Satzungen für die hl. Kirche.

kommen ebenso oft auch bei seinen Freunden vor und in diesem Sinne äußert sich Přibam: Nicht ich bin es, der die Irrtümer Wiclifs zu verbreiten angefangen hat, sondern die ganze böhmische Nation mit dem Magister Huß und Jakobell.

Man wird es unter diesen Umständen begreifen, daß in gleichzeitigen Briefen, Urkunden, annalistischen Aufzeichnungen und in zahlreichen Gassenhauern fast ausschließlich von Wiclifiten (Wiclefiten, Wiclefisten usw.) gesprochen wird und die Bezeichnung Husse (Hussita, Hussite) verhältnismäßig spät und auch da fast ausnahmslos in Verbindung mit Wiclif begegnet. So finden wir beispielshalber in den von Palacky herausgegebenen Documenta magistri Joannis Hus in 23 Briefen und Urkunden die Bezeichnung Wiclifit[1]), dagegen Hussit nur einmal, und zwar in einer (wohl später hinzugefügten) Überschrift zu einem Aktenstück und viermal in Verbindung mit dem Ausdruck Wiclifit. Diese Bezeichnung kann als die eigentliche Benennung der Anhänger der neuen Richtung angesehen werden, wie sie noch in einem amtlichen Schriftstücke König Sigismunds vom 11. Juli 1418, das an den Kurfürsten Ludwig von der Pfalz gerichtet ist, erscheint[2]), und so findet man auch später bei Beginn der Hussitenkriege anfänglich die Bezeichnung Wiclifit vorherrschend; allmählich aber wird sie von jener anderen verdrängt und immer mehr und mehr von Hussen gesprochen, von Waisen, Taboriten usw.

[1]) Zum Jahre 1408 findet sich die Benennung Wiclifit in der Klage des Prager Klerus an den Erzbischof, s. Doc. 153, in den Synodalstatuten (333), im Chronicon univ. Prag (731 u. 733), zum Jahre 1411 ebenda (735) und in einer annalistischen Aufzeichnung (736), zum Jahre 1412 in der Klage des Prager Klerus beim päpstlichen Hofe, daß man aus Wiclifs Büchern irrige Lehrsätze nehme und verbreite (458), zum Jahre 1413 als eine Äußerung des Palecz in einem Briefe Hussens (Doc. 56), in der Replik der Prager Magister gegen die von der theologischen Fakultät gemachten Bedingungen zur Herstellung der Einigkeit (501); die ganze Partei des Huß wird in einem sozusagen amtlichen Schriftstück, das an die theologische Fakultät gerichtet ist, als wiclifitische bezeichnet (508), Stanislaus von Znaim, Stephan von Palecz und Andreas von Brod (519) sprechen nur von Wiclefisten. Auf dem Konzil von Konstanz haben einzelne Personen (541, 542, 601) und das Konzil als solches die Anhänger des Huß als Wiclifiten bezeichnet (474, 578, 648, 649); so spricht auch Hussens Zeitgenosse und eifriger Gegner auf dem Konstanzer Konzil, Johann der Eiserne, Bischof von Leitomischl, von der Sekte der Wiclefiten (259), die das Unkraut in Böhmen ausgesät haben. Zum Jahre 1416 wird in den Accusationes regis Wenceslai, regine Bohemie, nobiliumque Bohemorum, als sie dem Konzil vorgelegt wurden, geklagt, daß Wiclefisten an dem Ruin der Universität schuld seien. König Sigismund spricht in einer Zuschrift an das Konzil gleichfalls von Wiclifiten, „qui dicuntur de secta Wiclefistarum" (654). Eine cantio von 1418 singt: Fidelis Bohemus plangit — Omnes Wiclefistas tangit ... Wiclefiste expellantur. Andreas von Brod gebraucht 1414 den Ausdruck Joannita, der wohl mit Hussita identisch ist (519). Der letztere kommt von 1416 in Verbindung mit Wiclefista (639, 640, 684, 756) vor. In einer Überschrift zu einem Aktenstück von 1416 heißt es: Accusatio super sacerdotes Hussitas.

[2]) Reichstagsakten 7, 349: ut novitatem, que ibidem de Wiclefistis exsurrexit, possimus eradicare.

Was die Jahrbücher und Chroniken Böhmens betrifft, so wenden das
Chronicon Bohemie[1]), die Chronik der Prager Universität[2]), das Chronicon
Treboniense[3]), die Chronik des Notars Prokop[4]) die Bezeichnung Wiclefisten an, wenn sie von den Anhängern des Huß reden. Nur vereinzelt
findet sich bei Prokop, der im übrigen kein Zeitgenosse der ausbrechenden
Bewegung war, die Bezeichnung Hussite. Das Chronicon veteris collegiati
kennt sie nicht und Lorenz von Březowa spricht entweder von Wiclefisten[5])
oder sagt, um deutlicher zu werden, Wiclefiten, die anders auch Hussiten
heißen. Der Anonymus de origine Taboritarum spricht gleichfalls nur
von Wiclefisten[6]), und so findet sich noch in manchen gleichzeitigen
annalistischen Aufzeichnungen oder in Spottgesängen Böhmens dieser
Ausdruck. In den Jahren 1414—1418 spricht man in den offiziellen Aktenstücken, die von katholischer Seite in Böhmen ausgehen, nur von Wiclifisten.[7]) Wie in diesen urkundlichen Denkmälern, so wird auch in den
Inquisitionsfragen, die den Hussiten vorgelegt werden, von Wiclifisten
gesprochen.[8]) Stephan von Palecz spricht in seiner Abhandlung De communione sacramenti sub utraque specie nur von Wiclifisten[9]), desgleichen

---

[1]) Geschichtsschr. d. huss. Bewegung 1, 11. Citatus est archiepiscopus a Wiclefistis.

[2]) Ebenda 18, 19, 22, 24, 33, 35, 36, 43.

[3]) Ebenda 50, 65.

[4]) Ebenda 49, 76.

[5]) Ebenda 324: Presbyteri magistro Johanni Hus adherentes protunc Wiclefiste ... 328: Wiclefiste seu Hussite. ...

[6]) Ebenda 528: Hec videntes Wiclefiste cogitare ceperunt ... que Wiclefiste in
sua detinent potestate.

[7]) Sehr lehrreich in dieser Beziehung ist jenes Aktenstück, das im elften Buch
der libri erectionum als Testament des Prager Domherrn Adam von Nezeticz mitgeteilt wird. Er vermacht bedeutende Legate an kirchliche Würdenträger in Prag,
fügt aber hinzu: Suspectus de secta Wiclefistarum non eligatur, s. Balbin,
Misc. dec. 1. lib. 5, 220/1. Auch seine Bücherschätze vermacht er in gleicher Weise:
Reliqui libri ... ecclesie Pragensis usibus reserventur ... sed nulli Wiclephiste
aut suspecto. Das Testament ist am 18. Juli 1419 notariell beglaubigt worden.

[8]) Secuntur interrogaciones, quibus interrogantur Wiclefiste. Cod. Vindob.
4941, fol. 248a. Auch mitten im Text.

[9]) Cod. pal. Vindob., fol. 111a: Impugnatur ergo ecclesia moderno tempore
maxime ab hereticis nove secte Wyclefistis ... So wiederholt: nur an zwei Stellen
wird gesagt: Wyklefiste seu Taborenses. Der Ausdruck Hussita findet sich in diesem
Traktate wohl auch, aber nur in dem einleitenden Teil, der nicht von Palecz herrührt.
Auch in der Replicatio Quidamistarum de stilo magistri Stephani Palecz (Cod. pal.
Vindob. 4308 und Cod. un. Prag. XI, E. 3) wird nur von Wiclifisten gesprochen. Die
Replicatio stammt aus dem Jahre 1415. Was Stanislaus von Znaim betrifft, s.
Responsio contra posicionem Wiclefistarum per magistrum Stanislaum de Znoyma
doctorem subtilissimum theologie in meinen Beiträgen zur Gesch. der hussitischen
Bewegung 4, 361 ff. Die Responsio hat das Datum von 1413. Im Cod. 49 der Biblio-
thek in Hohenfurt ist eine Prophecia magistri Theoderici ... de Wiclefistis sub utraque
specie sumentibus.

Stanislaus von Znaim in seiner berühmten Schrift Alma et venerabilis facultas. In den Schriften gegen die vier Prager Artikel wird gleichermaßen von Wiclifisten gesprochen[1].) Von Interesse ist, was noch Peter Chelčicky über Wiclif sagt: Vor nicht langer Zeit hat jemand, der zu euch gehört[2]), uns belehrt, was ihr glaubet und daß ihr all das, was ihr von den Zeichen vorbringt, aus Wiclif schöpft, aus seinen zwei Büchern vom Leibe Christi ... Johannes Huß und Jakobell haben besser als andere Böhmen Wiclif verstanden ... Ich glaube, sagt er an anderer Stelle, das muß euch lieb sein wie Salz in die Augen, denn da ihr euch meist auf Wiclif stützt, habe ich es aus Wiclif genommen... Da du, spricht er schließlich Rokyzana an, den Wiclif anführst und keinen anderen Doktor, so scheinst du ihn höher zu achten als andere. Allerdings achte ich Wiclif vorzugsweise deswegen, weil ich von ihm höre, niemand unter den alten und auch unter den jetzigen Doktoren habe gegen das Gift, das der hl. Kirche eingeflößt ist (d. i. die sog. „Verkaiserung") so gut gesprochen und geschrieben.

In den Nachbarländern, wie Mähren, Schlesien, der Lausitz, hat sich die Bezeichnung Hussita früher eingebürgert. Stephan von Dolein spricht schon viel von den Hussonisten[3]), desgleichen Ludolf von Sagan[4]), doch kommen bei beiden auch noch öfter die Ausdrücke Wiclefisten vor; in Schlesien spricht König Sigismund zunächst nur von Wicleffen und Ketzern.[5] In den zwanziger Jahren kommt dann die Benennung Hussita in allgemeineren Gebrauch. Wiclefiten erscheinen fortan noch in den aus der päpstlichen Kanzlei stammenden Urkunden, aber auch da wird dem Worte noch das ergänzende Hussite beigesetzt. Ganz schwindet jedoch die alte Bezeichnung nicht. Noch in den Aufzeichnungen, die sich über die Disputation zwischen Katholiken und Hussiten auf der Burg Žebrak im Jahre 1428 erhalten haben, und die von Johann von Duba, einem Zeitgenossen und Augenzeugen herrühren, werden von katholischer Seite die Gegner als Wiclefiten bezeichnet.[6] Und so sprechen noch in der Mitte des 15. Jahrhunderts Tempelfeld[7]) und andere von Wiclifiten.

Das richtige Wort über das Verhältnis des Huß zu Wiclif, wie es von Anfang an erscheint, hat der Engländer Stokes ausgesprochen: Huß möge sich doch dieser Schriften und Lehrmeinungen nicht als seines

[1]) Tractatus Wiclefistarum presentatus per eos Ser^mis principibus regi Polonie et magno duci Lytvanie Cod. bibl. Olomuc. 2, II, 21.
[2]) Goll, Quellen und Untersuchungen zur Gesch. der böhmischen Brüder 272.
[3]) Pez, Thesaurus anecdotorum 4, 2 u. a.
[4]) Quod quidam ... sequaces doctrinam Johannis Wyclyff ... Wiclefiste et Hussite (155, 130). Wiclefiste 155, 187.
[5]) Grünhagen, Geschichtsquellen der Hussitenkriege, Nr. 1, 2, 4, 7 usw. Auch in Melk sagt man entweder Wiclefiste oder fügt noch Hussite bei.
[6]) Archiv český 3, 264. Palacky, Urk. Beiträge, 1, 545.
[7]) Arch. f. österr. Gesch. 61, 160. Jirsik kann nicht König sein, weil er ein Wiclifist ist.

Eigentumes rühmen, da sie doch Wiclif angehören, dessen Pfade er wandle.[1])

Im übrigen ist Stokes allerdings zu weit gegangen, wenn er seine Meinung dahin aussprach, daß Huß sich dieser Lehrmeinungen als seines Eigentums rühme. Dies wird aus Hussens Schriften, aus den Abhandlungen sowohl als auch aus den Predigten und Briefen nicht ersichtlich.

Wie man schon aus einer Predigt Hussens aus seiner ersten Zeit entnimmt, ist er bereits 1403 und wahrscheinlich früher noch eifrig beim Studieren der Schriften Wiclifs gewesen, in einer Zeit, da er sich noch im besten Einverständnisse mit dem kirchlichen Oberhaupt seines Sprengels befand. Und so erschien diese ganze Bewegung der Geister vom Jahre 1403 angefangen den Zeitgenossen als die leibhaftige Wiclifie und demgemäß wird man sich nicht wundern, wenn Huß selbst von diesen als Wiclifit bezeichnet wird, wie dies beispielshalber in der Klageschrift des böhmischen Klerus vom Jahre 1412 geschehen ist.[2])

5. Kapitel.

Wiclifitische Strömungen und Gegenströmungen in den Jahren 1403—1409.

Kein anderer böhmischer König, selbst nicht der „ufgeruckte" Hussitenkönig „Jirsik" stand bei den deutschen und katholischen Bewohnern der an Böhmen grenzenden Länder in einem so schlimmen Andenken als König Wenzel, und mit keinem ist auch die Nachwelt schärfer ins Gericht gegangen[3]): Zunächst galt er als der Zerrütter des „generale studium" und trug sonach den Groll aller derer, die mit schwerem Herzen von dieser vordem so berühmten Pflanzstätte der Bildung abgezogen waren. Dann hat er die Ketzerei begünstigt, wenn nicht gar ausgeheckt, und diese war bei den Deutschen um so verhaßter, als sie sich in ihren Wurzeln auch gegen das deutsche Wesen gekehrt hat. Kein Wunder, daß man ihn einer ganzen Reihe schändlicher Taten beschuldigte, wie sie nur eine geschäftige Phantasie auszusinnen vermochte.[4])

---

[1]) Petri de Mladenovic Relacio, Doc. mag. Joannis Hus 308.

[2]) Beatissime pater ... Quidam iniquitatis filius, magister Joannes Hus Wiclefista cum suis complicibus ... stans sub vinculis excommunicacionis ultra duos annos et articulos Wiclef heresiarche damnatos publice defendens ... contra ... indulgencias oblatrare ... non erubuit. Documenta 460/1.

[3]) S. die Charakteristik Wenzels bei Lindner, Geschichte des Deutschen Reiches unter K. Wenzel 2, 170 und den Exkurs 469—472.

[4]) Die heftigsten Anschuldigungen finden sich bei Ludolf von Sagan im Tractatus de longevo schismate. Gleich im ersten Kapitel gibt er sein Gesamturteil ab: Scien-

Auch die kritische Forschung hat die Überzeugung gewonnen, daß sein Regiment, von Anfang an schwach, gegen das Ende hin vollständig unfähg war. Die politischen Kämpfe im Lande, der nationale Hader seit den achtziger Jahren, der Streit des Königs mit der hohen Geistlichkeit, die Günstlingswirtschaft, die Gründung des Herrenbundes und deren unmittelbare Folgen — all das zeigte den jähen Niedergang der karolinischen Monarchie: Als man in Prag um die Thesen Wiclifs stritt, saß König Wenzel gefangen in Wien. Dazu fehlte es in jenen Tagen auch an einem geistlichen Oberhaupte, das gleich Arnest von Pardubitz die kirchliche Autorität im Lande mit kräftiger Hand aufrecht erhalten hätte. Es gilt heute als eine Tatsache, die auch von streng katholischer Seite nicht bestritten wird, daß weder Wolfram von Skworetz noch Sbinko von Hasenburg, dem in den ersten Jahren der wiclifitischen Bewegung in Böhmen eine so wichtige Rolle beschieden war, ihrer hohen Stellung, zu der dieser noch dazu in jugendlichen Jahren gelangte, gewachsen waren. Sbinko führte das Schwert lieber als die Feder und wenn er, wie im Sommer 1404, gegen Niklas Zul von Ostředek oder im Jahre 1406 gegen die Bayern, die Feinde seines königlichen Herrn, zu Felde zog, so glich er den streitbaren Kirchenfürsten früherer Jahrhunderte, die im Felde bewanderter waren, als im Chore. In Böhmen war er der erste und auch der letzte Erzbischof, der die Stola mit dem Schwerte vertauscht hat. Mit seiner Gelehrsamkeit war es nicht weit her: jene Gassenhauer haben eine gewisse Berühmtheit erlangt, in denen man seiner spottete, daß er Bücher verbrenne, ohne zu wissen, was darin geschrieben ist. Aus solchen Liedern hat man in späteren Tagen unrichtigerweise den Eindruck gewonnen, als wäre er überhaupt des Lesens unkundig gewesen. Man darf auch seine anfänglichen Beziehungen zu Huß nicht übersehen. Sie bezeugen, daß er für die Verbesserung des kirchlichen Notstandes Sinn hatte.[1]) Allerdings waren die Verhältnisse, unter denen er zu wirken hatte, stärker als sein guter Wille.

Unter solchen Umständen hat die Wiclifie, die in den gelehrten Kreisen längst maßgebend geworden war, tiefe Wurzeln zu fassen vermocht. Sie hat sich gleichwohl nicht in gleichmäßigem Tempo über das Land hin verbreitet. Gleichzeitige Schriftsteller unterscheiden schon zwei Phasen ihrer Entwicklung und bezeichnen das Jahr 1409 — den Abzug der deutschen Studenten und Professoren aus Prag — als die Scheide zwischen beiden. „Im Jahre des Herrn 1409", sagt eine Aufzeichnung aus der Um-

---

dum, quod de eo pauca vel nulla possum bona scribere. Arch f. österr. Gesch. 60, 420. Klagen über Wenzel wegen Begünstigung der Ketzerei finden sich auch sonst und wurden dem Konstanzer Konzil überreicht: Querimonia contra regem Wenceslaum subdola in Documenta 638, gegen die Königin Sophie 640.

[1]) S. über ihn Sedlák, Jan Hus 103 ff.

gebung des Hauses Rosenberg[1]) — „war die Zerspaltung unter den böhmischen Studenten und den anderen Nationen, so daß diese und die Deutschen aus Prag vertrieben wurden." „Und gleich darauf", fährt die Chronik fort, „begann die Wiclifie zu erstarken und vom geistlichen Gehorsam sagten sich los der Magister Huß und seine Anhänger unter der Gunst der Laien".

Und so sagt auch Stephan von Dolein[2]), daß ungefähr vom Jahre 1410 an jene Pest, die den Büchern Wiclifs entsproßt war, als ein Unkraut zwischen dem Weizen Christi „auszuwachsen" begann. Denn bei jener indirekten Vertreibung der Deutschen, heißt es bei Ludolf von Sagan, schienen die Böhmen den Böhmen anzuhangen, auch jene, die keine Anhänger der Ketzerei waren. Die Kundigen unter ihnen meinten da wohl, daß sie allein ohne die Beihilfe einer anderen Nation jenes Unkraut — Wiclifisten und Hussonisten — auszurotten vermöchten.

In den Jahren 1402—1409 schlug die Bewegung noch nicht so mächtige Wogen, gleichwohl konnte man sie schon deutlich bemerken. Neben den allgemeinen politischen Momenten haben auch nationale und wissenschaftliche Motive auf sie eingewirkt. Im Hinblick auf die letztgenannten ist die Universität maßgebend gewesen.

Von Karl IV. gestiftet, „auf daß die Bewohner Böhmens, die es nach der Frucht der Wissenschaft unaufhörlich hungert, im eigenen Lande den Tisch gedeckt finden, ohne genötigt zu sein, in fremden Ländern zu betteln", und bestimmt, ein Anziehungspunkt für die Wissensdurstigen aller Länder zu sein, zogen vom Anfange an viele Deutsche nach Prag, wie dies bei dem Mangel anderer Universitäten in Deutschland und dem Umstand, daß die Hauptstadt Böhmens auch die des Reiches war, als ganz natürlich erschien. Die Deutschen besaßen von Anfang an das Übergewicht über die Einheimischen, eine Sache, die von diesen schwer empfunden wurde, denn sie hatten nicht bloß in den Universitätsversammlungen, sondern auch bei den Wahlen nur eine Stimme, während die Ausländer drei besaßen, und in deren Händen sich auch die Universitätsämter, Pfründen und Stiftungsplätze befanden, deren Verleihung der Hochschule zukam.[3]) Gegen die Privilegien der Ausländer gewannen die Böhmen nach mehrmaligem Ansturm in den Jahren 1384 und 1390 so bedeutsame Vorteile, daß nun die nationale Opposition durch mehr als ein Jahrzehnt ruhte. Am Ausgang des 14. Jahrhunderts trat Huß an ihre Spitze und um ihn scharte

[1]) Cod. univ. Prag. VI, F. 11 (nicht 12 wie bei Höfler, Geschichtsschr. d. huss. Beweg. 2, 72).

[2]) Epistola ad Hussitas bei Pez, Thesaurus 4, 6.

[3]) Über die nationalen Streitigkeiten an der Universität s. neben Palacky, Gesch. v. Böhmen 3, 1, 232, und den älteren Büchern von Held, Tentamen (Prag 1827) und Höfler, der Magister Johannes Hus noch Paulsen, die Gründung der deutschen Universitäten im MA. im 45. Bd. d. Hist. Zeitschr. 528.

sich ein Kreis von Männern, deren Herz lebhaft für die Interessen ihrer
Nation schlug. Wie oft spricht Huß von seinem Volke als der „geheiligten" Nation, von dem „glücklichen" Böhmen, von Prag, „dem zweiten
Paris". Daß er jemals gegen die Deutschen eine Animosität bekundet,
hat er später lebhaft in Abrede gestellt, aber schon in den Worten, die er
hierbei gebraucht, liegt eine solche: Ein guter Deutscher sei ihm lieber als
ein schlechter Böhme. Sie findet sich tatsächlich in seinen Traktaten und
Predigten und wird von durchaus glaubwürdigen Zeitgenossen bestätigt.[1]
Neben dieser lebhaften nationalen Opposition lief noch eine andere her:
Wie Hussens Lehrer und Meister, gehörte auch er selbst zu den Realisten,
wogegen die drei anderen Nationen in ausgesprochenster Weise der nomi-
nalistischen Richtung zugetan waren.[2]

Diese Strömungen und Gegenströmungen mußten dem akademischen
Leben in Prag in den ersten Jahren des 15. Jahrhunderts einen eigen-
artigen Reiz verleihen. In den Hallen der Universität, den Kreuzgängen
der Kirchen und Klöster, und selbst in den Privathäusern und auf den
Straßen erörterte man in lebhafter Weise die Sätze des großen englischen
Theologen und Philosophen ungefähr so, wie man vierhundert Jahre später
in den Straßen von Jena über Raum und Zeit und das gesamte System des
großen Königsberger Weisen disputierte.

An Wiclif pries man die hervorragende Gelehrsamkeit. Von seiner
scharfen Dialektik wurden Wunderdinge erzählt: Streitfragen könne er
nach Belieben und ohne daß ihm jemand zu widerstehen vermag, bejahend
oder verneinend behandeln. Das war es freilich nicht, was Huß in so mächtiger Weise anzog: „Es zieht mich," sagt er in der Replik gegen den Engländer John Stokes[3], „zu ihm der Ruf, den er hat — nicht bei den schlechten, sondern bei den guten Priestern, bei der Universität Oxford und im
allgemeinen bei dem Volke, obgleich nicht bei den schlechten, habsüchtigen,
prachtliebenden, schwelgerischen Prälaten und Priestern. Mich ziehen
seine Schriften an, durch welche er alle Menschen zum Gesetz Christi
zurückzuführen sucht, und besonders die Geistlichen, daß sie die Pracht
und die Herrschaft der Welt fahren lassen und mit den Aposteln leben
nach dem Leben Christi. Es zieht mich an die Liebe, die er zum Gesetz
Christi hat, indem er dessen Wahrheit behauptet, daß es auch nicht in
dem geringsten Punkt falsch sein könne." Wie Stephan von Dolein erzählt, war unter den Pragern Magistern Huß im Anfange „nahezu der

---

[1] Documenta magistri Joannis Hus 168: Christus scit, quod plus diligo bonum
Teutonicum quam malum Bohemum, eciamsi sit frater meus germanus. S. auch 177:
Nos Teutonici premunt et officia in Bohemia occupant et nos tacemus usw.

[2] Die Literatur hierüber verzeichnet Sedlák 79. S. Loewe, der Kampf zwischen
dem Realismus und Nominalismus im MA. Abh. d. kgl. böhm. Ges. d. Wissenschaften
1876.

[3] Opp. Huß 109a.

einzige, der die Schriften Wiclifs mit Freuden empfing, sie anderen zum Studium und zur künftigen Richtschnur überließ, wiewohl es einige Leute gab, die ihm leise widersprachen: Leute, die nun (1417) schon im Herrn ruhen, und andere, die noch übrig sind."[1] Daß aber Huß mit seiner tiefen Verehrung Wiclifs nicht allein stand, steht längst fest. Auf diesen Standpunkt wurde er selbst durch seine Lehrer und älteren Freunde geführt. In einer Spottschrift, der sog. deutschen Messe, hieß es: Stanislaus von Znaim zeugte den Peter von Znaim, Peter von Znaim zeugte den Stephan Palecz und Stephan Palecz den Huß.[2] Hier wird Stanislaus von Znaim an die Spitze der gesamten Bewegung gestellt, wie er tatsächlich auch der realistischen Richtung angehörte und anfangs die Wiclifschen Lehren mit größerem Eifer noch als selbst Huß verteidigte.[3] Darum konnte Huß diesen Männern, als sie später seine Feinde geworden waren, zurufen: Einst waret ihr Realisten, nun seid ihr freilich Terministen, d. h. Nominalisten geworden. Außer den genannten Männern taten sich noch Stephan von Kolin, Johann von Jessenitz, Prokop von Pilsen, Simon von Tišnow, Nikolaus von Leitomischl, Christian von Prachatitz und andere durch ihre warme Teilnahme an der durch den Eintritt der Wiclifie erzeugten Bewegung hervor. Daß mit dem in Prag seßhaften Kreis der Jünger Wiclifs auch außerhalb der Hauptstadt wohnende Persönlichkeiten in Verbindung traten, dafür bietet schon Thomas Štitny einen Beweis. Die Bewegung griff überhaupt mit großer Schnelligkeit um sich. „Ich habe," sagt Stephan von Dolein in seiner schwülstigen Weise, „gestaunt, wie einige unsinnige Magister, Leute der Wiclifschen Richtung und des Schismas, von hündischer Wut erregt, durch prophane und gotteslästerliche Tendenzen und durch Artikel, die mit teuflischer Kunst verfaßt sind, den Ritus und die bestehende Kirchenordnung verunzieren und mit frevelhaftem Wagnis die nichtswürdigsten Fabeleien unverschämterweise in die Öffentlichkeit tragen." Daß Stephan hierbei schon die Jahre 1403—1405 im Auge hat, ersieht man aus dem Umstande, daß er das bekannte Ausschreiben des Prager Erzbischofs Sbinko vom Jahre 1406 in Angelegenheit des Altarssakramentes als eine Folge dieses wiclifitischen Treibens hinstellt.[4] Nachdem sie, heißt es weiter, fremde Länder durchzogen, erfüllen sie auch in Böhmen und Mähren die Säle der Fürsten, die Kollegien und Kathedern der Priester,

---

[1] Epistola ad Hussitas a. a. O. 528.

[2] Hus ad scripta Stephani Palecz Opp. 255b.

[3] Den Traktat des Stanislaus De Universalibus Realibus s. bei Sedlák, Jan Hus, p. 81*—93*. Jest (sagt d. Herausg.) tak prostoupen myšlenkami Viklefými, že jej Dziewicki vydal jako dilo Viklefovo, vlastního traktátu Viklefovo, pominuv, S. 80.

[4] Medulla tritici 158. Das Ausschreiben ebenda. Der Text bietet jedoch ebenso wie der bei Palacky Doc. 335 Anlaß zu Ausstellungen. Statt detruncatos lies determinatos. Der vorletzte Satz lautet: Unde si quis compertus fuerit ... hereticus est et ut talis ... punietur.

die Schulen der Studenten und die Haufen des gläubigen Volkes mit ihrem
gewaltigen Schrecken, ja sie dringen selbst in die einsamen Räume der
Mönche und in die der Ruhe geweihten Zellen der Karthäuser. — Stephan
von Dolein hat schon 1408 nicht nur eine genaue Kenntnis von Wiclifs
Trialogus, sondern widerlegt ihn bereits, was doch zweifellos ein längeres
Studium des Buches voraussetzt. Und in derselben Epistola ad Hussitas
erzählt er, daß Huß selbst den Trialogus übersetzt und ihn dem Markgrafen Jodok von Mähren seligen Angedenkens († 18. Jänner 1411) und
anderen vornehmen Männern, auch Laien und selbst an Frauen übersendet
habe.[1] Und so wird man sich nicht wundern, daß er in einer Predigt,
die er auf der Synode des Jahres 1405 gehalten hat, Wiclifsche Worte gebraucht und seine Rede von Wiclifschen Gedanken durchsetzt ist. Ja
sogar die Wiclifsche Prädestinationslehre hat er in dieser Rede bereits
vorgetragen, und man kann nur zweifeln, ob er diese Lehre dem Trialogus
oder dem Traktate de Christo et adversario Antichristo oder endlich dem
Buch von der Kirche entnommen hat. Er kennt sicher alle drei, aber die
Stelle dürfte am ehesten aus dem Trialogus stammen, denn auch die Definition der Gottesliebe ist dort in ähnlicher Weise gegeben wie in der
Predigt des Huß. Auch die Synodalpredigt von 1407 enthält Wiclifsche
Sätze und Wendungen. Daß Huß bereits im Jahre 1403 mit Wiclifs Lehren
sehr vertraut war, wird man nach dem Gesagten nicht bezweifeln dürfen
und es ist richtig, wenn man seine Äußerungen über die Abendmahlslehre,
die stark nach der Wiclifs klingen, in eine sehr frühe Zeit setzt.[2]

Aber schon erhob sich gegen die Fortschritte des Wiclifismus von
einer gewichtigen Seite Einsprache. Zwei Mitglieder des Prager Domkapitels, der erzbischöfliche Offizial Johann Kbel und der Archidiakon
Wenzel von Bechin überreichten im Namen des Kapitels der Universität
zwei Reihen ketzerischer Artikel Wiclifs, um darüber Beschluß zu fassen.
Die erste Reihe umfaßte jene 24 Artikel, die von der Londoner Synode
im Mai 1382 verurteilt worden waren.[3] Dazu kamen 21 Artikel, die
Johann Hübner, ein Schlesier und damals Magister in Prag, aus Wiclifs
Schriften ausgezogen hatte.[4] Am 28. Mai 1403 versammelten sich sämtliche Magister im Karolinum, Huß und Nikolaus von Leitomischl be-

---

[1] Pez, Thes. an l. c. 527.

[2] Ob gerade das Jahr 1399 (Doc. 175) das richtige ist, mag billig bezweifelt
werden, da Huß damals noch nicht Priester war; richtiger ist die dabeistehende
Notiz: et tunc temporis predicavit in ecclesia S. Michaelis (s. oben).

[3] Der beste Abdruck bei Shirley, Fasciculi zizanniorum 277. Danach sind die
Drucke von Palacky Doc. 327—331 und Höfler, Concilia Pragensia zu verbessern.

[4] S. das Schreiben des Stanislaus von Znaim an Hübner (bei Sedlák, S. 94*—98),
das die Behauptung, daß Wiclif ein Ketzer sei, abweist. Sonst müßte man auch
St. Augustin, Petrus Lombardus, Thomas v. Aquino Ketzer nennen, weil in ihren
Schriften von Häresien gesprochen wird.

schuldigten Hübner, die Artikel unrichtig ausgezogen zu haben. Huß fügte die Worte hinzu: Solche Fälscher von Büchern verdienten eher verbrannt zu werden als die Safranfälscher Berlin und Wlaska, die in jenen Tagen den Tod erlitten hatten. Stanislaus von Znaim verteidigte sämtliche Artikel in so anstößiger Weise, daß einige Doktoren die Sitzung verließen.[1]) Mit Stimmenmehrheit wurde der Beschluß gefaßt, daß in Zukunft niemand mehr über die 45 Artikel lehren oder predigen dürfe.

Am lebhaftesten wurde um Wiclifs Abendmahlslehre gestritten, die dieser fast in allen seinen Büchern und Flugschriften seiner letzten Jahre behandelt hatte. Noch ist Stanislaus der Wortführer der böhmischen Wiclifiten. Im Sinne Wiclifs schrieb er einen Traktat De Remanentia panis. Daß nun Prag der beste Boden für solche Streitigkeiten war, ist nach dem, was über den oftmaligen oder täglichen Empfang der Kommunion gesagt wurde, begreiflich genug. Von Stanislaus erzählt Huß, daß er die Wiclifsche Abendmahlslehre in der Schule gelehrt und ihn selbst aufgefordert habe, diese Lehre festzuhalten.[2]) Sein Traktat über die Remanenz ist von dem Magister Ludolf Meistermann — einem Sachsen — demselben, der auch noch 1409 eine wichtige Rolle gespielt hat, als ketzerisch bezeichnet worden.[3]) Stanislaus wurde gezwungen, seine Schrift zu widerrufen oder wie sich Huß in einem Briefe an den Magister Christian von Prachatitz ausdrückt, einfach abzuleugnen. Von dem Tage der Versammlung im Karolinum, wo er zuerst zur Verteidigung der 45 Artikel bereit war, bis zu dem Momente, da er zum Widerruf gezwungen und von der Kurie schlecht behandelt wurde, war Stanislaus eifriger Wiclifit, und wie wir Stephan von Palecz immer auf seiner Seite finden, auch wenn es sich um irrige Artikel Wiclifs handelte, so dürfte auch dieser den Artikel von der Remanenz des Brotes nach der Verwandlung eine Zeit hindurch behauptet haben.[4])

Was Huß selbst anbelangt, so haben einige von seinen Gegnern die Meinung geäußert, daß er diese Lehre in Predigten und auch sonst öffentlich vorgetragen habe. Huß hat jedoch diesen Behauptungen auf das lebhafteste widersprochen.[5]) Im übrigen scheint man in Prag die eigentliche Lehre Wiclifs auch einigermaßen modifiziert zu haben, wenigstens gibt Ludolf von Sagan eine leise Andeutung über die Sache. Vielleicht auch, daß Huß diese Lehre nur „in scholastischer Weise" vorgetragen hat, in jener, die die Gründe für und gegen erörterte, ohne selbst Partei zu ergreifen. Daraus würde sich dann der Widerspruch zwischen den Behauptungen des Huß und den Angaben seiner Ankläger einigermaßen erklären lassen.

---

[1]) Documenta 179. Huß Opp. 267a.
[2]) Hus ad scripta Stanislai. Opera fol. 288a. Documenta 56.
[3]) Huß nennt ihn Rudolf (s. Opp. 255a); vgl. dagegen Tempelfeld, a. a. O. 136.
[4]) Hus Opp. 288a.
[5]) Doc. 179, 182—184.

Gegen die Angabe, daß der Magister Hübner die 21 Artikel unrichtig, lügnerisch und böswilligerweise ausgezogen habe und nach Hussens Worten ein Bücherverfälscher sei, muß übrigens bemerkt werden, daß unter den Artikeln kein einziger ist, der nicht Wiclifsche Gedanken enthalten würde.

Das Verbot, die 45 Artikel in den Hörsälen der Universität zu lehren oder auf den Kanzeln der Kirchen in Prag zu predigen, hatte nur einen äußerlichen, kurz dauernden Erfolg, es bildete erst recht den Ausgangspunkt eines Streites, der schon nach wenig Jahren hohe Wellen schlug. Und so sagt die Universitätschronik: „Item im Jahre des Herrn 1403 hub an der bemerkenswerte Zwiespalt im Klerus des Königreiches Böhmen unter den Magistern, Priestern und Prälaten wegen einiger Artikel, die aus den Schriften des englischen Doktors Johannes Wicleff nicht gut[1]) ausgezogen waren.

Im ersten Jahre seines erzbischöflichen Amtes schenkte Sbinko von Hasenburg dem Magister Huß sein ganzes Vertrauen. Er bat ihn, der ja bald auch eine Vertrauensstellung bei Hofe gewann, so oft er irgendeinen Mangel oder einen Mißbrauch in kirchlichen Dingen entdecken würde, ihm die Sache persönlich oder, falls er abwesend sei, schriftlich zur Kenntnis zu bringen.[2]) Im Jahre 1405 ist er neben Stanislaus von Znaim Redner bei der Synode.[3]) In der damals gehaltenen Rede tritt abermals Wiclifs Einfluß stark hervor. Das ist auch bei seinen anderen Synodalpredigten der Fall. Aber schon die Synode von 1405 sah sich genötigt, gegen das Überhandnehmen der Wiclifschen Lehre vom Abendmahl einzuschreiten, und es hat den Anschein, daß dieses Vorgehen auf Huß nicht ohne Einfluß geblieben ist, denn alle Anschuldigungen seiner Gegner, daß er Anhänger und Verbreiter dieser Lehre gewesen, beziehen sich auf einzelne Äußerungen aus früherer Zeit. Was aber sollte geschehen, wenn man demnächst von der zuständigsten Stelle aus — der Universität Oxford — ein Zeugnis der vollständigen Rechtgläubigkeit Wiclifs in die Hände bekam? Wie mußte das auf den großen Anhang, den seine Lehren schon jetzt gefunden hatten, zurückwirken. Man darf hier an das Testament des Magisters Adalbert Ranconis erinnern, aus dessen Legaten Studierende auch in Oxford erhalten werden konnten. Aber auch ohne diese konnten Studierende aus gutem Hause nach England gehen, um dort ihre Studien fortzusetzen. Zwei von diesen sind uns aus den Kopien Wiclifscher Bücher, die sie in England anfertigten und in die sie ihre Namen und den Ort ihrer Tätigkeit eingetragen haben, genauer bekannt: es sind, wie bemerkt, Nikolaus Faulfisch und Georg von Kniechnitz. Sie weilten in den Jahren 1406 und 1407

---

[1]) S. dazu meinen Aufsatz, die Wiclifsche Abendmahlslehre und ihre Aufnahme in Böhmen, MVGDB. 30. Bd.

[2]) Doc. mag. Joannes Hus 3.

[3]) Opera 2, 27b.

in England, wohin sie zweifellos zu dem ausgesprochenen Zwecke, Kopien der Arbeiten Wiclifs anzufertigen und Erinnerungen an ihn zu sammeln, gegangen waren. Wir finden sie an solchen Orten tätig, wo, wie in Oxford, die Erinnerungen an den Reformator am lebendigsten waren oder wo sich förmliche Mittelpunkte des Wiclifismus gebildet oder endlich hervorragende Mitglieder des englischen Herrenstandes dessen Schutz in die Hände genommen hatten. Durch die beiden Männer kamen nicht nur die wichtigsten Handschriften der Wiclifschen Literatur nach Böhmen[1]), die beiden bemühten sich auch, über den Leumund, den Wiclif an der Universität hatte, nähere Kundschaft zu erhalten. Sie brachten ein Zeugnis der Universität Oxford über die Rechtgläubigkeit Wiclifs nach Prag. Darüber ist bekanntlich auch auf dem Konzil von Konstanz verhandelt worden.[2]) Nachher, so erzählt Mladenowitz darüber, legten die Engländer die Kopie eines Schreibens der Universität Oxford vor, von dem sie behaupteten, daß es der Magister Johannes (Huß) zur Empfehlung Wiclifs in einer Predigt öffentlich vorgelesen und das Sigill vorgezeigt habe. Und als sie es gelesen hatten, fragten sie ihn, ob er dessen Inhalt verkündet habe. Huß antwortete, daß sich dem so verhalte: Zwei Studenten hätten es mit dem Sigill der Universität nach Prag überbracht. Da forderten die Engländer ihn auf, die Studenten mit Namen zu nennen, da dies Schreiben gefälscht gewesen und nicht in rechtmäßiger Weise erflossen sei. Und der Magister sagte, indem er auf Palecz wies: Dieser, mein Freund, weiß ganz gut, daß Nikolaus Faulfisch guten Angedenkens in Gemeinschaft mit einem anderen, von dem ich nicht weiß, wer er war, diesen Brief überbracht hat. Auf dieses Zeugnis hat sich sonach Huß in seinen öffentlichen Predigten berufen und noch in seiner Replik gegen den Engländer John Stokes[3]), der die Behauptung aufstellte, daß Wiclif in England als Ketzer gelte, sagt Huß: Das scheint doch nicht richtig zu sein, denn wir haben das Zeugnis der Universität Oxford, der man doch mehr Glauben schenken wird als ihm. Dieses Zeugnis hat man schon auf dem Konzil von Konstanz für eine Fälschung gehalten. In unseren Tagen hat man sogar, auf dem Bericht eines späteren Chronisten fußend die Genesis der Fälschung erklären wollen, wogegen sich allerdings eine gewichtige Stimme für die Echtheit des Dokumentes eingesetzt hat.[4]) Wie dem auch sei, so viel ist sicher, daß dieses Schreiben der weiteren Ausbreitung des Wiclifismus in Böhmen einen mächtigen Vorschub leisten mußte. Huß selbst scheint hiervon mächtig erregt gewesen zu sein. Er soll den Wunsch geäußert

---

[1]) S. den Exkurs Nr. 1. Zur Verbreitung der Wiclifhandschriften in Böhmen.
[2]) Mladenowitz in Doc. mag. Joann. Hus 313. Dieser Nikolaus Faulfisch erzählte dem Huß eine artige Geschichte, die sich in England zugetragen hatte und die Huß mit vielem Behagen seinen Zuhörern vortrug. Vgl. Huß' Predigten 2, 47.
[3]) Opera 1, 109b.
[4]) Lechler, Johann von Wiclif 2, 71.

haben, daß seine Seele dahin gelangen möchte, wo die Wiclifs wäre.[1]) Unerklärlich ist nur die Behauptung, daß Huß den Namen des zweiten Studenten nicht kannte. Eine von solchem Erfolg begleitete Reise mußte doch im ganzen Land Aufsehen machen und in den nächsten Bekanntenkreisen des Huß wußte man ganz genau den Namen des Kniechnitz, so wie wir ihn heute kennen.[2])

Das gute Einvernehmen des Huß mit dem Erzbischof tritt namentlich in der Wilsnacker Angelegenheit deutlich zutage. Zu Wilsnack befand sich eine Reliquie des Blutes Christi, der man große Wunderkraft zuschrieb.[3]) Von nah und fern, selbst aus Ungarn und Siebenbürgen strömten Leute herzu und trugen Wunderberichte in die Heimat zurück. Dagegen erhoben sich jedoch auch zweifelnde Stimmen, und der Erzbischof ließ durch eine Kommission, der neben Stanislaus und einem Dritten, als den man Stephan von Kolin vermutet, auch Huß angehörte, den Sachverhalt untersuchen, da wurden grobe Täuschungen festgestellt, die in Hussens Traktat ,,Questio de sanguine Christi'' verzeichnet werden. Auf Grund der Untersuchung verbot Sbinko durch einen Synodalbeschluß[4]) die weiteren Pilgerfahrten. Über den Synodalbeschluß gab es in den nächsten zwei Jahren scharfe Disputationen an der Universität. Es wurde die Frage erörtert, ob Christus überhaupt sein Blut auf Erden hinterließ. Huß verneint die Frage. Die Schrift zeigt deutliche Spuren Wiclifscher Einflüsse, wie sie sich überhaupt in ihrer Tendenz mit einem zweiten Traktate Hussens ,,Contra imaginum adoracionem'' nahe berührt.[5]) Dieser aber stimmt in einem großen Teil wortgetreu mit Wiclifs Ausführungen über die Bilderverehrung überein.

Die Synodalrede von 1407 enthält eine Stelle, die lebhaft an eine ähnliche im Traktat des Kunesch von Třebowel erinnert, den dieser zugunsten des böhmischen Bauernstandes geschrieben hat. Man muß jedoch zweifeln, ob Huß die Schrift des bauernfreundlichen Domherrn benützte. Beide ziehen dieselbe Bibelstelle Numeri 27 von den Töchtern Saalphaats zur Beweisführung herbei.[6])

Das gute Einvernehmen zwischen dem Erzbischof und Huß hielt bis zum Jahre 1407 an. Einigermaßen dürfte es sich schon 1405 getrübt haben. In diesem Jahre sandte Innocenz VIII. auf das hastige Drängen der Prä-

---

[1]) Documenta 154: Cum noverimus . . . in presencia Vestri ante tempora dixisse prefatum Hus, quod vellet animam suam ibi fore, ubi est anima Wicleff.

[2]) Die Prager Universitätsakten führen ihn als Georgius de Knyechenicz zum Jahre 1408 auf, in welchem er sich sonach nicht mehr in England befand. MM. hist. univ. Prag. 1, 402. ,,Simon v. Tischnow'', MVGDB., Bd. 22 und 26.

[3]) Zur Sache s. Flajšhans in der Einleitung zu seiner Ausgabe von Huß ,,De sanguine Christi'' I ff.

[4]) Contra peregrinacionem in Welssenagg. Con. Prag. 47, Doc. 332.

[5]) Opera 2, 340a, 343b.

[6]) Opera 2, 35b. Vgl. meine Ausführungen im Arch. f. österr. Gesch. 57, 29, 38.

laten ein Mahnschreiben an Sbinko, das ihn zu schärferem Vorgehen gegen die Irrtümer und Ketzereien Wiclifs einlud. Eine Folge davon war das Einschreiten der Synode des Jahres 1405 und jene, die, ein halbes Jahr später zusammentrat, erneuerte nicht bloß das Verbot der Abendmahlslehre Wiclifs, sondern eiferte auch gegen jene Prediger, die, gestützt auf Wiclifsche Sätze, den Stand des Klerus herabsetzten.[1]) Sbinko erließ noch in demselben Jahre das Gebot, daß man am Fronleichnamstage dem gläubigen Christenvolke die unverfälschte Lehre vom Abendmahle verkündige. In denselben Tagen hatte, wie es scheint, Stanislaus von Znaim seine bisherigen Überzeugungen und Anschauungen von der Remanenz des Brotes zurücknehmen müssen.[2]) Unter solchen Verhältnissen erscheint es als bemerkenswert, daß Huß in den Jahren 1406 und 1407 nicht nur Synodalpredigten halten konnte, sondern von Sbinko auch noch belobt wurde.[3]) Doch fanden sich in seinen Reden schon Äußerungen über die Habsucht und das unordentliche Leben der Geistlichkeit, die starken Anstoß erregten. Die Geistlichkeit der Hauptstadt und der Diözese überreichte daher im Jahre 1408 dem Erzbischof eine Beschwerde gegen Huß, der in seinen Predigten die Geistlichkeit anschwärze und vor dem Volke verächtlich mache.[4]) Huß wurde nun seiner Stelle als Synodalprediger enthoben. Man hat gemeint, daß er damals zur Rechtfertigung seines Vorgehens den Traktat de arguendo clero pro concione abgefaßt hat, der, wenn auch in geringerem Maße, Wiclifschen Einfluß aufwies.[5]) Auch aus den Prozessen gegen den Magister Nikolaus von Welemowitz, genannt Abraham, und Matthias von Knin, genannt Pater, wird dies ersichtlich. Jener hatte gelehrt, daß es auch dem Laien gestattet sei, zu predigen, dieser war Anhänger der Wiclifschen Abendmahlslehre. Beim Verhör wollte Abraham — und wir sehen auch hier die Lehre Wiclifs wirksam — weder auf das Kruzifix noch auf das Evangelium, sondern nur bei Gott schwören, und Huß verteidigte ihn vor den Untersuchungsrichtern mit den Worten: Der hl. Chrysostomus nennt solche Leute, die einen Eid auf die Kreatur verlangen, töricht, als ob es mehr gelten würde, auf diese als auf Gott zu schwören.[6])

---

[1]) Es ist allerdings zweifelhaft, ob das letztere Gebot, wie dies Höfler tut, schon in das Jahr 1406 zu setzen ist. S. das chronicon univ. Prag. ad annum 1405 und 1406. Concilia Prag. 51—52. Documenta 3, 32.

[2]) Das genaue Datum läßt sich nach den bisher bekannt gewordenen Materialien nicht ermitteln.

[3]) Si in synodo aliquid predicavi erronei, quare doctor Adam vicarius tunc in spiritualibus statim ascendens post sermonem meum, fecit exhortacionem, laudans per omnia sermonem meum. Doc. 107.

[4]) Doc. 153.

[5]) So namentlich in dem von Wiclif so oft wiederholten Satz: bona temporalia a clero delinquente auferantur. Bezüglich der Datierung s. Sedlák, Studie a texty 2, 353.

[6]) Doc. 184/5. Die Sache betreffend Pater, ebenda 338. Zur Sache s. Sedlák, 127; wo auf die Waldenserfrage eingegangen wird. Man muß aber das nicht mit Kbel

Kbel warf dem Angeklagten vor, er halte sich an die Lehre der Waldenser und herrschte Huß an, er sei nicht hierhergekommen, um jenen in Schutz zu nehmen, sondern um zuzuhören. Bevor noch die Angelegenheit Abrahams zu Ende geführt war, ließ der Erzbischof die böhmische Nation an der Universität am 20. Mai 1408 versammeln und auf die Verdammung der 45 Artikel antragen. Seinem Wunsche wurde aber nur zum Teil entsprochen: Die Versammlung beschloß, daß in Zukunft kein Mitglied der böhmischen Nation einen dieser 45 Artikel in ketzerischem, irrigem oder anstößigem Sinne behaupten, lehren oder verteidigen dürfe. Auch wurde bestimmt, daß in Zukunft kein Baccalar mehr über Wiclifs Trialog, Dialog und seine Lehre von der Eucharistie öffentliche Vorlesungen halten oder über einen Satz Wiclifs öffentlich disputieren dürfe.[1]) Schon findet in Prag eine Disputation eines Pariser Magisters Jakob Nouvion mit tschechischen Wicllfiten statt.[2]) Die Synode, die am 15. Juni dieses Jahres abgehalten wurde, erneuerte das Verbot der Wiclifschen Abendmahlslehre und untersagte den Priestern jede anzügliche Bemerkung wider den Klerus. Auf derselben Synode erklärte Sbinko auf des Königs Wunsch, daß sich nach genauer Untersuchung das Ergebnis herausstelle, daß in Böhmen keine wiclifitische Ketzerei vorhanden sei, und um sie nicht aufkommen zu lassen, gebot er, daß alle, die im Besitz Wiclifscher Bücher seien, sie ausliefern sollten; eine Maßregel, die durchaus erfolglos blieb, denn wenn es dem Erzbischof auch nicht an gutem Willen fehlte, besaß er doch nicht die Macht, sie durchzuführen, und so spotteten nun die Wiclifiten seiner und der böhmischen Prälaten überhaupt in Schmahschriften, die an öffentlichen Orten angeheftet wurden.[3]) An jenem Zeugnisse, das Sbinko auf der Sommersynode 1408 ausstellte, war dem König um so mehr gelegen, als er daran dachte, die Zügel der Regierung im Reiche, die den Händen seines Gegners Ruprecht entglitten waren, wieder zu ergreifen. Der Ruf der böhmischen Ketzereien und deren Begünstigung durch den König konnte solchen Plänen nicht förderlich sein.[4]) Die Reaktion gegen den tschechischen Wiclifismus war somit in bestem Zuge, als ein Ereignis

---

notwendigerweise von den Waldensern herleiten, auch Wiclif spricht sich verschiedene Male ähnlich aus, s. Op. Ev. 1, 181, Serm. I, 98: Idem est iudicum ... de iurantibus quantumcumque abiecto semine creature.

[1]) Palacky, Gesch. von Böhmen 3, 1, 22.

[2]) Über die Disputation des Jacobus de Nouvion mit den Wiclifiten in Prag s. Sedlák 128 ff.

[3]) Von einem Landtag, von dem der Höfler, Mag. Johann Hus 193, und ihm folgend Frind, Kirchengeschichte Böhmens 3, 76 f, sprechen, wissen die Quellen nichts. Das, worauf sich Frind bezieht (Conc. Prag. 61), gehört einer späteren Zeit an.

[4]) Wenzel geriet frühzeitig in den Verdacht, „ut heresis ipsa eciam ad penetralia cubilis sui serperet ... et conthoralem suam reginam cum multa familia insuper et nonullos proceres, barones et milites maculando corrumperet et corrumpendo macularet. Ludolf von Sagan lib. 1, cap. 25.

eintrat, das der Sache plötzlich eine andere Wendung verlieh. Das war die Frage der Neutralität.

Im Mai 1408 hatte sich die Mehrheit der Kardinäle von der Obedienz beider Päpste losgesagt und die Wahl eines einzigen Oberhauptes der Kirche vorbereitet.[1]) Von Livorno aus erließen sie am 24. Juni die Enzyklika, die für den 25. März 1409, den Tag Mariä Verkündigung, ein Konzil nach Pisa berief. Wenzel, dessen Pläne von Gregor XII. keine Förderung erwarten durften, sagte sich von diesem los und befahl seinen Prälaten die vollständige Neutralität den beiden Päpsten gegenüber. Ein gleiches erwartete er auch von der Universität. Eine Gesandtschaft, bestehend aus den Professoren Mauritius Rwačka, Johannes Cardinalis von Reinstein, Stanislaus von Znaim und Stephan von Palecz wurde an die Kardinäle abgeschickt; unter diesen wurden die beiden letztgenannten zu Ende Oktober 1408 von dem Kardinalslegaten Balthasar Cossa in Bologna verhaftet und erst auf die Zwischenkunft der Kardinäle selbst, dann des Königs Wenzel und der Prager Universität in Freiheit gesetzt. Man vermutet mit Recht, daß sie ihrer wiclifitischen Vergangenheit wegen in Haft gesetzt wurden.[2]) Huß schreibt es vornehmlich dieser Gefangensetzung zu, daß Stanislaus von Znaim nun seinen alten Parteigenossen völlig abwendig wurde[3].)

Der Erzbischof blieb jedoch Gregor XII. treu und an der Universität erklärte sich nur die böhmische Nation, deren Wortführer Huß war, für die Neutralität, während die anderen Nationen widersprachen, so daß ein Beschluß nicht zustande kam. Sbinko erließ eine Rüge gegen Huß und die Magister, die für die Neutralität gestimmt hatten, und untersagte ihm die Ausübung des Predigtamtes, was diesen freilich nicht hinderte, es auch weiterhin zu behalten.[4]) Huß selbst hat in diesen Dingen den Anfang aller Anklagen und Beschwerden gesehen, die in der Folge wider ihn erhoben wurden und über ihn gekommen sind.[5])

Da Wenzel über das Vorgehen der drei Nationen in der Frage der Neutralität höchlich erzürnt war, so schien den Führern der böhmischen Nation der Augenblick gekommen zu sein, wo sie das entscheidende Übergewicht an der Universität zu erlangen vermöchten. Als daher Wenzel von einer Fahrt nach der Lausitz und Schlesien, die er in den letzten Monaten

---

[1]) Se subtraxerunt ab adhesione et obediencia utriusque. Ebenda 15.

[2]) Palacky, Gesch. von Böhmen 3, 1, 225. Die Verwendung der Universität für die beiden in Documenta 345. Das Schreiben der Kardinäle ebenda, S. 363ff. Wenzels Schreiben an diese, ebenda 343.

[3]) Donec fuit a sancta curia vexatus et ab illo, quem nunc dicit caput ecclesie sancte catholice, spoliatus, Opp. 288; vgl. Docum. 466. Stanislaus und Palecz kehrten erst nach dem Abzug der deutschen Studenten aus Prag von ihrer Reise zurück.

[4]) Doc. 6, 21, 166.

[5]) Ebenda 21: Ecce accusationis mee ac gravaminis exordium principale.

1408 unternommen hatte, zurückgekehrt war und sich in Kuttenberg aufhielt, wurde er von den Führern der böhmischen Nation bestimmt, das an
der Universität bestehende Stimmenverhältnis dahin abzuändern, daß in
Zukunft in allen Universitätsangelegenheiten die drei Nationen nur eine,
die böhmische drei Stimmen besitzen solle. Man berief sich hierfür auf
die Statuten der Pariser Universität.[1]) In diesem Kampfe war Huß
der entschiedene Wortführer der böhmischen Nation und als solchen hat
ihn diese auch anerkannt. Mit ihm ging mancher, der, wie Andreas von
Brod, mit seinem Wiclifismus nicht einverstanden war; dagegen verstand
er es, andere durch terroristische Mittel bei der Fahne zu halten. Der Sieg
war bei des Königs Wankelmütigkeit unsicher. Und in der Tat erhielten
die drei Nationen, als sie den König um die Aufrechterhaltung ihrer Rechte
ersuchten, nicht bloß die beruhigendste Versicherung, sondern es wurde
auch Huß, der sich nachher an der Spitze einer böhmischen Gesandtschaft
bei Hofe einfand, so hart angelassen, daß er wohl aus Ärger hierüber in
eine Krankheit verfiel. Als der Streit um die Stimmen begann, sprach
Andreas von Brod eines Tages unter Seufzen: „O Huß, gibt es denn in
dieser Sache für uns keinen Erlöser?"[2]) Und Huß erwiderte: „Ich glaube,
wir werden einen solchen finden." Damals war er voll Hoffnung. Als er
dann auf dem Krankenbette lag, sagten Brod und der Magister Eliae:
„Ach daß es doch Gott gäbe. Wir werden aber niemals dahin gelangen."
In demselben Augenblicke traf ein Bote ein mit einem königlichen Schreiben,
das die kühnsten Wünsche der böhmischen Nation vollauf befriedigte.
Dafür war der Oberstlandschreiber Nikolaus von Lobkowitz warm eingetreten, namentlich aber hat die französische Gesandtschaft, die an Wenzels
Hofe weilte, auf die Entschließung des Königs eingewirkt, um ihn ganz auf
die Seite der Pisaner Kardinäle zu ziehen. Sie stellte ihm vor, daß auch die
französische Nation an der Pariser Universität drei Stimmen habe.[3])
Als andere Propositionen, die von beiden Seiten gemacht wurden[4]), zu

---

[1]) Die Literatur zum Stimmenstreit bei Bachmann, Gesch. Böhmens 2, 174.
Ergänzungen bei Sedlák, Jan Hus 141 ff. S. namentlich auch J. Berger, Johannes
Hus und König Sigmund 54 ff. Dekret Kutnohorský přednášky a statí Vaclava
Novotného, Kamila Krofty, Josefa Šusty a Gustava Friedricha (Das Kuttenberger
Dekret usw.), Praha 1909.

[2]) Documenta 181: O Hus, non est aliquis nobis in facto isto liberator?

[3]) Daß man Frankreich mit Böhmen nicht vergleichen dürfe, s. bei Bachmann,
S. 176.

[4]) S. Berger 60. Die Stelle aus Tempelfeld, die auch schon Palacky kannte,
ist bei den neueren Darstellungen des Stimmenstreites nicht beachtet worden: quod
rector universitatis et decanus facultatis arcium similiter et examinatores promovendorum in facultate arcium inantea eligi deberent alternatis vicibus, sic quod una
mutacione regeret et decanus esset et examinator Bohemus et alia mutacione per
dimidium annum Teutonus, non curando cuius nacionis existeret. Quod mandatum
regium cum tres naciones, scilicet Polonorum, Bawarorum et Saxonum acceptare
nollent, tanta supervenit nomine regis impressio...

keinem Ziele führten, erschien jenes Dekret des Königs vom 19. Jänner 1409, das den Böhmen die drei Stimmen einräumte. Von der Kanzel herab pries Huß die Liebe des Königs zu seinem Volke. Die Deutschen aber hatten sich eidlich gelobt, das Dekret wieder rückgängig zu machen oder Prag und das Land auf immer zu verlassen. Ihre Bemühungen, das erstere zu erreichen, blieben erfolglos. Am 9. Mai 1409 erschien eine königliche Kommission, die dem letzten Rektor der alten Universität Hennig Baltenhagen Siegel, Matrikel und Schlüssel zu der Bibliothek und den Kassen abnahm.

Magister und Scholaren der drei Nationen verließen im Verlaufe des Sommers die Stadt.[1])

Huß hatte gesiegt. Hatte er sich bisher mit einiger Vorsicht und Zurückhaltung über Wiclif geäußert, so stellte er sich nun mit aller Entschiedenheit an die Spitze der böhmischen Wiclifiten. Auch in seinen Predigten, Flugschriften und Traktaten tritt diese Änderung deutlich zutage: Hat er bisher nur vereinzelte Gedanken und Redewendungen seinem Meister entlehnt, seine Schriften der nächsten Jahre sind nichts als ein dürftiger Auszug aus der reichen Schatzkammer des englischen Theologen. Auch da wo er die Wahl gehabt hätte, sich an die sog. Vorläufer anzuschließen, zieht er ihnen die Lehrsätze Wiclifs vor und trägt dessen Ansichten, selbst ganze Predigten, als seine eigenen vor.

6. Kapitel.

Die Verbrennung der Bücher Wiclifs.

Während sich die Führer der nationalen Bewegung in Prag zu den bisherigen Erfolgen auf das lebhafteste beglückwünschten und von der Kanzel herab den Gefühlen der Freude und des Dankes für die Gönner der tschechischen Sache Ausdruck gaben, begannen die Bewohner der Hauptstadt über die Tragweite der letzten Ereignisse doch einigermaßen stutzig zu werden und zürnten Huß und seinen Genossen, denen sie die Auswanderung so zahlreicher, meist bemittelter Elemente schuld gaben. Wohl mag es wahr sein, daß viele von den Auswanderern mit Sehnsucht an Prag und seine vielen Anregungen zurückdachten, aber eine Wiederkehr war nicht möglich: der alte Haß zwischen Deutschen und Tschechen, dem der Schlesier Ludolf von Sagan so bezeichnenden Ausdruck gibt, war auf eine bisher niemals gekannte Höhe gestiegen. Alt, sagt er, ist

---

[1]) Über die Zahl der Abziehenden und die nächsten Folgen des Abzuges s. Bachmann, Gesch. Böhmens 2, 179 f.

der Haß, und allzu tief eingewurzelt, zwischen Deutschen und Tschechen, denn so wie einstens die Juden mit den Samaritern keine Gemeinschaft pflogen, so erweckt nun das bloße Anschauen eines Deutschen dem Tschechen ein Grauen.[1])

Wesentlicher war noch das kirchliche Moment: Jene Männer, die nicht aus der unmittelbaren Nähe die letzten Ereignisse in Augenschein nahmen, teilten die Überzeugung, daß die Deutschen nur aus Furcht, von den Ketzereien Wiclifs angesteckt zu werden, den Prager Boden verlassen hätten.[2]) `Die Auswanderer verbreiteten gewiß den Ruf von den böhmischen Ketzereien bis in die entferntesten Gegenden: in Deutschland und in Italien, selbst in Frankreich und England erzählte man von den Wiclifiten und ihrem schändlichen Gebahren, aber nicht immer sind es die deutschen Magister gewesen, die Böhmen als die wahre Brutstätte häretischer Lehrmeinungen hingestellt haben.[3]) Es waren die Tschechen selbst.

Nach dem Abzug der deutschen Magister und Scholaren stand der Erzbischof isoliert, Huß dagegen auf der Höhe seines Ansehens, und die schiefe Stellung Sbinkos zum Hofe kam der wiclifitischen Bewegung durchaus erwünscht und wurde von ihr kräftig ausgenützt. In der Tat überfluten jetzt die Bücher und Lehrsätze des englischen Theologen Stadt und Land. Solange Sbinko in der Obedienz Gregors XII. verharrte, blieb alles Einschreiten gegen die Wiclifie ohne Erfolg, vielmehr verklagten nun fünf Parteigänger des Huß den Erzbischof bei der Kurie, und dieser erhielt in der Tat am 8. Dezember eine Vorladung, um sich zu verantworten.[4]) Mittlerweile war jedoch ein Ereignis eingetreten, das die bisherige Lage der Dinge mit einem Schlage änderte. Am 2. September 1409 hatte sich der Erzbischof dem Papste Alexander V. unterworfen, und nun sah sich die Kurie genötigt, ihr Verfahren zu ändern. Sbinko schickte eine Gesandtschaft nach Rom, an deren Spitze zwei Geistliche, der Domherr Jinoch und der Bischof in partibus Jaroslaw von Sarepta, standen, und ließ dem Papste vorstellen, daß alles Unheil im Königreiche

[1]) De longevo schismate, a. a. O. 426, cap. 27.

[2]) Ad recessum a loco faciliorem pedem habuerunt, quia ibidem scisma et heresim vilem dominari verisimili coniecturacione videbant. Ebenda 430: quoniam incubuit timor eorum super eos etc. Ebenda.

[3]) S. die Revokation des Peter von Uniczow, Opp. 2, CCCLXV. Et precipue magistrum Johannem Hus denunciavi et accusavi in Bononia coram superioribus meis ... In der Handschrift der Prager Univ.-Bibliothek III, G. 16, wo sich dieser Widerruf findet, steht über dem Titel: Byway mnissku maudr, netiekage po swietie a klamage na czechy: Sei gescheit, Mönchlein, lauf nicht in die Welt hinaus, um über die Tschechen zu lügen.

[4]) Chron. Boh. Lipsiense: Anno domini 1409 die dominico, quo vocatur Populus Syon citatus est dominus archiepiscopus a Wiclefistis (ad) Romanam curiam. S. Conc. Prag. 64.

Böhmen von den Wiclifiten herrühre, der Klerus infolge ihrer Aufreizungen völlig unbotmäßig sei und die kirchlichen Zensuren für nichts geachtet werden. Den Baronen des Reiches habe man — auch das ist ein echt Wiclifscher Satz — die Meinung beigebracht, daß es den Laien, vor allem dem Herrenstande, zukomme, den Klerus zu leiten. Den König Wenzel habe man dazu gebracht, sich der Kirchengüter zu bemächtigen usw.[1]) Der Papst stellte nun das Verfahren gegen den Erzbischof ein und gab ihm in einer Bulle vom 20. Dezember 1409 den Auftrag, gegen die Irrlehren einzuschreiten. Vier Magister der Theologie und zwei Doktoren des kanonischen Rechtes sollen seinen Beirat bilden, die Bücher und Schriften Wiclifs sollen beseitigt und vor den Bischof gebracht werden, um sie den Augen des gläubigen Volkes zu entziehen, die Predigt an anderen als den herkömmlichen Orten untersagt und keine Appellation an den päpstlichen Hof dagegen eine Gültigkeit haben. Die Bulle kam erst 1410 nach Prag und wurde in wiclifitischen Kreisen mit unverhohlenem Mißbehagen aufgenommen. Der Erzbischof ließ sich in seinem Vorgehen nicht beirren,[2]) die Kommission, die er in Gemäßheit der päpstlichen Bulle eingesetzt hatte, fällte das Urteil, das nun auch auf der Sommersynode 1410 verkündigt wurde, daß die Bücher Wiclifs verbrannt und die Predigt in den Kapellen und sonstigen Orten mit Ausnahme der berechtigten Kirchen verboten werden solle. Von Wiclifs Büchern wurden folgende namentlich genannt: 1. Dialogus, 2. Trialogus, 3. De Incarnacione verbi divini, 4. De Corpore Christi, 5. De Trinitate, 6. De Ideis, 7. De Hypotheticis, 8. Decalogus, 9. De Universalibus realibus, 10. De Simonia, 11. De Fratribus dyscolis et malis, 12. De Probationibus propositionum, 13. De Attributis, 14. De Individuacione Temporis, 15. De Materia et Forma, 16. De Dominio Civili, 17. Super evangelia sermones per circulum anni.

Gegen das Verfahren Sbinkos erhob die Universität am 21. Juni 1410 Einsprache,[3]) dann Huß, der vier Tage später in Gemeinschaft mit sieben anderen Angehörigen der Universität eine feierliche Appellation an Johann XXIII. richtete und sowohl gegen das Gebot der Bücherverbrennung als gegen das Verbot der freien Predigt in den Kapellen Protest einlegte.[4])

Die Appellation des Huß und seiner Genossen ist ein sorgfältig ausgearbeitetes Schriftstück, das die ganze Sachlage klar und übersichtlich darlegt und gegen die Anschuldigungen des Erzbischofs, als ob die Prager Diözese voll von Ketzern wäre, lebhaft protestiert. Gegen das Verbot, in den Kapellen zu predigen, weist Huß auf die Stiftungsurkunde der

---

[1]) Chron. univ. Prag., woselbst d. Credencia an den Papst (S. 19) ... dort heißt es: Imo et dominum regem Wenceslaum ad hoc inducunt, ut occuparet (a) clero bona temporalia et ea auferret, prout facit in facto.

[2]) S. Documenta 378—385.

[3]) Doc. 386.

[4]) Ebenda 387—396.

Bethlehemskapelle hin, die er zum großen Teile wörtlich in seine Appellation aufgenommen hat.

Was das Verbot des Besitzes der Bücher Wiclifs betrifft, weist die Appellation darauf hin, daß nur ein Tor, dem die Kenntnis der Bibel und des kanonischen Rechtes gänzlich abgehe, die logischen, philosophischen, moralischen, mathematischen, theophysikalischen Bücher, wie die über Form und Materie, über Ideen usw., die wohl viele edle und herrliche Wahrheiten, aber keine Irrtümer enthalten, dem Feuer zu überantworten vermöchte. Übrigens sei durch den Tod Alexanders V. die Vollmacht Sbinkos für diesen Prozeß erloschen.

Die Universität hatte inzwischen die Vermittlung des Königs angerufen und auf dessen Verwendung hin verschob der Erzbischof die Vollziehung des Urteils, bis der Markgraf Jost von Mähren nach Prag kommen würde.[1]) Da sich dessen Ankunft jedoch verzögerte, ließ Sbinko die Bücher Wiclifs am 16. Juli verbrennen. Das Auto-da-fé wurde im Hofe des erzbischöflichen Palastes auf dem Hradschin in Gegenwart des Domkapitels und einer großen Menge von Priestern vollzogen. Verbrannt wurden über 200 Handschriften, die Werke Wiclifs enthielten. Es wird betont, daß einzelne prächtig gebunden waren.[2]) Dem Gebote des Erzbischofs sind übrigens die wenigsten Werke Wiclifs, die es dazumal in Böhmen gab, zum Opfer gefallen, denn, wie Stephan von Dolein erzählt,[3]) rühmten sich die Wiclifiten ganz offen: „Der Erzbischof habe zwar einige sehr berühmte Bücher Wiclifs verbrannt, aber nicht alle. Wir haben noch die meisten und suchen von allen Seiten noch andere zusammen, um sie abzuschreiben und dann zu besitzen." Es ist ein Glück, daß nicht gerade jene Handschriften dem Feuer zum Opfer gefallen waren, aus denen ersichtlich wird, wie tschechische Studenten in England selbst an der Arbeit waren, Wiclifs Bücher zu kopieren.

Zwei Tage nach dem Ereignis in Prag wurde über Huß und seine Genossen und alle jene, die ihre Wiclifbücher nicht abgeliefert hatten, der Bann ausgesprochen und in allen Kirchen der Prager Diözese verkündet.[4]) Genannt werden außer Huß Zdislaus von Zwierzeticz, Johannes von Brandeis, Benesch von Lissa, Peter von Sepékow, Petrus von Valenzia, Michael von Drnowitz und Johann von Landstein. Dieses Vorgehen rief in Prag eine unbeschreibliche Aufregnng hervor. Um sie zu

---

[1]) Geschichtsschr. d. huss. Bewegung 1, 21: Sed ad instanciam domini Wenceslai ... distulit suam vesanam sentenciam... S. auch S. 187.

[2]) Noch jetzt findet man Handschriften, deren prächtige Anlage dafür spricht, daß sie in den Besitz fürstlicher oder sonst hervorragender Persönlichkeiten kommen sollten, z. B. der Cod. pal. Vindob. 1598, der das Buch Wiclifs De Mandatis Divinis enthält. Auch unter den Opera Minora finden sich solche Handschriften.

[3]) Antihussus, a. a. O. 386.

[4]) Doc. 397.

verstehen, muß man im Auge behalten, in welch leidenschaftlicher Weise das durch die Predigten Hußens und seiner Freunde aufgeregte Volk in diesem Jahre für die Sache Wiclifs Partei zu nehmen pflegte. Ein Pole, der als Gesandter und Überbringer von Briefen in Prag verweilte, ließ sich eine Schmähung Wiclifs und seiner Anhänger zuschulden kommen, dafür wurde er am St. Markustage von der erzürnten Menge geprügelt. Die Aufregung wurde nach der Szene im erzbischöflichen Palaste bis in die untersten Schichten des Volkes getragen. An verschiedenen Orten kam es zu stürmischen Auftritten. Von den Spottliedern gegen den Erzbischof haben sich noch einzelne erhalten.[1]) Von den Tumulten erzählt die Chronik der Prager Universität einige bemerkenseerte Beispiele.[2]) Huß selbst sprach von der Kanzel herab über diese Vorgänge in einer Weise, die ganz geeignet war, die im Volke herrschende Unruhe noch zu vermehren, wenn anders es wahr ist, daß er die folgenden Worte gesprochen hat:[3]) Siehe da, erfüllt ist die Prophezeihung, von der Jakob von Taramo schreibt, daß sich im Jahre 1409 einer erheben wird, der das Evangelium, die Epistel und Christi Glauben verfolgen wird. „Es ist der Papst selbst, der neulich gestorben ist und von dem ich nicht weiß, ob er im Himmel ist oder in der Hölle (d. h. nach Wiclifscher Definition: von dem ich nicht weiß, ob er ein Prädestinierter oder ein Präsciter ist), der auf seinen Eselshäuten schreibt, der Erzbischof möge Wiclifs Bücher nur verbrennen: und doch ist in ihnen soviel Gutes enthalten." Und nachdem er einige Worte dazwischen geredet, fuhr er fort: „Siehe, ich habe gegen die Beschlüsse des Erzbischofs appelliert und appelliere noch. Aber wollt Ihr mir auch anhängen." Und das gesamte Volk rief ihm in tschechischer Sprache zu: „Wir wollen und hängen dir an." „Es ist Zeit," fuhr Huß fort, „daß der, welcher das Gesetz Gottes verteidigen will, nach dem Beispiel des alten Bundes sich mit dem Schwerte umgürte und sich bereit halte."

In einer anderen Predigt klagt er: Diese Prälaten haben beim Papste eine Bulle erwirkt, worin er befiehlt, daß man die guten und schlechten Bücher des Magisters Johannes Wiclif verbrenne, denn diese Bücher ärgern sie sehr, weil die Prälaten darin wegen ihrer Simonie und ihres Hochmutes, Geizes, ihrer Unzucht und anderer Laster gestraft werden. Auch das schneidet tief in ihre Seele, daß sie darinnen Armenprediger und Bettlerbeamte heißen, denn sie herrschen am liebsten gleich den weltlichen Herren. Das aber brennt sie am meisten, daß die weltlichen Obrigkeiten nach Recht und in guter Absicht ihre weltlichen Güter ihnen nehmen

[1]) S. Geschichtsschr. d. huss. Beweg. 1, 622.
[2]) Palacky, Gesch. v. Böhmen, a. a. O. 352, wo die betreffenden Belege gesammelt sind.
[3]) In vulgari sermone (Boh. Doc. 405).

können und ihnen auch keinen Zehent zu geben brauchen—die Ausführung eines bekannten Wiclifschen Satzes.[1] — Das Dekret des Erzbischofs vom 16. Juni 1410 hatte weitaus nicht alle der in Böhmen bekannten Schriften Wiclifs bezeichnet. Unter den verurteilten Schriften waren tatsächlich einzelne völlig harmloser Natur. Weitaus bedeutsamere seiner Werke sind damals in Böhmen schon gelesen worden, wie das Opus Evangelicum, das Huß längst zur Ausarbeitung seiner Predigten herangezogen hatte, oder das Werk De Veritate Sacrae Scripturae, das die Bibliothek der böhmischen Nation besaß. Noch andere hat Huß schon im nächsten und dem darauffolgenden Jahre in umfassenderer Weise benutzt. Es sind die Traktate: 1. De triplici vinculo amoris, 2. De Ecclesia, 3. De absolucione a pena et a culpa, 4. De Officio Regis, 5. De Christo et suo adversario Antichristo, 6. Ad argumenta cuiusdam emuli veritatis, 7. De ordinibus ecclesie, 8. De Fide catholica, 9. De Imaginibus, 10. De Dissensione Paparum.

Das Vorgehen des Erzbischofs gegen die Wiclifschen Schriften scheint erst recht auf deren Verbreitung in Böhmen eingewirkt zu haben. Einzelne noch erhaltene Codices zählen bis zu 90 Werke Wiclifs auf, die man dort kenne; einer von ihnen[2] fügt die beachtenswerte Notiz hinzu, daß sich außer den genannten noch viele andere Werke Wiclifs in Böhmen finden, von denen auch noch eine größere Anzahl aufgezählt wird. Die genannte Handschrift gehörte einem Freund der Wiclifschen Richtung, Paul von Slawikowitz, dem späteren Pfarrer von St. Egid.[3] Er wurde im Jahre 1395 an der Prager Universitätsbibliothek zum Baccalaureatsexamen zugelassen.[4] Da er als Student kaum in den Besitz so kostspieliger Codices, wie es der genannte gewesen ist, gekommen sein dürfte, die theologischen Schriften übrigens so früh noch nicht weit verbreitet

[1] Domini temporales possunt licite auferre temporalia ab ecclesia delinquente… Die obige Predigt stammt allerdings erst aus dem Jahre 1413 (gehalten am 6. Sonntag nach Epiphaniä, Novotny 2, 42), aber es ergibt sich aus dem Obigen, daß sich Huß auch schon bei früherer Gelegenheit in gleicher Weise geäußert hat.

[2] Cod. 3933 der Wiener Hofbibliothek, fol. 195b—196b, und zwar werden nicht bloß die Werke Wiclifs selbst (in roter Schrift), sondern auch die Incipit und Explicit (in schwarzer Schrift) vermerkt. Dieser Katalog ist gedruckt in Walter Waddington Shirley. A Catalogue of the original works of John Wyclif, Oxford 1865, 65—83. Daselbst noch ein zweiter Katalog aus der Handschrift 4514, der hier weniger berücksichtigt werden kann, weil sich die Zeit seines Entstehens nicht genau angeben läßt. Über einen alten bisher unbekannten Katalog s. den Exkurs zur Überlieferung der Wiclifhandschriften in meiner akadem. Publikation ,,Die ältesten Streitschriften Wiclifs". (Sitz-Ber. der Wiener Akademie 160), S. 67/8.

[3] Eine Einzeichnung auf dem inneren Einbanddeckel besagt: Liber Pauli de Slawikowitz. Eine andere Bemerkung sagt in Versen.
　　Versa Berengarium, fuge Wicleff, cede Pikardis:
　　Implicat hic, errat hic, (hic) sacramenta retractat.

[4] MM. hist. univ. Prag. 1, 300, 308.

waren, so wird man wohl annehmen dürfen, daß die in dem Katalog vermerkten Schriften Pauls von Slawikowitz erst in späterer Zeit — etwa um 1410 — bekannt geworden sind. Aber selbst wenn der Katalog noch einige Jahre später, was jedoch kaum anzunehmen ist,[1]) entstanden sein sollte, so gewährt er ein glänzendes Zeugnis für die Regsamkeit, die auf literarischem und zumal auf theologischem Gebiete in jenen Jahren in Böhmen geherrscht hat. Zeugnis hievon gibt auch eine Handschrift der Fürst von Lobkowitzschen Bibliothek im Schlosse Raudnitz in Böhmen, die einen Katalog der Prager Universitätsbibliothek aus jener Zeit enthält. Der dritte Teil — das dritte Abecedarium — zählt die der böhmischen Nation gehörigen Bücher auf. Es finden sich außer den Werken der sog. Vorläufer und hervorragenderer Zeitgenossen darin vornehmlich auch Werke Wiclifs.[2])

Den Umstand daß der Erzbischof vorzugsweise die philosophischen Schriften Wiclifs verurteilt hatte, nützten dessen Jünger in vortrefflicher Weise aus, indem sie in den letzten Tagen des Juli und den ersten des August einzelne Werke Wiclifs öffentlich verteidigten, was offenbar mit dem üblichen, diesmal vielleicht noch mit einem größeren Gepränge geschah und die schon vorhandene Aufregung unter den Bewohnern Prags sicherlich noch steigerte. Schon ein Jahr zuvor scheinen die Anhänger der realistischen Richtung ein ähnliches Schaugepränge veranstaltet zu haben.[3])

Das Programm der Vorträge samt Datum hat die Prager Universitätschronik aufbewahrt: Der Magister Johannes von Hussinez wird am nächsten Sonntag, das ist am 27. Juli, Wiclifs Buch De increata benedicta et venerabili trinitate wider seine Verurteiler verteidigen, ebenso Jakob von Mies am folgenden Montag um 11 Uhr den Dekalog, Prokop von Pilsen am Donnerstag den Traktat De Ideis, Zdislaus von Wartenberg, genannt von Zwierzeticz, Mittwoch, den 6. August die Schrift De Universalibus

---

[1]) Schon mit Rücksicht auf das Alter des Paul von Slawikowitz, der sich damals in den Jahren zwischen 40—50 befand und in höherem Alter sich wohl kaum in solcher Weise mit der neueren Richtung bekannt gemacht hätte. Noch in einer anderen Handschrift der Wiener Hofbibliothek wird er genannt. Dort heißt es: Pertinens ad Paulum de Slawikowitz, qui fuit arcium baccalaureus, plebanus S. Aegidii et corrector cleri curie archiepiscopalis. S. Buddensiegs Ausgabe von Wiclifs De Christo 22. In den Handschriften der Univ.-Bibl. Prag wird er wiederholt genannt, es sind die Codd. 946 (V F. 24), 1438 (VIII, B2), 1587 (VIII, G 5) mit der Bestimmung (qui (liber) debet dari ad librariam post mortem), 1745 (IX, D. 7) od. 1905 (X, E. 4).

[2]) S. meinen Aufsatz, der älteste Katalog der Prager Universitätsbibliothek im MIÖG. XI, 301 ff.

[3]) Das sog. wissenschaftliche Turnier zu Prag 1409. Höfler, Der Mag. Joh. Huß 255; aber Huß soll ja damals gerade um diese Zeit schwer krank gewesen sein, ob er dann bei diesem Turnier die Eröffnungsrede halten konnte? Vgl. Doc. 181. Auch sonst findet sich in dieser Turniergeschichte viel Unwahrscheinliches.

und Simon von Tischnow am 29. Juli den Traktat De Probationibus propositionum.[1]) Wir erfahren aus Simons Verteidigung, daß sich bei dem feierlichen Akte keiner von den Gegnern zur Gegenrede einstellte. „Sie trauen sich nicht, aus der Finsternis ans Licht zu kommen."

Den Reigen eröffnete sonach Huß selbst. Sein Vortrag ist noch erhalten. Wie sehr sich darin der Wiclifsche Einfluß geltend macht, ist daraus zu entnehmen, daß er ganze Stellen wortgetreu aus dessen Traktaten herübernimmt, so vor allem die bekannte, oft zitierte Stelle, wo er sagt, daß er sich vom Anbeginn es zur Regel gemacht habe, so oft er eine bessere Ansicht über eine Sache finde, die frühere aufzugeben. Die Stelle stammt aus Wiclifs Traktat De Universalibus.[2])

Die Ankündigung Jakobs von Mies sagt, daß er sich gegen jene wenden wolle, die den Dekalog verdammen, indem sie behaupten, daß er offenkundige Irrlehren enthalte. Auch dieser Vortrag und die übrigen finden sich noch vor. Wenn jemand daran zweifeln wollte, daß es sich neben dem ernsten Zwecke auch um eine lebhafte Demonstration gegen das Vorgehen des Erzbischofs gehandelt habe, so genügt die Lektüre von Simon von Tischnows Verteidigung des genannten Traktates, um sich eines besseren zu belehren. Mit unsäglich derbem, gewiß auf den Lacherfolg bei den Zuhörern berechneten Spott wird das Vorgehen des Erzbischofs von Simon gegeißelt.[3]) „Sage mir, du armes unschuldiges Traktätlein," sagt Tischnow, mitleidsvoll darauf herabsehend, „was hast du denn gar so Schlimmes deinen Richtern und Prälaten zugefügt? Gewiß hast du recht ihren Hochmutsteufel gerügt und ihren Ehrgeiz getadelt." „Ach nein," sagt das Traktätlein, „das ist nicht meine Sache, das kömmet dem Buche De Civili Domino zu, das nun mein Leidensgenosse geworden ist." „Nun, dann hast du gewiß die unersättliche und tiefe Habsucht der Priester gegeißelt?" „Ach nein, das haben die Predigten über die Evangelien des Kirchenjahres getan, die nun auch zur Strafe mit mir verdammt worden sind." „Aber vielleicht hast du der verabscheuungswürdigen Ketzerei der Simonie in den genannten Schriften hart zugesetzt." „Ach, das habe nicht i c h getan. Darüber handelt das Buch von der Simonie, das nun freilich auch mit mir verurteilt ist." „Dann

---

[1]) Doc. 399—400.

[2]) Und findet sich in seinen Protestationes X (Höfler, Anna v. Luxemburg, 20. Bd. d. Denkschr. d. Wiener Akad. 150). Sie lautet: Ego statui michi ipsi pro regula, quod quociescumque viderim racionem vel scripturam prevalidam, declino ab opinione priori non obstante famae vel assencione verborum, quos sequor, considerans quod ex infirmitate scripture longe plus habeo ignorancie quam certitudinis.

[3]) Palacky hat einen Satz dieses Vortrages aber nicht aus der ursprünglichen Quelle, sondern aus einer Invectiva contra Hussitas, mitgeteilt. Gesch. v. Böhmen 3, 1, 255. Gemeint ist die Invectiva anonymi contra Hussitas (scripta post annum 1432) in den Geschichtsschr. d. huss. Bew. 1, 621.

hast du vielleicht die evangelische Armut gepriesen, die den Herren Prälaten so sehr mißfällt. „Ach, das findet sich nicht bei mir, sondern im
Dialog und Trialog, die nun gleichermaßen verdammt sind." „Ich fürchte
sehr, liebes Traktätlein, du wirst wohl die Ignoranz des Klerus und dessen
Stumpfsinn und Müßiggang verklagt haben?" „Lieber Verteidiger,
ermüde mich nicht länger mit deinen Fragen, denn nichts von alledem,
worüber du mich beargwohnst, habe ich getan.[1]) Ich werde unschuldigen
Jünglingen in die Hände gegeben, damit sie mit meiner Hilfe Thesen
beweisen lernen." In diesem Tone geht es fort. Man ersieht aus der ganzen
Fassung des Traktates, daß Simon von Tischnow eine zahlreiche Zuhörerschaft im Sinne hat. Er wendet sich an die Jüngeren, um derentwillen
das Buch, „Das Brot, mit dem sie bisher genährt wurden", verdammt ist.
Der Honig sei nun ihren Lippen entzogen und man könne keinen Trost
haben, weil jene, die das Buch verdammten, nicht imstande seien, es durch
ein besseres zu ersetzen. In ähnlicher Weise wendet er sich an die Älteren.
In Ewigkeit werde er einer so ruchlosen Verdammung nicht zustimmen,
es sei denn, daß er eines Besseren belehrt werde. „Was aber," ruft er aus,
„soll ich von diesem Sbinko sagen, der die Ratschläge solcher Beurteiler
befolgt hat? Vielleicht entschuldigt ihn seine Unwissenheit. Man schone
daher seiner und bete für ihn." Gewiß das Gröbste, das man von seinem
geistlichen Oberhirten sagen kann. Simon von Tischnow ging denn auch
von allen am schärfsten gegen die Verurteilung der Bücher vor.[2]) Viel

---

[1]) Diese ganze köstliche Schilderung zeugt zugleich von dem tiefen Verständnis,
mit dem die Wiclifiten die tiefgründigen Arbeiten Wiclifs studiert hatten. In der
Tat finden sich im ersten Buche von De Civili Domino jene scharf umgrenzten Lehrsätze, die dann als Wiclifs Thesen oder Artikel mit und ohne Erläuterung als Flugschriften und Bücher in die Welt hinausgingen. S. darüber meine Studien zur Kirchenpolitik Englands im 14. Jahrundert, 2. Teil, Sitz-Ber. der Wiener Akad., Bd. 156,
S. 3 ff. De Civili Domino I und Sitz.-Ber. 136, 91. Die 18 Thesen, die ihre Spitze
gegen das gesamte herrschende Kirchenregiment richten. An zweiter Stelle werden
die Predigten genannt: Sermones super Evangelia dominicalia. S. Joh. Wyclif Sermones I ed. Loserth. Dort in der Einleitung: die eingehenden Nachweise ihrer Ausnützung durch Huß. Nicht alle richten ihre Spitze gegen „Die unersättliche Habsucht
der Priester", aber die es tun, tun es gründlich, z. B. Prelatorum cesariorum destruc-
cio ... quam stultum est esse prelatum cesareum ... prelati nolunt audire vocem
Christi ... sunt mercenarii ... impediunt accipere S. Spiritum ... non servant frag-
menta Scripture usw. ... Das Buch von der Simonie ist von Huß in seinem tschechischen Traktat stark ausgenützt worden; der Dialog und besonders der Trialog
fanden die größte Verbreitung. In diesem, und zwar im letzten Buch und im Supplement wird die angebliche Armut der Bettelorden aufs schärfste mitgenommen.
Die ganze Darstellung läßt mit einem Wort darauf schließen, daß die Lehren
dieser Bücher Gemeingut der tschechischen Wiclifitenkreise geworden waren und
so mochten auch die Zuhörer mit Verständnis und Genuß den Worten des Vor-
tragenden lauschen.

[2]) Über Simon v. Tischnow s. außer dem schon oben genannten Aufsatz noch
meine Abhandlung Wiclifs Buch von der Kirche und dessen Nachbildungen in Böhmen.

ruhiger war die Verteidigungsrede Prokops von Pilsen, doch auch sie entbehrt nicht grober Ausfälle auf die Richter Wiclifs. Er gedenkt der tiefen theologischen und philosophischen Wahrheiten, die in dessen Werken enthalten seien: lange Zeit hätte man ihrer vergessen, bis sie durch Wiclif aufs neue erweckt worden seien. Die Liebe zum Vaterlande, betont Prokop, habe ihn zur Verteidigung Wiclifs ermuntert, den sehr viele und, wie man hoffen darf, gute Menschen in England den evangelischen Doktor nennen, dessen Leben und Wandel allgemein, namentlich aber von den „Armen im Geiste" gelobt werde, die jedoch reich seien in der heiligen Erinnerung. Nur die Reichen dieser Welt, Hab- und Vergnügungssüchtige und Ausschweifende nennen ihn einen Irrenden und Ketzer, während in seinen Büchern doch die reinste Wahrheit enthalten sei.

Warum verbrenne man nicht die Bücher Mahomeds oder der Juden, ein Argument, auf das dann mit größerem Nachdrucke Zdislaus von Zwierzetitz zurückkommt. Prokop macht die Urheber des Autodafés geradezu verächtlich. Man überlasse diesen die Beurteilung von Dingen, von denen sie nichts verstehen, das sei so, wie wenn man einem einfältigen Bauern die Schätzung eines wertvollen Schmuckes, einem Schuster die Prüfung von Gold überlassen wollte. Sie werden tun, was die Schweine machen, denen Perlen in den Kot zugeworfen werden. Solcher Schriften Prüfung weise man Kennern zu. Das gehört in die Hallen der Universität, da findet sich die rechte Schmiede. Hieher mögen die Gegner kommen, die da behaupten, das Gold der Wahrheit sei der Dreck der Ketzerei und Falschheit.

Prokop von Pilsen hat gewiß nicht ohne Grund das nationale Moment, die patriotische Tendenz mit Wärme betont: Die Erregung über die Vorgänge im Vorjahre zittert noch nach, und was die Reminiszenzen aus Wiclifs Leben betrifft, hatten ja erst die tschechischen Wiclifsucher aus England neue Kunde gebracht. Bald sollten neue erfreuliche Nachrichten einlaufen.

Mit dem Vortrage Zdislaus' schien das Interesse an den Vorträgen seinen Höhepunkt erreicht zu haben. Nicht mit der erbarmungslosen Ironie Tischnows oder der groben Art Prokops, wohl aber mit tieferem Ernst, ausgebreitetem Wissen und dem Hinweis auf die Kirchenväter tadelt er das Vorgehen des Erzbischofs. Er zeiht die Richter Wiclifs des größten Undankes, da sie Bücher verdammen, denen sie ihr Wissen schulden. Mit derselben Begründung könnten sie auch sagen, die Welt müsse verbrannt werden, da in ihr Irrtümer und Häresien enthalten seien. Ja, wenn man sage, weil die Bücher Wiclifs die Herzen so vieler

---

MVGDB., 24. Bd., 411 ff. Simon wurde nach Hussens Katastrophe Pfarrer zu Tobitschau in Mähren. Er kämpft dort für den Wiclifschen Kirchenbegriff gegen Paul von Prag, Pfarrer von Dolein bei Olmütz.

Menschen angesteckt haben, so seien sie zu verbrennen, so folge, daß man alle Menschen verbrennen müsse, die die Herzen anderer anstecken. Was auf der Welt wird dann nur unverbrannt bleiben — die Richter und uns alle würde dieses Urteil treffen. Sehr lange verweilt Zdislaus bei dem Urteil, das Hieronymus über Origines gefällt hat, der doch sozusagen ein Ketzer war.

Gegen die letztgenannten drei Vorträge fällt jener des Johann von Giczin[1]) stark ab. Immerhin ist er nicht ohne Interesse: man kann aus ihm ersehen, daß noch eine Anzahl von Werken Wiclifs auch nach der Verbrennung in den Händen der Richter verblieb. Wie es mit der Obedienz gegen Sbinko bestellt war, entnimmt man der Äußerung Giczins: er ruft die Hilfe Gottes an, daß er dem Mandate des Erzbischofs nicht gehorchen brauche.[2]) Wenn Johannes Peklo, einer der hiesigen Feinde des Wiclifismus, erzähle, einer der Richter Wiclifs sei nach eigenem Eingeständnis in der Hölle gewesen und habe den englischen Magister dort gesehen, so bezeichne Giczin das als eine schamlose Lüge.

Johannes Peklo war Pfarrer bei St. Egid und einer der eifrigsten Widersacher des Huß. Als Wenzel im Jahre 1411 die Einkünfte des Klerus sperrte, kam Peklo in große Verluste.[3]) Unter den Zeugenaussagen gegen Huß hat die Peklos eine große Bedeutung: Huß habe zu wiederholten Malen gepredigt, man bedürfe des Papstes nicht, um selig zu werden,[4]) ein Satz, der ganz dem entspricht, was Wiclif über das wahre und falsche Papsttum gedacht, gesprochen und geschrieben hat.

Daß derartige Vorträge nur aufregend auf die Massen gewirkt haben, steht außer Zweifel. Hußens Anhänger stellen bereits eine stattliche Macht dar. In den benachbarten Landschaften konnte man sich freilich nicht genug wundern, daß es der gesamten Macht der Prälaten in Böhmen nicht gelingen könne, ,,diesen verdammten Ketzer, den Sohn der Verdammnis aus Böhmen, auszutilgen".[5])

Diese Vorgänge in Böhmen wurden von den wiclifitischen Kreisen Englands mit lebhaftestem Interesse verfolgt. Die tschechischen Wiclifiten, die feste Beziehungen zu denen Englands angeknüpft hatten, hielten sie getreulich auf dem Laufenden. An einem und demselben Tage gingen

---

[1]) Giczins Traktat findet sich nicht im Cod. univ. Praf. X, E. 24, wo die übrigen sind, sondern im Cod. Pal. Vindob. 4002, wo er neben den andern mit Ausnahme jenes des Jakobell erscheint.

[2]) Ut eorum mandato non obediam.

[3]) Docum. 735.

[4]) Ebenda 178.

[5]) Cod. IV, Q. 87 (fol. 199a) univ. bibl. Wratisl.: Mirum quod omnes prelati in Bohemia non valent virum maledictum hereticum a suo regno extirpare. Schreiben des Abtes von Heiligenkreuz in Breslau an den Abt Jakob von Sedlitz, undatiert, aber zweifellos dieser Zeit angehörig.

dann von zwei verschiedenen Seiten Antworten nach Böhmen ab. Da war jener Lollarde Richard Wyche[1]) — dessen Name in unseren Handschriften als Wicz oder Fitz wiederkehrt, der am 8. September 1410 seinen teuren Huß, der ihm zwar von Antlitz unbekannt ist, nicht aber nach Glauben und Liebe, auffordert, in seiner bisher so erfreulichen Tätigkeit fortzufahren, dann der aus der englischen Geschichte seiner Zeit bekannte Sir John Oldcastle, Lord Cobham, der am gleichen Tage seine böhmischen Gesinnungsgenossen Wok von Waldstein bzw. Zdislaus von Zwierzietitz auffordert, an der evanglischen Wahrheit festzuhalten.[2]) In seiner Antwort an Wyche[3]) spricht Huß in überschwenglicher Weise von der Süßigkeit und Stärke des erhaltenen Briefes: „Wenn auch alle anderen Schriften der Welt durch den Antichrist ausgetilgt werden möchten, so würde doch dieses Schreiben für die Gläubigen zu ihrem Seelenheile ausreichend sein. Er habe dasselbe in der Predigt dem versammelten Volke — es mochten ungefähr 10 000 Personen sein — vorgelesen und hinzugefügt: Sieh, unser teuerster Bruder und Mitkämpfer Richard, der Genosse Wiclifs in den Mühen des Evangeliums, schrieb euch einen Brief von solcher Kraft, daß ich, wenn ich auch keine andere Schrift besäße, doch mein Leben gern für das Evangelium Christi darzubringen bereit wäre. Und fürwahr, ich werde es mit der Hilfe des Herrn auch tun. Auf die Bitte der Gläubigen habe nun Huß diesen Brief ins Böhmische übersetzt. Er ist des Dankes voll, daß durch seines englischen Freundes Bemühungen so große Güter aus dem gesegneten England nach Böhmen gekommen seien.

Das böhmische Volk, antwortet er dann noch an Wyche,[4]) Barone und Ritter, Grafen und Gemeine lechzen nach der Wahrheit. Du magst wissen, lieber Bruder, schreibt er, daß das Volk nichts hören will als die Heilige Schrift, vor allem das Evangelium und die Episteln. Und wo

[1]) Zur Gesch. Wyches s. G. Lechler, Johann v. Wiclif 2, 308, 319f., 351. Ich habe im Jahre 1887 die Gesta cum Richardo Wycz presbytero in Anglia in der Prag. Handschr. III, G. 11, der Un.-Bibl. gefunden, kopiert und eine Kopie an F. D. Matthew gesendet, der sie unter dem Titel The Trial of Richard Wyche in „The English Historical Review", Juliheft 1890, abgedruckt hat.

[2]) S. den Exkurs Nr. 2, „Über die Beziehungen zwischen englischen und böhmischen Wiclifiten in den beiden ersten Jahrzehnten des 15. Jahrh."

[3]) Dessen Brief an Huß mit Datum in Huß, Opp. 1, 101 ab. Ohne Datierung in den Geschichtsschr. d. huss. Beweg. 2, 212. Die ältere Ausgabe hat den besseren Text. Die Antwort des Huß in den Doc. 12.

[4]) Wir lassen die Stelle auch im lateinischen Texte folgen: Richardus, magistri Joannis Wicleff in evangelii laboribus consocius scripsit vobis ... Dann fährt er fort in seiner Antwort an Wyche: Populus (die Tschechen) non vult audire nisi sacram scripturam, presertim evangelium et epistolas. Et ubicumque in civitate vel oppido sive villa aut castro apparet sancte veritatis predicator, catervatim confluunt populi, clerum indispositum aspernantes.

immer in irgendeiner Stadt oder in einem Dorf oder Schlosse ein Prediger der heiligen Wahrheit erscheint, da stürmt das Volk zu ganzen Haufen zusammen, den Klerus verachtend, der zu seiner Arbeit untauglich ist.

Unser König, fährt er fort, sein ganzer Hof, die Barone und das gemeine Volk sind für das Wort Christi. Zu beachten ist namentlich, was Huß über die Wanderprediger — Wiclifs poor priests — sagt. In der Tat, in der ganzen Art und Weise, wie Huß die Bedeutung des Predigeramtes auffaßt, ist er ein ganzer und echter Jünger Wiclifs — aber nie ist dieser selbst in seiner Heimat zu solcher unbedingten Macht über die Geister gekommen als Huß jetzt in Böhmen und auch schon im mährischen Nachbarlande.

Nach dem Tod Alexanders V. war seine Angelegenheit einer Kommission von vier Kardinälen übergeben worden. Diese berief alle damals in Bologna — wo sich Johann XXIII., der Nachfolger Alexanders V., aufhielt — verweilenden Doktoren der Theologie zusammen und legte ihnen die Bücher Wiclifs zur Prüfung vor. Sie faßten in ihrer Majorität den Beschluß, Sbinko sei nicht berechtigt gewesen, die Bücher verbrennen zu lassen.

Die Partei des Erzbischofs war jedoch nicht müßig; sie stellte dem Papste das Vorgehen des Huß in den letzten Monaten dar und verlangte dringend, daß Huß als der Häresie verdächtig vor die römische Kurie geladen werde. Johann XXIII. übertrug nun die ganze Angelegenheit dem Kardinal Otto von Colonna, der am 25. August dem Erzbischof den Auftrag erteilte, mit aller Strenge und selbst unter Anrufung des weltlichen Armes gegen die Neuerer vorzugehen.

Huß fand jedoch am Hofe mächtige Gönner: die Königin und wohl durch ihre Vermittlung auch den König, zahlreiche Personen aus dem Adel, die Universität und die Bürgerschaft von Prag traten für ihn ein. Damals hielt sich Antonio von Monte Catino in Prag auf, der dem Könige die Thronbesteigung Johanns XXIII. notifiziert hatte. Als er sich um die Mitte September zur Heimreise anschickte, erhielt er eigenhändige Schreiben des Königs und der Königin an den Papst, in denen sich diese mißbilligend über die Bücherverbrennung aussprachen und den Papst baten, den betreffenden Schiedsspruch aufzuheben und die Predigt freizugeben. Auch gegen die Verketzerung Böhmens wird lebhafte Einsprache erhoben. Die Königin bittet insbesondere, daß die Bethlehem betreffende Sentenz aufgehoben und die Stiftung für immer bestätigt werde. Ähnliche Schreiben gingen an das Kardinalskollegium, und auch die Barone von Krawař, Potenstein u. a. sowie der Magistrat von Prag erhoben in dieser Richtung ihre Stimmen.[1] Aber kurz nachher — am 20. September — wurde Huß durch den Kardinal Colonna zur persön-

---

[1] Doc. 409—415.

lichen Verantwortung nach Rom vorgeladen.[1]) Hierdurch wurde die in Prag herrschende Aufregung noch vermehrt und Hussens Gönner traten nur noch nachdrücklicher für ihn ein. Statt selbst nach Bologna zu gehen — auch für diesen Entschluß war ein Motiv Wiclifs in ähnlicher Lage maßgebend[2]) — sandte Huß seinen Freund Johann von Jessenitz nebst zwei anderen Theologen dahin; gleichzeitig verwendeten sich der König und die Königin beim Papste und dem Kardinalskollegium für Huß. Der König verlangte, man möge den Magister Huß des persönlichen Erscheinens „in Anbetracht der Gefahren des Weges" entheben, in der Heimat werde er sich vor jedem Richter, auch vor der ganzen Universität Prag stellen und auf alle Verweise in Demut antworten. Der Bevollmächtigte des Königs, der Doktor Johann Naas, wurde aufgefordert, dem Magister Johann Huß die Befreiung vom persönlichen Erscheinen zu erwirken.[3]) Alle diese Schritte waren vergebens, die Gründe, die Hussens Sachwalter vorbrachten, wurden als nicht genügend erachtet, so daß diese sich an den Papst wandten. Bevor noch der päpstliche Auditor, Johann von Thomariis, das Urteil gefällt hatte, tat Colonna in der Mitte Februar 1411 Huß wegen Ungehorsams und hartnäckiger Verweigerung seines Erscheinens in den Bann.[4]) Wie die Universitätschronik meldet, hat es den Erzbischof stattliche Summen gekostet, daß die Zitation nicht rückgängig gemacht wurde.

Der Bann gegen Huß wurde am 15. März in allen Kirchen von Prag bis auf zwei, deren Pfarrer sich weigerten, verkündigt, und dann auch, weil der auf die Güter Sbinkos gelegte Sequester nicht aufgehoben wurde, über den Gemeinderat von Prag ausgesprochen und endlich über die Stadt selbst das Interdikt verhängt.[5]) Aber diese Maßregel blieb ohne Wirkung, denn Predigt und Gottesdienst wurden wie bisher abgehalten, ja es wurden sogar einige dem Erzbischof ergebene Pfarrer des Landes verwiesen und die Schätze des Doms nach Karlstein in Verwahrung gebracht.[6]) Das Volk stand in diesen bewegten Tagen ganz auf Hussens Seite; an mehreren Orten kam es zu stürmischen Auftritten.

Da die kirchlichen Zwistigkeiten in Böhmen auf dessen politische Lage einen ungünstigen Einfluß ausübten, suchte Wenzel im Sommer des Jahres 1411 die Ruhe um jeden Preis wiederherzustellen, und der Erzbischof war nach den letzten Erfahrungen und vielleicht auch auf die Mahnungen des Papstes hin hiezu geneigter als vordem. Schon im

---

[1]) Bezüglich des Datums s. Berger, a. a. O. 70.
[2]) Doc. 422—424, „propter viarum pericula".
[3]) Doc. 425.
[4]) Ebenda 192, 202, Berger, S. 72.
[5]) Doc. 429. Daß die Verhängung des Sequesters eine Folge der Bücherverbrennung war, s. bei Palacky, Gesch. d. Hussitentums 139.
[6]) S. darüber Palacky, Gesch. v. Böhmen, a. a. O., 267; Berger, a. a. O. 73.

Juni hatte Stephan von Palecz ein theologisches Gutachten ausgearbeitet, daß der Erzbischof berechtigt sei, das Interdikt aufzuheben.[1]) Ungefähr in derselben Zeit übergab der Papst den Prozeß an eine aus vier Kardinälen bestehende Kommission und entzog ihn auf solche Weise dem Einfluß Colonnas. Am 3. Juli legten der Erzbischof einer- und die Magister der Universität andererseits ihren Streit in die Hände des Königs. Ein Schiedsgericht, bestehend aus dem Kurfürsten Rudolf von Sachsen, dem Woiwoden Stibor von Siebenbürgen und dem Obersthofmeister Latzek von Krawař neben sieben anderen Persönlichkeiten geistlichen und weltlichen Standes fällte drei Tage später den Spruch, daß der Erzbischof die Gnade des Königs erbitten und dem Papste eine Versicherung schicken solle, daß es in Böhmen keine Ketzer gebe und der König etwaige Irrtümer selbst ausrotten wolle.[2]) Exkommunikationen und Interdikt sollen aufgehoben, die geistlichen Güter dagegen an den Erzbischof zurückgegeben werden.

Am 1. September erklärte Huß im Carolinum vor dem Rektor und der Universitätsversammlung, indem er ein an Johann XXIII. gerichtetes Schreiben verlas, daß er von der Lehre der Kirche nicht lasse, und die Gerüchte, die über seine Lehren im Umlaufe seien, Erdichtungen seiner Feinde seien. Im übrigen erklärte er sich bereit, sich zu rechtfertigen und Irrlehren, falls ihm solche nachgewiesen würden, zu widerrufen oder den Tod zu erleiden.[3]) Ein anderes Schreiben wurde gleichzeitig an das Kardinalskollegium gesendet; darin wies Huß mit Nachdruck auf seine Unschuld hin und bat kniefällig, man möge ihn vom persönlichen Erscheinen entbinden. Der Entwurf des Schreibens, das Sbinko an den Papst senden sollte, ist noch erhalten: er erklärt darin, daß er nichts von ketzerischen Irrtümern wisse und niemand solcher überwiesen sei. Das Schreiben wurde nicht mehr abgesandt.[3]) Neue Irrungen brachen aus und der Erzbischof beschloß, sich an den König Sigismund zu wenden. In einem Schreiben an Wenzel vom 5. September aus Leitomischl klagt er,[4]) daß er fünf Wochen vergebens um eine Audienz angesucht und ebenso vergebens auf Erfüllung der Zusagen gewartet habe; in den Kirchen würden nach wie vor Ketzereien gepredigt und die päpstliche Gewalt auf das heftigste angegriffen.

---

[1]) Doc. 432, die folgenden Urkunden ebenda 434—442.

[2]) Daß dem Königtum derartige Befugnisse zustehen sollen, ist eine oft wiederholte Forderung Wiclifs. Das geht schon aus dem Satze hervor: Rex est vicarius Dei ... Potestas regum et militum est ex fide scripture canonisata et testimonio sanctorum doctorum approbata. De Off. Reg., p. 1 .... Debet rex omnis ... semovere a suo regno hereticos ..., p. 72. Regum est legem evangelicam potestative defendere, p. 79 usw. Solche Stellen finden sich unzählige; oft mit genauen Angaben über das vom Königtum im einzelnen einzuschlagende Verfahren.

[3]) Doc. 441.

[4]) Ebenda 443—446.

Bevor Sbinko noch das Ziel seiner Reise erreicht hatte, starb er eines plötzlichen Todes am 28. September 1411.[1]) Mit seinem Tode tritt die kirchliche Bewegung in Böhmen in eine neue Phase. Bisher bildeten Bücher und Lehrmeinungen Wiclifs den Gegenstand eines erbitterten Streites. Von nun an ist es das Papsttum selbst und die ganze bestehende Kirchenordnung, die von Huß und seinen Anhängern bekämpft werden — mit den Waffen Wiclifs.

7. Kapitel.

Der Ablaßstreit in Prag 1412.

Unter den Gegnern, die dem Magister Huß zur Zeit des Konstanzer Konzils in scharfer Weise opponierten, finden wir den englischen Magister John Stokes. Dieser war mit Huß und seiner Partei schon drei Jahre früher in heftigster Weise zusammengetroffen.

Im Frühjahre 1411 erschien nämlich, von seinem Herrn, dem Könige Heinrich IV. von England, gesendet, der Ritter[2]) Hartung van Clux vor dem Könige Sigismund und überbrachte ihm Anträge seines Herrn zu einem festen Allianzvertrag[3]). In seiner Begleitung befand sich der Lizentiat der Rechte an der Universität Cambridge, John Stokes, der von seinem Herrn wiederholt zu diplomatischen Sendungen gebraucht wurde.

In der ersten Hälfte des Septembers 1411 kamen beide nach Prag. Als man daselbst erfuhr, daß „einige Magister oder Doktoren aus dem Königreiche England" angelangt seien und ihr Absteigequartier in einem Hause genommen hatten,[4]) erschien eine Deputation von Prager Magistern, Baccalaren und Studenten, um die Fremden zu begrüßen. Man darf nach dem Vorhergehenden erwarten, daß man mit anderen Fremden als Engländern, die nun in höherer Wertschätzung standen, weniger Umstände gemacht hätte. Ihnen zu Ehren wurde ein Gastmahl bereitet und Stokes ins Kollegium geladen; er lehnte aber auf Anraten Hartungs nicht bloß die ihm angebotene Ehre ab, sondern bediente sich auch einiger Ausdrücke, die den böhmischen Magistern Grund zur Klage

---

[1]) Stephan von Dolein bei Pez, Thesaurus 4, 2, 418; Cochlaeus, Historia Hussitarum 20.

[2]) Krummels Übersetzungskunst macht aus diesem miles einen Soldaten, Gesch. d. böhm. Ref. 242.

[3]) Eine Zusammenstellung der auf Clux bezüglichen Angaben findet sich bei Lenz, König Sigismund und Heinrich IV. von England 31 ff. und in den Reichstagsakten unter König Sigismund; ebenso bei Caro, Aus der Kanzlei Kaiser Sigismunds, Arch. f. öst. Gesch. 59.

[4]) Hus' Opera 108a.

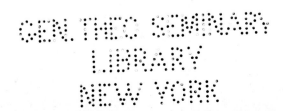

gaben. Sie betrafen die Lehren Wiclifs. Stokes soll gesagt haben: Wer dessen Bücher lese oder studiere, müsse notwendigerweise und wenn er auch noch so gut geartet und fest im Glauben sei, im Verlaufe der Zeit der Ketzerei verfallen. Dieser Äußerung wegen zog nun Huß den Fremden zur Rechenschaft, denn sie enthalte nicht nur eine Beleidigung Böhmens, sondern auch eine solche von Oxford. Er forderte ihn am 13. September zur öffentlichen Verteidigung seines Satzes oder zum Widerruf heraus.[1]

Stokes stellte nunmehr erst den strittigen Satz richtig. Er habe behauptet: Wenn ich einen wüßte, der in Wiclifs Büchern läse oder studierte, oder dessen Meinungen annehmen und festhalten wollte, dem würde ich sofort um Gottes und der brüderlichen Liebe willen raten, davon abzustehen, weil ich wohl die üblen Folgen solcher Studien kenne, so daß kaum ein Mensch zu finden ist, und wäre er auch noch so sehr zum Guten geartet, der hierbei nicht in die Häresie verwickelt würde. Stokes erklärte, nur in Paris oder vor der römischen Kurie oder auf einer anderen Hochschule mit Ausnahme von Prag Rede und Antwort stehen zu wollen.

Huß übernahm trotzdem die Verteidigung Wiclifs. Sie ist noch erhalten[2] und von besonderer Wichtigkeit, weil sie eine Stelle, die von der Königin Anna, der Gemahlin Richards II. von England, handelt, aus Wiclifs Traktat De triplici vinculo amoris wortgetreu herübergenommen hat.[3]

Bei seiner Anwesenheit in Prag hat John Stokes auch einen Traktat in den Händen gehabt, der dem Huß zugeschrieben wurde und in welchem die (Wiclifsche) Lehre von der Remanenz des Brotes verteidigt wurde. Huß hat dagegen in der Sitzung des Konzils am 7. Juni in Abrede gestellt, daß er der Verfasser eines solchen Traktates sei.[4] Man entnimmt daraus, daß wie in der Folge Wiclifs Predigten, so auch bereits seine Flugschriften in Prag unter dem gefeierten Namen Hussens in Umlauf waren. Wie sehr der Inhalt Wiclifscher Werke auf ihn eingewirkt und sich in jenen Tagen Geltung verschaffte, davon zeugt jene Predigt, die er in demselben Jahre gehalten hat.[5] Sie soll Wenzels Verhalten dem Klerus

[1] Die Ankündigungen s. in den Documenta 447. Der Text (nach einer Wittingauer Handschrift) ist aber verderbt. Z. 4 n. u. ist zu lesen: nec non ad regem Romanorum electum, verumtamen si placet dicto magistro Johanni Hus baccalario formato in sacra pagina se pretendenti vel cuicunque alteri ex suis complicibus vel adherentibus in hac parte venire Parisius. . . . vel ad aliud studium. . . .

[2] Replica magistri Joannis Hus contra Anglicum Joannem Stokes Wicleffi calumniatorem celebrata dominica post Nativitatem Marie a. 1411. Opp. fol. 108a bis 110b.

[3] S. darüber die im zweiten Buche Kap. II, 5 folgenden Bemerkungen.

[4] Doc. 277. Et Stokes Anglicus dixit, Ego vidi Pragae unum tractatum, qui huic Huss ascribebatur, in quo posuit expresse, quod post consecracionem in sacramento remaneat panis materialis. Et magister dixit: Salva reverentia, non est verum.

[5] Opp. 2, 47 ff.

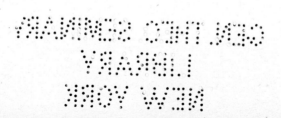

gegenüber rechtfertigen. Huß zieht zu dem Zwecke Wiclifs Lehren vom Amte des Königs in seine Darstellung herüber, ja er nennt, was nur sehr selten der Fall ist und in dieser Weise bei ihm kaum wieder vorkommt, Wiclif als seine Quelle. Im übrigen enthält diese Predigt auch Sätze aus dem Trialogus und aus Wiclifs Buch von der Kirche. Ein gleiches Verhältnis findet auch bei der folgenden Predigt statt, die in demselben Jahre um Allerheiligen gehalten wurde, und bei dem Traktate, den er am 10. Februar 1411 niedergeschrieben hat: Contra occultum adversarium.[1])

Weitaus größer ist jedoch der Einfluß, den Wiclif auf Huß in dessen Kampf gegen die päpstlichen Ablaßbullen genommen hat.

Gegen den Mißbrauch, der in jenen Tagen von seiten der Kurie mit den Ablässen getrieben wurde, haben nicht bloß die Freunde, sondern auch die Gegner des Huß laut ihre Stimme erhoben. In besonders nachdrücklicher Weise hat Ludolf von Sagan die Vollstrecker der päpstlichen Ablaßbullen gescholten, die dem Volke mehr zusagen, als sie zu halten imstande sind, die mehr geben, als sie besitzen. Alles, sagt er, gehorchte in diesen Tagen dem Gelde.[2])

Ganz anders geartet war aber die Opposition, die Huß in dieser Angelegenheit dem Papsttum machte.

Im Herbste 1411 rief Johann XXIII. die Christenheit auf zum Kampfe gegen den König Ladislaus von Neapel, den mächtigen Freund und Gönner Gregors XII. In zwei Bullen vom 9. September und 2. Dezember betrieb er den Kreuzzug gegen ihn als einen Exkommunizierten, Meineidigen, Schismatiker usw. Allen, welche Geld oder ihr Leben für den Kampf wider ihn zur Verfügung stellten, wurde ein Ablaß gewährt, wie ihn sonst nur Kreuzfahrer erlangen konnten.

Daß es dieser Bullen wegen in Böhmen zu heftigen Auftritten kommen werde, konnte man schon in den ersten Tagen des März deutlich erkennen. Schon damals begann man in Prag das Papsttum in seinen Wurzeln zu bekämpfen. Es war am 3. März, als in der Bethlehemskapelle in förmlicher Weise ein notarieller Akt aufgenommen wurde, und zwar über einige theologische Zweifel, deren Lösung Huß versuchte und sie aus dem Grunde in ein notarielles Aktenstück niederlegte, „weil man diesem die höhere Glaubwürdigkeit beimesse".[3])

---

[1]) Darin finden sich vereinzelte Stellen aus dem Trialogus, dem Traktate De simonia u. a.

[2]) Catalogus abbatum Sag. in SS. rer, Sil. 2. 209.

[3]) Das Aktenstück, das für den Entwicklungsgang des Huß einige wesentliche Momente enthält, findet sich in der Ausgabe seiner Werke unter dem Titel: Tractatus de tribus dubiis factis in Holomutz, quae idiotae asserunt pro vero et tamquam fidem. Opp. fol. 167b—169b. Es findet sich auch nach einer Handschrift der Wiener Hofbibliothek gedruckt in Pez, Thes. anecd. 4, 2 426—430 (im Auszug auch in Cochlaeus, Historia Hussitarum 24). Höfler und Palacky haben es übersehen. Gewertet wird es jetzt von Sedlák 223 ff.

Es werden drei Fragen aufgeworfen, von denen die dritte von geringer Bedeutung ist: Ob sich aus den Schriften der Doktoren nicht feststellen lasse, daß einige Leute aus dem Heere des Pharao, das im Roten Meer ertrank, oder einige von den Bewohnern Sodomas selig geworden? Wichtiger ist die zweite Frage: Ob jemand selig werden könne, auch wenn er dem Priester nicht beichte. Am bedeutendsten ist jedoch die erste: Ob man an den Papst glauben dürfe. Huß beantwortet diese Frage in verneinendem Sinne, und es ist bezeichnend, daß er seine Argumente vollständig aus den Schriften Wiclifs genommen hat.[1]) Die zweite Frage beantwortete er dahin, ein Mensch kann selig werden, auch wenn er dem Priester nicht gebeichtet. Auf die dritte Frage antwortet er genau mit den Worten Wiclifs, die dieser gern zitiert und die sich auch in mehreren seiner Werke finden.[2])

Auf diesen wohl vorbereiteten Boden fielen nun die päpstlichen Bullen nieder. Als die Kunde von dem Kreuzzuge nach Prag gelangte, war das Erzbistum noch ohne Oberhaupt. Der Nachfolger Sbinkos war Albik von Uničow, Doktor der Rechte und der Medizin und Magister der freien Künste, der bisherige Leibarzt des Königs, ein friedliebender Mann, als Deutscher aber bei den Wiclifiten ohne Ansehen.[3]) Der Passauer Domdechant Wenzel Tiem, der ihm im Mai 1412 das Pallium überreichte, war auch der Überbringer der päpstlichen Bullen gegen Ladislaus von Neapel. Weder die weltlichen noch die geistlichen Behörden Böhmens erhoben gegen ihre Verkündigung einen Widerspruch. Der König gestattete die Predigt mit einem eigenen Mandate.[4]) Ablaßprediger traten unter Trommelschlag auf den öffentlichen Plätzen auf und wiesen das Volk in den Dom, in die Kirchen am Teyn und am Wischehrad, wo die Opferkästen aufgestellt waren. Es entwickelte sich nun ein förmliches Ablaßgeschäft; der Ablaß wurde für Diakonate und Pfarren an Unterhändler verkauft. Man verpachtet die Indulgenzen, klagt Huß, an die Meistbietenden. Der Erzbischof verlangte, freilich zu spät, als schon Beweise groben Unfugs an das Tageslicht traten, daß das Volk in der Beichte nicht durch Geldtaxen besteuert würde.[5])

Neunundzwanzig Jahre waren vergangen, seitdem Urban VI. in ähnlicher Weise in England durch Bettelmönche einen Kreuzzug gegen Flan-

---

[1]) Die Stelle wird unten im zweiten Teile dieses Buches behandelt, Kap. IV, 1.

[2]) Ecce manifeste dicit Hieronymus, quod aliqui Aegyptii ... sint salvati. Ex illo habetur ... quod de nullo nos mortales homines sine revelacione et sine scriptura sacra debemus asserere, quod eternaliter sit dampnatus.

[3]) Geschichtsschr. d. huss. Beweg. 3, 230. Dort heißt es von ihm: Weil er aber ein geiziger Deutscher und karg war. ... Ebenda 2, 70: Hic Albicus diffamatus est a nido Wiclefistarum usque ad mortem et se purgavit. ...

[4]) Documenta 449.

[5]) Ebenda 451.

dern predigen ließ. Damals erhob Wiclif mit lauter Stimme Protest gegen den Krieg und schrieb außer anderen Flugschriften seine berühmte Cruciata[1]), in der er das Vorgehen des Papstes als ein unchristliches verdammte. Es wäre zu verwundern gewesen, wenn Huß das Beispiel seines englischen Meisters nicht nachgeahmt hätte. Ihm schien das Vorgehen des Papstes, wie er nachher in Konstanz sich entschuldigend sagte, gegen das Gesetz christlicher Liebe zu verstoßen. Dazu wurde der Ablaß, auch von den erwähnten Äußerlichkeiten abgesehen, in würdelosester Weise verkündet: Tiem stellte nämlich eine Anzahl von Artikeln zusammen, die er den Predigern zur Verkündigung übergab und die nach dem Zugeständnis des Stephan von Palecz handgreifliche Irrtümer enthielten.[2]) Gegen diese Ablaßverteilung wandte sich Huß in seinen Predigten in der Bethlehemskapelle. Diese Ablässe, lehrt er, taugen zu nichts.[3]) In jeder Predigt hielt er die Leute an, kein Geld hiefür zu zahlen.

Nicht minder agitatorisch wirkte er von der Katheder herab. In einem Quodlibet nannte er den Papst jenen großen Antichrist, von dem die Heilige Schrift sage, daß er am Ende der Dinge kommen werde. Er machte einen Versuch, die gesamte Universität zu einem Beschluß wider die Kreuzpredigt fortzureißen, und erklärte öffentlich, in den Schulen über die Ablaßfrage sprechen zu wollen. Hier war es aber, wo ihm die Männer, die bisher mit ihm Schulter an Schulter gestanden, die Freundschaft kündigten und sich schon wenige Wochen nachher als seine heftigsten Feinde erwiesen. Die theologische Fakultät, an deren Spitze nun Stephan von Palecz, sein langjähriger Genosse, stand, trat einmütig gegen ihn auf und gab eine Erklärung des Inhalts ab, daß der Papst berechtigt sei, nach dem Beispiele seiner Vorgänger Ablässe auszuteilen und in seiner Bedrängnis die Christen zur Verteidigung der Kirche und der Stadt Rom gegen Ketzer und Rebellen zu Hilfe zu rufen. Sie sandte zwei Magister an den Erzbischof, um eine öffentliche Disputation über die Ablaßfrage zu verhindern und verbot ihren Lehrern, durch öffentlichen Anschlag sich als Gegner der Bullen daran zu beteiligen. Die Disputation fand trotzdem am 7. Juni 1412 im großen Saale des Carolinums statt. Die Frage lautete: Ob es nach dem Gesetz Christi erlaubt und förderlich sei, zur Ehre Gottes, zum Wohl des Volkes und zum Nutzen des Königreiches und der Christgläubigen die päpstlichen Bullen zu befürworten.[4])

---

[1]) Gedruckt in Wiclifs Polemical Works ed. R. Buddensieg II, 558—632. S. hierüber auch meine Beiträge zur Gesch. d. huss. Beweg. 4. Arch. f. öst. Gesch. 75, 296.

[2]) Doc. 223.

[3]) Indulgencie a domino pape concesse nihil prosunt. . . . Doc. 448 ff.

[4]) Quaestio magistri Joh. Hus de indulgenciis sive de cruciata pape Johannis XXIII, fulminata contra Ladislaum Apulie regem. Opera 1, 189.

Man hat diesen Vortrag Hußens als seine vorzüglichste Arbeit bezeichnet.[1]) Schon Lechler hat auf die Ähnlichkeit der Grundgedanken dieser Abhandlung mit Wiclifs Lehren hingewiesen.[2]) Das ist nicht genug. Diese Schrift hat alle Motive bis in die Einzelheiten aus verschiedenen Traktaten Wiclifs wortgetreu herübergenommen. Von der Begriffsbestimmung des Ablasses angefangen, ist alles dessen geistiges Eigentum. Die wichtigsten Partien sind dem Kapitel in Wiclifs Buch von der Kirche, das von den Indulgenzen handelt, buchstäblich entlehnt; andere weitläufige Ausführungen stammen aus anderen Traktaten Wiclifs. Am wenigsten ist merkwürdigerweise, wiewohl man es am frühesten hätte erwarten dürfen, Wiclifs Cruciata selbst ausgenützt worden.[3])

Der Ausgang der Disputation ist bekannt. Mehrere Mitglieder der theologischen Fakutät hielten die Gegenrede, doch ohne Erfolg. Den größten Beifall erntete die feurige Beredsamkeit des Hieronymus, die die Menge hinriß und selbst den Ruhm des Huß verdunkelte. Die Gegenreden der katholischen Partei sind nicht erhalten, doch kennt man ihren Inhalt aus der Kundmachung, die Palecz als Dekan an dem nämlichen Tage erließ und die besagte: Wir wollen und beabsichtigen nicht, irgendetwas gegen den Papst und dessen Bullen zu unternehmen, sie in irgendeiner Weise zu beurteilen und zu richten, da wir hiezu keine Autorität besitzen.[4]) Der Streit um den Ablaß schied nun endgültig die alten Freunde und Genossen: Huß von Stanislaus, Stephan u. a. Huß selbst sagt: Der Verkauf der Indulgenzen und die Kreuzpredigt gegen Christen haben mich zuerst von diesem Doktor geschieden;[5]) aber wenn er die Wahrheit gestehen will, so wird er finden, daß er von den Ablaßartikeln, die er mir mit eigener Hand gereicht hatte, sagte, sie enthalten handgreifliche Irrtümer. Ich bewahre sie heute noch als Zeugnis. Hernach hat er sich freilich mit einem anderen Kollegen beraten und ist ins andere Lager gegangen. Ich habe ihm zuletzt — denn weiter habe ich mit ihm nicht mehr gesprochen — gesagt: Ein Freund ist mir Palecz, eine Freundin die Wahrheit. Unter diesen beiden muß man dieser den Vorzug geben. Und an einer anderen Stelle: An alledem war der Doktor Stephan Palecz schuld, ehedem da er die Wahrheit liebte, mein treuer Freund, ein zweiter Stanislaus. Und sie alle erhoben sich gegen uns, weil wir die Bulle des Papstes mit dem Kreuzzug gegen den König Ladislaus von Neapel nicht gutheißen wollten.[6])

[1]) Berger 77. Krummel 258.
[2]) Lechler, a. a. O. 178.
[3]) Das nähere s. im 2. Teil.
[4]) Opp. 1, 175 a.
[5]) Opp. 264 b. Doc. 246.
[6]) Johannes Hus' Predigten, deutsch von Novotný 1, 49.

Wenige Tage nach dem Vortrage im Carolinum verbrannte ein Volks- haufe, geführt von Wok von Waldstein, einem Günstling des Königs, die päpstlichen Bullen — ein Ereignis, dessen Wirkungen weit über das Weichbild von Prag hinaus wahrgenommen wurden. Man muß, so rief man damals in Prag, dem wahrhaften Magister Huß mehr gehorchen als der betrügerischen Schar von Ehebrechern und Simonisten.

Wir kennen Wok von Waldstein bereits als einen eifrigen Freund des Wiclifismus. Die Mahnungen Sir John Oldcastles an ihn waren so- nach nicht vergebens gewesen.[1]) Er muß sich schon vordem durch seine temperamentvolle Haltung hervorgetan haben, wenn sie bereits im Vor- jahre in England in wiclifitischen Kreisen gefeiert wurde. König Wenzel, der von den Gegnern der Bewegung ohnehin allzugroßer Nachsicht ge- ziehen wurde,[2]) ergriff nun einige schärfere Maßregeln. Die Magistrate sollten hinfort jede öffentliche Schmähung des Papstes und jeden Wider- stand gegen die päpstlichen Bullen strengstens ahnden, und so wurden denn in der Tat drei Leute aus den niederen Ständen: Martin, Johannes und Stanislaus, die den Predigern während des Gottesdienstes laut wider- sprochen und den Ablaß einen Betrug genannt hatten, verhaftet und den Fürbitten des Huß zum Trotz enthauptet.[3]) Mehrere wurden außerdem noch eingezogen, gefoltert und eingekerkert. Aber das Volk nahm eine drohende Haltung an und pries die Hingerichteten als Märtyrer, die sie denn auch in der Folge — gleich nach Huß und Hieronymus — mit In- brunst verehrten.[4]) Bei solcher Stimmung des Volkes ließ der Magistrat einzelne frei, Huß aber sprach sich auf der Kanzel über die Dinge aus: Das berichte ich wie eine treue Chronik, damit unsere Nachkommen im vorkommenden Fall diesem Beispiel folgen. Er lobte den Lebenswandel der „Märtyrer", pries ihren unschuldigen Tod und mahnte die Hörer, sich durch keine Marter von der Wahrheit des göttlichen Gesetzes abwenden zu lassen. Leider ist das „lateinische" Buch, in dem das Verhalten des Huß in diesen Wochen „weitläufig" geschildert wurde,[5]) nicht erhalten. Dessen letzte Reden sollten indes nicht unwidersprochen bleiben; der König selbst war für eine Widerlegung seiner Lehren und daher ganz einverstanden, daß von der theologischen Fakultät zu schärferen Maßregeln gegriffen wurde. Von dem Satze ausgehend, daß nirgends

---

[1]) Multum de te gaudeo, schreibt Oldcastle, quod pompa Antichristiorum non te terret. Mitt. d. Instituts XII, 266.

[2]) Ludolf von Sagan 1, cap. 29. Die Beschreibung des Aufzuges von Lupacz im 2. Bd. der Geschichtschr. d. huss. Beweg. 171, 203.

[3]) Hus' Predigten, a. a. O. Genaue Angaben haben die Staří letopisové, a. a. O. 232.

[4]) S. die Predigt eines Zeitgenossen über das Leben und den ruhmvollen Tod des Magisters Johannes Huß und Hieronymus und anderer Märtyrer in meinen Bei- trägen zur Gesch. d. huss. Bewegung, 5. Arch. f. österr. Gesch. 82, 358. S. Opp. 1, 360a ff.

[5]) Gesch. d. huss. Beweg. 3, 324.

größere Irrtümer hinsichtlich der Lehre der Kirche gepredigt würden als in den theologischen Schulen, verlangte die theologische Fakultät von Huß, daß er seine Reden und Lehren dem Dekanate zur Einsichtnahme übergebe. Als akademischer Lehrer hatte er schon im Jahre 1409 den vielen Kommentaren zu den vier Büchern der Sentenzen des Petrus Lombardus seinen eigenen „Super IV. Sententiarum" hinzugefügt.[1]) Aber um diesen, wiewohl er reichlich mit Reminiszenzen und Zitaten aus Wiclif versehen ist, handelte es sich hier nicht. Die kleineren Schriften, vor allem auch seine Predigten, waren es, welche die große Aufregung hervorriefen.

Huß weigerte sich, dem Begehren der Fakultät zu entsprechen, und so konnten die katholischen Doktoren der Aufforderung des Königs, die Motive des Huß durch eine Gegenschrift zu widerlegen, zunächst nicht nachkommen.[2]) Inzwischen wurden auf ihr Betreiben die 45 Artikel Wiclifs am 10. Juli 1412 nochmals verurteilt.[3]) Wer von den Lehrern der Universität in Zukunft noch einen von ihnen verteidige, solle des Landes verwiesen werden. Übrigens waren ihnen noch sieben andere Artikel hinzugefügt worden, die gegen Hussens Vorgehen in der Ablaßfrage gerichtet sind. Von Belang sind die beiden letzten, von denen der eine das Recht des Papstes betonte, für die ihm wider seine Gegner geleistete Hilfe Ablässe zu erteilen, und der andere das Vorgehen der Behörden wider die Gegner der Ablaßbullen rechtfertigt. Sechs Tage später wurden alle diese Artikel auf dem Rathause in Prag in Gegenwart der Doktoren, Magister, Pfarrer und der übrigen Geistlichkeit mit dem Bemerken verlesen, daß ein jeder, der sie in Zukunft halte oder lehre, mit dem Verluste seiner Temporalien bestraft werden solle.[4])

Weder Huß noch die Universität stimmten dieser summarischen Verurteilung zu; sie beriefen vielmehr eine neuerliche Versammlung ins Carolinum und verlangten, daß das Irrige oder Ketzerische der 45 Artikel aus der Bibel erwiesen werde. Huß selbst unternahm es, den Beweis zu erbringen, daß folgende fünf Artikel nichts Irriges oder Ketzerisches enthalten: 1. Daß jene, die es einer Exkommunikation[5]) wegen unter-

---

[1]) Magistri Joannis Hus Opera omnia tom. II, herausg. von W. Flajšhans und M. Kominková, Prag. Über die Benutzung Wiclifscher Schriften s. unten, Buch 2, cap. II, 1.

[2]) Doc. 456: Non stat per magistros theologie, quod nihil scribitur et non est scriptum contra dicta ... Joh. Hus de bullis pape, quia sepe requisitus, dictorum suorum non dedit copiam nec dare voluit. Es handelte sich danach um seine dicta mehr als um seine scripta.

[3]) Doc. 451.

[4]) Quod nullus tenendo, asserendo, dogmatizando vel predicando contradicat articulis supra scriptis sub pena perdicionis omnium bonorum. Ebenda 452.

[5]) Der lateinische Text sagt richtig propter excommunicationem hominum, die von Menschen (hier also vom Papste) ausgesprochen wird.

lassen, zu predigen oder Gottes Wort zu hören, exkommuniziert seien und am Tage des Gerichts als Verräter behandelt würden. 2. Ein Priester oder Diakon dürfe Gottes Wort auch ohne Erlaubnis des Papstes oder Bischofs predigen. 3. Die weltliche Macht könne dem pflichtvergessenen Klerus die Temporalien entziehen. 4. Die Zehenten seien reine Almosen. 5. Niemand könne ein weltlicher Herr, Prälat oder Bischof sein, der sich im Zustand der Todsünde befinde.[1]) Das gesamte Material zur Verteidigung dieser Sätze hat Huß auch diesmal der Rüstkammer Wiclifs entnommen; namentlich ist die Abhandlung, die sich mit dem dritten Artikel befaßt, fast Wort für Wort Wiclifs Buch De Ecclesia, das jetzt auf seine theologischen Überzeugungen immer nachhaltiger einwirkt, genommen.[2])

Der Aufforderung, die 45 Artikel als irrig oder ketzerisch zu erweisen, kamen Hussens Gegner eifrig nach, indem sie in Wort und Schrift entweder alle Artikel oder einzelne von ihnen als ketzerisch erklärten.[3]) Sowohl die Rede, die Huß im Carolinum gehalten, als auch die spätere, die den gleichen Zweck verfolgte, gelangte in weitere Kreise.[4]) Ob Huß mit der Niederschrift auch eine Erweiterung seiner Rede vornahm, läßt sich nicht erweisen. Sie beschäftigt sich mit der Erörterung dreier Punkte: Mit der Ablaßfrage im allgemeinen, die er ganz im Sinne Wiclifs löst, dann mit der Frage, die er gleichfalls in dessen Geist und Worten bespricht, ob es dem Papst erlaubt sei, Krieg zu führen, und endlich, wie man sich hinsichtlich der beiden Punkte im vorliegenden Falle zu verhalten habe. Die zweite Abhandlung gegen die Bullen ist in Form einer Predigt gehalten[5]) und weist die Unzukömnlichkeiten der Bullen nach.

Die Doktoren der theologischen Fakultät ließen sich die Widerlegung der Argumente des Huß angelegen sein und publizierten einen Traktat unter dem Titel Probacio et fundacio doctorum probans indulgencias papales,[6]) der sich indes weder in bezug auf den Inhalt noch hinsichtlich der Form und seiner Wirkung im ganzen und den einzelnen Motiven mit der Schrift des Huß vergleichen kann, deren Beweismaterial zwar nicht aus seiner eigenen Feder stammt, aber doch mit unleugbarem Geschick zusammengestellt ist.

---

[1]) Gedruckt Opera s. fol. 111a—134b.

[2]) S. unten das zweite Buch, Kap. II, 3.

[3]) Hierher gehört die Predigt des Stanislaus von Znaim Gaude Maria, die sich gegen die obigen fünf Artikel richtet. Die Handschrift 2, II, 21, der Olmützer Studienbibliothek enthält eine Widerlegung aller 45 Artikel. Ebenso schrieb Stephan v. Palecz eine Widerlegung einzelner Artikel in der Predigt Si spiritu vivimus (Cod. Treb. A. fol. 160).

[4]) Gedr. Opp. 1, fol. 174a—189a. Der Vortrag wurde wohl nicht sofort in Abschriften verbreitet, denn wie oben bemerkt, bemühten sich die Gegner des Huß lange vergebens, den genauen Wortlaut zu erhalten, um ihn zu widerlegen.

[5]) Opp. 1, 189b—191a.

[6]) Er findet sich in der Handschrift der Prager Univ.-Bibl. XI, E. 3.

Die Prager Tumulte hatten in ganz Böhmen unliebsames Aufsehen gemacht, und geistliche und weltliche Behörden suchten die Aufregung im Volke zu beschwichtigen. Huß erzählt von einem Versuche der päpstlichen Legaten und des Erzbischofs, ihn zum Aufgeben seines Widerspruches gegen die Bullen zu bewegen und von einem Versuch des Königs, eine Annäherung der Parteien zustande zu bringen. Er berief sie — noch im Sommer — auf sein Schloß Bettlern (Žebrak), dort verlas Palecz namens der theologischen Fakultät eine Denkschrift, die den Titel „Der ruhmvolle Traktat" führt. Ihre zweite Hälfte ist mit der Probatio et fundatio identisch. Huß hat von ihr nicht viel gehalten. Gegen einzelne Punkte erhob er sofort Einsprache, im übrigen antwortete er in einer ausführlichen Gegenschrift — der Refutatio scripti octo doctorum theologie[1] —, in der einzelne Punkte des ruhmvollen Traktates widerlegt werden. Bisher war es weder dem königlichen Rate gelungen, die Parteien zu versöhnen, noch auch den Legaten, Huß zur Anerkennung ihres Standpunktes zu bewegen. Unter diesen Umständen hatten seine Widersacher, unter denen Michael von Deutschbrod der rührigste war, und die sich mit ihren Klagen nach Rom gewandt gatten,[2] dort leichtes Spiel. Der Prozeß gegen Huß wurde dem Kardinal Petrus Stephaneschi mit dem Befehl übergeben, ohne weitere Rücksicht gegen Huß vorzugehen, und so wurde nun über diesen der große Kirchenbann ausgesprochen,[3] der mit der größten Feierlichkeit seinem ganzen schauervollen Inhalt nach in Prag verkündigt werden mußte. Nach den Weisungen einer zweiten Bulle sollte Huß festgenommen und dem Erzbischof oder dem Bischof von Leitomischl überliefert, die Bethlehemskapelle aber dem Erdboden gleichgemacht werden; Hussens Anhänger sollten, falls sie die Häresie nicht abschwören würden, exkommuniziert, und wenn sie nach weiteren dreißig Tagen nicht nachgeben, vor die römische Kurie zitiert werden.[4] Die übrigen sollte Michael von Deutschbrod in regelrechter Weise verhören.

In der Tat erfolgte am 2. Oktober ein Angriff Prager Bürger auf die Bethlehemskapelle, ohne daß es jedoch gelang, sie zu zerstören. Bald übte das über Prag verhängte Interdikt seine Wirkung: Huß selbst fragte, um sein Gewissen zu beruhigen, bei den Magistern Martin und Nikolaus von Milicin an, ob er dem Interdikt gehorchen solle. Eine bedenkliche Gärung entstand in der Stadt. Auch an der Universität kam es zu Streitigkeiten, und Stanislaus von Znaim und Stephan von Palecz eiferten in

---

[1]) Opp. 1, 292 b—334 a. Zu obigem s. das 4. Heft meiner Beiträge zur Gesch. d. huss. Beweg., Streitschriften und Unionsverhandlungen zwischen Katholiken und Hussiten 1412 und 1413. Arch. f. österr. Gesch. 75, 300 ff.

[2]) Ihre Klagen Doc. 457.

[3]) Ebenda 461—464. Chron. univ. Prag. 24—25.

[4]) Den Inhalt der zweiten Bulle teilt der Notar Prokop, a. a. O. 26 mit. Ebenda 26.

Wort und Schrift gegen Huß und dessen Anhänger und Lehren. Eine Predigt, die Stanislaus vor dem Herzog Ernst von Österreich in der Marienkirche vor dem Freudenhofe gehalten hat, richtet sich gegen jene fünf Artikel, die Huß in diesem Jahr verteidigt hatte. Schärfer ist die seines Freundes Palecz gegen Wiclif.[1]) Dieser sei ein weitaus gefährlicherer Ketzer, als es einstens ein Arius oder Sabellus gewesen, denn diese hätten wenigstens ganz offen gehandelt, Wiclif verschanze dagegen seine Irrtümmer hinter unzählige Textesstellen, so daß man Talent und schulmäßige Bildung haben müsse, um sie zu erkennen und sich vor ihnen schützen zu können. Nach seiner Lehre habe der Papst nicht mehr Gewalt als ein einfacher Bischof oder Priester, die Orden seien menschliche Erfindung, die Ohrenbeichte und Reliquienverehrung tauge wie das ganze Zeremonienwesen zu nichts. Das seien, fügt er hinzu, die Irrtümer im Dialog und Trialog. Also meidet sie. Dann sagte er, daß Wiclif gegen die Freiheiten und den weltlichen Besitz des Klerus auftrete. Die Geistlichen sollen arm sein, wie es die Apostel gewesen. Er spielt auf den Tod der drei Jünglinge an: Gerade aus ihrem mutvollen Ende ersehe man die Gefährlichkeit dieser Ketzerei.[2]) Dabei, schließt er, ist doch ihr Glaube ängstlich. Sie trauen sich nicht, damit hinauszuwandern, denn wenn sie zur römischen Kurie oder anderswohin kämen — etwa nach Deutschland — und von ihrem Glauben nicht abließen, würden sie verbrannt werden.

Huß hatte inzwischen von der Entscheidung der Kurie an ein allgemeines Konzil und schließlich (nach dem von Wiclif erzählten[3]) Beispiele des englischen Bischofs Robert Grosseteste von Lincoln) an Jesus Christus als obersten Richter appelliert. Das Eintreten seines Freundes Jessenitz am 18. Dezember und der Beweis, daß der Bann nicht rechtskräftig sei, blieben erfolglos. Huß selbst spricht über die Gründe, weswegen er nicht nach Rom ging, ziemlich weitläufig aus:[4])

1. Habe ich drei Jahre lang meine Verteidiger daselbst gestellt, die jedoch nie zum Verhöre zugelassen, sondern ins Gefängnis geworfen wurden.

---

[1]) Ebenda, S. 27, wo die Predigt des Palecz bei St. Gallus ihrem wesentlichen Inhalt nach mitgeteilt wird. Diese und jene des Stanislaus wurde 1412 während der Anwesenheit des Herzogs Ernst von Österreich gehalten. S. Doc. 311 und 33. Ernst hielt sich im Maimonat in Prag auf. Die Rede des Stanislaus findet sich in Cod. pal. Vind. 4933.

[2]) Scripture Wicleff sunt ille aque furtive, que multis sic sunt dulcerate quod dulce est eis in mortem pro illis transire, sicut vidistis, quomodo quidam subiecerunt capita sua gladio dulciter et audacter. Die Predigt ist wohl in die Zeit der Abwesenheit des Huß aus Prag zu setzen, da Palecz sonst des Interdiktes nicht hätte predigen dürfen.

[3]) Doc. 36—66, 192, 464, Opp. 334 b.

[4]) Predigt am vierten Sonntag in der Fasten, a. a. O. 71.

2. Ist es von Prag nach Rom ungleich weiter als von Jerusalem nach dem See Tiberias, wohin sich Christus begab.

3. Befiehlt die Hl. Schrift nicht, daß man jemand nach Rom hetze.

4. Findet man dort wenig Wahrheit, die der Hl. Schrift entspräche.

5. Hätte ich mein Predigtamt versäumt, ohne inzwischen etwas Gutes leisten zu können.[1])

6. Hätte ich unnützerweise viele Almosen verbraucht und so die Armen darum gebracht.

7. Ist mein Streit gegen die Gebräuche des Papstes gerichtet, nämlich gegen seine Gewalt, die ihm nicht etwa von Gott verliehen ist, sondern die er sich vom Teufel anmaßt.

Diese Vorgänge, die Wirkungen des Interdiktes, die Gegenmaßregeln der Hussiten, zunächst die große Verteidigungsrede des Magisters Jessenitz und die Appellation des Huß vermehrten nur die zu Prag vorhandene Aufregung und nötigten Huß, einem Wunsche des Königs entsprechend, Prag für einige Zeit zu verlassen. Er hat sich hierüber in seinen Briefen an seine Gemeinde ausgesprochen: Ich bin geflohen, auf daß ich den Schlechteren nicht eine Gelegenheit zur ewigen Verdammung, den Guten nicht Ursache zu Leiden und Trübsal gebe ,und endlich, daß die Toren nicht den Gottesdienst sperren. Als aber dieses Interdikt, sagt er in seinen Predigten, große Bewegung im Volke verursachte, da man weder taufen noch Tote begraben durfte und darum auch große Unordnungen zu befürchten waren, trat ich abermals ab. Ich weiß fast nicht, ob ich so recht oder unrecht gehandelt habe. Ich wollte mich gern ihrem Interdikt widersetzen, aber das Volk zeigt nicht soviel Mut, auch ohne des Papstes Gottesdienst zu bleiben, die Toten wo immer zu begraben und die Kindlein selbst zu taufen.[2]) In den Anklagen auf dem Konzil sagte man freilich, er sei wegen frevelhaften Widerstandes und Ungehorsams aus der Stadt Prag hinausgestoßen worden.[3])

Aus dieser Zeit stammt auch die erwähnte kleine Abhandlung De Credere, die gleichfalls zum weitaus größten Teil aus Wiclifs Buch von der Kirche stammt. Überhaupt gewahrt man seit dem Jahre 1412 an Huß ein noch viel eindringlicheres Studium und eine vollständige Aneignung einzelner Traktate Wiclifs, wie sich dies aus allen lateinischen Schriften des Huß und selbst aus seinen tschechischen deutlich erweisen läßt.

---

[1]) Über die Wichtigkeit, die Huß nach dem Beispiele Wiclifs dem Predigtamte beimaß, s. unten II. Buch, 1. Kapitel. Die obigen Motive finden sich zum Teile in den Schriften Wiclifs. S. vorläufig meine Abhandlung, Wiclifs Sendschreiben, Flugschriften usw. im 166. Bd. der Sitz.-Ber. der Wiener Akademie, S. 4 und 39.

[2]) Doc. 46, s. auch Predigten (in tschechischer Sprache, deutsch von Novotný) 56.

[3]) Doc. 203.

8. Kapitel.

Huß in der Verbannung. Das Buch von der Kirche. Unionsversuche und endgültiger Sieg des Wiclifismus.

In den Tagen, als die tiefgehende religiöse Bewegung Prag und ganz Böhmen in Aufregung versetzte, saß auf dem Stuhl des hl. Adalbert ein hilfloser Greis. Schwächer noch als sein Vorgänger, gewann Albik nicht einmal im eigenen Hause die genügende Autorität.[1]) Im Kampfe der Parteien schwankte er hin und her und begrüßte es mit Freuden, als ihn ein Pfründentausch seiner schwierigen und verantwortungsvollen Stellung enthob. Er schloß mit dem Bischof von Olmütz, Konrad von Vechta, einen Vertrag, wonach er ihm mit Genehmigung des Königs und des Papstes sein Erzbistum abtrat; er selbst begnügte sich mit der Propstei am Wischehrad und erhielt den Titel eines Bischofs von Neu-Cäsarea. Sobald er konnte, verließ er Prag, wo es ihm allmählich unheimlich geworden war.

Konrad von Vechta hat sich bekanntlich in späteren Tagen nach langem Schwanken dem Hussitismus in die Arme geworfen. Dafür haben die katholischen Chronisten ihn mit großer Mißgunst behandelt[2]): „Schon in seiner Jugend habe man von diesem hinkenden Konrad nicht viel erwarten können. Wer durch Schmeicheleien oder durch Geld zu den höchsten geistlichen Ämtern gelange, dessen Ende könne kein gutes sein. Von diesem Konrad könne man mit der Bibel sagen: Er ist gefallen und lahm geworden." Am 17. Juli 1413 wurde er in sein neues Amt eingeführt.

Die Ereignisse des letzten Jahres, deren Schauplatz Prag gewesen war, mußten dem üblen Rufe der Ketzerei, den dies Land nun seit einigen Jahren genoß, neue Nahrung geben. Auch hatte Hussens Weggang nicht jene beruhigende Wirkung auf die Bevölkerung Prags, die man erwarten durfte; vielmehr dauerte die Aufregung im Volke fort und wurde durch Sendschreiben, die Huß an seine Anhänger schickte, eifrig genährt. Er ermahnte sie darin, nicht zuzulassen, daß die Bethlehemskapelle zerstört werde, sie mögen bei der erkannten Wahrheit bleiben, keine Zitationen fürchten und Unbilden der Feinde standhaft ertragen. Unter diesen Umständen hielten es die weltlichen und geistlichen Behörden des Landes für ihre Pflicht, den vorhandenen Übelständen ein Ende zu machen. Der König berief vor Weihnachten 1412 das Kollegium der obersten Reichsbeamten zu einer Beratung, der auch die Bischöfe von Olmütz und Leitomischl zugezogen wurden.[3]) Hier wurde beschlossen, zur Herstellung des

---

[1]) Frind, Kirchengesch. v. Böhmen 3, 59.
[2]) Geschichtsschr. d. huss. Beweg. 1, 77, 2, 62, und Ludolf von Sagan 496—499.
[3]) Palacky, Gesch. von Böhmen 3, 1, 288.

kirchlichen Friedens eine Landessynode einzuberufen. Huß selbst hatte die kirchliche Notlage in einer Denkschrift anerkannt und Abhilfe gefordert, sich überdies bereit erklärt, sich innerhalb des Landes zur Verantwortung zu stellen und in allem zu gehorchen; nur von der Predigt könne er nicht lassen.[1]) Die Synode trat am 6. Februar 1413, aber nicht, wie bestimmt war, in Böhmisch-Brod, wo auch Huß hätte erscheinen können, sondern in Prag zusammen. Von beiden Parteien wurden Vorschläge zur Herstellung der kirchlichen Einheit gemacht[2]), die katholische Partei legte zwei Denkschriften vor, von denen die eine sich über die Ursachen des kirchlichen Zwistes im Land[3]), die andere über die Bedingungen verbreitete[4]), unter denen die Herstellung des Friedens ermöglicht werden könnte. Ähnliche Gutachten wurden von seiten des Huß[5]) und Jakobell[6]) vorgelegt; auf die Gutachten der katholischen Partei replizierten die Hussiten[7]), auf jene der letzteren der Bischof von Leitomischl.[8])

Von wesentlichem Interesse ist das Gutachten der theologischen Fakultät, denn es hat als Erwiderung Hussens bekanntesten und berühmtesten Traktat: De Ecclesia hervorgerufen. Als Verfasser des größeren Teiles des theologischen Gutachtens bezeichnet Huß den Stanislaus von Znaim, der „diese Dummheiten"[9]) niedergeschrieben habe, für einen Teil nennt er Palecz als Urheber. Das Gutachten nennt drei Ursachen des Streites:

1. Im Gegensatz zu den betreffenden Lehren der Kirche — im Gutachten werden sie angeführt — gebe es in Böhmen im Klerus Leute, die die Verurteil___ ^er 45 Artikel für ungerecht halten.

2. Im weiteren Gegensatz zur kirchlichen Lehre nehmen diese unter Geringschätzung des Papstes und der Kardinäle die hl. Schrift zur alleinigen Richtschnur des Glaubens und legen sie nach eigenem Gutdünken aus.

3. Versuchen sie das gläubige Volk zum Ungehorsam gegen die Prälaten und zur Mißachtung des Papstes, der Bischöfe und geistlichen Würdenträger überhaupt aufzustacheln.

Der Ruhm Böhmens habe immer in seiner Rechtgläubigkeit bestanden. Wer ihm diesen wieder verschaffen wolle, dürfe nichts anderes glauben, als die römische Kirche lehre. Wer die Artikel Wiclifs und die übrigen

---

[1]) S. meine Beiträge, Arch. f. österr. Gesch. 75, 307.
[2]) Docum. mag. Joh. Hus 472—504.
[3]) Consilium doctorum facultatis theol. Doc. 475—480.
[4]) Conditiones concordie. Ebenda 486—488.
[5]) Ebenda 491/2.
[6]) Ebenda 493—4a.
[7]) Ebenda 495—501.
[8]) Ebenda 501—504.
[9]) Iste nugae processerunt secundum maiorem partem de capite Stanislai, Opp. 220a, 226a.

Artikel vom 10. Juli 1412 verteidige, müsse demnach den kirchlichen Strafen verfallen; die Angelegenheit des Huß endlich sei der Entscheidung des päpstlichen Stuhles zu überlassen. Um die kirchliche Einheit wiederherzustellen, legten die Doktoren zwölf Punkte vor, wonach alle Lehrer der Universität sich eidlich zu verpflichten hätten, in Zukunft sich bei sonstiger Strafe der Verbannung der Entscheidung der Kirche zu unterwerfen. Dies müsse dem Volke von den Kanzeln und dem Klerus auf den Synoden verkündigt werden. Alle Strafen haben vom Erzbischof als dem Kanzler der Universität auszugehen. Gehässige Gesänge und Invektiven sind zu verbieten. Huß dürfe erst, wenn er vom Banne gelöst sei, aus dem Exil zurückkehren und predigen.

Auf einem ganz anderen Grunde steht Huß. Ihm handelt es sich nicht bloß um die Herstellung des guten Rufes Böhmens, sondern auch um die Gewährung der freien Predigt. Der zwischen ihm und Sbinko abgeschlossene Vergleich vom 6. Juli 1411 sei aufrecht zu erhalten; Böhmen soll dieselben Kirchenfreiheiten genießen wie andere Länder; demnach sollen Approbationen und Exkommunikationen nur mit Erlaubnis der Staatsgewalt verkündigt werden dürfen.[1]) Wer ihn der Ketzerei beschuldige, dürfe es tun, aber auf die Gefahr des ius talionis hin, wofern er den Beweis nicht zu erbringen vermöge. Vor allem habe das Interdikt in Prag aufzuhören.

Jakobells Gutachten fragt, welchen Frieden man wolle: den christlichen, der auf den göttlichen Gesetzen ruht, oder einen weltlichen. Jenen herzustellen, sei Pflicht des Königs, und demgemäß seien alle Laster des Klerus abzutun. Der andere Friede werde dann von selber folgen.

Wie man sieht, dreht sich der ganze Streit wie am Anfange der Bewegung um Wiclifsche Lehren.

Als Antwort auf das Consilium der Doktoren legten die Gesinnungsgenossen des Huß eine Gegenerklärung vor. Durch die Behauptung, daß es in Böhmen einen ketzerischen Klerus gebe, die übrigens falsch sei, werde Böhmens Ruf in der Welt nicht besser, das Land aufs neue verleumdet und neuer Zwist erregt. Dann werden die zwölf Punkte der Konkordienformel der Doktoren vorgenommen. Der wichtigste von allen, daß der Papst das Haupt, die Kardinäle der Körper der Kirche seien, wird im wesentlichen mit Wiclifs Worten angefochten: Haupt der Kirche ist Christus; nicht die Kardinäle, sondern alle zur Seligkeit berufenen Menschen sind Glieder der Kirche. Die 45 Artikel seien mit Unrecht verurteilt worden. Was

---

[1]) Das ist ganz die Lehre Wiclifs, Sermones 3, 519. Papa non potest sic castigare hereticos, nisi titulo quo vendicat esse rex secularis medietatis imperii. . . . Et hec ratio, quare nobiliores reges Anglie non sinebant in nomine pape intrare in regnum suum vocatos inquisitores heretice pravitatis, quia idem foret illud permittere et regnum suum domino pape subicere. Ähnliche Äußerungen finden sich in den Predigten ziemlich zahlreich vor.

8*

die Entscheidung des Papstes und der Kardinäle betreffe, sei darauf nur etwas zu geben, wenn sie mit der hl. Schrift übereinstimmen. Daß man den Päpsten nicht immer zu gehorchen habe, gehe schon daraus hervor, daß es viele häretische Päpste gegeben habe. Die Meinung, daß man nicht in Prag darüber urteilen könne, ob die Verurteilung des Huß gerecht sei, sei falsch.[1]) Man glaubt, einen Auszug aus dem Buche De Ecclesia des Huß zu lesen bzw. aus den von ihm benützten Quellen.

Der Bischof Johann von Leitomischl sandte am 10. Februar 1413 an Konrad von Vechta ein Gutachten ein, das dem Standpunkt der katholischen Doktoren Rechnung trug, ihn aber in einzelnen Punkten noch schärfer betonte, und zwar derart, daß gegen Huß und seine Anhänger sowohl in den Kirchen als in den Hörsälen kräftiger vorgegangen werde und die Verbreitung böhmischer Flugschriften ein Ende haben sollte. Hussens Vorschläge werden Punkt für Punkt verworfen; denn er strebe sich hierdurch der obersten Gewalt des Papstes zu entziehen und seine Angelegenheiten vor die Behörden des Landes zu bringen, damit er sie, falls sie ihn nicht gegen Recht und Kirche schützen, in seine eigene Sache verflechte. Man erkennt aus diesen Vorschlägen des „eisernen" Bischofs den starrsten Vertreter des kurialistischen Systems.

Die Synode löste sich auf, ohne ein Ergebnis erzielt zu haben.

Huß hielt sich während dieser und der unmittelbar darauf folgenden Zeit meist in Kozí hrádek bei Austí auf, wo ihm der Burgherr ein Asyl gewährte. Von dort aus unterhielt er einen lebhaften Briefwechsel. Die meisten seiner Briefe aus jenen Tagen sind an den damaligen Rektor der Universität, Christian von Prachatitz, gerichtet und behandeln zum Teil die drängenden Tagesfragen. „Dieses Consilium," schreibt er, „werde ich, bei Gott, niemals annehmen, auch wenn ich vor dem Scheiterhaufen stünde, der mir bereitet ist.[2]) Ich hoffe, daß der Tod eher mich und die zwei Leute, die sich von der Wahrheit losgesagt haben (Palecz und Stanislaus), mich in den Himmel, die anderen zur Hölle geleiten wird, bevor ich ihrer Sentenz beipflichte." Seine Beziehungen zu den beiden Männern, die früheren sowohl als die späteren, treten in den Briefen scharf hervor. In einigen finden sich Reminiszenzen an Wiclif, so wenn er mit dessen Worten erklärt, wenn der Papst nach Christi Lehre und Beispiel sein Amt ausübt, dann ist er dessen Stellvertreter, im anderen Fall aber der Widerchrist, vor dem man sich hüten muß. Oder er sagt, indem er auf das Consilium anspielt: Wenn der Papst das Haupt, die Kardinäle der Körper der Kirche sind, so sind sie allein die ganze Römische Kirche. Man sieht

---

[1]) Auch das geht auf Äußerungen Wiclifs zurück, von denen ich nur eine Stelle aus De Servitute Civili et Dominio Seculari anführen will: Item, citationes tales notata causa possunt faciliter in Anglia terminari, Opp. Min. 100.

[2]) Consilium facultatis theologice, si starem ante ignem mihi preparatum, iuvante Christo Jesu domino, non acceptabo, Doc. 55.

den Traktat De Ecclesia förmlich entstehen. In Kozí hrádek hat er ihn geschrieben, dort hatte er zweifellos eine Sammlung wiclifscher Schriften bei sich, namentlich jene, die für den genannten Traktat, den er nach dem gleichnamigen Buche Wiclifs benannt hat, ausgebeutet wurden. In dem letzten dieser Briefe an Christian spricht es Huß mit aller Deutlichkeit aus, daß er an eine Beilegung des Zwistes nicht glaube; man muß ihm recht geben, wenn man an den Gegensatz denkt, der zwischen den Einigungsformeln der katholischen Doktoren und den seinigen klaffte. Trotzdem gab der König die Hoffnung nicht auf, die gewünschte Einigung zustande zu bringen. Er setzte eine Kommission aus vier Personen ein: den früheren Erzbischof Albik, den Magister Zdenko von Labun, den Wischehrader Dechanten Jakob und den Magister Christian von Prachatitz, damit sie zur Herstellung des kirchlichen Friedens Beratungen pflegen. Vor dieser Kommission sollten beide Parteien Rede und Antwort stehen. Es erschienen von der einen Seite Peter von Znaim, Johannes Eliae, Stanislaus von Znaim und Stephan Palecz, von der anderen Johann von Jessenitz, Jakoubek von Mies und Simon von Tischnow im Hause des Universitätsrektors Christian von Prachatitz.[1]) Beide Parteien verständigten sich bei einer Strafe von 1000 Schock Groschen, den Ausspruch des Schiedsgerichtes anzunehmen. Aber ihr Standpunkt war doch zu verschieden, als daß es zu einer Einigung kommen konnte. Man sieht es aus den Schriften des Stephan von Palecz und Stanislaus von Znaim, die damals entstanden sind, und Gegenschriften des Huß hervorgerufen haben, in denen sich nicht weniger als im Traktat von der Kirche fast ausschließlich Wiclifsche Gedanken finden. Gleich bei der ersten Frage, die Zdenko von Labun als Vorsitzender stellte und bei der es sich um den Kirchenbegriff handelte,[2]) zeigte sich ein schroffer Gegensatz der Meinungen. Zdenko fragte, ob sich die Doktoren der Entscheidung und dem Ausspruch der hl. römischen Kirche über die Sakramente und die anderen die römische Kirche und den katholischen Glauben betreffenden Punkte unterwerfen wollten. Stanislaus und seine Genossen bejahten nur bedingungsweise die Frage. Wenn nämlich ihr Begriff der Kirche, deren Haupt der Papst und deren Körper die Kardinäle seien, angenommen würde; denn nur die Aussprüche dieser Kirche über die Schlüsselgewalt, die Sakramente, die

---

[1]) Prok. notar., a. a. O. 28.

[2]) Der Cod. 4941 der Wiener Hofbibliothek enthält fol. 67a folgende Notiz: De sentenciis ecclesie Romane, que sunt vere. Infrascriptam professionem volebant facere omnes doctores theologie, sed Hussite nullatenus voluerunt, videlicet: Istius sancte Romane ecclesie, cuius caput est papa, corpus vero collegium cardinalium, omnes sentencie sunt vere et katholice de septem sacramentis ecclesie, de clavibus, officiis et censuris ecclesie, de moribus, ritibus, ceremoniis, iuribus, libertatibus et sacris rebus ecclesie, de veneracione reliquiarum et indulgenciis, de ordinibus et religionibus in ecclesia et in omni materia, ubi altera pars contradiccionis katholice credenda est, Wyclif vero et aliorum sentencie contrarie sentenciis predictis sunt false et erronee.

Zensuren und Dispensen seien wahr und katholisch, jene des Wiclif dagegen falsch und irrig.[1])

Dagegen betonte Jessenitz, daß er zuvörderst auf den Vereinbarungen
zwischen Sbinko und Huß bestehen müsse: die Verbrennung der Wiclifschen Bücher und die jüngst erfolgte Verurteilung der 45 Artikel seien
nichtig; es gebe weder in Prag noch überhaupt im Königreiche Böhmen
einen Klerus, der über die Sakramente der Kirche und die Schlüsselgewalt ketzerisch denke. Den Entscheidungen und Anordnungen der
hl. Kirche hätten sie immer gehorcht und würden es auch in Zukunft
tun, soweit ein gläubiger Christ zu gehorchen verpflichtet ist. Jener hl.
römischen Kirche, d e r e n   H a u p t   C h r i s t u s und dessen Stellvertreter der Papst ist, wollen sie sich in jeder katholischen und kirchlichen Sache unterwerfen und in allen Verhandlungen und persönlichen
Streitigkeiten mit der anderen Partei und namentlich gegen die Doktoren
sich dem Schiedsspruche der hier anwesenden Vermittler unterwerfen.

Hierauf verkündete Zdenko: Da beide Teile sich der Entscheidung
der allgemeinen Kirche unterworfen haben, wie es gläubigen Christen
geziemt, so seien beide in diesem Punkte einig. Daher werde im Namen
aller verkündigt, daß fortan kein Teil den anderen in Wort und Schrift
beleidigen dürfe. Hierbei ist zu bemerken, daß in den Schriften und Gegenschriften für die Anhänger des Huß der Name Quidamisten, für Palecz
die Bezeichnung Fictor (Lügner) aufkam.

Am folgenden Tage erklärten die Doktoren gegen den Zusatz: soweit es gläubigen Christen geziemt, protestieren zu müssen. Die Verhandlungen zerschlugen sich somit, und Wenzel zeigte sich über Stanislaus
von Znaim und seine Genossen so erbittert, daß er sie ihrer Ämter und
Würden entsetzte und aus dem Lande verbannte. Sie haben, sagt die
Universitätschronik, Prag bis zum Tode des Königs nicht mehr besucht,
indem sie sich selbst in die Strafe des Exils gestürzt haben.

Während der letzten Verhandlungen entwickelten beide Parteien
eine lebhafte literarische Tätigkeit. Beiden Parteien handelte es sich
darum, ihre in den verschiedenen Programmen und Konkordienformeln

---

[1]) Über diese Vorgänge bringt die Universitätschronik genaue Daten a. a. O. 29.
Der Traktat des Stanislaus findet sich unkorrekt in Cochlaeus 29 ff. Von Palecz findet
sich ein hierher gehöriger Traktat in Concilia Pragensia 99—110. In meinen Beiträgen IV sind abgedruckt: 1. Der ruhmvolle Traktat des Stephan von Palecz 333—53.
2. Der Traktat des Stanislaus von Znaim De Romana Ecclesia 53—54. 3. Der gleichlautende Traktat des Palecz 54—56. 4. Die Duplik des Andreas von Brod auf die
Replik des Huß. 5. Die Replicatio Quidamistarum de stilo magistri Stephani Palecz
51—75. 6. Die Streitschrift der theologischen Fakultät gegen die Replik der Hussiten
75—137. Eine Anzahl von Schriften findet sich bei Sedlák, Jan Hus. Hierher gehören:
1. Magistri Joh. Hus, Sermo de ecclesia 116*—126*. 2. Magistri Stephani de Páleč.
Tractatus de ecclesia 202*—304* (beachtenswert ist die Bemerkung Wiclifs, S. 227*),
3. Responsiones magistri Johannis Hus ad articulos Johannis Wiclif 305*—310*.

enthaltenen Lehrsätze näher zu begründen, dagegen die ihrer Gegner zu bekämpfen. So entstanden die Schriften und Gegenschriften des Andreas von Brod, Johannes Huß, Stephan Palecz und Stanislaus von Znaim, von denen bisher nur jene des Huß vollständiger bekannt sind.

Stanislaus ging nach Mähren. Er wurde dort Kaplan der Witwe des Peter von Krawař, genannt von Plumnow, und hat an sie ein Schreiben[1] gerichtet, darin er sie ermahnt, im wahren Glauben auszuharren. Mit großer Schärfe spricht er sich gegen die 45 Artikel aus, von denen ein jeder häretisch, irrig oder gefährlich sei. Von den Büchern Wiclifs möge sie nichts halten, denn darin fänden sich Sätze gegen die katholische Wahrheit.[2] Immer ist sonach Wiclif der Punkt, um den sich alles dreht. Hussens Name wird nicht einmal genannt.

Die literarische Tätigkeit des Stanislaus wuchs in den nächsten Jahren noch mächtig an. Sie hat bis zur Stunde keine zusammenfassende Würdigung erfahren. Er starb zu Neuhaus, als er im Begriffe war zum Konzil zu reisen. Nicht minder bedeutend war die literarische Wirksamkeit Stephans von Palecz, der beim Konzil zu den heftigsten Anklägern Hussens zählte.

Durch den Abzug der beiden bedeutendsten Vertreter der streng katholischen Richtung gewann die gegnerische Partei das ganze Feld für sich. In Stadt und Land fiel alles dem Wiclifismus und seinem Vertreter zu, und man begreift jenes stolze Wort des Huß am Konstanzer Konzil, von seiner Macht in der Heimat, gegen die weder der Kaiser noch der König etwas vermöge, weil er des Schutzes der böhmischen Herrenwelt sicher sei. In jedem Adelshause hätte er sich zu schützen vermocht. Noch mehr vielleicht in Prag selbst, denn hier erlitt die katholische Partei eben einen harten Schlag, als ihr Wenzel im Oktober 1413 das bisherige Übergewicht nahm, indem er festsetzte, daß im Rate der Altstadt in Zukunft neben neun Deutschen ebensoviele Tschechen als Ratsherren fungieren sollten. Auch hier vollzog sich sonach ein gewaltiger Umschwung. Wie klagte noch ein alter tschechischer Annalist, da er die Geschichte des Jahres 1412 erzählt: „Und es waren alle Ratsherren zu der Zeit Deutsche. Auch die Gewaffneten machten sie nur aus Deutschen, auch unter den anderen Bewohnern gab es viele Deutsche.[3]

---

[1] Es hat das Datum Prag 23. November 1412 und findet sich in der Olmützer Handschrift 2, II, 91, und der Brünner XII i. 16 (234). Katharina von Krawař war eine geb. von Meißau.

[2] Item, heißt es dort, de libris Wikleff, sicut de Dialogo vel aliis non curetis, quia ibi sunt dogmata contra veritatem christianam catholicam.... Katharina muß nach den Worten des Stanislaus eine Dame von hoher Bildung gewesen sein. Er schreibt ihr: Mihi ignoto et parvulo generositas vestra dignetur non imputare, si improvide et presumptuose aliquid hic scripsi tam sapienti vestre dominacioni....

[3] Geschichtsschr. d. huss. Beweg. 3, 233.

Während sich diese Dinge in Prag ereigneten, war Huß teils mit der Abfassung seiner Streitschriften, teils mit Predigten an das Volk in der Umgebung von Kozí hrádek beschäftigt. Daher hat sich dort die Erinnerung an seine pastorale Tätigkeit besonders lebendig erhalten und ist wenige Jahre später in dieser Gegend die Stadt Tabor entstanden. Aus seinem Briefwechsel, den er in jenen Tagen unterhielt, ist namentlich das Schreiben vom 1. Juli 1413 hervorzuheben, in welchem er seinen Freund Hieronymus von Prag gegen die Anschuldigungen des Magisters Johannes Sybort, der diesen häretischer Lehrmeinungen beschuldigt hatte, in lebhafter Weise in Schutz nimmt.[1])

Vom Lande aus begab sich Huß einige Male nach Prag, wo er aber immer nur kurze Zeit, und zwar inkognito verweilte. So kam er im Jahre 1414 zum Requienfeste nach Prag — ein Ereignis, das man in Handschriften aufzuzeichnen für gut fand.[2]) Man wird auch aus diesem nebensächlichen Umstand die Stellung ermessen, die Huß in jenen Tagen einnahm. Um seinen Freunden in Prag näher zu sein, verließ er endlich die Gegend von Kozí hrádek und begab sich nach Krakowetz im Rakonitzer Kreise, einer Burg, die einem seiner Anhänger namens Heinrich Lefl von Lažan gehörte. Auch hier predigte er mit Vorliebe der Menge, die sich einfand, oder auf den zunächst gelegenen Dörfern und Märkten, so daß seine Anschauungen und Lehren auch hier festen Fuß faßten. „Hier blieb er," wie der tschechische Chronist sagt, „solange, bis er nach Konstanz ging".[3])

9. Kapitel.

Huß in Konstanz. Verurteilung des Wiclifismus.

Durch mehr als ein Menschenalter hatte ein Schisma, „wie man auf Erden noch kein zweites gesehen",[4]) die katholische Welt in Parteien zerrissen. „Ein Reich kam über das andere, eine Landschaft gegen die zweite, der Klerus kämpfte gegen den Klerus, Doktoren gegen Doktoren, Eltern erhoben sich gegen die Söhne und Söhne gegen die Eltern."

Alle Versuche, es zu beheben und die Ursachen zu bannen, die es hervorgerufen hatten, waren bisher vergeblich gewesen. Die Einheit der Kirche herzustellen und ihre Reform zu bewerkstelligen, das war der Gedanke, der die besten Männer der abendländischen Christenheit seit

---

[1]) Ebenda 2, 209, und Documenta 63, 64, besser in MVGDB. 24, 97 ff.
[2]) Cod. un. Prag. X. H. 17: Anno domini 1414 magister Johannes venit ad ostensionem reliquiarum (20. April); s. Tomek Dejepis Prahy 3, 548.
[3]) SS. rer. Boh. 3, 19.
[4]) Factum est scisma a seculo incompertum: Ludolf von Sagan 404.

dem ersten Jahrzehnt des 15. Jahrhunderts beseelte. Die Zeitgenossen haben namentlich den Bemühungen König Sigismunds um die Herstellung der kirchlichen Einheit und Reform reichliches Lob zuerkannt.[1]) Durch rastloses Drängen hatte er Johann XXIII. bewogen, ein allgemeines Konzil zusammenzuberufen. Von Lodi aus erließ nun dieser die Bulle, in welcher die Eröffnung auf den 1. November 1414 in Konstanz festgesetzt wurde.

Auf dem Konzile sollte das Schisma beseitigt und die große Reform der Kirche, nach der man am meisten seufzte, durchgeführt werden. In den ersten Verhandlungen war hauptsächlich von diesen Punkten die Rede. Wie ein Zeitgenosse — Ludolf von Sagan — meldet, ist auch schon vom Anfange an die Beseitigung häretischer Lehrmeinungen ins Auge gefaßt worden.[2])

Es lag im übrigen nahe, auch die wiclif-hussitische Angelegenheit auf die Tagesordnung zu setzen, und namentlich mußte Sigismund als dem Erben der böhmischen Krone daran liegen, daß die Makel der Häresie von Böhmen genommen werde: „Denn auf der ganzen Welt ertönte der Ruf: Die Böhmen seien Söhne ketzerischer Nichtswürdigkeit."[3]) Die Universitäten im Reiche erzählten hiervon. In Wien und Paris gab es darüber nur eine Stimme. Huß selbst hat in dieser Beziehung in dem bereits erwähnten Briefe an den Professor der Wiener Universität, Johannes Sybort, lebhafte Klage erhoben, und der Rektor der Prager Universität, Michael von Malenicz, beschwerte sich in seiner Zuschrift an die Universität in Wien laut über die Unbill, die den Prager Scholaren durch derlei Äußerungen und Verdächtigungen zugefügt werde.[4]) Von Wien gingen, wie der Rektor klagt, die Verdächtigungen nach Agram. Aus Paris sandte der Kanzler Johann von Gerson eine Zuschrift an den Erzbischof von Prag mit der Ermahnung, die Ketzerei in der Prager Diözese auszurotten. Schon seit vielen Jahren, schreibt Gerson am 27. Mai 1414, wird in verabscheuungswürdiger Menge höchst verderbliches Unkraut der verschiedenartigsten Irrtümer in der Prager Diözese ausgestreut, Irr-

---

[1]) Ebenda 451. Dort wird Sigismund „fidelissimus protector" des Konzils genannt, „voluntarium laborem appetens, ut quietem aliis prepararet . . . sudores et fatigas non exhorruit usw.

[2]) Congregavit autem id propter decreta Pisani concilii, in quo ex racionalissimis causis ordinatum extitit, ut summus pontifex pro extirpandis heresibus, sectis et erroribus generale deberet concilium celebrare. Ebenda 443.

[3]) Non potuit extunc per amplius latere eorum heresis, sed totus mundus intonuit: Bohemos esse filios heretice pravitatis. Ebenda 433.

[4]) Doc. 512. Der erste Satz muß lauten: Iam longis temporibus ex parte quorundam magistrorum vestre universitatis iniurias in nostris membris sustulimus nulla monicione previa vel eciam causa notabili exigente. In der Mitte: fratrem ipsius regis . . . Schluß: Datum Prage . . . Corr. aus Cod. univ. Prag. 1, G. 11.

tümer, die ihren verruchten Ursprung in den Büchern des Johannes Wiclif haben, die mit aufreizendster Frechheit daselbst verteidigt werden.[1]) In seiner Antwort vom 2. August erklärt Konrad von Vechta seine vollständige Bereitwilligkeit, die Irrtümer „jenes verderblichen Erzketzers Johannes Wiclif" auszurotten.[2]) Unter allen Irrtümern des Huß, schreibt Gerson in einem zweiten Briefe, ist jener Satz — er stammt von Wiclif — der gefährlichste, daß ein von Ewigkeit her Verdammter oder ein im Zustande der Todsünde lebender Mensch keine Herrschaft, Jurisdiktion oder Gewalt über andere Christenmenschen haben solle. Auch der Kardinal Simon von Reims klagt in einem Schreiben an den Erzbischof von Prag, „daß jener alte Feind, der wie ein brüllender Löwe herumgeht, in Böhmen so zur Macht gelangt sei".[3])

Sigismund war überzeugt, daß die kirchlichen Streitigkeiten in Böhmen in friedlicher Weise geschlichtet werden könnten.[4]) Huß galt ja nur deshalb als Ketzer, weil er im Banne verharrte, ohne sich von ihm zu lösen. Noch in den letzten Tagen war, wenn einmal, wie beispielshalber von Gerson, über Ketzereien gesprochen wurde, n u r   W i c l i f s Name genannt worden. Wenn es dem König gelang, die Aussöhnung des Huß, hinter dem eine mächtige Partei stand, mit der Kirche zuwege zu bringen, so konnte er des Dankes von ganz Böhmen sicher sein. Aber auch Huß mußte viel daran liegen, daß das Geschrei über die in Böhmen herrschenden Ketzereien endlich verstumme.

Als daher Sigismund zwei böhmische Herren aus seiner Umgebung, Johann von Chlum und Wenzel von Duba, beide Verehrer des Huß, absandte, um ihn aufzufordern, daß er, um seinen und des Reiches üblen Ruf auszutilgen, nach Konstanz kommen möge, da war Huß ohne langes Zögern hierzu bereit.

Durch Heinrich Lefl von Lažan und andere erhielt er Kunde, daß der König ihm ausreichende Audienz verschaffen werde. Auch die Zusicherung ungeschädigter Rückkehr für den Fall, als er sich dem Urteil des Konzils nicht fügen würde, soll er erhalten haben. Doch ist das wenig wahrscheinlich.[5]) Sein eigener Brief an den König, darin er seine Ab-

---

[1]) Doc. 523.

[2]) Ebenda 526. Der zweite Brief Gersons 527/8.

[3]) Ebenda 529.

[4]) Vgl. die Ausführungen Bergers a. a. O. 92.

[5]) Über die Frage des freien Geleites s. Berger 92. Danach wurde Huß nichts zugesagt als Sicherheit und Schutz auf der Reise und Verwendung für ein öffentliches Verhör. Auch damit sei Sigismund weiter gegangen, als mit dem strengen Recht verträglich war. S. auch Lechler 2, 189. Uhlmann, König Sigismunds Geleit für Huß und das Geleit im MA. Halle 1894. Dagegen K. Müller, K. Sigismunds Geleit für Huß, Hist. Vierteljahrsschr. 1898. Literatur bei Bachmann, Gesch. von Böhmen 2, 205. Dazu W. Novotný, Husuv gleit. Českýčasop. hist. 2.

reise ankündigt, läßt kaum diese Deutung zu.[1]) Huß ging zunächst nach Prag, um sich daselbst jene Dokumente zu verschaffen, aus denen seine Rechtgläubigkeit erwiesen werden sollte. Am 27. August wurde die Provinzialsynode abgehalten; des Tags zuvor verkündigte Huß durch Maueranschläge in lateinischer, böhmischer und deutscher Sprache,[2]) daß er bereit sei, vor dem Erzbischof und der Synode über seine Rechtgläubigkeit Rede und Antwort zu stehen: Wer ihn der Ketzerei beschuldige, möge seine Anklage beweisen oder die gegen ihn selbst beantragte Strafe erleiden. Die Synode ließ ihn unter einem Vorwand nicht zu, worauf Huß in einem öffentlichen Anschlag erklärte, er werde nach Konstanz gehen, wer ihn einer Irrlehre beschuldige, möge dort erscheinen. Am 30. August erschien sein Freund Jessenitz mit einer großen Anzahl von Zeugen vor dem Inquisitor Nikolaus, Bischof von Nazareth, und stellte an diesen die Frage, ob ihm ein Irrtum oder eine Häresie Hussens bekannt sei oder ob ihn jemand einer häretischen Lehre bezichtigt habe. Der Inquisitor verneinte nicht bloß beides, sondern stellte auch ein Zeugnis aus, in welchem er erklärt, Huß stets als einen wahren und getreuen Katholiken befunden zu haben.

Eine Anzahl böhmischer Barone legte eine ähnliche Frage dem Erzbischof in einer Versammlung der Großen des Reiches vor und dieser erklärte, daß er von keiner Häresie des Huß wisse, nur daß ihn der Papst exkommuniziert habe. Darüber berichteten die Herren am 7. Oktober 1414 an den König, an den Huß schon am 1. September[3]) geschrieben hatte. Der König bekundete über all das seine große Freude: „Jetzt werde unsere Nation in bezug auf jene Dinge, die man ihr fälschlich zuschreibe, gereinigt dastehen.“[4]) Den ursprünglichen Absichten des Königs zufolge hatte Huß die Reise nach Konstanz in seiner Begleitung machen sollen. Sigismund meinte auch später, wenn dies geschehen wäre, stünde es um seine Sache viel besser.[5]) Den Geleitsbrief erhielt Huß erst am 5. November, als er schon in Konstanz angelangt war. Johann von Chlum, Wenzel von Duba und Heinrich von Chlum auf Latzenbock hatten für seine Sicherheit auf der Reise und während des Konzils zu sorgen. Vorerst bestellte er sein Haus: sein Schüler Martin erhielt ein versiegeltes Schreiben — das Testament des Magisters — mit dem Auftrag, es zu öffnen, wenn er von seinem Tode Kunde erhalte.

---

[1]) Doc. 68; Quatenus erga meam personam sic gratiam suam dignaretur extendere, ut in pace veniens in ipso generali concilio valeo fidem quam teneo publice profiteri.... Nec... verebor. confiteri Christum ... et pro eius lege verissima, si oportuerit, mortem pati. In ähnlichem Sinne schreibt er den Freunden.

[2]) Mladenovic Relacio, Doc. 238.

[3]) S. oben.

[4]) Doc. 533.

[5]) Doc. 612.

Am 11. Oktober trat Huß die Reise an. Sie ging über Bernau, Neustadt, Sulzbach, Herspruck und Lauf nach Nürnberg, wo er am 19. Oktober ankam. Mit freudigem Herzen schreibt er an seine Freunde über ihren Verlauf. Die Deutschen kämen ihm überall freundlich entgegen, in Bernau habe ihn der Pfarrer bewirtet und ihm gesagt, er sei immer sein Freund gewesen. Ich habe, schreibt Huß, bisher keinen Feind wahrgenommen. Ich bekenne, daß ich keine ärgeren Feinde habe als meine Landsleute in Böhmen.

In der Tat gab sich außer mannigfacher Neugier an vielen Orten auch ein lebhaftes Interesse für seine Sache zu erkennen. In Nürnberg hatte Huß das Vergnügen, die Bürger der Stadt auf seiner Seite gegen den Pfarrer von St. Sebald zu sehen. Dort entschloß er sich auch, statt vorerst zum Könige, unmittelbar nach Konstanz zu reisen. Am 3. November ist er dort eingetroffen.

Fast gleichzeitig mit ihm traf Stephan von Palecz, der sich schon in Böhmen mit dem notwendigsten Belastungsmaterial gegen Huß versehen hatte,[1] in Konstanz ein und trat unverzüglich mit Michael de Causis und Wenzel Tiem in Verbindung. Schon am Tage nach Hussens Ankunft konnte man an den Kirchentüren von Konstanz lesen, daß Michael gegen den Ketzer Huß und seine Anhänger auftreten werde: Huß steht in der Tat am Anfange seines Endes.

Die einzelnen Phasen seines Prozesses darzustellen, liegt nicht in der Absicht des Buches. Zu erwägen bleibt nur, inwiefern es Wiclifs Lehre war, die zur Verurteilung des Huß geführt hat.

Nichts kann für die Hoffnungen, von denen seine Segel geschwellt waren, bezeichnender sein, als der Umstand, daß er daran dachte, einige hervorragende Reden vor dem versammelten Konzil halten zu dürfen. Er war des Glaubens, die reformfreundlichen Männer, die sich daselbst eingefunden hatten, hinreißen zu können. Zu dem Zweck hat er die Reden über die Allgenügsamkeit des Gesetzes Christi zum Regiment der Kirche, über seinen Glauben und vom Frieden verfaßt. Man sagt, sie seien noch vor seiner Einkerkerung geschrieben worden.[2] Das ist nicht genug. Diese Reden sind so stark mit Wiclifschen Anschauungen und Lehrmeinungen durchsetzt, enthalten so viele Motive aus Wiclifschen Traktaten und stimmen in den dogmatischen Teilen so sehr und so wörtlich mit Wiclifschen Werken überein, daß man unbedingt annehmen muß, Huß habe diese Traktate in einer Zeit verfaßt, wo ihm Wiclifsche Abhandlungen in reichlichem Maße zur Verfügung standen. Das dürfte in Konstanz nicht mehr der Fall gewesen sein. Man wird daher annehmen dürfen, daß er während der letzten Wochen seines Aufenthaltes in Böhmen diese

---

[1] Die Depositiones testium contra mag. Joh. Hus Doc. 174—185.
[2] Krummel 307.

Traktate, durch die er zum Teil auch seine Rechtgläubigkeit erweisen wollte, niedergeschrieben hat. Für den Traktat De fidei sue elucidacione, noch mehr aber für die Abhandlung De pace hat er Wiclifs Predigten über die Sonntagsevangelien in der ausgedehntesten Weise zu Rate gezogen.[1])

Es sind sonach Wiclifs Lehrmeinungen, mit denen der böhmische Magister auf dem Konzil Eindruck zu machen hoffte. Da nun schon die Konvokationsbulle die Beschäftigung des Konzils mit den ketzerischen Sätzen in Aussicht stellte,[2]) so mußte von einem solchen Vorgehen auch die böhmische Bewegung und zunächst die Tätigkeit des Huß getroffen werden.

Von allen Traktaten des Huß ist kein einziges so stark mit Wiclifschen Ideen versetzt oder, genau besehen, so wörtlich kapitelweise aus Wiclif herübergenommen als der Traktat von der Kirche. Huß hat daher großen Kummer gezeigt, daß dieser Traktat den Gegnern in Konstanz überantwortet wurde.[3])

In der Tat führen jene 42 Artikel, die von der noch von Johann XXIII. gegen Huß eingesetzten Kommission aus dessen Schriften und namentlich aus dem Buch von der Kirche ausgezogen worden sind, fast ausschließlich auf Wiclif zurück. Jene, die aus den ersten Kapiteln dieses Traktates ausgehoben wurden, stammen Wort für Wort aus dem gleichnamigen Buche Wiclifs.

In der fünften Plenarsitzung des Konzils am 6. April 1415 wurde die Untersuchung der Wiclifschen Angelegenheit derselben Kommission übertragen, die auch mit der Untersuchung gegen Huß beauftragt war. Man hat mit Recht hierin einen deutlichen Beweis gesehen, daß das Konzil den Prozeß wider Huß und die Frage über Wiclif für ein Ganzes und untrennbar ansah.[4]) In der achten Plenarsitzung am 4. Mai kam das Urteil über Wiclif zur Verlesung. Da hieß es, daß in den gegenwärtigen Zeitläuften Johannes Wiclif der Anführer und Fürst im Kampfe gegen die Kirche gewesen sei.[5]) Wiclifs Lehre wurde als ketzerisch, irrtümlich usw. verdammt und seine Schriften dem Feuer übergeben. Seine Gebeine sollten, falls sie von denen anderer Leute noch gesondert werden könnten, aus der Erde gerissen und an ungeweihter Stelle hingeworfen werden. Für Huß und seine Lehre war dieser Vorgang von der übelsten Vorbedeutung.

Am 5. Juni 1415 wurde Huß zum erstenmal öffentlich verhört. Jene Bücher, die dem Konzil als die gefährlichsten schienen, das Buch von

---

[1]) S. das zweite Buch, wo die Einzelheiten vermerkt sind.
[2]) V. d. Hardt 1, 18,
[3]) Doc. 165.
[4]) Lechler 2, 205.
[5]) V. d. Hardt 1, 150 ff.

der Kirche, die Streitschriften gegen Palecz und Stanislaus wurden Huß vorgelegt mit der Frage, ob er sie als die seinigen anerkenne.[1]) Das Verhör wurde am 7. und 8. Juni fortgesetzt. Am ersten Tage meinte ein Engländer „den leibhaftigen Wiclif" vor sich zu sehen, als er die verklausulierten Antworten des Huß vernahm.[2]) Was man diesem beharrlich vorwarf und er ebenso beharrlich in Abrede stellte, war, daß er die Abendmahlslehre Wiclifs gepredigt und verteidigt, dann daß er die 45 Artikel Wiclifs von der Lehrkanzel aus und in der Kirche verkündigt habe; man machte ihm endlich zum Vorwurf, daß er sich in pietätvoller Weise über Wiclif geäußert habe. Die übrigen Vorwürfe, die ihm am 7. Juni gemacht wurden, betrafen die Verhältnisse an der Prager Universität, seine Beziehungen zur böhmischen Geistlichkeit und zum böhmischen Adel; hatten sonach mit Wiclif nichts zu tun.

In der Sitzung am 8. Juni — dem dritten und letzten Verhör Hussens — las man 39 Sätze vor, von denen 26 aus seinem Traktat De ecclesia, 7 aus dem gegen Palecz und 6 aus der Schrift gegen Stanislaus gezogen waren. Sie wurden mit dem Wortlaut seiner Schriften verglichen, und wenn sich in dem Buche Stellen fanden, die den Zuhörern mißfielen, da wandte sich wohl d'Ailli an den König und die anderen und rief aus: Seht, hier steht es noch ärger, gefährlicher und fehlenhafter, als man es ausgezogen hat. Von den 39 Artikeln, die man dem Konzil vorlegte, führen fast alle, und zwar die meisten wortgetreu auf Wiclif zurück, sodaß Stokes in vollem Rechte war, als er an diesem Tage jene bekannte Bemerkung machte, Huß habe gar nicht nötig, sich dieser Lehren als seines geistigen Eigentums zu rühmen, da sie doch nachweisbarer Weise dem Wiclif angehörten.

Wie sehr dies den wirklichen Verhältnissen entsprach, zeigt eine Gegenüberstellung der beiderseitigen Texte.[3])

Und in diesem Sinne ist auch die Äußerung eines Engländers aufzufassen, der Huß in eindringlicher Weise zum Widerruf aufforderte. Bei meiner Ehre, sagte er, wenn ich in Eurem Falle wäre, ich wollte abschwören, denn in England haben alle Magister der Reihe nach, sonst ganz gute Männer, nur daß sie im Verdacht standen, Wiclifisten zu sein, auf Befehl des Erzbischofs abgeschworen.[4])

---

[1]) Quorum certi (libri) ibidem post sunt combusti et presertim libellus de ecclesia et contra Palecz et Stanislaum Doc. 319.

[2]) Ebenda 277: Expectetis, ipse loquitur cautulose sicut et Wiclif fecit.

[3]) S. unten, 2. Buch, 3. Kapitel 1.

[4]) Quidam Anglicus dixit: Ergo per conscienciam meam, si essem in casu vestro, vellem abiurare. Nam in Anglia omnes magistri valde boni viri, qui suspecti fuerunt de opinione Wicleff, omnes secundum ordinem ex mandato archiepiscopi abiuraverunt. Doc. 136.

Trotz alledem ist das Konzil über den wahren Sachverhalt der Beziehungen zwischen Huß und Wiclif nicht zu voller Klarheit gelangt; denn mit der Verurteilung der Lehren Wiclifs war doch auch schon jene des Huß — von 2 oder 3 Punkten abgesehen — verdammt. Huß stand doch in einem noch näheren Verhältnis zu Wiclif als Hieronymus zu Huß, und dennoch sagte man auf dem Konzil, als von Hieronymus die Rede war: Mit dem werden wir in einem Tage fertig werden können, da liegt die Sache viel leichter, denn dieser Huß da ist der Meister und jener Hieronymus der Schüler.[1] Dasselbe Verfahren hätte strenge genommen auch in bezug auf Huß eingeschlagen werden müssen.

Nach dem Verhöre am 8. Juni wurden bis ans Ende des Monats wiederholte Versuche gemacht, Huß zum Widerruf zu bewegen. Huß hat ihn abgelehnt. Am 18. Juni wurden die Artikel genau formuliert, wie sie die Grundlage der Verurteilung bilden sollten. Huß hat zu 25 von ihnen teils erklärende, teils einschränkende Bemerkungen gemacht.[2] Am 24. Juni wurden seine Bücher zum Feuer verurteilt. Am 1. Juli überreichte er dem Konzil eine Erklärung, durch die er sich dessen Standpunkt, soweit es ihm möglich dünkte, näherte.[3] Zu einer Verständigung ist es jedoch nicht mehr gekommen. Sicher hat das Verhältnis zu Wiclif hierzu beigetragen:[4] Der Prozeß des Huß trat damit in die letzte Phase. Am 6. Juli um die Mittagsstunde war auch diese beendet.

Huß hatte von jeher in sehnsuchtsvollster Weise gewünscht, die Krone des Martyriums zu erringen. Mit Gedanken daran war er zuletzt aus Prag geschieden. Aber schon vordem: an zahlreichen Stellen, in Briefen und Traktaten sprach er den Wunsch aus, es möge ihm beschieden sein, sein Leben für die Wahrheit zu lassen.[5] Sein Wunsch war nun erfüllt. Hatte der weitaus größte Teil des tschechischen Volkes schon bisher in schwärmerischer Weise an Huß als an seinem Propheten und Apostel gehangen,[6] so wurde er nun von ihm als Heiliger und Märtyrer verehrt. Auf Wegen und Straßen ertönten die Klagerufe um „Johann Huß, den Märtyrer, der für Christi Namen sein Blut vergossen."[7] Die Böhmen haben, so läßt sich ein Schlesier aus der Zeit des hussitischen Glanzes ver-

---

[1] Cum illo faciemus finem intra unum diem. Jam levius erit, quia ille est magister, denominantes magistrum Hus et ille Hieronymus discipulus eius.

[2] Sie finden sich am besten in den Doc. 225.

[3] Berger, a. a. O. 123.

[4] Ebenda 165.

[5] Doc. 31, 55. Opp. 1, 292.

[6] Ludolf von Sagan 450: Eorum eciam nonnulli et potentes et magni se dolentes suos apostolos amisisse.

[7] Enim vero non verentur in stratis canere de prefato Joanne Hus heretico: Hic est martyr, qui pro Christi nomine sanguinem suum fudit.

nehmen, den Johannes Huß heilig gesprochen, und feiern sein Fest mit
streng vorgeschriebenem Zeremoniell am 6. Juli.[1])

Der Tod dieses Mannes hat auch sein Verhältnis zu Wiclif für lange
Zeit wie mit einem Schleier bedeckt: Die Flammen, die am 6. Juli 1415
mit mächtiger Lohe aus dem Holzstoß zu Konstanz hervorschlugen, zeigten
der Nachwelt seine Gestalt in hellerer Beleuchtung als die seines englischen
Lehrmeisters. Nur tief im Hintergrunde — man sprach höchstens noch
von einigen Ideen, die er von diesem übernommen — gewahrte man noch
den Schatten jenes Mannes, für dessen Lehre er den Scheiterhaufen bestiegen — Johanns von Wiclif.

[1]) Tempelfeld, a. a. O. 11. Bohemi Johannem Huss alias de Husniez appellatum canonizaverunt eiusque festum die sexto mensis Julii solempniter celebrandum
instituerunt. S. die Predigt eines böhmischen Zeitgenossen über den Tod Huß' usw. in
meinen Beiträgen Nr. 5, Arch. f. österr. Gesch. 82, 361: Cuius spiritus in igne instar
Helie ascendit in celum. Vgl. Palacky, Urk. Beiträge 1, 40: Ceterum quia compro-
bate sanctitatis felicisque memorie virum magistrum Johannem Hus, qui vita et
moribus precellenter vixit . . . heißt es in einem offiziellen Schriftstück der Prager vom
10. Juli 1420.

Zweites Buch

Der Wiclifismus in den Schriften des Huß

---

1. Kapitel.

Zur pastoralen Tätigkeit des Huß.

1. Seine Predigten und ihre Wiclifschen Quellen.

Mit seinem englischen Lehrmeister teilte Huß die hohe Wertschätzung des Predigtamtes. Auch ihm gilt die Predigt des Evangeliums als das verdienstlichste Werk des Priesters: „Das ist noch weit köstlicher, als selbst die Spendung eines Sakramentes und unter allen Werken der Barmherzigkeit jedenfalls das edelste, beste und erwünschteste." Man kennt denn auch die Leistungen des böhmischen Reformators als Prediger und weiß, daß seine Predigten schon zu seinen Lebzeiten aufs höchste eingeschätzt wurden und nach seinem Tode eine weite Verbreitung fanden. Wenn man nun weiß, daß ihm bei der Ausübung des Predigtamtes Wiclifs Lehren und Weisungen zur Richtschnur dienten, sowie daß er aus diesen Predigten manche sinn- und wortgetreu, oft ganz, oft in einzelnen Bruchstücken vorgetragen hat, so könnte es als etwas Überflüssiges erscheinen, über Hussens Abhängigkeit von Wiclif auf dem Gebiete der pastoralen Wirksamkeit noch ein Wort zu verlieren: aber die genaue Angabe der Wiclifschen Quelle des Huß ist hier von besonderer Wichtigkeit, denn fürs erste ist mindestens ein Teil der tschechischen Kritik noch immer nicht geneigt, den Wiclifismus in der hussitischen Lehre als das Wesentliche zuzugeben,[2] fürs zweite stellt sich Wiclifs Einfluß auf Huß auf pastoralem Gebiete noch als ein viel größerer heraus, als die bisherigen kritischen Untersuchungen ergeben haben, fürs dritte aber — und das ist das wichtigste — wird erst jetzt die Tatsache bekannt, daß und zugleich auch, in welchem Ausmaß Huß bei der Abfassung seiner Predigten noch ein anderes Werk Wiclifs zu Rate zog, von dessen Existenz in Böhmen nur durch die Kataloge unsichere Kunde verlautbart wurde: Das Opus Evangelicum, das Wiclif bekanntlich als einen Torso hinterlassen hat.

---

[1] S. meinen Artikel zur pastoralen Tätigkeit des Huß (im 29. Bd. der Mitt. d. Inst. f. österr. Geschichtsforschung, S. 672ff.); die obigen erläuternden Worte sind von dort entnommen.

[2] S. darüber die Einleitung zu meiner Ausgabe von Wiclifs De Potestate Pape XLIII.

Zu den ältesten uns erhaltenen Predigten des Huß gehört aus den Sermones de Sanctis No. 47: Evangelium de virginibus für den Katharinentag. Huß hätte für seine Zwecke die 59. Predigt Wiclifs aus der Sammlung de Sanctis heranziehen dürfen, wo das Thema in gut abgerundeter Form abgehandelt wird. Er zog es vor, die weitläufigen Auszüge Wiclifs aus Hieronymus und Chrysostomus, denen er noch Stellen aus Augustin und Gregor anfügte, in seine Erklärung aufzunehmen. Es ist überhaupt nur eine Zusammenstellung dieser Zitate, denen er aber den Kommentar Wiclifs wortgetreu folgen läßt. Die Stellen finden sich Opus Evang. III cap. 64 und Huß De Sanctis ed. Flajšhans 242. Aus den völlig gleichlautenden Texten wollen wir zunächst zwei Punkte hervorheben, für erste, daß Huß schon in so früher Zeit sich den Wiclifschen Kirchenbegriff (ecclesia est totus numerus predestinatorum) angeeignet und ihn seinen Zuhörern vorgetragen hat, fürs zweite, daß er auch jene Sätze, in denen Wiclif in der ersten Person spricht (contendo, dico), wörtlich übernimmt. Man wird auch daraus die schon im ersten Buche betonte Tatsache bestätigt finden, daß das intensive Wiclifstudium in Prag nicht erst in die Zeit der Heimkehr des Nikolaus Faulfisch und Georg von Knyechnitz zu verlegen sei.

Das Datum der Niederschrift der Predigt ersieht man aus Hussens Kommentar zu dem Worte Mora. Er sagt: Jam enim duravit 1403 annis. Man wird hierbei auch zu erwägen haben, daß dies Studium des Opus Evangelicum offenbar nicht erst 1403 vorgenommen wurde. Aus diesem Beispiel ersieht man, daß es nicht genügt, für die Frage nach den Quellen von Hussens Predigten nur die Sermones Wiclifs heranzuziehen: Das gesamte, der pastoralen Tätigkeit gewidmete Lebenswerk Wiclifs muß zu diesem Zweck untersucht werden. Nur dann ist es möglich, gewissen Irrtümern in der Überlieferung auf die Spur zu kommen.

In der Predigt De Omnibus Sanctis (Flajšhans p. 202): Videns Jesus turbas ascendit in montem finden wir einen Satz: Tercia autem racio ascensus Christi in montem, dum sic predicavit, docet fideles, quod predicator debet docere verba evangelica ab alto descendencia, non apocrifa, non ludicria neque fabulas et multo magis non verba mendacia neque cupida sed ad altitudinem celi ducencia. Hec Johannes.

Man fragt: Wer ist dieser Johannes? Da etwas früher Chrysostomus genannt ist, wäre zunächst an ihn zu denken; und das war auch die Meinung eines alten Abschreibers (Handschrift F). Dem ist aber nicht so. Gemeint ist an dieser Stelle kein anderer als Wiclif. Nur findet sich die Stelle nicht an dem Orte, wo man sie zunächst suchen würde, nämlich in seiner Predigt zu dem gleichen Thema, sondern in einer anderen Predigtsammlung (Sermones I, Sermo XXXVII, 248), aber auch dort schon aus einem anderen Werke Wiclifs herübergenommen, dem ersten Teil des Opus Evang. (S. 3), wo sie sich wortgetreu vorfindet. Und man glaube nicht, daß Huß sich etwa damit begnügt, einen vereinzelten Satz aus dem Opus Evangelicum herauszuheben: fast die ganze Predigt stammt von da. Wir wollen nur die der obigen Stelle folgende zitieren und die gleiche des Huß daneben stellen:

Wicl. Op. Ev. I, 3.

Et utinam fratres et alii practizantes in evangelizacione efficaciter cognoscerent istam scolam. Manuducit autem Crisostomus scolam suam in istam sentenciam per practicam artis mecanice; discens autem edificare vel pingere post leccionem sese sollicitat, ut sciat operari conformiter leccioni.

Huß C. c. 204.

Et utinam fratres (= Bettelmönche) et alii practizantes in evangelizacione cognoscerent istam scolam. Manuducit autem Crisostomus scolam suam in istam sentenciam per practicam artis mechanice; discens autem edificare vel pingere post leccionem sese sollicitat, ut sciat operari leccionem.

Vergleichen wir noch zwei Stellen, weil sich aus ihnen ergibt, daß sich Huß Wiclifs Urteile über ältere Exegeten zu eigen macht und man daraus ersehen kann, daß die pastoralen Theorien Hussens keine anderen sind als die Wiclifs, mit denen sie nicht nur sinn-, sondern auch wortgetreu übereinstimmen.

Op. Ev. l. c. 10.

Et aperiens os suum docebat eos dicens: De quo verbo querunt multi communiter, cum nullius verbi adicio sive subtraccio caret ministerio in scriptura, quare hic dicitur: Aperiens os suum docebat eos dicens, cum notum sit, quod in quantum quis loquitur humanitus, os suum aperiat.

Huß 205.

Et aperiens os suum docebat eos dicens: De quo verbo querunt multi communiter, cum nullius verbi adicio sive subtraccio caret ministerio in scriptura, cur hic dicitur „aperiens os suum docebat eos dicens", cum notum sit, quod in quantum, si quis loquitur humanitus, os suum aperiat.

Und die zweite Stelle:

Mos est sapientis philosophi in primis allicere suum auditorium ad largum premium, quod consequitur infallibiliter per laborem. Sic Christus primus sapiens imprimit octuplicem beatitudinem et media ad eandem.

Beatitudo quidem . . .

Mos est sapientis philosophi in primis allicere suum auditorium ad largum premium, quod consequitur infallibiliter per laborem; sic Christus primus sapiens imprimit octuplicem beatitudinem et media as eandem.

Beatitudo quidem . . .

Man sieht, daß von dieser tiefgründigen und gedankenreichen Predigt kaum etwas als geistiges Eigentum Hussens übrigbleibt; die darin vorkommenden Reformideen sind gleichfalls die Wiclifs:

Op. Ev. 68.

Patet quidem, quod pontifices nostri et pharisei excommunicant et exprobrant hominem, qui defendit et enucliat causam Christi; et quantum ad excommunicacionem, que est malediccio, certum est ex fide, cum solum malediccio Dei nocet, quis solum

Huß 224:

Patet quidem quod pontifices nostri et pharisei excommunicant hominem, quia defendit et enucliat causam Christi; et quantum ad excommunicacionem, que est malediccio, certum est ex fide, cum solum malediccio Dei nocet, quis solum

maledicit pro malicia falsitatis, malediccio illa ventosa non nocet Christicolis sed redit ad mineram toxicam, a
qua venit, cum hic dicit: beati eritis.

maledicit pro malicia falsitatis: Malediccio illa ventosa non nocet Christicolis,
sed redit ad mineram toxicam, a qua venit,
cum hic dicit Christus: beati eritis . . .

Aus dem Opus Evangelicum (III, 257) stammt Hussens Predigt:
In die S. Nicolai H o m o q u i d a m p e r e g r e p r o f i c i s c e n s v o-
c a v i t s e r v o s s u o s.

Auch hier hätte man erwarten dürfen, daß Huß sich an Wiclifs Predigt zu demselben Thema (Sermones II, 35) halten würde, es stammt
aber fast alles aus dem Opus. Es mögen hier nur die wichtigeren Stellen,
unter denen einige für den tschechischen Wiclifismus bezeichnend sind,
nebeneinander gestellt werden:

<table>
<tr><td>Op. Ev. 257.</td><td>Huß, pag. 262:</td></tr>
</table>

Isti sancti intelligunt quomodo habentes dona Dei mediocria in premio
duplicarunt, quia non fuerunt ociosi
in recipiendo istas potencias et virtutes,
sed tam doctrina quam exemplacione ex-
penderunt ipsas ad edificacionem ecclesie . . .

Isti sancti intelligunt quomodo habentes dona Dei mediocria in premio duplicarunt, quia non fuerunt ociosi in
recipiendo istas potencias et virtutes,
sed tam doctrina quam exemplo expen-
derunt eas ecclesie ad edificacionem et
profectum . . .

Videtur istum sanctum sentire, quod
eadem est parabola, quam Christus hic
exprimit Matth. XXV et quam Lucas
exprimit Luce XIX. Nec est inconveniens quod stante eadem sentencia
interpretes in diversis linguis habuerunt
verba dissimilia, ut mna et talentum possunt idem donum Dei exprimere, et
duplicacio talenti in quocumque numero
signata fuerit, multiplicari poterit, quo-
modocumque Deo placuerit idem premium in effectu. Und so weiter.

Videtur istum sanctum sentire, quod
eadem est parabola, quam Christus hic
exprimit Math. 25⁰ et quam Lucas exprimit Luce 19⁰; nec est inconveniens,
quod stante eadem sentencia interpretes in
diversis linguis habuerunt verba dissimilia, ut mna et talentum possunt idem
donum Dei exprimere, et duplicacio talenti, in quocumque numero signata
fuerit, multiplicari poterit, quomodocum-
que Deo placuerit idem premium in
effectu. Und so weiter.

Für die Ausnützung des Dialogs als Quelle zu den Predigten des Huß
wollen wir eine Predigt aus dem Jahre 1405 ausheben, um zu zeigen, wie
es Wiclifs Gedankenwelt ist, die er schon damals seinen Zuhörern vortrug. Es ist der Sermo habitus in synodo in curia archiepiscopi Pragensis
anno Domini 1405 D e S u m m o M a n d a t o i n l e g e.[1])

Wiclif läßt die Wahrheit — das ist Gott — sprechen: Ich bin der
Schöpfer aller und jeder Kreatur und werde beim jüngsten Gericht die
Menschen nach Verdienst belohnen oder bestrafen. Daher verlangt es
die Vernunft, daß die Menschen sich nach meinem Gesetz sowohl in ihrem
Gewissen als auch in ihren Handlungen richten. Zweck verdienstlicher
Arbeit ist, daß die Menschen, die Christi Kirche sind, selig sind. Diese
Kirche teile ich so, daß die Ecclesia militans drei Teile hat: die P r i e s t e r,

---

[1]) Opera II, fol. XXVII b ff.

die Christus, gleich den Aposteln, in Demut und Armut folgen, die w e l t -
l i c h e n H e r r e n , die Vikare Gottes, deren Pflicht es ist, Gottes Gesetz zu verteidigen, denn nur auf diesen Titel hin haben sie, was sie besitzen, dann d a s g e m e i n e V o l k : Arbeiter, Kaufleute und Öko-
nomen. Alle drei Stände haben sich gegenseitig zu unterstützen und jeder
nach seiner Art zu leben: Der Priester, abgezogen von der Welt, hat die
anderen zu lehren, die Herren mit maßhaltender Strenge die extremen
Parteien in Schranken zu halten und die Gemeinen den anderen nach
Gottes Befehl zu dienen. Das ist auch in Hussens Predigt die Ein-
teilung der Ecclesia militans. Es wird genügen, einen Satz herauszuheben:

Integratur autem sancta mater ecclesia ex tribus partibus, quarum
prima generalior et infima est v u l g u s vivens de labore licito, et ista
pars est secura, si servet Dei mandata et sit labori fideliter intenta. Secunda pars ecclesie sunt s e c u l a r e s d o m i n i , et illa pars perficiens
quod incumbit eius officio est melior sed periculosior. Officium autem
eius est legem Dei defendere, Christi servos protegere et ministros Antichristi propellere. Hec enim est causa, cur portant gladium ... Tercia
pars e c c l e s i e e t o p t i m a e s t c l e r u s , dum efficaciter preest
officio quod incumbit. Debet enim mundum relinquere, ecclesiam vivi-
ficare ut spiritus et undequaque proxime sequi Christum.

Auch innerhalb dieser Gliederung gibt es noch einen starken Wiclifschen Einschlag. Was über das Officium dominorum temporalium gesagt wird, entspricht ganz den Forderungen Wiclifs in der 33. Konklusion
des Traktates De Paupertate Christi oder des Buches De Officio Regis.
Dieses Buch zitiert Huß in der Predigt am 2. Sonntag nach Trinitatis
mit dem Thema: Ait Dominis servo: Exi in vias et sepes,[1]) wo er die oben
angedeutete Stelle vom Officium regis der ganzen Länge nach zitiert
und kommentiert. Wie Huß in diesen Predigten seine Motive nicht aus
den Sermones Wiclifs, sondern aus dem Opus Evangelicum und dem Dialog geholt hat, so ist das auch bezüglich anderer Werke Wiclifs bei einer
Reihe von Predigten der Fall, die erst jüngst durch den Druck bekannt
geworden sind.[2]) Da ist zunächst eine Predigt I t e e t v o s i n v i n e a m
m e a m . Die Ausgabe bezeichnet sie mit Recht als einen Sermo de Ecclesia. Die Predigt gibt einen förmlichen Auszug aus Hussens Traktat de
Ecclesia, der auch seinerseits ein Auszug aus Wiclifs Buch von der Kirche ist.

Die Predigt F r a t r e s o b e d i t e p r e p o s i t i s v e s t r i s e t
s u b i a c e t e e i s hat ihre Motive zum Teil aus De Officio Regis ge-

---

[1]) Ebenda, fol. XLVII a ff.
[2]) Herausgegeben aus dem Cod. univ. Prag. IV, G. 6, von Jan Sedlák in seinem
Buche Jan Hus, p. 116*—126*. Wir bringen einen längeren Auszug daraus, weil
Sedláks Buch in Deutschland kaum gelesen werden dürfte, da es in tschechischer
Sprache geschrieben ist.

nommen.[1]) Die erstere hat er vor einem gebildeten Publikum gehalten, denn er spricht seine Zuhörer mit den Worten Reverendi magistri et domini an, und wie er in De Ecclesia als zweite Hauptquelle Wiclifs De Potestate Pape zu Rate gezogen hat, so ist das auch hier der Fall.

In der Predigt C u m v e n e r i t p a r a c l i t u s wird ein Zitat aus Augustinus vorgelegt, in welchem von der obedientia resistiva gesprochen wird. Wiclif spricht in mehreren größeren Werken, wie in De Mandatis Divinis und in Flugschriften, wie in De Ordine Chtistiano, davon. Mit Recht wird bemerkt, daß die Stelle aus dieser Flugschrift stammen wird, wie ein Vergleich ergibt.

Wiclif Opera Minora 138:	Hus (Sedlák 163*):
Si autem prelatus precipiat, quod lex Domini non precipit ... obediendum est mandatis illius preposit resistendo, cum usque ad mortem debet mandatis illis resistere. Et illam obedienciam vocat Lincolniensis obedienciam resistivam vel indirectam ...	Et patet quod ego resistendo potestati archiepiscopi et prelatorum, dum mandant quod nullibi predicetur in capellis, non resisto deo, sed obedio iuxta illud apostolicum: Obedire oportet magis Deo quam hominibus. Ipsi enim apostoli resistendo prelatis in mandato simili obedierunt deo. Et ista obediencia secundum Augustinum vocatur obediencia resistiva.

Gewiß wird jeder der Zuhörer erfreut gewesen sein, daß Huß für seine Stellungnahme gegen die Verfügungen des Erzbischofs sich auf so ausgezeichnete Autoritäten berufen konnte, wie es Wiclif und dessen Vorbild Robert Grosseteste war. Diese Predigt, wie die früheren, sind aber Belege, wie Huß Ereignisse des Tages in seine Predigten verflocht. So hat er in seiner Predigt A m e n , a m e n d i c o v o b i s , n i s i h a b u n d a v e r i t usw. Wiclifs De vae octuplici[2]) ausgenützt.

Häufiger sind die Predigten Wiclifs von Huß für seine pastorale Arbeit benützt worden. Man wird da scheiden müssen zwischen jenen, in denen sich nur einzelne Sätze, anderen, in denen sich längere Auseinandersetzungen Wiclifs vorfinden, und endlich solchen, die Huß, ohne ein Wort zu ändern, ganz, als wären sie die seinigen, dem Volke vorgetragen hat. Für den ersten Fall will ich hier solche Belege vorbringen, aus denen ersichtlich wird, daß Huß seine Vorlage mitunter nicht verstanden hat.

In der Predigt A c c e s s e r u n t d i s c i p u l i (de sancto Michaele), die sich bei Wiclif II, 185 findet, ist vom hl. Martialis die Rede.

Huß (bei Flajšhans 185):
Et quia in moralibus magis movent facta quam verba, ideo docens eos (discipulos) de humilitate ... et advocans Jesus parvulum (darüber geschrieben:

---

[1]) Was schon der Herausgeber vermerkt hat.
[2]) Sedlák, 165*. Wiclif, Opera Minora 345/6.

... Iste autem parvulus sompniatur fuisse beatus Marcialis parvulus etate et malicia, quem beatus Petrus misit post in Galliam predicare et fundavit Lemoieensibus fidem.

etate et malicia) b. Marcialem, qui postea a beato Petro missus in Galileam predicavit Leonicensibus fidem catholicam. Quis autem fuerit, certitudinaliter nescitur ...

Hier hat Wiclif das richtige Limoges, während Huß, abgesehen von dem Worte Galilea, statt Gallia, an Lyon gedacht hat.

Warum der Herr einfache Leute zu Aposteln gewählt hat.

Wiclif II, 204:

Vocavit ad suam predicacionem simplices ut istos discipulos, non Natanaelem vel Nycodemum (ut patet Johannis I et II), ne credant simplices fuisse deceptos sine miraculo predicantes vel ne apostolica evangelizacio humane sapiencie ascribatur sed ut fides evangelii plus tribueretur divine sapiencie quam humane...

Huß p. 244:

Dicendum quod sicut a principio vocavit aliquos simplices, ut patet in istis piscatoribus, ita eciam aliquos liberatos vocavit a principio, ut Natanaelem et Nicodemum, ut habetur Johannis I et II, quia si solos simplices vocasset posset credi quod fuissent in simplicitate decepti, verum tamen constituit magis simplices apostolos et predicatores evangelii quam literatos, ut magis evangelii virtus attribueretur divine sapiencie quam humane.

Die Verse, die Huß in dieser Predigt vorträgt, finden sich bei Wiclif aber in einer anderen Predigt (Serm. I, 161).

In dem Thema L i b e r g e n e r a t i o n i s sind längere Stellen aus Wiclif genommen.[1]

Wenden wir uns jenen Predigten zu, die Huß ganz von Wiclif übernommen hat. Man kann, streng genommen, schon jene beiden Predigten hierher setzen, von denen die erste am 28. August 1410, die zweite um Allerheiligen 1413 von Huß gehalten wurde. Es sind die Predigten: D i x i t M a r t h a a d J e s u m und V o s e s t i s s a l t e r r e, v o s e s t i s l u x m u n d i. Sie führen auch bei Wiclif diesen Titel. Nur hat dieser die Themen V o s e s t i s s a l t e r r e und V o s e s t i s l u x m u n d i getrennt behandelt, so daß bei Huß in zwei Predigten vorliegt, was bei Wiclif in dreien enthalten ist.

Da die beiden Texte bereits an anderer Stelle miteinander verglichen worden sind,[2] so kann hier von einer abermaligen Gegenüberstellung abgesehen werden. Wer sie miteinander vergleicht, wird finden, daß ihre Übereinstimmung eine so vollständige ist, daß man bei der Predigt Hussens die Wiclifs vor sich zu haben meint; wenn nicht einige Daten aus der Geschichte des Huß selbst in der zweiten Predigt enthalten wären, könnte man glauben, daß spätere Schreiber wie andere Predigten Wiclifs so auch irrtümlicherweise diese als Predigt des Huß bezeichnet haben. Schon

---

[1] Wiclif Serm. II, 167, 168, 179 = Huß, pag. 148, 149, 166.

[2] MVGDB. 24, 413—417, und danach in der Einleitung zum ersten Band von Wiclifs Sermones XXIII—XXVII.

die oben vermerkten Datierungen sagen, daß sie jener kritischen Periode angehören, in der der Abzug der deutschen Studenten und Professoren aus Prag erfolgt ist. Diese Ereignisse werden hier auch erwähnt. In der zweiten Predigt heißt es: Sic enim et nunc faciunt ... dicentes, quia magistri per adhesionem errorum expulerunt naciones exteras, nunc mencientes, quia de corpore Christi male sapiunt, nunc false imponentes, quia papa nichil esse dicunt. Ebenso erwähnt Huß den Tod Alexanders V. und den neugewählten Papst Johann XXIII., den er fast in gleicher Weise begrüßt wie seinerzeit Wiclif den Papst Urban VI., indem er sagt: Rogemus ut papam nostrum Joannem XXIII. preservet a malo. Vielleicht war es die wörtliche Übereinstimmung einiger Predigten des Huß und jener Wiclifs, von denen unten die bezeichnendsten Stücke mitgeteilt werden, die tschechische Schreiber bewogen haben, ganze Predigtsammlungen Wiclifs dem Huß zuzuschreiben.[1])

Dahin gehört die Substituierung der Namen Anglia, ecclesia Anglicana usw. in Bohemia, ecclesia Pragensis. So wenn man in einer Wiclifpredigt liest: Et utinam regnum B o h e m i e attenderet et servaret istam sentenciam, tunc non foret depauperatum regnum per ambos ypocritas sicut modo. Cum enim bona ecclesie sint bona pauperum, restat quod bona ecclesie P r a g e n s i s sint regni nostri bona pauperum. Doch gehen wir zu der letzten Gruppe von Predigten über.

Wiclif, Sermones IV, pag. 387:

Maria optimam partem elegit, que non auferetur ab ea Luce X, 42.

Constat quod tota servitus, qua ecclesia militans servit sponso ecclesie, dividitur in tres partes: prima et infima est, qua operarii fideliter serviunt Deo suo, secunda, qua seculares prepositi active viventes fideliter serviunt in illo officio Deo suo, sed tercia est, qua contemplativi, cuiusmodi debent esse clerici, a perturbacionibus mundi quieti serviunt securius Deo suo. Unde iste due mulieres Maria et Martha signant duas has vitas, scilicet activam et contemplativam; et sic cum in secunda vita contemplativi non debent dominari in clero (ut docet beatus Petrus I Petri V 3) sed servire ut

Hus, Sermones de Sanctis, p. 17:
(ed. Flajšhans)

Maria optimam partem elegit.

Constat quod tota servitus, qua militans ecclesia servit sponso ecclesie, dividitur in tres partes: prima et infima est, qua operarii fideliter serviunt Deo suo, secunda qua seculares prepositi active viventes fideliter serviunt in illo officio Deo suo, sed tercia est, qua contemplativi, cuiusmodi debent esse clerici, a perturbacionibus mundi quieti servirent securius Deo suo. Unde iste due mulieres Maria et Martha signant has duas vitas, scilicet activam et contemplativam. Et sic cum in secunda vita scilicet contemplativa contemplativi non deberent dominari in clero, ut docet b. Petrus I

[1]) In diesem Sinne wird man einzelne tschechische Glossen in den Handschriften mit Wiclifpredigten zu erklären haben, z. B. im Cod. pal. Vindob. 3928. Es heißt dort fol. 138a in marg.: mila Husco, d. h. liebe Gans, und fol. 115b in marg: dobra Husco, d. h. gute Gans — wie man sieht, eine deutliche Anspielung auf Huß, wie sie sich bei Zeitgenossen häufig findet, bei Ludolf von Sagan (S. 439): Infelix auca, narrans verissima pauca — bei Stephan von Dolein: O Husco care — noli nimis alte volare in Pez. Thes. anec. IV, 423. Vgl. auch den Dialog zwischen auca und passer.

socii vel ministri (ut docetur Luce XXII), signanter manet ista perfeccior vita integra, et secunda imperfeccior est divisa. Prima autem pars est bona, sedunda melior, sed tercia est optima, et illam partem dicit Veritas Mariam Magdalenam sed excellencius Mariam matrem Domini elegisse.

Quod autem illa sit optima, patet ex sentencia Christi, cui discredere non licet, specialiter cum adiungitur eius probacio, quod illa pars non auferetur ab ea. Omnem enim vitam activam necesse est evacuari ante finale iudicium; vita autem contemplativa sicut et caritas manebit in patria; ideo oportet, quod sit perfeccior quam activa, et gracia illius eligende finaliter oportet omnes active viventes dirigere vitam suam non solum pro vita contemplativa, quam haberent in futuro seculo sed pro vita contemplativa, quam debent habere in mortis articulo. Tunc enim necesse est omnem salvandum a vita activa cessare et vite contemplative intendere. Ideo illi, qui educantur in vita contemplativa continue dimissa sollicitudine mundana securius moriuntur. Und so weiter.

Petri V, sed servire, ut socii vel ministri, ut docetur Luce XXII, signanter manet ista perfectior vita integra et secunda imperfeccior est divisa. Prima autem pars est bona, secunda melior, sed tercia est optima. Et illam partem dicit Veritas Mariam Magdalenam, sed excellencius Mariam matrem Domini elegisse.

Quod autem ista sit optima, patet ex sentencia Christi, cui discredere non licet, specialiter cum adiungitur eius probacio quod ista pars non auferetur ab ea. Omnem enim activam vitam necesse est evacuari ante finale iudicium; vita autem contemplativa sicut et caritas manebit in patria. Ideo oportet, quod sit perfeccior quam activa. Et gracia illius diligende finaliter oportet omnes active viventes dirigere vitam suam non solum pro vita contemplativa, quam haberent in futuro seculo, sed pro vita contemplativa, quam habere debent in mortis articulo. Tunc enim necesse est omnem salvandum a vita activa cessare et vite contemplative intendere. Ideo illi qui educantur in vita contemplativa continue dimissa sollicitudine mundana securius moriuntur. Und so weiter.

Diese Übereinstimmung geht soweit, daß auch da, wo Wiclif in der ersten Person spricht, das Gesagte wortgetreu übernommen wird:

p. 189:

Hic dico cum beato Jeronymo, quod pium est dubitare in isto articulo curiositate nostre saluti impertinente pretermissa. Ad hoc enim Deus celavit a nobis puncta talia, ut recognoscentes humiliter nostram ignoranciam fidei necessarioribus forcius insistamus.

p. 19:

Hic dico cum beato Jeronimo, quod pium est dubitare in isto articulo, curiositate circa salvacioni (sic) impertinens pretermissa. Ad hoc enim Deus celavit a nobis puncta talia, ut recognoscentes humiliter nostram ignoranciam necessarioribus fidei forcius insistamus.

Fügen wir noch den Schlußteil an; es wird ersichtlich, daß Huß der Predigt nichts eigenes als das Schlußwort Amen[1]) angefügt hat:

pag. 392:

Hoc tamen credendum est, quod nemo meretur beatitudinem, nisi gracia Dei preveniat et ipse consequenter Deum adiuverit. Maria tamen sepe prevenit merita peccatorum, quia meretur existentibus in crimine, ut resurgant, et sic

pag. 21:

Hoc tamen credendum est, quod nemo meretur beatitudinem nisi gracia Dei preveniat et ipse consequenter Deum adiuverit. Maria tamen sepe prevenit merita peccatorum, quia meretur existentibus in crimine, ut resurgant. Et

---

[1]) Selbst dieses Wort fehlt in der Handschrift A.

non est sexus, etas, status vel condicio humani generis quia necesse habeat auxilium virginis implorare. Nemo tamen meretur beatitudinem nec ipsa orat pro aliquo, ut habeat beatitudinem, nisi qui optimam partem cum ipsa elegerit.	sic non est sexus, etas, status vel condicio humani generis, quia necesse habeat auxilium virginis implorare. Nemo tamen meretur beatitudinem nec ipsa orat pro aliquo, ut habeat beatidudinem, nisi optimam partem cum ipsa elegerit. Amen.

Hierher gehören auch die Predigten, die Huß nach Konstanz mitgenommen hat, in der Absicht, die versammelten Väter für seine Lehren zu gewinnen.[1]) Man entnimmt der Gegenüberstellung der Texte, daß Huß auch hier Wiclifs Sermones ausgenützt hat. Sieht man genauer zu, so findet man auch eine starke Benützung der Traktate De Christo et suo adversario Antichristo, De Ecclesia und des Trialogus, so daß man sagen muß, die Rede De pace, die Huß vor dem versammelten Konzil zu halten gedachte, ist eine Kompilation aus vier Wiclifschen Werken. Er wiederholt vieles, was schon de Ecclesia enthält. Namentlich spielt das bekannte Schreiben Grossetestes eine bedeutende Rolle.

Nicht anders steht es um die zweite Rede, die ebenfalls für das Konzil bestimmt war: De fidei sue elucidacione. Der Begriff des Glaubens, die Lehre von der Kirche, deren Einheit, Allgemeinheit und Gliederung: all das ist mit Wiclifs Worten gesagt.

Und das gilt endlich von dem dritten Traktat, der nachzuweisen hatte, daß das Gesetz Gottes (die Bibel) zur Regierung der Kirche ausreicht. Es ist die Rede: De sufficiencia legis Christi ad regendam ecclesiam.

Was Huß sonach dem Konzil vorzutragen beabsichtigte, ist nichts anderes gewesen als die reine und unverfälschte Wiclifie.

2. Die Expositio Decalogi des Huß und ihre Wiclifschen Quellen.

Der Erläuterung des Dekalogs hatte Wiclif mehrere Werke gewidmet. Da ist zunächst das große, das erste Buch der Summa Theologiae bildende Buch De Mandatis Divinis; dann hat er darüber eingehend in seinen Predigten gehandelt und endlich ist eine kleine Flugschrift ins Volk gegangen, die den Titel führte: „The Ten Commaundements", die „zehn Gebote". Die letztgenannte dürfte auch, wie das bei mehreren seiner englischen Schriften der Fall ist, in einer lateinischen Fassung vorgelegen sein, die aber nicht mehr erhalten ist. Das große Werk Wiclifs schließt an seine Studien an, die ihn zur Überzeugung brachten, daß Gottes Gesetz, die Bibel, zur Regierung der christlichen Welt ausreiche, eine Überzeugung, die, wie bemerkt, von Huß wörtlich und sachlich übernommen wurde. Seine Darstellung von den zehn Geboten beginnt mit einer Erklärung des Rechts, spricht über die Gesetze und ihren Zweck und stellt die Vollkommenheit des Gesetzes Christi der Unvollkommenheit des alten

---

[1]) De pace, quem (sermonem) intendebat praedicare in concilio Constanciensi. Historia et Monumenta fol. 52a—56b.

Gesetzes entgegen. Wozu denn auch neue Gesetze, wenn schon die früheren genügen? Er geht auf die Unterschiede der Mandate im alten und
der Präzepte im neuen Bunde ein und gelangt erst im 15. Kapitel zur Erklärung der einzelnen Gebote.

Wiclif pflegte die voluminösen Einzelwerke der Summa auch im
Auszuge — in Flugschriften — für die Bedürfnisse eines größeren Publi-
kums vorzulegen. Einen ähnlichen Zweck verfolgte Huß mit seiner Expositio Decalogi über deren Entstehung, Zweck und Wirkung wir jetzt,
seit sie zum erstenmal ausgegeben wurde, genügend belehrt sind.[1]) Die
Schrift ist in der kampfesfrohen Zeit der Jahre 1409 bis 1412 entstanden,
läßt aber von deren Stimmung wenig erkennen. Dem „schlichten Volke"
war die Arbeit gewidmet, wie das die Eingangsworte sagen: Exponendo
decalogum p o p u l o   s i m p l i c i dicendum est usw. Das Schriftchen
bot den gelehrten Klassen zu wenig, der breiten Masse war seine lateinische Sprache ein Hindernis,[2]) weshalb er 1412 „sein tschechisches
Meisterwerk verfaßte, das er in zwei Bearbeitungen sonderte: eine größere
für intelligente, eine kleinere für schlichtere Leute".[3]) Doch mit diesen
hat sich unsere Aufgabe nicht zu beschäftigen. Mit der Expositio Decalogi verfolgte Huß jedenfalls Ziele, die von denen des Buches De Mandatis etwas abliegen, was ihn aber nicht hinderte, dies Buch einzusehen,
zu exzerpieren und sich die wichtigsten Stellen zu eigen zu machen. Vielleicht kannte man, was bei den Beziehungen zwischen den englischen
und böhmischen Wiclifiten große Wahrscheinlichkeit besitzt, in Böhmen
auch die lateinische Fassung der ten commaundements;[4]) doch hat sich
Huß, soweit man sieht, nicht an diese, auch nicht an die Predigten Wiclifs,
in denen derselbe Gegenstand behandelt wird, sondern an das große Buch
De Mandatis Divinis gehalten, neben dem er auch ein anderes Werk ausgezogen hat; es ist dies des Heinricus de Vrimaria Praeceptorium seu
de decem praeceptis, von dem sich wohl in Prag an der Bibliothek ein
Exemplar befand.[5])

Von Entlehnungen aus De Mandatis Divinis seien die nachstehenden
angeführt. Was Wiclif über das, was fremde Götter sind, ausführt, findet
sich im wesentlichen auch bei Huß.

---

[1]) Magistri Joannis Hus Expositio Decalogi, herausgegeben von W. Flajšhans,
Prag 1903.

[2]) S. die Erläuterungen Flajšhans' X ff.

[3]) Flajšhans, a. a. O. X.

[4]) S. Loserth, Zur Kritik der lateinischen Schriften des Huß in der Lit. Beil. zu
MVGDB. 42, 56 f.

[5]) Sedlák, Studie a texty k náboženským dejinám českým (Studien und Texte
zur tschechischen Kirchengeschichte). Loserth, der älteste Katalog der Prager Univ.-
Bibl., a. a. O., S. 307, wird zwar nur das Werk De Festis angegeben, es wird aber
nicht vereinzelt geblieben sein, findet sich doch sein Dekalog noch heute in 14 Handschriften daselbst.

Wiclif, De Mandatis Divinis, p. 153:

... Quodcunque bonum, quod quis plus diligit, et sic multi sunt dii ... et breviter quidquid homo plus dilexerit, constituit deum suum, et tales dicuntur nuncupative dii secundum Apostolum ...

Huß 7:

Non habebis deos alienos, i. e. nullam rem debes tantum vel plus diligere sicut Deum, quia quamcumque rem homo tantum diligit sicut Deum vel plus, illa est sibi deus.

Die Einleitung, die Huß zur Frage der Bilderverehrung bringt, steht in der Hauptsache in Wiclif (nach Beda): De Mandatis Divinis p. 159.

Unde si diligenter verba legis attendimus, non prohibemur facere ymagines rerum: sed facere ista ydolatrandi gracia.

Patet quod nos ... deos nostros constituimus creaturas: Colit itaque superbus similitudinem eorum, que in celo sunt desuper ... Colit cupidus similitudinem eorum, que sunt in terra ... Colit carnalis similitudinem eorum que sunt in aquis, id est, in deliciis lubricis, ideo Phil. III dicitur: Deus eorum venter est.

Licet ymagines materiales non siut adoracione latrie adorande ... sed racione sui signati venerande ...

Nota quod secundum istam terciam exposicionem tria genera hominum transgrediuntur istud preceptum: superbi, cupidi et gulosi ...

Auch die Belege für die Behauptungen sind bei Huß in der gleichen Folge dieselben; zum ersten: den superbi, das Beispiel vom Luzifer, zum zweiten: Avaricia, quod est ydolorum servitus, zum dritten: Deus eorum venter est. Beiderseits schließt die Erörterung das Diligere Deum an.

Sehen wir die Erörterungen zum dritten Gebote durch:

Wiclif, De Mandatis Divinis, p. 212:

Triplex enim ponitur observancia sabbati: prima generalis, preservando nos a viciis, secunda specialis, preservando nos ab operibus servilibus, tercia specialissima, preservando nos a mundi sollicitudinibus ... unde secundum omnes doctores omnia peccata sint iure mandata prohibita, specialiter tamen peccata mortalia.

Huß 14:

Istud preceptum potest tripliciter accipi ... Primum intelligendum est generaliter, secundum specialius, tercium specialissime. Et secundum hoc potest esse triplex exposicio huius precepti ...

— — — — — — — — — — — —

summo studio peccata, precipue mortalia caveas ...

Auch was über die körperliche Arbeit an Sonntagen gesagt wird, stimmt vielfach mit Wiclif zusammen.

Betrachten wir die Ausführungen zum vierten Gebot:

Wiclif, De Mandatis, p. 295:

Pro intellectu ulteriori istius materie notandum quod triplex est honor, quomodo debemus ad literam parentes honorare, scilicet opere, sermone et anime qualitate ... primo in opera ministrando eis vite necessaria ut alimenta, tegumenta, prestando eis corporalia ministeria

Sciendum, quod racione essencie naturalis ... tenemur humiliter et reverenter servire et hoc tripliciter, videlicet corde, ore et opere ...

— — — — — — — — — — — —

primo corde, ipsos sincere diligendo, secundo ore ... tercio opere, corpora-

ut serviendo illis secundum misericordie opera et tercio amovendo ab illis contraria ut invadentibus, opprimentibus, scandalisantibus resistendo ...

liter propriis viribus ministrando ut... eos manibus supportemus et alia necessaria faciamus ... debemus ... ipsis... vite necessaria ...

p. 298:

Quod autem plus obligamur parentibus quam aliis extraneis est proximum per se notis. Nam collacio beneficii est obligatoria ad mutuam retribucionem sed parentes dederunt nobis esse corporeum et post nutricionem et disciplinam, ideo proporcionaliter illis obligamur. Et hoc intendit Ecclesiastici septimo capitulo: Honora, inquit, patrem tuum et gemitum matris tue ne obliviscaris. Memento quoniam nisi per illos non fuisse(s) et retribue illis, quoniam et illi tibi etc. Aristoteles VIII Ethicorum recitat beneficia incompensibilia esse tria scilicet Dei, parentum et magistri...

Nota quod tribus de causis debemus patrem et matrem carnalem ... diligenter honorare ....

———————————————

primo quod per ipsos habemus esse carnale, secundo nutrimentum et tercio documentum. De primo Ecclesiatici 2⁰: Honora patrem tuum et gemitum matris tue ne obliviscaris ...

———————————————

Nota quod Philosophus dicit, quod diis, parentibus et magistris non potest reddi equivalens ...

Zum fünften Gebot:

Wiclif, pag. 329/330:

Est autem triplex homicidium: mente, verbo, et opere...

Quoad homicidium in opere patet, quod aliquod est iustum, aliquod iniustum. Primum est licitum: quod communiter dicitur committi ... legaliter, hostiliter, ignoranter... legaliter sicut iudex, testis vel minister occidit legitime condemnatum ... Ulterius conceditur quod contingit hominem iuste ex ignorancia occidere fratrem suum... Alia... ignorancia excusat hominem quoad punicionem humanam et alia excusat. Nam insolenter proiciens telum, lapidem vel sagittam est culpandus ex homicidio casualiter consequente.

Hus, pag. 21:

Doctores isto precepto prohibent homicidium cordis ... oris ... operis...

Nota quoad homicidium corporale committitur ... primo iusticia dictante, et cum iudex reum dampnat et minister iudicis occidit ...

Tercio homicidium coporaliter committitur casu accidente... vel cum quis dat operam rei licite vel illicite. Si illicite, ut si proicit lapidem vel baculum ludo ...

Sextum preceptum.

Wiclif, De Mandatis, p. 347:

...Dividit Hugo de S. Victore in octo genera scilicet simplicem fornicacionem.

Tercium genus est stuprum quod est inordinatus concubitus quo integritas virginalis corrumpitur.

Nota quoad istam primam exposicionem istud preceptum octo genera hominum transgrediuntur ... primi ... sunt fornicarii simplices.

Tercii transgrediuntur legem naturalis libertatis. Et isti sunt raptores virginum, qui aut per potenciam aut per fraudulenciam virgines contra libertatem voluntatis opprimunt deflorando ...

Quintum genus est adulterium quod est innaturalis concubitus, quo thorus coniugii violatur. Unde adulterium dicitur quasi accessus ad alienum thorum.

Quinti sunt, qui transgrediuntur votum coniugalis professionis, quales sunt ad alterius thorum accedentes ...

Hie und da ist die Aufeinanderfolge eine andere. Nummer 6 bei Wiclif wird Nummer 4 bei Huß:

Sextum genus est sacrilegium quod est lesio sacre rei, scilicet quando leditur continencia Deo consecrata. Et potest committi multipliciter, quando altera persona vel utraque est intra sacros ordines ...

Octavum genus est libidinosus coytus coniugalis ...

Septimum mandatum sequitur in hec verba: Non furtum facies. Et patet ex dictis, quod omnis iniusta accepcio sive detencio alieni homini hic generaliter prohibetur.

Tercium furtum est extorsio secularium dominorum ...

Quarti sunt qui transgrediuntur legem regularis professionis, qui votum continencie, quo se astrinxerunt, violant. Et tales dicuntur sacrilegi, ut sunt religiosi et clerici in sacris ordinibus constituti et ceteri, qui voverunt ...

Octavi sunt ... ipsi coniuges concubitum coniugalem cum nimia libidine exercentes.

Septimus preceptum est: Non furtum facies. Hic secundum Augustinum prohibetur omnis contrectacio rei aliene ex cupiditate iniuriose proveniens. Pro quo notandum, quod contrectatio rei aliene potest fieri tribus modis licite.

Tercii sunt domini temporales, qui exacciones indebitas a subditis ipsorum extorquent.

Wie Wiclif faßt auch Huß das neunte und zehnte Gebot zusammen: Habito de octonario mandatorum ... supersunt duo mandata, und erst von jetzt an werden beide besonders behandelt.

Daß Huß auch in seinen tschechischen Schriften Wiclifs De Mandatis Divinis ausgenützt hat, ist neuestens unter Angabe reichlicher Belege gezeigt worden.[1]) Es ist Hussens Výklad, d. h. die Auslegung, deren Text zu einem großen Teil nichts anderes ist als eine Übersetzung von Wiclifs Dekalog.

---

2. Kapitel.

Aus der akademischen Tätigkeit des Huß.

1. Sein Werk super IV. Sententiarum und dessen Wiclifsche Quellen.

Dieses, dem Umfange nach größte Werk des Huß ist erst in unseren Tagen durch den Druck allgemein bekannt geworden; es ist das einzige, das von seiner akademischen Lehrtätigkeit, wenn man von kleineren zufälligen Hinweisen absieht, Zeugnis ablegt. Es ist ein Kommentar zu dem im Mittelalter viel gebrauchten Lehrbuch der christlichen Lehre des Petrus

---

[1]) Jan Sedlák, Pramen Husova českého Výkladu in Studie a texty I, 170.

Lombardus und dankt sein Entstehen der Verpflichtung, die dem angehenden Baccalareus formatus durch die Fakultätsvorschriften auferlegt war, über die Sentenzen zu lesen. Es wurde hierdurch zu der großen Zahl der Kommentare, die es in Hussens Tagen hierüber schon gab, sein eigener hinzugefügt, dem man weniger wegen seines Inhalts als wegen der Persönlichkeit des Verfassers und der darin erwähnten persönlichen Momente große Beachtung schenken muß[1].) Im ganzen wird der Wert des Werkes verschieden eingeschätzt. Der Herausgeber sagt: „Der Wert des Kommentars ist sehr hoch"; an anderer Stelle: „Dieser Pflicht (über die Sentenzen zu lesen) entledigte sich Huß mit seinem besten Werke." Eine genaue Quellenanalyse dürfte dies Urteil kaum bestätigen. Im übrigen schränkt auch der Herausgeber selbst sein Urteil ein und gibt eine bessere Wertschätzung mit den Worten: „Vom Standpunkt eines Theologen ist das Werk freilich nicht von zu großem Werte, da sich Huß im ganzen sehr beschränkt und der Diskussion oft ausweicht. Aber für die Kenntnis der Lehre, Tätigkeit und Sprache des Huß ist es nicht hoch genug anzuschlagen. Wir haben überhaupt kein zweites Werk, welches uns die Gedankenwelt des Huß so anschaulich, vollständig und richtig schildern würde." Jedenfalls wird eine genaue Durchsicht der für dieses Werk benützten Quellen auch an diesem Urteil noch manches zu ändern haben. Wir dürfen diese Untersuchung hier nur auf die Quellen ausdehnen, die Huß in den Büchern Wiclifs gefunden hat, und wollen auch da nur die wichtigeren Stellen ausheben. Einzelne Entlehnungen aus Wiclifs Büchern sind bereits bekannt. Der Herausgeber, der dies feststellt, weist mit dem Bemerken darauf hin, daß man diese Anklänge an Wiclif nicht überschätzen dürfe.[2]) Es handelt hier sich aber um mehr als nur Anklänge, denn nicht bloß Wiclifs De Trinitate, De Eucharistia, der Trialogus und De Mandatis Divinis kommen hier in Betracht; vielmehr sind die Entlehnungen umfassender, als man neuestens anzunehmen scheint. Wir wollen zunächst einzelne aus De Mandatis Divinis vorlegen und uns dann dem Buche De Benedicta Incarnacione zuwenden.

Wiclif, De Mandatis Divinis, p. 83.	Huß, Super IV Sentenciarum III dist. XXXIV, p. 477—478:
Ex istis colligitur quod timor et amor sunt duo precepta sive principia, quibus manuducimur in observanciam legis Dei.	Sciendum quod timor et amor duo dicuntur esse precepta, quibus ducimur in observanciam legis Dei:
Est autem duplex timor in genere, scilicet naturalis et animalis. Naturalis quo quis timet amittere bona nature sine perturbacione intellectus aut voluntatis quoad mores. Naturale quidem est omni	Est autem duplex timor in genere scilicet naturalis et animalis. Naturalis est, quo quis timet amittere bonum nature sine perturbacione intellectus aut voluntatis quoad mores. Naturale qui-

[1]) Mag. Joannis Hus, Super IV. Sententiarum. Nach Handschriften zum erstenmal herausg. von W. Flajšhans und Marie Komínková (Jo. Hus Opp. tom. II).

[2]) Flajšhans in Hus Opp. II, XXXVIII.

animali timere mortem vel corporis periculum, dum verisimiliter creditur imminere et dolere, cum assit, quia aliter non adoptaret bonum nature querendum nec delectaretur in habito, quod esset contra legem nature. Ideo in tali timore non est peccatum inseparabiliter. Christus enim illo genere timoris summe timuit, cum Matth. XIV dicitur, quod cepit Jesus pavere et tedere, et Luce XXII: Factus est sudor eius sicut gutte sanguinis decurrentis in terram. Iste autem, qui in nullo concutit racionem declinando iusticiam, vocatur propassio et non est peccatum sed pena peccati.

Timor vero animalis habet quinque membra communia, que sunt timor mundanus, timor humanus, timor servilis, timor inicialis et timor finalis.

Timor mundanus vocatur timor, quo culpabiliter timetur perdere bona mundi.

dem est omni animali timere mortem vel corporis periculum, dum visibiliter creditur irruere et dolere, cum assit, quia aliter non optaret bonum naturale querendum nec delectaretur in habito, quod esset contra legem nature. Ideo in tali timore non est peccatum inseparabiliter. Christus enim isto timore summe timuit, cum Matth. 14 dicitur: Cepit Jesus pavere et tedere, et Luce 22⁰: Factus est sudor eius sicut gutte sanguinis decurrentis in terram. Iste autem timor, qui in nullo concutit racionem declinando iusticiam, vocatur propassio et non est peccatum sed pena peccati.

Timor vero animalis habet quinque membra communia, que sunt timor mundanus, timor humanus, timor servilis, timor inicialis et timor filialis.

Timor mundanus vocatur, quo culpabiliter timetur perdere dona mundi ...

In dieser Weise führte Huß den Gegenstand weiter. Ausnahmsweise zitiert er an zwei Stellen seine Quelle: Hic doctor evangelicus libro Mandatorum capitulo X. Sonst ist das nicht der Fall. So z. B. III. dist. IX.: Utrum aliqua pura creatura sit adoracione latrie adoranda. Wiclif p. 160. Huß p. 416.

Wir dürfen unter Hinweis auf unsere Ausgabe des Dekalogs, wo sämtliche Entlehnungen durch Huß zitiert sind, uns denen aus D e B e n e - d i c t a I n c a r n a c i o n e[1]) zuwenden.

Wiclif, p. 146:

Sed pro ulteriori declaracione notandum quod assumere personale, de quo scriptura cum sanctis doctoribus in proposito loquitur, est duas naturas personaliter unire, id est, duas naturas facere esse unum suppositum vel personam, et ideo vocatur unio personalis. Et potest secundum tres gradus active intellegi.

Huss Super IV. Sententiarum, p. 379:

Pro quo notandum ulterius quod assumere personale, de quo scriptura sacra cum sanctis doctoribus loquitur, est duas naturas personaliter unire, id est duas naturas facere esse unum suppositum vel personam. Et ideirco vocatur unio personalis. Et potest secundum tres gradus active intellegi ...

In dieser völligen Übereinstimmung geht es weiter, und zwar Huß p. 380, 395 bis 397 und 400 = Wiclif p. 149, 143, 119, 120, 192. Diese Gegenüberstellungen sind nicht einmal vollständig, aber für unsere Zwecke ausreichend, denn sie zeigen den Einfluß auch dieses Buches auf Huß.[1]) Wenn wir auf Entlehnungen aus De Civili Dominio eingehen, so handelt es sich um die 12 Konklusionen in dem „Libellus magistri Wyclif, quem

---

[1]) S. auch Sedlák 2, 530—536.

porrexit parliamento regis Ricardi contra statum ecclesie,[1]) die aus dem ersten Buche des genannten Werkes stammen.

Wiclif I, 279:

Hic dicitur quoad primum, quod non est possibile hominem excommunicari, nisi excommunicetur primo et principaliter a se ipso. Demonstratur sic: Nemo potest ledi vel peyorari, nisi peyoretur principaliter a se ipso, ut dicit Crisostomus ... sed omnis excommunicacio est magna peyoracio, cum secundum illam ponitur excommunicatus extra communionem fidelium, ergo nemo potest excommunicari, nisi primo et principaliter excommunicatur a se ipso.

Ex quo patet correlarie, quod nemo debet dimittere correccionem evangelicam propter timorem pretense excommunicacionis, interdicti vel censure consimilis fulminando. Patet ex hoc quod sicut mala non sunt facienda, ut bona eveniant, ... sic bona non sunt omittenda, ut penalia caveantur ... Christus enim propter pretensam excommunicacionem vel scandalum auditorum non pretermisit predicare salutiferam veritatem. Nam Joh. IX, ...

fol. 276:

Secundo sequitur quod nemo ad sui deterioracionem excommunicatur, suspenditur vel aliis censuris ecclesasticis cruciatur, nisi principaliter in causa Dei, ut puta si principaliter offenderit contra Deum. Patet ex hoc quod non peccatur, nisi principaliter peccatum fuerit contra Deum. Sed non potest esse excommunicacio nisi propter peccatum. Ergo non potest esse excommunicacio excommunicati ad deterioracionem nisi in causa Dei ....

Huß Super IV. Sententiarum 610:

Impossibile est hominem iuste excommunicari, nisi excommunicetur primo et principaliter a se ipso. Probatur conclusio: Nemo potest ledi vel peiorari, nisi peioretur principaliter a se ipso, ut dicit Os Aureum, sed omnis excommunicacio est magna lesio vel peioracio, cum secundum illam ponitur excommunicatus extra communionem fidelium, ergo nemo potest iuste excommunicari, nisi primo et principaliter excommunicetur a se ipso. Ergo conclusio vera.

Ex isto primo sequitur, quod nemo debet cessare a laude Christi propter excommunicacionem fulminandam; patet, quia sicut mala non sunt facienda, ut bona eveniant Rom. 3⁰, sic bona non sunt obmittenda, ut penalia iniusta caveantur.

Sic enim Salvator propter phariseorum excommunicacionem non pretermisit laudem Patris prosequi. Nam Joh. IX ...

p. 511:

Secundo sequitur quod nemo ad sui deterioracionem excommunicatur, suspenditur et aliis censuris ecclesiasticis cruciatur, nisi principaliter in causa Dei, ut puta si principaliter offendit Deum. Patet ex hoc, quod non peccatur, nisi principaliter peccatum fuerit contra Deum. Sed non potest esse excommunicacio excommunicati ad deterioracionem nisi in causa Dei, igitur conclusio vera...

In gleicher Weise finden sich S. 611 und 612 längere Stellen, die aus diesem Werke Wiclifs (302, 305, 306 und 308) genommen sind.

Indem Huß seinen Zuhörern den englischen Meister in solcher Umgebung vorführt, ihn als gleichen neben die ersten Gelehrten der abendländischen Christenheit setzt, wie stark mußte da der Eindruck bei den Zuhörern sein? Wer von diesen wird hinfort noch glauben wollen, daß

---

[1]) Fasciculi zizanniorum 252.

10*

Wiclif nicht der evangelische Doktor, sondern ein Ketzer war. Es ist
eine wirksame Werbetätigkeit, die in diesem Werke für Wiclif verrichtet
wird, und das kann man auch aus den eigenen Worten des Huß entnehmen. Er spricht nämlich an einer Stelle von Leuten, die die Reue
für begangene Sünden bis an ihren Lebensabend oder gar bis zum Totenbette verschieben und sagt: Man soll niemand verdammen, es sei denn,
daß man es von göttlicher Erleuchtung her oder aus der sinnfälligen Wahr-
nehmung weiß. Leute, die das tun, sind ruchlose Richter. Dies, fügt
er nun hinzu, habe ich hier um derer willen gesagt, die mit vermessenem
Urteil behaupten, daß Wiclif auf ewig zur Hölle verdammt sei. Ich aber
will mit solchem Urteil nichts gemein haben. Ich hoffe, daß Wiclif zur
Zahl der Seligen gehört. Ist er im Himmel, so wollen wir Gott preisen,
der ihn dahin versetzt hat. Ist er im Fegefeuer, möge ihn Gott bald daraus
erlösen, sollte er in der Hölle sein, bleibe er dort nach Gottes gerechtem
Urteil. Ich gehe, wie Ihr seht, den Mittelweg, und hoffe mehr auf die
Barmherzigkeit Gottes als auf die ewige Verdammnis, vor der Gott uns
bewahre, der an dem Schächer am Kreuz seine Barmherzigkeit bewiesen.
Sollte es für die Kirche von Nutzen sein, zu wissen, ob Wiclif verdammt
sei, so lasset uns Gott bitten, es uns zu offenbaren, auf daß der Zwist
unter den streitenden Parteien endlich gestillt werde. Es ist, wie man
sieht, der Wendepunkt in der bisherigen Entwicklung des tschechischen
Wiclifismus. Jetzt ziehen sich jene Männer von Huß zurück, die aus
nationalen Beweggründen die bisherigen Kämpfe Schulter an Schulter
gekämpft haben.

2. Der Traktat gegen den päpstlichen Ablaß und seine Quellen.

Er führt in der Nürnberger Ausgabe von 1558 (r. CLXXIVa bis
CLXXXIXa) den Titel Quaestio magistri Joannis Hus,
disputata ab eo anno domini 1412 post Viti De Indulgenciis sive de Cruciata papae Joannis XXIII.
fulminata contra Ladislaum Apuliae regem und muß
trotz der allgemeinen Zwecke, die Huß nunmehr verfolgte, unter seine Uni-
versitätsschriften eingereiht werden. Der Traktat enthält fast ausschließlich Wiclifsche Ideen und Lehren aus verschiedenen seiner Schriften,
vornehmlich aus De Ecclesia, deren großer Einfluß auf die literarische
Tätigkeit des Huß weiter unten noch genauer zu erörtern ist.

Schon die Protestatio, mit der Huß seinen Vortrag einleitet, stammt
aus Wiclif. Es ist bekanntlich in dessen Zeiten Sitte gewesen, derartige
Vorträge, Disputationen, Flugschriften, auch größere Werke mit einem
Satze einzuleiten, der ein Bekenntnis zur Kirchenlehre enthält.[1] Man

---

[1] Sie stehen mitunter auch mitten in einer Abhandlung (s. De Potestate Pape,
cap. VII, 150: Paratus sum revocare istam sentenciam, docto quod sit contraria fidei
christiane) oder am Schlusse. Ebenda 396.

schützte sich vor der Anklage wegen Ketzerei, indem man etwaige ketzerische Sätze, die sich in der Schrift (oder Rede) finden, von vornherein zurücknimmt. Die Wiclifschen Protestationes erfreuten sich ihrer knappen und gehaltvollen Form wegen großer Beliebtheit, wurden zusammengestellt und nachgeahmt.[1])

Wiclif De Pot. Pape 396:

Ista pauca dixerim, alia recitative, alia reputative, assertive ad honorem matris ecclesie; unde super omnibus dictis meis in ista materia testem consciencie mee invoco Deum meum, quod intendo primo honorem et utilitatem sancte matris ecclecie. Ad hoc enim obligatur strictissime ex mandato Domini quilibet christianus, cum quodammodo infinite plus debemus matrem illam diligere quam parentes carnales vel temporalia aut nosmet ipsos.

Intendo secundo quod honor et profectus predicte femine stat principaliter in similitudine conversandi et sequendi sponsum ecclesie excuciendo omnes tradiciones humanas extraneas, que ab expedicione illius itineris retardarent. Et cum ista ambo sint articuli fidei christiane, que cuncti fideles ultra opinionem magnificare tenentur ac cum in mediis ad hunc finem contingit multipliciter oberrare: intendo tercio et protestor quod docto per papam, per quodcumque membrum ecclesie vel aliquam creaturam, quod erro in mediis, volo humillime ac paratissime revocare; unde ut procedam securius innitor fundamentaliter summo lapidi, qui est via, veritas et vita, domino Jesu Christo, capiens testimonium a sanctis doctoribus, de quanto consonant legi sue ...

Huß Opp. 1, CLXXIVa:

Triplici re ad presens negocium urgeor, honore Dei, profectu ... ecclesie et consciencia ... Unde super omnibus dicendis meis in presenti negocio Deum... invoco, quod intendo primo honorem Dei et utilitatem sancte matris ecclesie. Ad hoc enim christianus quilibet adultus ex mandato Domini strictissime obligatur, eo quod quodammodo infinite plus debet Jesum Christum diligere quam parentes carnales, quam bona temporalia, quam honorem proprium aut se ipsum.

Intendo ulterius, quod honor Jesu Christi et sponse ecclesie stat principaliter in similitudine conversandi vel sequendi efficaciter ipsum sponsum excuciendo omnes affectus deordinatos et humanas tradiciones, que ab imitacione illius itineris hominem retardarent. Et cum ista christiane fidei sunt articuli, que christiani ultra opinionem magnificare tenentur ... in mediis. ... contingit multipliciter oberrare ... intendo tercio et protestor quod nihil volo asserere quod esset scripture ... contrarium et quod docto per quodcumque membrum ecclesie vel per aliam creaturam, quod erraverim in dicendis, volo aperte et humiliter revocare. Unde ut procedam securius, innitar fundamento infringibili summo lapidi, qui est via, veritas et vita, domino Jesu Christo ...

Die Begriffsbestimmung des Ablasses stammt aus De Ecclesia, deren letztes Kapitel einst unter dem Titel De Indulgenciis et de absolucionibus a pena et culpa als selbständiger Traktat vermerkt wurde.

---

[1]) Sie sind gedruckt von C. v. Höfler, Anna von Luxemburg, Kaiser Karls IV. Tochter, König Richards II. Gemahlin, Königin von England, 1382—1394 in den Denkschriften der Wiener Akademie. Phil. hist. Klasse XX, 147—150. Wie Wiclif in De Potestate Pape eine doppelte Protestation vorbringt, so auch Huß in der obigen Schrift eine Protestacio secunda, fol. CLXXVa.

Wiclif, De Ecclesia 549:

In primis ergo suppono significacionem quid nominis huius signi indulgencia:

Est enim omnis indulgencia actus indulgentis, ita quod indulgencia non sit aliud nisi habentem ad hoc potenciam indulgere, et est indulgere gratis concedere, operam dare sive remittere et componitur de inde et algere...

quoad expeticionem vindicte.....
Et sic loquitur scriptura Judith 8⁰..
Et sic sumitur Is. 26, 61 et 63.

Sic autem indulgere peccatoribus est Deo proprium sicut et peccata dimittere, ut patet cap. ultimo...

Sed ab istis sensibus extractus est terminus et baptizatus in sensum alium partim per doctores et partim per canonistas; quandoque enim secundum eos connotat remissionem pene, ut 2. q. 3. cap. Indulgencie, ut notat Archidiaconus, quod quandoque signat active concessionem, ut dominus papa indulsit subdito hoc vel illud, id est, concessit; aliquando autem signat dispensacionem, aliquando ius, ut notat Johannes XXXIII q. IIa Interfectores, et aliquando accipitur pro remittere vel condonare in de Penitenciis et Remissionibus, cap. Indulgencie in principio per Archidiaconum.

Huß, Opera 1, CLXXVa:

Quantum ad primum suppono significacionem huius signi indulgencia:

Est enim indulgencia actus indulgentis, ita quod indulgencia non sit aliud nisi habentem ad hoc potenciam indulgere, et est indulgere gratis concedere, operam dare sive remittere vindictam...

Et sic loquitur scriptura Judith 8⁰...
Et sic sumitur Is. 26, 61 et 63.

Sic autem indulgere peccatoribus est Deo proprium, sic et peccata dimittere, prout omnes sancti doctores dicunt concorditer ex scriptura.

Sed ab istis sensibus extractus est terminus et baptisatus in alium partim per theologos partim per canonistas. Quandoque enim secundum eos indulgencia connotat remissionem pene, ut 2. quest. 3. cap. Indulgencia, ut notat Archidiaconus, quod quandoque concessionem active connotat, ut dominus papa indulsit subdito hoc vel illud, id est concessit. Aliquando autem signat dispensacionem, aliquando ius, ut notat Johannes 33, q. 2 Interfectores et aliquando accipitur pro remittere vel condonare ut de pen. et re. cap. Indulgentie in principio per Archidiaconum.

p. 585:

Dico octavo quod sacerdotes Christi, licet habeant potestatem ad absolvendum subditos a pena et culpa, non tamen debent absolvere sub hac forma nec subiecti illud expetere, nisi hoc eis specialiter fuerit relevatum. Prima pars patet ex hoc quod sacerdos potest sacramentaliter ostendere sibi confitentem taliter absolutum, qui ad tantum conteritur quod statim decedens sine pena purgatorii advolaret et hoc est sacerdotem absolvere. Nec est potestas alicuius sacerdotis in casu ultime necessitatis sic ligata quin, quantum Deus revelans permiserit, possit absolvere; foret autem nimia presumpcio aliquem Christi vicarium absolucionem talem pretendere, nisi Deus hoc sibi revelaverit faciendum, ne

Dico secundo, quod sacerdotes Christi licet habeant potestatem absolvendi subditos a pena et a culpa, non tamen debent absolvere sub hac forma nec absolvendi debent illud expetere, nisi hoc specialiter fuerit revelatum. Prima pars patet ex hoc, quod sacerdos potest sacramentaliter ostendere sibi confitentem taliter absolutum, qui ad tantum conteritur, quod statim decedens sine pena purgatorii ad patriam perveniret, et hoc est sacerdotum absolvere. Nec est potestas alicuius sacerdotis in casu ultime necessitatis sic ligata quin quantum Deus revelans permiserit possit absolvere; foret autem nimia presumpcio aliquem Christi vicarium absolucionem talem pretendere, nisi Deus hoc sibi

forte incurrat blasphenum mendacium. Quid ergo valeret subiectos inoportune absolucionem talem expetere, cum certe debent credere quod correspondenter ad sua merita vel demerita taxabuntur?

revelaverit faciendum, ne forte incurrat blasphemum mendacium. Quid ergo valeret subiectos inportune absolucionem talem expetere, cum certe debent credere, quod correspondenter ad sua merita vel demerita taxabuntur?

Licet autem sufficiat apud Christum ubique presentem contricio, tamen sacramentum penitencie est valde necessarium, licet non proderit sine illa. Ideo foret stulticia sacerdotem, cui non fit ad hoc revelacio diffinire quod penitencia vel aliud sacramentum suo sucipienti proderit ad salutem.

Licet autem sufficiat apud Christum ubique presentem contricio, tamen sacramentum penitentie est valde necessarium, licet non proderit sine contricione. Ideo foret stulticia, sacerdotem, cui non sit ad hoc revelacio, definire, quod penitencia vel aliud sacramentum suo suscipienti proderit ad salutem.

pag. 583:

... dico primo, quod nemo est capax indulgencie, nisi fuerit et de quanto fuerit dignus vel dispositus per graciam apud Deum.

Patet ex hoc quod nemo, si non Deus dat tales indulgencias, qui non dat nisi caris suis, quos sic prius habilitat.

Dico secundo, quod omnis recipiens tales indulgencias de tanto copiosius eas recipit, de quanto fuerit habilior quoad Deum. Patet ex hoc quod precise de tanto Deus dat sibi copiosius tales indulgencias, sed ipse facit, quidquid facit ad regulam.

fol. CLXXVb:

Dico tercio quod nemo est capax indulgencie nisi fuerit et de quanto fuerit dignus vel dispositus per graciam apud Deum.

Patet ex hoc, quod nemo si non Deus, dat tales indulgencias, qui non dat nisi caris suis, quos sic habilitat.

Dico quarto, quod omnis recipiens tales indulgencias de tanto eas recipit; de quanto fuerit habilior quod Deum. Patet ex hoc, quod precise de tanto Deus dat sibi copiosius tales indulgencias. Sed ipse Deus, quidquid facit, facit ad regulam.

Bezüglich des Satzes, der sich bei Huß noch vorfindet, vgl. Trialogus p. 356/7.

Dico tercio, quod nullius episcopi indulgencia prodest homini, nisi de quanto prius se disposuit apud Deum. Patet ex hoc quod Deus non dat sibi talem indulgenciam, nisi ad tantum eo proposicione proxima, sed precise de tanto cuiuscunque episcopi indulgencia prodest.

Dico quarto, quod episcopi indulgencia de tanto recipienti proderit, de quanto episcopus eum in fide Christi instruxerit, in devocionem et amorem Dei accenderit vel quomodocunque habilem ad indulgenciam Dei fecerit. Patet totum ex dictis.

Dico quinto, quod sacerdotes Christi non habent potestatem donandi indulgencias secundum quantitatem temporis, nisi eis specialiter fuerit revelatum. Patet

Dico quinto, quod nullius pape vel episcopi prodest indulgencia homini, nisi de quanto prius se disposuerit apud Deum. Patet ex hoc, quod Deus non dat sibi talem indulgenciam, nisi ad quantum se disposuerit, ut patet ex predictis.

Dico sexto, quod episcopi indulgencia de tanto recipienti proderit, de quanto episcopus eum in fide instruxerit et in devocionem et in amorem Dei accenderit vel quomodocunque habilem ad indulgenciam Dei fecerit. Patet totum ex iam dictis.

Dico septimo, quod sacerdotes Christi non habent potestatem donandi indulgencias secundum quantitatem temporis, nisi eis specialiter fuerit revelatum.

ex illo Morali Judith 8°. Posuistis vos tempus... Ille ergo, cui non fit ad hoc revelacio, qui spondet indigno apud Deum ex sibi dubio, quod infra tantum tempus Deus miserebitur eius, donando sibi plenam remissionem, stulte pangit, cum non habet evidenciam quod Deus illut concesserit.

Dico sexto... (stimmt mehr oder minder mit 5).

Dico septimo, quod prelati ecclesie debent in ista veritate catholica subiectos instruere, ne laici infideliter occupati circa minus utilia attendant superbiam et avariciam sacerdotum. Patet in simili de lege questorum quibus limitatum est quod non dicant populo nisi quod in literis episcoporum eis fuerit limitatum, ut patet libro septimo de Penitenciis et Remissionibus capitulo Abusionibus. Multo magis ergo Christi vicarii debent docere populum secundum limites literarum spiritus sancti quas eis tradidit ad docendum.

p. 569:

Item, Deus propter nullam magnificenciam papalis potencie preiudicat sue iusticie, sed hoc contingeret data ista potencia: ergo illa non est fingenda. Minor sic probatur: Papa sicut tota ecclesia militans errat in multis que concernunt divinum iudicium et statum ecclesie triumphantis. Sed inter alia arcana huiusmodi hoc est unum, quis quante sit dignus ecclesiastico suffragio quoad Deum, ergo stat papam communiter errare in talibus. Ideo ergo oportet concedere, quod eo ipso quo papa concedit alicui tantam indulgenciam, eo ipso sic habebit, vel aliter non obstante concessione pape precise tantum participabit, quantum dignus fuerit apud Deum, vel aliter quod papa generaliter intelligit istam condicionem in concessione sua qualibet, ut oportet.

Prima pars est omnio impossibilis, implicans papam illum non posse peccare vel errare et sic papa per se habilitaret et iustificaret subditum quoad Deum, quod foret blasphemum dicere.

Ideo restant secunda via et tercia concedende. Sed constat non oportere

---

Patet ex illo Judith 8 Posuistis vos tempus... Ille ergo, cui non fit ad hoc revelacio, qui spondet indigno apud Deum ex sibi dubio, quod infra tantum tempus Deus miserebitur eius, donando sibi plenam remissionem, stulte pangit, cum non habet evidenciam ex lege Christi vel revelacione, quod Deus illud concessit.

Dico sexto...

Dico octavo, quod prelati ecclesie debent in ista veritate catholica subiectos instruere, ne laici infideliter occupati circa minus utilia attendant. Patet in simili ex lege questorum, quibus limitatum est, quod non dicant populo, nisi quod literis episcoporum eis fuerit limitatum. Multo magis ergo Christi vicarii debent docere populum secundum limites literarum spiritus sancti, quas eis tradidit ad docendum.

CLXXXIIIb:

Item, Deus propter nullam magnificenciam papalis potencie preiudicat sue iusticie, sed hoc contingeret data ista potencia, igitur illa non est fingenda. Minor sic probatur: Papa sicut tota militans ecclesia errat in multis, que concernunt divinum iudicium et statum ecclesie triumphantis. Sed inter alia arcana huius hoc est unum, quis quante sit dignus divino suffragio quoad Deum, ergo stat papam communiter errare in talibus. Ideo oportet concedere, quod eo ipso quo papa concedit alicui tantam indulgenciam, eo ipso sic habebit vel aliter, non obstante concessione pape precise tantum participabit, quantum dignus fuerit apud Deum. Vel aliter, quod papa interrogat istam condicionem in concessione sua qualibet, ut oportet.

Prima pars omnino est impossibilis, implicans papam illum non posse peccare vel errare et sic papa per se habilitaret et iustificaret subditum quoad Deum, quod foret blasphemum dicere.

Ideo resta(n)t secunda via et tercia concedende. Sed constat non oportere sumptuose acquirere tales bullas, quia illis subductis homo precise tantum participabit de merito, quantum fuerit habilis apud Deum.

sumptuose acquirere tales bullas, quia illis subductis homo precise tantum participabit de merito, quantum fuerit habilis apud Deum ...

Ebenso stimmt pag. 571 wörtlich mit Huß CLXXXIVa überein.

Der Dialog, cap. 11, p. 21:

Multitudini non semper est credendum. Qui autem credit ut fidem communitati vel populo, est in ianuis, ut stolide seducatur, quia Eccli. 1. scribitur: Stultorum infinitus est numerus. Et sapiens Daniel, cum populus dampnasset Susannam ex falso testimonio sacerdotum, signatur multitudo testimonii approbare, cuius patet contrarium Dan. ultimo. Et Helias foret per quadringintos sacerdotes Baal in causa Domini superatus. Cuius contrarium patet 3. Reg. 18.

Ideo prudentes habent hanc consuetudinem, quando difficultas circa veritatem aliquam ventilatur, imprimis considerant, quid fides scripture loquitur in hoc puncto; et quidquid hic fides in illa materia definiverit, credunt stabiliter tamquam fidem. Si autem fides scripture neutram partem eius expresserit, dimittunt illud tamquam eis impertinens et non litigant, que pars habeat veritatem. Et ista est magna prudencia sacerdotum. Usw.

Hus adversus indulgencias papales.
Opp. I, fol. 187 b:

Multitudini non semper standum. Unde qui credit ut fidat (sic) communitati vel populo, est in ianuis, ut stolide seducatur, quia Eccli. 1, scribitur: Stultorum infinitus est numerus. Et sapiens Daniel, cum populus dampnasset Susannam ex falso sacerdotum testimonio, ipse unicus contradixit, Dan. 13. Et Helias foret per quadringintos sacerdotes Baal, si semper staretur multitudini, in causa Domini superatus. Cuius contrarium patet 3. Reg. 18.

Ideo prudentes habent hanc consuetudinem, quando difficultas circa veritatem aliquam ventilatur, imprimis considerant, quid fides scripture loquatur in hoc puncto. Et quidquid fides in illa materia definiverit, credunt stabiliter tamquam fidem. Si autem fides scripture neutram partem eius expresserit, dimittunt illud tamquam eis impertinens et non litigant, que pars habeat veritatem. Et ista est magna prudencia sapientum.

Die Predigt Wiclifs Significavit Deus (Serm. IV, 184) oder, wie sie auch genannt wird, quaestio de absolucione a pena et culpa, ist in ihrem ersten Teile ganz in den obigen Traktat des Huß (fol. CLXXXII b) übergegangen. Nur wenige Worte sind es, die Huß hinweggelassen, und ebensowenige, die er hinzugetan hat. Von den Änderungen ist nur eine bemerkenswert: Wo sich bei Wiclif eine schärfere oder gröbere Ausdrucksweise findet, hat Huß Abschwächungen vorgenommen. So hat er in dem Satze: Revera posset papa movere homines ad purgandum latrinas die letzten drei Worte durch die weniger anstößigen ad colendum agros ersetzt.

De Christo et adversario Antichristo
cap. 10, p. 678:

Certum est, quod nec papa in persona propria nec ecclesia conversans cum illo, cui non sit revelacio, scit, si pre-

Huß adversus indulgencias papales,
CLXXXIVb:

Papa non potest assecurare aliquem, quod post mortem vel ante tantam indulgenciam habebit ... papa enim sub-

destinatus fuerit vel prescitus et per consequens, si sit membrum ecclesie vel diabolus incarnatus.

ducta revelacione nescit de aliquo, si sit predestinatus a Domino.

Vgl. Huß, De Ecclesia, cap. 13, Opp. 1, CCXXI und 2, LXXVIIb.

Wiclif Trialogus IV, 32, p. 359, führt denselben Gedanken in wenig geänderter Form aus:

Quodmodo ergo non extollitur super dominum Jesum Christum? In cuius signum non legitur, quod Christus tales absoluciones vel indulgencias concesserat nec aliquis de suis apostolis ...

Huß, adversus indulgencias papales,

Opp. 1, CLXXXIII:

Item papa multis talibus concedit indulgencias, qui ex sibi dubio sunt presciti et Deus nulli tali concedit tales indulgencias, ergo papa in talibus extollitur super Christum.

Opp. 1, CLXXXVII:

Unde quesivi et usque hodie requiro, quis sanctorum donavit indulgencias et non invenio.

3. Der Traktat des Huß De Ablacione temporalium a clericis.

Die überwiegende Masse der Ausführungen des Huß in diesem Traktate ist dem Buche Wiclifs von der Kirche entnommen worden. Doch sind auch andere Schriften Wiclifs hinein verwebt worden, wie dies neuere Untersuchungen festgestellt haben.[1]) Der Satz Wiclifs, den Huß zur Verteidigung übernommen hatte und der eine seit den Tagen des guten Parlaments in England und dann in Böhmen nicht mehr zur Ruhe gekommene Geschichte hat,[2]) lautete bekanntlich in seiner älteren Gestalt: S i D e u s (e s t), d o m i n i t e m p o r a l e s p o s s u n t l e g i t i m e a c m e r i t o r i e a u f e r r e b o n a f o r t u n e a b e c c l e s i a m i l i t a n t e. Ihm wird als nächster angefügt: N u m q u i d e c c l e s i a e s t i n t a l i s t a t u v e l n o n, n o n e s t m e u m d i s c u t e r e s e d d o m i n o r u m t e m p o r a l i u m e x a m i n a r e, e t p o s i t o c a s u c o n f i d e n t e r a g e r e e t s u b p e n a d a m p n a c i o n i s e t e r n e e i u s t e m p o r a l i a a u f e r r e.[3]) — Die Rolle, die Wiclif nicht bloß bei der von ihm in Anregung gebrachten Säkularisation, sondern auch im politischen Wesen Englands dem Herrenstande zuerteilt hatte, nahm Huß auch für den böhmischen in Anspruch[4]), und wenn dieser Stand in der hussitischen Periode der böhmischen Geschichte eine so maßgebende

---

[1]) Sedlák, Husův akt „Domini temporales". Studie a texty 2, 179—196.

[2]) S. Loserth, Studien zur Kirchenpolitik Englands im 14. Jahrhundert. Sitz.-berichte 1. Wiener Akademie 136, S. 109, 156ff.

[3]) Walsingham, Hist. Anglic. 1, 374, dann in De Civili Domino 1, 269. Dann im Libellus Joh. Wycclyff, quem porrexit parliamento bei Shirley, Fasc. ziz. 248. Ebenda 498; in Prag verurteilt, Doc. mag. Joann. Hus 453.

[4]) S. hierüber meinen Aufsatz: Zur Gesch. d. Wiclifismus in Mähren, Z. d. deutsch. Ver. für Gesch. Mährens und Schlesiens XVII, 190ff.

Stellung im Lande erlangt hat, daß die Bedeutung der anderen daneben förmlich verschwindet, ist es schließlich auch der englisch-wiclifitische Einfluß, der diese Tatsache zuwege brachte.

Die Determinacio des Huß ist in der Ausgabe von 1558 unter dem Titel De Ablacione temporalium a clericis fol. 117 b bis 125 a abgedruckt. Wir wollen nur die bezeichnendsten Stellen, die Huß aus den Wiclifschen Schriften entlehnt hat, herausheben. Man wird von vornherein bemerken, daß schon die Worte des feierlichen Protestes: Non est intencionis mee, sicut nec universitatis, suadere, quod principes vel seculares domini auferant bona a clero, quando volunt sich an die verklausulierte Form des Satzes bei Wiclif anschließt, der die Entscheidung den weltlichen Herren überläßt.

Die Stellen, die Huß aus De Ecclesia genommen hat, sind sehr zahlreich; manches ist nur angedeutet. Wenn Wiclif seine Belege aus der englischen Geschichte nimmt, zieht Huß für seinen Zweck die Bibel vor; z. B.:

Wiclif, p. 331:

Quantum ad primum, patet legenti cronicas regni nostri, quomodo Willelmus conquestor multas elemosynas regum Saxonum . . . variavit.

Huß, fol. CXVIIIa:

Suadetur sic: Reges veteris testamenti auferebant bona temporalia ad nutum divinum ab Ecclesiasticis . . .

Es dürfte genügen, aus der Menge einschlägiger Belege nur einige im vollen Wortlaut anzuführen.

Wiclif, De Eccl. cap. 15, p. 333:

Secundo suppono quod clericus tam in Anglia quam alibi posset quantumcumque enormiter peccare quocunque genere peccatorum; patet de episcopo Scarioth, de religioso Sergio et multis aliis sacerdotibus, de quibus scriptura sacra et cronice faciunt mencionem, ymmo cotidiana experiencia idem docet..

Huß, Opp. CXXIa:

Item, supponendo, quod clerus quantumcunque enormiter posset peccare quocunque genere peccatorum, videlicet de episcopo Juda Scarioth, de religioso Sergio, de Leone papa heretico et multis aliis sacerdotibus, de quibus scriptura sacra et chronice faciunt mencionem, ymo quotidiana experiencia idem docet.

p. 296:

Ex dicto beati Gregorii posito in decretis 16. q. 7. sic dicentis: Pervenit ad nos . . . folgt die ganze Stelle .

fol. CXXIb:

Unde declarando, quando episcopus abutitur bonis ecclesie, scribit b. Gregorius, ut recititatur in decretis 16. q. 7. Decimas . . . Pervenit ad nos (folgt die ganze Stelle).

p. 334:

Ex istis sic arguo: Reges Anglie sepe abstulerunt temporalia simpliciter a clero suo, ut patet ex supposicione

fol. CXXIIa:

Item, multi reges sepe abstulerunt temporalia simpliciter a clero delinquente, ut patet ex destruccione Tem-

tercia et nec unquam abstulerunt sic legitime, nec potuerunt legitime sic auferre, ut patet ex secunda conclusione et tercia doctoris. Ergo in hoc fecerunt, qualiter non potuerunt legitime facere. Ex quo sequitur ultra, quod in hoc fecerunt, qualiter non potuerunt meritorie vel de lege Dei facere, et cum omne opus humanum ex deliberacione sua procedens sit legitimum, meritorium vel illegitimum, meritorium vel demeritorium, sequitur quod illegitime et demeritorie sic fecerunt, et ultra sequitur, quod inciderunt ut sic in errorem periculosum, quia tam corporis quam anime dampnabiliter perditivum.

Et supposito errore isto in facto, patet quod est pertinaciter defensatus, quia rex et regnum constanter defendunt hanc potestatem tamquam legitimam eciam usque ad mortem cum gladio si oportet. Et quod error iste sit directe contrarius catholice veritati, patet tripliciter ex datis: Primo quia rex sic faciendo fecit quod non licuit nec licere potuit . . .usw.

plariorum . . . et nec unquam abstulerunt sic legitime nec potuerunt legitime sic auferre, ut patet per adversarios.

Ergo in hoc fecerunt, qualiter non potuerunt legitime facere. Ex quo sequitur ultra, quod in hoc fecerunt, qualiter non potuerunt meritorie vel de lege Dei facere. Et cum omne opus humanum ex deliberacione procedens sit legitimum vel illegitimum, meritorium vel demeritorium, sequitur quod illegitime vel demeritorie sic fecerunt. Et ultra sequitur quod inciderunt ut sic in errorem periculosum, quia tam corporis quam anime damnabiliter perditivum . . . Et quod error iste sit directe contrarius catholice veritati . . .

. . . . patet tripliciter ex datis: Primo quia reges sic faciendo fecerunt quod non licuit nec licere potuit . . . usw.

In gleicher Weise stimmen die Stellen bei Huß CXXII b bis CXXIII b wortgetreu mit Wiclif De Ecclesia 336, 338, 339, 341, 343 und 345 überein.

Daß Huß auch die Bibelzitate aus Wiclif übernahm, ersieht man aus De Veritate Sacre Scripture 3, 15, De Civili Dominio 1, 267, 2, 27, 50, 3, 454, 482 und De Paupertate Christi (Opp. Minora 45), einem Traktate, der von Huß (CXX a) besonders stark ausgenützt wurde.[1])

Aus De Civili Dominio stammen einige längere Absätze, so z. B.:

2, 137/8:

Item, quodlibet membrum ecclesie debet iuvare quodcunque. Domini temporales sunt membra ecclesie cum sacerdotibus possessionatis, ergo debent iuvare eos, sed in casu possibili precipuum iuvamentum foret auferre ab illis bona sua: ergo in casu possibili hoc debent. Cum ergo potestas vel gladius, de quo loquitur apostolus, posset ad hoc sufficere et per consequens superfluit eis aliam ponere, videtur, quod habent potestatem, que in casu ad correpcionem clerici se extendit. Si enim debeo diri-

CXXb:

Item, quodlibet membrum ecclesie debet iuvare quodlibet aliud membrum ecclesie. Sed domini temporales sunt membra ecclesie cum sacerdotibus possessionatis, ergo debent iuvare eos, sed in casu possibili precipuum iuvamentum foret, auferre ab illis bona temporalia... Cum ergo potestas vel gladius, de quo loquitur apostolus Rom. 13, possit ad hoc sufficere et per consequens superfluit eis aliam ponere, videtur, quod habent potesatem, que in casu ad correpcionem cleri se extendit. Si enim

---

[1]) Sedlák, a. a. O. 180.

gere iumentum inimici errans vel prostratum, ut patet Exodi 23, quanto magis in novo testamento debeo data mihi opportunitate et potencia liberare animam curati mei illaqueati cum mammona iniquitatis de fauce diaboli? Unde Lincolniensis epistola 71 ducit usw.

debeo dirigere iumentum inimici errans vel prostratum, videlicet Exodi 21, quanto magis in novo testamento debeo data mihi opportunitate et potencia liberare animam curati mei illaqueati cum mammona iniquitatis de fauce diaboli. Pro quo Lincolniensis Epistola 71 usw.

Endlich haben auch Wiclifs Sermones zu diesem Vortrag ihren Beitrag leisten müssen:[1])

Serm. 3, 369:

Circa hanc epistolam dubitatur, utrum domini temporales possent ad arbitrium eorum auferre bona temporalia ab ecclesia habitualiter delinquente, et dicitur quod ista conclusio tamquam error nimis periculosus a synodo Terremotus in Anglia est dampnata. Nec dubito quiu caterva demonum de falsis fratribus interfuit ut temptatrix. Si enim sit hoc error nimis periculosus, tunc est falsum contra rectam viacionem ecclesie et sic heresis, eo quod in scriptura sacra est omnis veritas, ut sepe asserit Augustinus; et per consequens, cum iste error sit falsitas, sequitur, quod sit illi scripture sacre contrarius. Et certum est, quod pertinaciter defensatur, quia reges et principes credunt quod ad regaliam suam pertinet ita posse; nam dato opposito sequitur, quod viri ecclesiastici, cum sint valde peccabiles, possunt regna et populum eorum destruere sine hoc quod regibus liceat clero resistere vel eius insaniam per ablacionem proprie elemosine, que est ignis ad hoc excitans, impugnare. Rex autem Anglie non posset licite punire corpora talium traditorum, si non posset licite subtrahere sua temporalia ab ipsis plus aliena, super quibus habet speciale dominium. et sic cum illa potestas regalia sit regis precipua, idem foret ipsam infringere et regimen regni subdole impugnare.

Item, cum multi reges valde nobiles atque catholici erebrius exercuerunt illam potenciam, idem esset secundum talem formam oppositum eius asserere

Opp. 1, CXXIIa:

Item, si hoc est error: Domini temporales possunt ad arbitrium eorum auferre bona temporalia ab ecclesiasticis habitualiter delinquentibus . . .

tunc est eciam falsum contra rectam viacionem ecclesie et sic heresis, eo quod in scriptura sacra est omnis veritas, ut sepe asserit Augustinus et per consequens, cum error iste sit falsitas, sequitur quod sit illi scripture sacre contrarius. Et certum est, quod pertinaciter defensatur, quia reges et principes credunt, quod ad regaliam suam pertineat ita posse. Nam dato opposito sequitur, quod viri ecclesiastici, cum sint valde peccabiles, possunt regna et populum eorum destruere, sine hoc quod regibus liceat clero resistere vel eius elemosinam per ablacionem proprie elemosine, que est ignis ad hoc excitans impugnare. Rex autem non posset licite punire corpora talium proditorum, si non posset licite subtrahere sua temporalia ab ipsis plus aliena, super quibus habet speciale dominium, et sic cum illa potestas sit regalia regis precipua, idem foret ipsam infringere et regimen regni subdole impugnare.

Item, cum multi reges valde nobiles atque catholici erebrius exercuerunt illam potenciam, idem esset secundum talem formam assumptum eius asserere et

---

[1]) S. Sedlák 190.

et hereticare eorum vitam ac animam postmodum condempnare, quod heredes regum Anglie et specialiter eorum filii viriliter impugnarent. Sic enim ad similitudinem phariseorum et sacerdotum impetencium Christum de heresi imponerent regi suo, de quo habent tantum temporale subsidium, errorem et heresim manifestam. Sed Deus movebit cor regis, si sibi placuerit, ad destruendum istam vesaniam.

Item, vel sunt ecclesiastici Anglie capitales domini reddituum et bonorum ecclesiasticorum, que rex ei donaverat, vel econtra. Si primo modo, sequitur cum veris, quod illi ecclesiastici sint in maiori parte capitales domini regni nostri et sic quoad temporalia regi Anglie non subiecti. Quod videtur ipsos sentire; quod proporcionabiliter, ut papa se habet ad imperatorem quoad seculare dominium se habet clerus Anglie quoad regem.¹) . . .

hereticare eorum vitam ac animam postmodum condempnare, quod heredes regum et specialiter eorum filii viriliter impugnarent. Sic enim ad similitudinem phariseorum et sacerdotum impetencium Christum de heresi, imponerent regi suo, de quo habent tantum temporale subsidium, errorem et heresim manifestam. Sed Deus movebit cor regis, si sibi placuerit, ad destruendam istam vesaniam.

Item, vel sunt ecclesiastici capitales domini reddituum et bonorum temporalium, que rex eis donaverat vel econtra. Si primo modo, sequitur cum veris, quod illi ecclesiastici sunt in maiori parte capitales domini regni nostri, et sic quoad temporalia regi non subiecti, quod videtur ipsos sentire . . .

Der ganze Traktat Hussens verteidigt sonach einen von den 45 Artikeln Wiclifs ganz in dessen Worten. Die Verteidigung gibt zugleich einen guten Einblick in die in Böhmen verbreitete Wiclifsche Literatur. Es werden weder von den großen Werken noch von den Flugschriften Wiclifs noch einzelne übrig sein, die man nicht gekannt und in weiterer Folge ausgebeutet hätte.

4. Die Traktate „De Decimis" und die Verteidigung der 45 Artikel Wiclifs.

Den 18. der 45 Artikel Wiclifs hat Huß unter dem Titel D e c i m e s u n t p u r e e l e m o s i n e behandelt. Er hat hierbei, wie dies auch von anderer Seite nachgewiesen wurde, seine Motive aus drei Wiclifschen Büchern genommen: 1. Den Sermones (Sermo LIV der Sermones super Epistolas. Thema: Videte quomodo caute ambuletis). 2. De Veritate Sacre Scripture im dritten Bande und 3. eine längere Stelle aus De Civili Dominio.

Da die Ausnützung von De Veritate Sacre Scripture verhältnismäßig seltener ist als die anderer Werke der Summa, so wollen wir hier einige Parallelstellen anführen:

---

¹) Weitere Belege können im Hinblick auf die schon von Sedlák gemachten Ergänzungen zu meinen Parallelstellen übergangen werden.

²) Sedlák, a. a. O. 277—301.

Wiclif III, 16—18:

Pro isto oportet tria alibi declarata supponere:

primo quod omnia bona illis collata sub racione qua bona ecclesie, sunt conferencium elemosine, patet ex hoc quod omnia illa sunt bona pauperum, ut patet ex quotlibet legibus. Sed non fiebant bona pauperum, postquam erant mera secularia, nisi mediante opere miseriocordie, igitur intercedente opere miseriocordie fuerunt collata pauperibus et per consequens ex diffinicione elemosine ... sequitur, quod omnia talia bona ecclesie sunt elemosine corporales.

Item, omne commutatum in usum vel dominium alterius vel commutacione civili vel evangelica est mutatum, sed bona ecclesie sic mutantur, igitur altero istorum modorum; sed civilis commutacio non est fingibilis nec empcione nec vendicione nec alia civili commutacione.

... Ideo non superest nisi pura dotacio in spem celestis premii, quod est mere elemosina ... Ex quo videtur sequi correlarie quod omnes clerici nedum ad Deum ut omnes homines, sed quoad homines sunt mendici. Non enim tam instanter expeterent elemosinas pauperum, nisi talibus indigerent. Nec debemus de hoc erubescere vel esse mendici superbi, cum Christus quoad humanitatem factus est pro nobis mendicus, quia egenciam suam dicens ad finem quod a divitibus relevetur.

fol. CXXVIIb:

.... omnia bona temporalia clero a laicis collata sub racione qua bona ecclesie sunt conferencium elemosine. Probatur, quia omnia bona illa sunt pauperum, ut patet ex multis dictis sanctorum et ex legibus. Sed non fiebant bona pauperum, postquam erant mera secularia, nisi mediante opere misericordie fuerunt collata pauperibus, ergo pure elemosine ...

Item, omne commutatum in usum vel dominium alterius vel commutacione civili vel evangelica est mutatum, sed bona ecclesie sic mutantur, ergo altero istorum ministrorum (?). Sed civilis commutacio non est fingibilis, quia nec empcione nec vendicione nec alia civili commutacione.

Ideo non superest, nisi pura donacio in spe celestis premii, quod est mere et sic pure elemosina. Et videtur sequi correlarie, quod omnes clerici sapientes tales elemosinas nedum ad Deum ut omnes homines sed quoad homines sunt mendici. Non enim tam instanter expeterent elemosinas, nisi talibus indigerent. Nec debemus ex hoc erubescere vel esse mendici superbi, cum Christus quoad humanitatem factus est pro nobis mendicus, quia egenciam suam dicens Deo patri.

Geradezu einzigartig gestaltete sich die Verteidigung des 15. Artikels: Nullus est dominus civilis, nullus est prelatus, nullus est episcopus, dum est in peccato mortali. Er enthält den Satz, auf dessen Gemeingefährlichkeit Hussens Gegner den König Sigismund aufmerksam gemacht haben. All die 17 größeren Abschnitte, wie sie bei Huß (fol. CXXVIII a bis CXXXIII b) aufeinander folgen, sind Wort für Wort aus Wiclifs De Civili Dominio und De Dominio Divino herübergenommen. Wir dürfen uns im Hinblick auf die an anderer Stelle vorgelegten Belege begnügen, darauf hinzuweisen.

Man sieht, daß nicht bloß Predigten Wiclifs in ihrem ganzen Wortlaut von Huß übernommen worden sind, sondern daß dies auch bei seinen „magistralen Akten" der Fall ist, in einer Weise, wie dies wohl in der gesamten mittelalterlichen Literatur nicht ein zweites Mal begegnet. Von weiteren Nachweisungen von Entlehnungen in solchen Abhandlungen kann abgesehen werden.

5. Contra Anglicum Johannem Stokes.

Diese Polemik, die sich gleichfalls in den Universitätskreisen abspielte, ist zunächst wegen der in ihr enthaltenen Zeitbestimmungen von Wichtigkeit. Die Rede, die Huß gegen Stokes hielt, stammt aus dem Jahre 1411. Stokes hatte sich verlauten lassen: Quicunque legeret libros magistri Johannis Wicleff vel studeret in iisdem, eciam sit quantumcunque a natura dispositus, vel radicatus in bona fide, ex processu temporis involvetur in heresim. Dagegen wandte sich Huß zur Verteidigung Wiclifs. Er sagt, daß man seit dreißig Jahren dessen Bücher in Oxford habe und sie seit etwas mehr als zwanzig Jahren in Prag kenne und lese. Das führt für Oxford auf 1381, für Prag auf 1391, wo in letzterem Falle wohl die philosophischen Schriften in Betracht kommen.

Wichtig ist in der Polemik gegen Stokes eine Stelle, die Huß aus Wiclifs Streitschrift De Triplici Vinculo Amoris herübergenommen hat und aus der man entnehmen zu müssen glaubte,[1]) daß die Königin Anna von England, Schwester König Wenzels, sich im Besitz einer Bibel mit lateinischem, deutschem und tschechischem Texte befand. Aus dieser Annahme sind dann weitere Folgerungen gezogen worden, auf die an dieser Stelle des Näheren einzugehen kein Grund vorliegt. Inwiefern aber die Annahme gerechtfertigt ist, mag man dem Texte selbst entnehmen, der, wie ihn Wiclif bietet, von Huß wortgetreu in seinem Traktat gegen den Engländer Stokes aufgenommen wurde.

De Triplici Vinculo Amoris.
Pol. Works 1, 168:

Ex eodem patet eorum stulticia, qui volunt dampnare scripta tamquam heretica propter hoc, quod scribuntur in Anglico et acute tangunt peccata, que conturbant illam provinciam. Nam possibile est, quod nobilis regina Anglie, soror cesaris, habeat evangelium in lingua triplici exaratum, scilicet in lingua Boemica, in lingua Teutonica et Latina, et hereticare ipsam propterea implicite foret luciferina superbia. Et sicut Teutonici volunt in isto racionabiliter defendere linguam propriam, sic et Anglici debent de racione in isto defendere linguam suam.

Huß, Opp. 1, CVIIIb:

Ex eodem patet eorum stulticia, qui volunt dampnare scripta tamquam heretica propter hoc quod scribunt(ur) in Anglico, et acuta tangunt peccata, que conturbant illam provinciam. Nam possibile est, quod nobilis regina Anglie, soror cesaris, evangelium habeat in lingua triplici exaratum, scilicet in lingua Boemica, Teutonica et Latina. Et hereticare eam propterea, foret luciferina stulticia. Et sicut Teutonici volunt in isto racionabiliter defendere linguam propriam, sic et Anglici debent de racione defendere linguam suam...

---

[1]) Palacky, Gesch. v. Böhmen, 3, 1, 24. Höfler, Anna v. Luxemburg 46.

Daß man keineswegs den oben angegeben Sinn in diese Stelle des Traktates zu legen genötigt ist, leuchtet ein. Was Wiclif mit den Worten: Nam possibile est quod habeat als möglich hinstellt, wird eben als Tatsache genommen. Zudem steht diese Stelle bei Wiclif außer Verbindung mit dem vorhergehenden Texte, so daß man sie für eine Note ansehen muß, die durch irgendeinen flüchtigen Abschreiber an unrichtiger Stelle eingeschoben worden ist. Das muß aber schon sehr früh geschehen sein, weil Huß selbst ausdrücklich bemerkt, daß er diese Stelle dem Traktate de Triplici Vinculo Amoris entnommen habe. Huß hätte auch auf einheimische Bestrebungen, die (tschechische) Muttersprache an Stelle der lateinischen in Anwendung zu bringen, hinweisen können.[1] Im übrigen fällt auf, daß er, der diese Stelle so wortgetreu aufgenommen, des im Jahre 1394 erfolgten Todes der einstigen Königin mit keinem Worte gedenkt. Wie eine völlig Fremde tritt sie uns bei Huß entgegen, und es ist doch anzunehmen, daß er diese Stelle nicht gedankenlos aus Wiclif herbeigezogen hat.

3. Kapitel.

Die Streitschriften des Huß und ihre Quellen.

1. Das Buch von der Kirche.

a) De Ecclesia und De Fide Catholica.

Wie die einzelnen Teile der großen Summa Theologiae Wiclifs, sein Dialogus, Trialogus und die zahlreichen anderen Bücher und Flugschriften seiner letzten sechs Jahre, so tragen auch die meisten Schriften des Huß aus dem letzten Dezennium seines Lebens einen polemischen Zug, der in einzelnen zur größten Stärke ansteigt. Besonderen Eindruck machte auf ihn das Studium von Wiclifs Buch von der Kirche; er hat es nicht bloß zur Grundlage seines eigenen gleichnamigen Buches gemacht, sondern seinen Inhalt auch in anderen größeren und kleineren Streitschriften vorgetragen. In seinen kleineren Schriften noch früher als in den großen. Es wird indes zweckmäßig sein, dies Verhältnis erst in den letzteren aufzuweisen: zunächst in dem Buch von der Kirche, das von allen seinen Werken von jeher als das bedeutendste gegolten[2]), und Freunden und Feinden immer einen mächtigen Eindruck gemacht hat. Kein Geringerer als Pierre d'Ailli erklärte vor dem Konstanzer Konzil, daß dieser Traktat durch seine unendliche Fülle von Beweisen die päpstliche Auto-

[1] S. meinen Aufsatz über Albertus Ranconis de Ericinio im 57. Bd. des Arch. für österr. Gesch. 223.
[2] Böhringer, a. a. O. 307. Lechler, a. a. O. 2, 185.

rität und Machtfülle ebenso bekämpfe wie der Koran den katholischen Glauben.[1]) Und so hat man noch in unseren Tagen von einem gegnerischen Standpunkt aus diesen Traktat den „berüchtigten" genannt.[2]) Da er eine förmliche Zusammenfassung von Hussens theologischen und besonders von seinen kirchlich reformatorischen Ansichten enthält, so scheint es zweckmäßig zu sein, ihn einer Untersuchung auf seine Quellen hin zu unterziehen.

Wiclif hat sein gleichnamiges Werk geschrieben, als eben die Zensurierung seiner Thesen durch die Kurie erfolgt war: Die Kirche, so sagten seine Gegner, hat ihn verurteilt. Er fragt: Was ist die Kirche? Alle Welt, antwortet er, versteht unter der römischen Kirche den Papst und die Kardinäle, und ihnen zu gehorchen ist, wie man sagt, zum Seelenheil notwendig.[3]) Oder, wie er sich drastischer in den englischen Flugschriften ausspricht: Wenn die Leute von der Kirche reden, verstehen sie darunter Prälaten und Priester, besitzende Mönche, Stiftsherren und Bettelbrüder, und alle, die eine Tonsur tragen, mag ihr Wandel auch noch so ruchlos sein und dem Worte Gottes zuwiderlaufen. Hingegen nennen sie Laien nicht Männer der hl. Kirche, mögen sie auch noch so treu nach Gottes Gesetz leben. Aber nichtsdestoweniger sind doch alle die, die einst im Himmel selig werden, Glieder der hl. Kirche und sonst niemand mehr.[4]) Dieser falschen Auffassung, als ob Kirche und Hierarchie identisch wären, entgegenzutreten, ist der Zweck seines Buches von der Kirche. Diese ist die Gesamtheit aller, die von Ewigkeit her zur Seligkeit bestimmt sind.

Diese Lehre wie auch Wiclifs Buch selbst kannte man offenbar schon frühzeitig in Prag. Es mochte zu den ersten kirchenpolitischen Schriften Wiclifs gehören, die nach Böhmen gelangt sind. Großes Aufsehen wird es gemacht haben, als Nikolaus Faulfisch und sein Genosse ihre aus so guter Quelle stammenden Wiclifbücher nach Prag brachten. Da mußte ihr Studium eifrigen Fortgang nehmen. Man fand in dem Buche von der Kirche, was notwendig schien, ein richtiges Verständnis von ihr anzubahnen: Die Erklärung und Erläuterung des Kirchenbegriffs und die Stellung der Laienwelt zur Hierarchie, das Verhältnis der geistlichen zur weltlichen Gewalt, von denen jede den ihr zukommenden Vorrang hat, also im wesentlichen die kirchenpolitischen Anschauungen Wiclifs, dann liturgische Fragen und endlich die vom Ablaß. Eben noch waren einzelne dieser Fragen in Prag leidenschaftlich erörtert worden. Jetzt handelte es sich um die Widerlegung des Gutachtens der theologischen Fakultät und die damit zusammenhängenden Fragen.

---

[1]) Gersons Werke 2, 901.
[2]) Geschichtsschr. d. huss. Beweg. 1, XXXV.
[3]) De Ecclesia 92.
[4]) Select Engl. Works of John Wyclif ed. by Arnold III, 447.

Die beiden Parteien vermochten über den Kirchenbegriff zu keiner Einigung zu kommen. Hussens Gegner verstehen unter der Kirche jene, deren Haupt der Papst und deren Körper das Kardinalskollegium ist. Und so antwortet Huß jetzt mit den Argumenten Wiclifs. Er macht aus dessen Buch einen Auszug, gibt ihm die gleiche Anzahl von Kapiteln (23) und folgt seiner Vorlage im Gedankengang und den einzelnen Motiven. Die ersten Kapitel handeln von der Kirche, ihrer Gliederung, Einheit usw. Hier gibt es, wörtlich genommen, kaum einen Satz, der nicht aus Wiclifs Buche stammen würde.

Für die zweite Hälfte seines Werkes hat Wiclifs Buch De Potestate Pape die gleiche Bedeutung. Sein eigenes Buch hätte Huß sonach richtiger benennen müssen: „Von der Kirche und der Gewalt des Papstes". Da Wiclif aus seinem großen Buche einen Auszug machte, und dieser unter dem Titel De Fide Catholica als Flugschrift ausgesandt wurde, so muß man bei einer Vergleichung der Hußschen Schrift mit den Wiclifschen Texten auch jene Flugschrift heranziehen, denn gleich der Anfang von Hussens Buch stammt aus De Fide Catholica. Man vergleiche:

Wiclif, De Fide Catholica: (Opera Minora), p. 98:	Huß, De Ecclesia:
Quilibet (catholicus) debet diligere Christum sponsum illius ecclesie et ipsam ecclesiam sponsam suam, sed non diligit ipsam matrem spiritualem, nisi saltem ipsam per fidem cognoverit, ergo debet ipsam per fidem cognoscere, Nam ex primo mandato secunde tabule obligamur sub obtentu premii celestis patrem et matrem sed Christum specialiter honorare.	Cum quilibet viator debet fideliter credere ecclesiam sanctam catholicam, sicut debet diligere Jesum Christum dominum sponsum illius ecclesie et ipsam ecclesiam sponsam suam, sed non diligit ipsam matrem spiritualem, nisi ipsam saltem per fidem cognoverit, ergo debet ipsam per fidem cognoscere et sic ipsam ut matrem precipuam honorare.

In Wiclifs De Ecclesia lautet die Stelle: Quia nonnulli, eciam illi, qui videntur esse aliquid, discordant in materia de quiditate ecclesie et fides est ecclesia, que deberet in christianis omnibus esse una, decet christianos cognosceere matrem suam. Quomodo queso honoraret quis matrem illam primevam, sicut quilibet christianus tenetur sub pena dampnacionis ex primo mandato secunde tabule, nisi ipsam cognosceret? ....

Wiclif führt zuerst aus, daß Christus ex fide unser Vater ist, die Kirche seine Verlobte, unsere Mutter, und daß wir die Eltern vor allem zu ehren haben: Christus enim ex fide est pater noster et dicta ecclesia sponsa sua autonomatice mater nostra. Illos autem parentes debemus primo omnium honorare... Adhibeamus, schließt er diese Ausführung, ergo diligenciam, ut cognoscamus matrem nostram.

Man ersieht aus den angeführten Stellen, wie ängstlich sich Huß an seine Vorlage gehalten; wie Wiclif in dem unmittelbar darauffolgenden zuerst sagt, daß der Begriff der Kirche verschieden gefaßt wird, so auch Huß. Von Wiclif stammt die Erklärung der Kirche als des mystischen Leibes Christi, daß man unter der Kirche auch das erbaute Gebäude verstehe, kurz, der gesamte Inhalt des ersten Kapitels in dem Traktate Hussens De Ecclesia ist aus Wiclif genommen, und wie wörtlich dies der Fall ist, davon mögen die folgenden Stellen Zeugnis geben:

Wiclif, De Ecc., cap. 1, pag. 2/3:	Huß, De Ecclesia, cap. 1:
Quamvis autem ecclesia dicatur multipliciter in scriptura, suppono quod sumatur ad propositum pro famosiori, scilicet congregacione omnium predestinatorum … usw.	Ecclesia autem catholica, id est, universalis est omnium predestinatorum universitas … Ipsa enim ecclesia sancta universalis est corpus Christi mysticum … usw.

Die Entlehnungen, die Huß aus Wiclifs De Ecclesia vornahm, habe ich vollinhaltlich bei den einzelnen Kapiteln in meiner Ausgabe des Buches vermerkt (pag. 25 Note, 47 Note, 69, 92, 115, 117, 120, 123, 140, 334 bis 338, 341, 343 bis 347, 549, 569 bis 571, 578, 583. Darum mag es genügen, hier bloß darauf zu verweisen. Was Huß in seinem ersten Kapitel von der Kirche sonst noch ausführt, stammt im wesentlichen aus Wiclifs De Ecclesia cap. 4. Das zweite Kapitel Hussens handelt von der Einheit und Gliederung der Kirche und ist ganz aus Wiclif genommen, der den Gegenstand, abgesehen von De Fide Catholica, auch in den Sermones (II, 353/4 IV, 42) behandelt. Daß ein Verworfener (praescitus) kein Mitglied der allgemeinen Mutter Kirche sein kann, wie Huß im dritten und vierten Kapitel anführt, findet sich weitläufiger im vierten Kapitel Wiclifs, wo der Gang methodischer und klarer ist. Huß gibt nur einen Auszug daraus und versetzt einzelne Stellen. Auch ist einiges anderen Quellen wie Wiclifs De Christo et adversario Antichristo entnommen.

Da die Theologen in ihrem Gutachten den Kirchenbegriff dahin bestimmten, daß das Haupt der Kirche der Papst, der Körper das Kollegium der Kardinäle sei, beweist Huß, daß Christus von Anfang der Welt bis zur Vollendung aller Dinge Haupt der Kirche und alle Gerechten Glieder ihres Körpers seien. Diese Dinge werden im vierten bis siebenten Kapitel behandelt und sind durchaus Sätze Wiclifs aus De Ecclesia und De Fide Catholica.

Im achten Kapitel beschäftigt sich Huß mit den verschiedenen Definitionen des Glaubens und setzt fest, welcher Glaube es sei, der das Fundament der Kirche ausmache. Fast das ganze Material, das Huß hierfür verwendet, stammt aus Wiclifs Buch von der Kirche. Das gilt auch noch für das zehnte Kapitel, wo Huß von der Schlüsselgewalt handelt.

In den Kapiteln 9 bis 23 führt Huß seine Polemik gegen Stanislaus von Znaim und Stephan von Palecz durch. Auch hier sind die grundlegenden Erörterungen derselben Quelle, zum Teil aber Wiclifs Buch von der Gewalt des Papstes entnommen.

b) De Potestate Pape.

Schon vor einem Menschenalter habe ich auf diese zweite Hauptquelle zu Hussens Streitschrift von der Kirche hingewiesen,[1]) die einzelnen Entlehnungen daraus festgestellt und sie in meiner Ausgabe im
einzelnen aufgezeigt.[2]) Es wird daher auch hier genügen, nur einige Parallelstellen anzuführen:

De Potestate Pape, p. 5:	Huß, De Ecclesia CCXIII b:
Preter significaciones sumitur po-testas in scriptura nunc pro sexto ordine angelorum . . . et aliquando pro ipso potentatu . . . et quandoque pro pote-state pretensa vel falsa palliata . . .	Potestas aliquando sumitur pro po-tentatu vel pro potestate vera . . . ali-quando pro potestate pretensa . . .
pag. 6:	fol. CXIII b:
Tales potestates habent sub divisio-nem multiplicem . . . ut alia est potestas ordinis, alia regiminis vel iurisdiccionis, alia potestas autentica et alia vicaria vel commissa . . .	Ideo potestas spiritualis capit sub-divisionem multiplicem, cum aliqua sit ordinis et aliqua communis.

Die Abschnitte, die bei Huß folgen, sind mit sachlich unbedeutenden
Änderungen aus de Potestate genommen. Mitunter liegt die Änderung
nur in der verschiedenen Aufeinanderfolge der Sätze.

Die Beispiele, die Huß aus der Geschichte beibringt, sind fast ausnahmslos aus dieser Quelle genommen. Er hätte sie auch in jedem der
damals gebrauchten Handbücher, etwa in Martin von Troppau, gefunden,
es schien ihm aber offenbar bequemer, die Zusammenstellung brauch-
barer Notizen schon vorrätig zu finden. Was mag sich Huß unter dem
Cestrensis, den er zitiert, und unter Radulfus gedacht haben. Man muß
in den Geschichtsquellen Englands im Mittelalter einigermaßen bewandert
sein, um zu wissen, daß das eine Mal Ranulphus de Higdens Polychronicon,
das andere Mal Radulphus de Diceto gemeint ist.

c) De Civili Dominio.

Schon oben wurde bemerkt, daß manche Sätze aus Wiclifs De Ecclesia
sich auch in anderen seiner Werke finden. Da die Zeitfolge des Entstehens
der einzelnen Teile der Summa feststeht, so ist es nicht schwer, die ursprüngliche Stellung und Gestaltung dieser Sätze zu finden. Hier handelt
es sich übrigens nicht darum, sondern überhaupt um ihren Wiclifschen

---

[1]) In meinem Aufsatz Wiclifs Buch von der Kirche und seine Nachbildungen in
Böhmen MVGDB., Bd. 24, 381—412.

[2]) Johannis Wyclif, Tractatus de Potestate Pape, p. XLIV—XLVII ff., 15—18,
48, 86, 93, 157, 165, 185, 309, 332, 361, 383/4. Ergänzungen bei J. Sedlák in Studie
a texty 2, 478 ff.

Ursprung. Aus de Civili Dominio stammt eine längere Stelle in Hussens De Ecclesia cap. 2:[1])

pag. 368:

Unde dupliciter potest intelligi caput ecclesie, vel intrinsecum vel extrinsecum: intrinsecum ut capitalis persona eiusdem ecclesie; et hoc dupliciter, vel quod presideat quoad bona corporalia eiusdem ecclesie vel quoad bona spiritualia in regendo. Caput extrinsecum est persona presidens subditis sue nature sed extra eorum numerum, que dum influendo regit eos, dicitur illis caput. Et sic Christus est caput intrinsecum unius persone venerabilissime create, que est universitas predestinatorum. Illa, inquam, est homo, qui descendit de celo et ascendit in celum, ut dicitur Joh. III, non secundum se totum sed secundum caput, cuius descensus non fuit localis mocio qua partes alias corporis secum traxit.

p. 282:

Licet autem sola Trinitas habet huiusmodi potestatem autenticam principalem, sola Christi humanitas habet potestatem huiusmodi subautenticam ab intrinseco personalem, cum simul sit Deus et homo; tamen prelati ecclesie habent sibi commissam potestatem instrumentalem, que est potestas iudiciaria consistens principaliter in duobus, scilicet in potestate arbitarie cognoscendi et in potestate incidentaliter iudicandi. Et prior istorum vocatur in foro penitencie clavis consciencie; et est dispositiva ad secundam principaliorem; cum nemo habet potestatem sentenciandi, nisi prius habeat potestatem cognoscendi in causa qua dicitur arbitrari sentenciam: unde prior clavis non est actus vel habitus sciendi, sed potestas sic antecedenter cognoscendi. Omnis ergo potestas ordinis sacerdotalis instrumentaliter aperiendi hominibus ostium, quod est Christus, vel claudendi a subdito dictum regnum est clavis ecclesie

CCIa:

Unde dupliciter potest intelligi caput ecclesie, vel internum vel externum: internum ut capitalis persona eiusdem ecclesie; et hoc dupliciter vel quod presideat quoad bona corporalia eiusdem ecclesie vel quoad bona spiritualia in regendo. Caput externum est persona presidens subditis sue nature, sed extra eorum numerum, que dum influendo regit eos, dicitur illis caput. Et sic Christus est caput extrinsecum cuiuscumque particularis ecclesie et universalis... que est predestinatorum universitas. Illa enim est homo, qui descendit de celo et ascendit in celum, ut dicitur Joh. 3⁰, non secundum se tota, secundum caput, cuius descensus non fuit localis mocio... qua partes alias corporis secum traxit.

fol. CCXIVa:

Licet sola trinitas habet huiusmodi potestatem autenticam principalem, sola Christi humanitas habet potestatem huiusmodi subautenticam ab intrinseco principalem, cum Christus sit simul Deus et homo, tamen prelati ecclesie habent sibi commissam potestatem instrumentalem... que est potestas iudiciaria, consistens principaliter in duobus scilicet in potestate arbitrarie cognoscendi et in potestate iudicialiter iudicandi. Et prior istarum in foro penitencie vocatur clavis consciencie, racione dispositiva ad secundam principaliorem, cum nemo licite habeat potestatem definitive sentenciandi, nisi prius habeat potestatem cognoscendi in causa, qua dicitur arbitrarie sentenciare. Unde prior clavis non est actus vel habitus sciendi sed potestas sic antecedenter cognoscendi. Omnis ergo potestas ordinis sacerdotalis instrumentaliter aperiendi homini ostium, quod est Christus, vel claudendi a subdito dictum regnum

[1]) Auf die (wie auf die folgenden) jetzt auch Sedlák, p. 480, 487 f., 503 ff. verweist.

data Petro et aliis, ut patet Matth. 18 et Joh. 20.

est clavis ecclesie data Petro et aliis ...

p. 281:

Quod si obicitur ... Quodcunque ligaveris ... quod dictum est Petro et omnibus successoribus suis:

..... precipue dicitur quod istud intelligencie terret serviliter multos simplices christianos et alios decipit presumentes de plenitudine potestatis. Ideo supponendum est primo quod dictum Salvatoris sit necessarium de virtute sermonis, eo quod non est possibile sacerdotem vel laicum quicquam solvere vel ligare, nisi illa solucio vel ligacio sit in celis, nedum in celesti corpore, quod continet orbem sublunarium et omnia que in illo sunt, sed in approbacione divina et nature angelice que sunt celi.

fol. CCXIVa:

Et ista verba ex defectu intelligencie terrent multos christianos ... et alii decipiuntur ... presumentes de plenitudine potestatis. Ideo supponendum est primum, quod dictum Salvatoris est necessarium de virtute sermonis, eo quod non est possibile, sacerdotem quicquam solvere vel ligare, nisi illa solucio vel ligacio sit in celis nedum in celesti corpore, quod continet orbem sublunarium et omnia que in illo sunt, sed in approbacione divina et nature angelice, que sunt celi ...

p. 283:

Sed quarto oportet notare diligenter pro heresi precavenda quod non est possibile, si papa vel alius pretendit se quovis signo solvere vel ligare, tunc eo ipso solvitur. Nam hoc concedens habet consequenter concedere papam esse impeccabilem et sic Deum. Aliter enim posset errare et facere difformiter clavi Christi. Et constat quod quam impossibile est figuram clavis aperire, deficiente subtracta substancia, tam impossibile est Christi vicarium vel prelatum aperire vel claudere, nisi de quanto conformatur clavi Christi aperienti vel claudenti: aliter enim esset alter Deus Deo nostro contrarius. Sicut ergo Christus primogenitus ex multis fratribus et primicie dormiencium penetravit regnum: sic solus ille potuit capitaliter promereri regnum spirituale, universaliter clausum a prevaricacione primorum parentum usque ad ipsum: et sic in qualibet appercione vel clausione particulari est dicendum.

fol. CCXVa:

Unde oportet fidelem cavere ab isto dicto: Si papa vel alius pretendit se quovis signo solvere vel ligare, tunc eo ipso solvitur vel ligatur. Nam hoc concedens habet consequenter concedere papam esse impeccabilem et sic Deum. Aliter enim posset errare et facere difformiter clavi Christi. Et constat quod quam impossibile est figuram clavis materialis aperire deficiente substancia, tam impossibile est Christi vicarium aperire vel claudere, nisi de quanto conformatur clavi Christi prius aperienti vel claudenti. Sicut enim Christus primogenitus ex multis fratribus et primicie dormiencium primo penetravit regnum, sic solus ille potuit capitaliter promereri regnum spirituale universaliter clausum a prevaricacione primorum parentum usque ad ipsum, et sic in qualibet apercione vel clausione particulari est dicendum.

p. 284:

Cavere ergo debet, ne palliet nidum sophisticum et exhinc deficiat in minore huius argucie: Quodcunque vicarius Christi ligaverit super terram, erit liga-

fol. CCXVIb:

Cavere ergo debet Christi discipulus a fallacia Antichristi ... Quodcunque vicarius Christi ligaverit super terram

— — — — — — — — — — — —

tum et in celis: sed hunc fidelem laicum, nolentem sibi dare pecuniam, ligat super terram: ergo ligatur in celo. Minor enim peccat in materia, nisi datus fidelis prius se ipsum ligaverit, vel aliquis corporale ligamentum adiecerit quod est impertinem dicti Christi. Et utinam domini temporales attenderent veritatem huius materie; tum quidem cognoscerent quod omittendo, propter excommunicaciones resistere sophisticantibus legem Christi, excommunicari possunt a Domino et se ipsis.

Et si ex isto invehitur quod christianus debet dubitare, quando sacerdos 1ite ligat vel solvit et quando non, dicatur quod oppositum sequitur, cum credere debemus, quod solum tunc ligat vel solvit, quando ministrat conformiter ad regulas legis Christi et de quanto exorbitat, pretendit se ligare vel solvere sed non facit.

. . . sed hunc fidelem laicum nolentem sibi dare pro absolucione pecuniam ligat super terram, ergo ligatur in celis... In illis argumentis minor peccat in materia. Nisi enim dictus homo . . . se ipsum ligaverit mala voluntate vel solverit vera contricione . . .

Et si obicitur quod christianus debet dubitare, quando sacerdos rite ligat vel solvit et quando non, dicitur, quod oppositum sequitur, cum credere debemus, quod solum tunc ligat vel solvit, quando ministrat secundum regulas legis Christi et de quando exorbitat, tunc pretendit se ligare vel solvere sed non facit.

Wiclif hat den Gegenstand mehrfach behandelt. Es handelt sich um den 13. Artikel seiner Thesen; s. seinen Libellus . . . . . quem porrexit parliamento regis Ricardi contra statum ecclesie ed. Shirley, Fasc. ziz. 245 ff. Im Wesentlichen findet sich schon dort die Sache: Unde videtur mihi quod usurpans sibi hanc potestatem, foret ille homo peccati, de quo Thess. II, 4 scribitur: Quod in templo Dei sedeat et ostendat se tamquam esset Deus. S. auch De Veritate. S. Scripture 1, 153. Was Huß im 17. Kapitel zur Oboedientia ausführt, findet sich großenteils in De Civili Dominio.

d) De Officio Regis.

Auch hier handelt es sich zunächst um die Obediencia.

De Off. Regis ed. by Pollard and Sayle 102:

Pro ista materia oportet notare quod triplex est obediencia humana, scilicet spiritualis, secularis et ecclesiastica. Spiritualem voco obedienciam, que est pure secundum legem Dei debita, sub quali obediencia vixerunt Christus et apostoli et debent vivere singuli christiani. Obediencia secularis est obediencia debita secundum leges civiles. Et obediencia ecclesiastica est obediencia debita secundum adinvenciones sacerdotum ecclesie preter auctoritatem expressam scripture.

CCXXXIIIa:

Adhuc notandum quod triplex est obediencia humana, scilicet spiritualis, secularis et ecclesiastica. Spiritualis, que est pure secundum legem Dei debita, sub quali vixerunt Christus et apostoli et debent vivere singuli christiani. Obedencia secularis est obediencia debita secundum leges civiles. Obediencia ecclesiastica est obediencia secundum adinvenciones sacerdotum ecclesie preter expressam autoritatem scripture . .

e) Responsio ad argumenta cuiusdam emuli veritatis.

Opera Minora 268:

cap. IX, fol. CCXI a:

Conceditur ... quod Petrus a petra ecclesie que est Christus habuit humilitatem, paupertatem et fidei firmitatem. Scio tamen quod heretici possunt tam sinistre intelligere verbum hoc evangelicum: Super hanc petram edificabo ecclesiam meam, quod Christus per hoc intenderat, quod super personam Petri edificaret totam ecclesiam militantem. Sed fides evangelii cum exposicione Augustini et racio contradicunt. Nam super petram que est Christus, a quo Petrus accepit firmitatem, fuit Christus edificaturus suam ecclesiam, cum Christus sit caput et fundamentum tocius ecclesie sed non Petrus ...

Conceditur .. quod Petrus a petra ecclesie, que est Christus habuit humilitatem, paupertatem, fidei firmitatem. ... Sed quod ex isto verbo evangelii: Super hanc petram edificabo ecclesiam meam, Christus intenderit super personam Petri edificare totam ecclesiam militantem, fides evangelii cum exposicione Augustini et racio contradicunt. Nam super petram, que est Christus, a quo Petrus accepit firmitatem, fuit Christus edificaturus suam ecclesiam, cum Christus sit caput et fundamentum tocius ecclesie sed non Petrus.

Et fundant se super ista mendosa interpretacione, quod Cephas interpretatur caput. Et Jeronimus peritus linguarum dicit quod Cephas interpretatur Petrus vel firmitas et Syrum est et non Hebraeum.

fol. CCXII a:

Unde racione tam firme confessionis vocatur Cephas, quod interpretatur caput. Unde Hieronymus peritus linguarum dicit, quod Cephas interpretatur Petrus vel firmitas et Syrum est, non Hebreum.

Dieselbe Erklärung gibt Wiclif bekanntlich auch in seinem Traktate De Christo et adversario suo Antichristo und ähnlich drückt er sich an zwei Stellen in De Potestate Pape aus (p. 48, 54), aber wenn man diese Stellen vergleicht, wird man finden, daß die obigen Sätze dem Traktate Responsiones ad argumenta cuiusdam emuli veritatis entnommen sind. Namentlich sind die letzten zum Vergleich herangezogenen Stellen durchaus beweisend; denn während in den Responsiones und in Huß Hieronymus als peritus linguarum bezeichnet wird, fehlt diese Bezeichnung in dem Traktate De Christo et adversario suo Antichristo gänzlich.

Aus den Responsiones stammt der Abschnitt 3 bei Huß CCXIV a.

p. 262:

Et quantum ad istud Matth. XVI dictum Petro: Tibi dabo claves regni celorum, patet quod in persona Petri fuit dictum toti ecclesie militanti, non quod quelibet persona illius ecclesie indifferenter habeat illas claves sed quod tota illa ecclesia secundum singulas eius partes ad hoc habiles habeat illas claves. Ille autem claves non sunt materialia ligandi vel solvendi corpus aliquod sed spiritualis potestas et noticia sciencie evangelice. Et propter istam po-

... In persona Petri dixit toti ecclesie militanti, non quod quelibet persona illius ecclesie indifferenter habeat illas claves sed quod tota illa ecclesia secundum singulas eius partes ad hoc habiles habeat illas claves. Ille autem claves non sunt materiales sed spiritualis potestas et noticia sciencie evangelice. Et propter istam potestatem et noticiam

testatem atque noticiam creditur quod Christus pluraliter nominat ipsas claves.

creditur, quod Christus pluraliter nominat istas claves.

Ebenso p. 248/9:

Consistit... sentencia huius partis in quatuor, non in illis quatuor, que doctor menciendo imponit secundum artem patris mendacii huic vie; sed dicit primo et excitat quod populus sit unus a lege Christi concorditer regulatus. Dicit secundo et excitat quod dominium seculare sit integrum et attinet seculari brachio intermixte. Dicit tercio et optat quod leges antichristive non infatuent aut dividant populum a Christo sed quod regnet sincere lex Christi cum consuetudine populi ex lege Domini approbata. Et dicit quarto ac optat quod militans ecclesia sincere secundum illas partes quas ordinavit Dominus sit commixta, scilicet ex sacerdotibus pure legem suam servantibus ex mundi nobilibus ad observanciam ordinacionis Christi compellentibus et ex vulgaribus utrique istarum parcium secundum legem Christi ministrantibus.[1])

Huß CCXXXIa:

Ecce falsum mendacium... cum nostre partis non est seducere populum a vera obediencia, sed quod populus sit unus a lege Christi concorditer regulatus. Secundo... quod constituciones antichristiane non infatuent aut dividant populum a Christo sed quod regnet sincere lex Christi cum consuetudine populi ex lege Domini approbata. Et tercio... quod clerus vivat... secundum evangelium Jesu Christi... et quarto.. quod militans ecclesia... secundum partes quas ordinavit Dominus, sit commixta, scilicet ex sacerdotibus Christi, pure legem suam servantibus, ex mundi nobilibus ad observanciam ordinacionis Christi compellentibus et ex vulgaribus utrique istarum parcium secundum legem Christi ministrantibus.

Gewiß ist es in hohem Grade interessant, zu sehen, wie Huß Worte, die Wiclif auf sich selbst, seine Lehren und seine Partei bzw. Gegner bezieht, ein Menschenalter später mit aller Genauigkeit auf sich und seine Parteigenossen bzw. Gegner anwendet.

f) De Ordine Christiano.[2])

p. 138:

Si enim papa vel quicunque alius privatus prepositus mandat quicquid fieri, vel est fundamentum in lege Domini quod sic fiat vel non. Si sic, illud est faciendum propter reverenciam Jesu Christi, licet tali preposito non directe obediat. Si autem prelatus precipiat, quod lex Domini non precipit, que precipit quidlibet precipiendum, obediendum est, mandatis illius preposi resistendo, cum usque ad mortem fidelis

CCXXXVb:

Pensare ergo debet fidelis Christi discipulus, quomodo mandatum a papa emanat, utrum expresse est mandatum alicuius apostoli vel legis Christi vel habens fundamentum in lege Christi et illo cognito debet reverenter et humiliter mandato huiusmodi obedire. Si autem cognoscit... quod mandatum pape obviat mandato vel consilio Christi vel vergit in aliquod malum ecclesie, tunc debet audacter resistere...

---

[1]) S. auch Sedlák 2, 502.
[2]) Opera Minora 129—139. S. dazu Loserth, Johann v. Wiclif und Robert Grosseteste, Sitz.-Ber. d. Wiener Akademie 186, dort der Hinweis auf Op. Ev. I, 28. Über die Briefe Grossetestes und ihre Benützung durch Wiclif ebenda, S. 55.

debet mandatis illis resistere. Et illam obedienciam vocat Lincolniensis obedienciam resistivam vel obedienciam indirectam . . .

· Et caveat fidelis ab erroribus in hac parte, quod non credat, quod si papa vel prelatus privatus quicquid precipit, illud est ex Dei obediencia faciendum, ac si ille prelatus peccare non poterit ut nec Christus.

Secundo teneat de preceptis in lege Domini, quomodo aliqua precipiuntur nobis confuse et aliqua distincte; confuse precipiuntur quecunque que meritorie debemus facere, modo quo Augustinus dicit quod continetur omnis veritas in scriptura. Opus autem preceptum ad quod non est racio vel ecclesie Christi utilitas, non continetur implicite vel explicite in scriptura. Et illud sive a papa sive a prelato preceptum fuerit, non debet fieri, ne in libertatem legis Domini offendatur, cum debemus ut fidem accipere, quod Deus nihil nobis precipit facere nisi quod foret nobis meritorium et racionabile . . . .

CCXXXVIIIb:

. . . Cavere debet quilibet Christi fidelis, ne credat, quod si Romanus pontifex, vel prelatus quidquid precipit, quod illud sit ut Dei mandatum faciendum, ac si ille prelatus errare non posset, ut nec Christus Jesus.

Secundo, teneat de preceptis in lege Domini, quomodo aliqua precipiuntur nobis confuse, et aliqua distincte. Confuse precipiuntur, quecunque continue meritorie debemus facere, modo quo beatus Augustinus dicit quod continetur omnis veritas in scriptura. Opus autem preceptum, ad quod non est racio vel ecclesie utilitas, non continetur explicite vel implicite in scriptura. Et illud, sive a papa sive a prelato alio preceptum fuerit, non tenetur subditus facere, ne in libertatem legis Domini per illud offendatur, cum debemus ut fidem accipere, quod Deus nihil nobis precipit facere, nisi quod sit nobis meritorium et racionabile.

g) De Paupertate Christi.

Opp. Minora 29:

Item, nulli catholico verti debet in dubium quin homo sufficiens sit obligacior ad docendum ignaros, ad consulendum ambiguis, ad castigandum effrenes et remittendum iniuriantibus, quam ad aliqua misericordie opera corporalia impendendum. Cum ergo sufficiens ad ministrandum elemosinas corporales teneatur ad illas, ut patet Matth. 25, multo magis sufficiens ad elemosinas spirituales.

CCXLIIb:

Item, nulli vero catholico debet verti in dubium, quin homo sufficiens sit obligacior ad docendum ignaros, ad consulendum ambiguis, ad castigandum effrenes et remittendum iniuriantibus quam ad aliqua misericordie opera corporalia impendendum. Cum ergo sufficiens ad ministrandum elemosinas corporales teneatur ad illas sub pena dampnacionis, ut patet Matth. 25, multo magis sufficiens ad elemosinas spirituales.

p. 30.

Licet laicis spiritualiter subiectis suis prepositis de eorum operibus iudicare.

CCXXXIXb—CCXLa:

Ex istis tamen veris ulterius sequitur . . . .

Die ganze 14. Konklusion Wiclifs bildet die letzten Teile des 19. Kapitels in Hussens De Ecclesia.

h) De Christo et adversario suo Antichristo.

Pol. Works 2, 63:

Et incipiendo a radice supponendum est ut fides, quod Christus sit caput illius ecclesie . . . . . De racione capitis est conferre omnibus membris sui corporis sue ecclesie motum et sensum.

CXCIX.

Ulterius notandum, quod Christus dicitur caput ecclesie, ideo quia est persona dignissima in humano genere conferens omnibus membris eius motum et sensum.

pag. 664:

Sed rogo: quid sonat interpretacio alicuius istorum nominum, ut Petrus sit caput ecclesie? Si igitur Augustinus timuit vocare Christum hominem dominicum ex hoc, quod eius sensus non est patulus ex scriptura, quanto magis timendum est aliquem christianum vocare caput ecclesie, ne forte blasphemetur in Christum, cui hoc nomen ex trinitatis concilio tamquam sibi proprium servatum.

fol. CCXXIIa:

Et pensare debemus quomodo ipse beatus Augustinus timuit Christum vocare hominem dominicum, ex eo quod eius sensus non patet ex scriptura, tanto magis timendum est aliquem christianum vocare caput sancte militantis ecclesie, ne forte blasphemetur Christus, cui hoc nomen ex trinitatis concilio tamquam sibi proprium est servatum.

pag. 668:

Redeundo ergo ad primum propositum patet logicis, quod Petrus habuit in aliquo prerogativam super ceteros apostolos . . . hoc fuit ex Dei gracia et propter meritum humilitatis, que floruit excellencius in hoc Petro . . .
Petrus enim dicitur aliqualiter fuisse firmus in fide . . .

So auch cap. 5, p. 665:

Petrum videtur habere prerogativam humilitatis, paupertatis . . .

fol. CCXIab:

Et dictum Augustini est verum, quod Petrus fuit primus inter apostolos sesundum aliquam prerogativam . . . Conceditur autem quod Petrus a petra ecclesie, que est Christus habuit humilitatem, paupertatem, fidei firmitatem.

p. 669/70:

Nam licet cesar ex sua stulticia vellet privilegium tale concedere, viri tamen apostolici foret, ipsum renuere . . . Quis potuit eis dare potestatem extraneam tardantem vel subtrahentem ab illo officio?

cap. 15, fol. CCXXIVb:

Nunquam indiguit Petrus possessione civili Romana. . . Utinam Petrus dixisset: Ego tuam concessionem non accepto . . . Impedit enim eos in predicacione . . .

Polem. Works 664:

Sufficiat fideli christiano cum fide formata et perseverancia pro fide articuli ecclesia credere catholica quod sit una universitas fidelium predestinatorum, salvanda virtute meriti Christi . . . licet non explicite descenderit ad aliquem eius vicarium.

CCXXIIa:

Et satis est sibi pro fide articuli de ecclesia catholica, ut credat fide formata, quod sit una universitas fidelium predestinatorum, salvanda virtute meriti Christi, licet non expressius et particularius descenderit ad aliquem eius vicarium, quem cognosceret capitalem . . .

Eine eingehendere Durchsicht der beiden Texte wird noch manche Entlehnungen an den Tag bringen. Unseren Zwecken genügen die obigen Gegenüberstellungen.

i) De Blasphemia.[1])

p. 4—6:

Unde cardinales ... docentur valde mane accedere ad suam presenciam cum numerosa, sumptuosa et monstruosa familia equitatus non propter loci distanciam vel difficultatem itineris sed ad ostendendum magnificenciam suam mundo et contrarietatem sui ad Christum cum suis apostolis.

Exteris vero visitantibus hunc patrem iniungitur quod, ipso sedente in altum, in ornatu splendido eciam usque as pedes cum genuflexione petant humiliter pedum oscula beatorum. Quod si per pedes in scriptura significatur affeccio mundane glorie ac non beata sed reprobata sit affeccio mundane glorie ac eius factorum, nichil falsius quam talem hominem esse beatum. Et per consequens beatitudo sua non ebullit ad pedem vel ad talum... Perante autem Christus pertulit sed non presumpsit pedes suos cum lacrimis osculari a femina, ut patet Luce 7⁰, quia devota contricio et parcium Christi corporalis taccio delent crimina viatoris.

Osculum pedum pape caret omnimoda racione, cum neutri parti proficit ad salutem; nam osculans ex culpanda avaricia vel ex devocione blasfema, omnimode culpabitur.

In osculato est omnino culpabile, quia non potest parificari Christo, ut tantam dignitatem recipiat. Quod si parificatur apostolis, non excedat honores huiusmodi, ultra quam illi susceperant ad augmentum sui meriti ex confessione humili et ad utilitatem populi honorantis. Ideo illi, instar Christi, ceperunt benefacere dignificantes se opera quoad Deum ...

Constat autem ex fide et testimonio sanctorum quod Christus loquitur de

CCXXIIIab:

Sed nec faciunt (cardinales) miracula ... nec faciunt (apostolorum) officia.... in quo rogo sunt vicarii?.. Num quid in hoc quod valde mane accedunt ad pape presenciam in apparatu superbissimo cum sumptuosa equitatis familia non propter loci distanciam vel difficultatem itineris sed ad ostendendum magnificenciam suam mundo et contrarietatem Christo cum suis apostolis ... ... Permittunt ... se venerari visitantibus exteris, papam cingunt, quod ipso sedente in altum in ornatu splendido eciam usque ad pedes, imo ultra sedem extenso, quod flexis genibus humiliter petant pedum oscula beatorum, quasi ipsius patris pape sanctitas usque ad plantam pedis ebulliret.

Christus ... pertulit, sed non presumpsit pedes suos osculari a femina, ut patet Luce 7a⁰, quia devota contricio et pedum Christi ... delent crimina viatoris.

Neutri vero parti illud osculum proficit ad salutem. Nam osculans ex culpanda avaricia ... vel adulacione vel ... devocione omnino culpabitur ...

In osculato vero papa est omnimode culpabile, quia non potest equari Christo, ut tantam dignitatem recipiat. Quod si ... parificatur apostolis, non excedat honores huiusmodi, ultra quam illi susceperant ad augmentum sui meriti ex confessione simili ad utilitatem populi honorantis. Ideo illi instar Christi ceperunt benefacere dignifacientes se per opera et non per passiva oscula quoad Deum.

Constat autem ex dictis sanctorum, quod Christus loquitur de vocacione,

---

[1]) Sedlák 2, 496.

vocacione, de locacione et de cenacione spirituali non corporali ... ideo per nupcias intelligitur sponsacio Christi et ecclesie, que perpetuitate complebitur in cena novissima. Ad has quidem nupcias multi sunt vocati, pauci vero electi, ut loquitur Christus Matth. 22 ... Ille autem discumbit in loco novissimo, qui pie reputat se minimum electorum ...

de locacione et de cenacione spirituali non corporali , cum per nupcias intelligitur sponsacio Christi et ecclesie, que perpetuitate complebitur in cena novissima. Ad has quidem nupcias multi sunt vocati, pauci vero electi, ut loquitur Christus Matth. 22⁰. Ille autem recumbit in loco novissimo, qui pie putat se minimum electorum ...

Auch hier sind noch einzelne Stellen, auf deren Wiedergabe verzichtet werden kann.

k) Der Trialogus.

Da dies Werk eine zusammenfassende Darstellung des ganzen Systems Wiclifs enthält, fand es in Böhmen eine große Verbreitung, wurde gerne gelesen und ebenso eifrig bekämpft als verteidigt. Man wird daher einzelne Lehrsätze, größere Auszüge und kleinere Zitate in vielen, aus hussitischen Kreisen stammenden Schriften finden. Für unsere Zwecke wird es genügen, eine und die andere bedeutendere herauszuheben und auf eine vollständige Sammlung zu verzichten.

Auf die wichtigste Stelle ist jüngstens von anderer Seite aufmerksam gemacht worden. Es ist das zweite Kapitel des dritten Buches: De natura et origine virtutum, presertim fidei.

Lechler, pag. 133:

Et fides (ut dicunt scholastici) alia est informis et alia est fides caritate formata. Videtur tamen mihi, quod fidelis secundum integritatem fidei habet necessario caritatem, cum demones et quicunque in ea deficiunt sunt secundum aliquid infideles. Prima ergo proprietas, que fidem consequitur est quod sit solum de veritate, falsitate exclusa, quam veritatem debet fidelis usque ad mortem defendere ...

Secunda proprietas fidei est, quod citra demonstracionem et sensibilem noticiam fidelibus sit obscura, cum illud quod videmus ad oculum dicimur non credere, et sancti qui clare vident articulos, quos nos obscure cognoscimus non dicuntur eos credere sed videre ... sed loco fidei habent beati claram visionem et loco spei perpetuam fruicionem.

Tercia fidei proprietas est, quod est basis vel substancia viatori veniendi ad

fol. CCVIII b:

Ubi sciendum, quod duplex est fides: Una informis ... alia ... caritate formata.

Ex isto habetur una proprietas fidei, quod ipsa est solum de veritate exclusa falsitate, quam veritatem fidelis debet usque ad mortem defendere.

Secunda proprietas fidei est, quod citra demonstracionem et specialem noticiam fidelibus sit obscura, cum illud, quod videmus ad oculum non dicimur credere, et sancti in patria clare vident articulos, quos nos obscure cognoscimus, non dicuntur ipsos credere sed videre. Sed loco fidei habent claram visionem et loco spei habent perpetuam fruicionem.

Tercia proprietas fidei est, quod est fundamentum viatori veniendi ad quie-

---

[1] Sedlák, Studie a texty 2, 483.

quietam habicionem credendorum. Ideo dicit Apostolus, quod fides est substancia rerum sperandarum, argumentum non apparencium ... Nec video quomodo viator posset in statu isto ... proficere ad beatitudinem promerendam, nisi primo omnium sit fidelis. Fidelis autem est, qui habet fidem a Deo infusam, sine aliqua trepidacione fidei contraria, que sue fidei sit commixta.

Omnes autem presciti et criminosi secundum presentem iniusticiam sunt eciam infideles, cum impossibile sit quemquam peccare, nisi de tanto in fide deficiat, quia si penam infligendam sic peccantibus plene crederet et haberet fidem divine noticie, quomodo clare cognoscit omnia, cum aliis veritatibus credendis, non tunc indubie sic peccaret.

Ideo Apostolus vocat inter sex spirituales armaturas virtutem istam scutum fidei; que virtus tribus modis potest deficere, primo modo in infirmitate, secundo modo in porositate et tercio modo perversa applicacione. Primo modo in fide deficiunt, qui in credendo titubant, et non usque ad mortem pro defensione fidei perseverant. Secundo modo in fide deficiunt, qui multa credenda firmiter credunt, et in multis credendis tamquam in foraminibus vacuis a fide deficiunt et tercio, supposito quod quis habeat firmum habitum credendorum, ab actu tamen operis meritorii propter vitam inordinatam deficiat, tunc arma sue fidei sunt perversa. Et patet racio, quare fides scriptura in evangelio ... laudat fidem.

De spe et caritate.

p. 135:
... Spes in multis a fide differt. Primo in hoc quod spes solum est de futuro premio obtinendo, fides autem est de veritate quantumlibet variata. Secundo spes non attingit ad demonstracionem vel fidei noticiam de sperato, sed quietatur in quodam actu medio inter dubitacionem et credulitatem. ... Tercio in hoc quod spes non est nisi de bono patrie

tam habicionem credendorum. Ideo dicit Apostolus ... quod fides est substancia, id est fundamentum sperandarum verum argumentum non apparencium scilicet ad sensum. ... Et quia sine fide impossibile est placere Deo ... oportet, quod omnis salvandus primo omnium sit fidelis. Fidelis autem, qui habet fidem a Deo infusam, sine aliqua trepidacione sibi contraria, que sit sue fidei commixta.

Omnes autem criminosi secundum presentem iniusticiam sunt infideles, cum impossibile est quemquam peccare mortaliter, nisi de quanto in fide deficit, quia si penam infligendam sic peccantibus cogitaret et plene crederet et haberet fidem divine noticie, quomodo clare cognoscit omnia, et adest presens sic peccantibus, tunc indubie non sic peccaret.

Potest autem aliquis tripliciter in fide deficere:

primo modo in infirmitate et illo modo deficit, qui in credendo titubat et non usque ad mortem pro defensione fidei perseverat. Secundo modo in fide deficit, quia multa credenda firmiter credit et in multis credendis tamquam in foraminibus vacuis in fide deficit et sic habet scutum fidei foraminosum. Tercio modo in fide deficit aliquis in applicacione illius scuti. Et hoc isto modo, quod habet firmum habitum credendorum, ab actu tamen operis meritorii propter vitam inordinatam deficit ...

fol. CCIX a:
Et pensandum, quod fides differt a spe. Primo in hoc quod spes est solum de futuro premio obtinendo, fides autem est de preterito ...
Secundo spes non attingit ad fidei noticiam de illo quod sperat, sed quietatur in actu quodam medio inter dubietatem et credulitatem. ... Tercio in hoc, quod spes est solum de bono presente

possibili sic speranti, fides autem est tam de bono quam de malo credenti pertinente. ... Et patet quod multa sunt proponenda fidelibus, que distinccione semota nec debent dubitare, concedere nec negare, ut proposito prelato, utrum sit hereticus, debet sperare ac supponere eius oppositum.

possibili sic speranti, fides autem est tam de malo quam de bono.

Unde multa sunt proponenda fidelibus, que semota distinccione nec debent dubitare, concedere vel negare sed sperare ...

2. Die Schriften gegen Stephan von Palecz, Stanislaus von Znaim und die acht Doktoren.

In diesen Abhandlungen finden wir verschiedene Ansichten wieder, die Huß bereits in seinem Traktat von der Kirche niedergelegt hatte. Es scheint daher überflüssig, auf diese Dinge zurückzukommen.

In dem Traktat Ad scripta Stanislai behandelt Huß die Gleichstellung der einzelnen Apostel und den Vergleich mit der jetzigen Hierarchie. Wir wollen nur einige Parallelen zueinander stellen, die es ersichtlich machen, daß auch hier ganze Kapitel aus Wiclifschen Quellen stammen.

De Pot. Pape, cap. VI, p. 102:

Sicut nullus apostolorum habuit tantam potestatem, quantam habuit Christus humanitus, sic nec omnes pape habent tantam potestatem, quantam habuit beatus Petrus vel alius Christi apostolus.

Prima pars patet ex primogenitura Christi, que non potest communicari alicui eius vicario, cum tunc foret Deus et homo. Cum igitur Christus habuit illam potestatem primogeniture humanitus, sequitur probandum. ... Item, Christus habet per se potestatem ad redimendum genus humanum et ad principiandum (sic) graciam cuilibet alteri de suo genere, sed sic non habet aliquis eius vicarius, ergo conclusio. Antecedens patet per illud Joh. 1, 14.

p. 106:

Et secunda pars patet ex potestate faciendi miracula. ...

Quantum ad miracula, patet quod cessant hodie in nostris episcopis ... Cum igitur Deus non dat quicquam superflue, sequitur quod Deus non dat nostris prepositis ... potestatem faciendi miracula. ...

Ad scripta Stanislai, cap. V, CCLXXXa.

Sicut nullus apostolus habuit tantam potestatem, quantam habuit Christus humanitus, sic nec papa cum omnibus cardinalibus habet tantam potestatem quantam habuit Petrus vel alius Christi apostolus.

Prima pars patet ex primogenitura Christi, que non communicatur alicui eius vicario, cum tunc foret Deus et homo. Cum igitur Christus habuit illam potestatem primogeniture humanitus, patet prima pars.

Item, Christus habet per se potestatem ad redimendum genus humanum et ad prestandum graciam cuilibet homini secundum voluntatem suam, sed sic non habet aliquis eius vicarius, ergo prima pars vera. Antecedens. ...

Patet secundo ex potestate faciendi miracula. ...

Cum ergo cessarunt ista miracula in papa et in cardinalibus immo et in nostris episcopis, et Deus non dat potestatem superflue, sequitur, quod Deus non dat illis potestatem. ...

p. 107:

. Apostoli ... sicut habuerunt potestatem vexatos a sathana liberandi, sic eciam habuerunt potestatem tradendi sathane peccatores inficientes ecclesiam. Nam Marci ultimo dicit Christus: Signa ... Et patet in cronicis quod apostoli habuerunt huiusmodi potestates ... et quod apostoli habuerunt potestatem tradendi perversos sathane, patet Act. 5 de Anania et Saphira et 1. Cor. 5. de fornicario, qui cognovit uxorem patris et 1. Tim. 1. de Ymeneo et Alexandro, quos Apostolus tradidit sathane propter blasphemiam.

Apostoli autem ... sicut ... habuerunt potestatem vexatos a sathana liberandi, sic haberunt potestatem tradendi sathane peccatores inficientes ecclesiam .....

ut patet de Paulo 1. Cor. 5, de fornicario, qui cognovit uxorem patris et 1. Tim. ultimo de Hymeneo et Alexandro, quos tradidit sathane propter blasphemiam.

p. 108:

Quantum ad auctorizacionem scripture sacre, patet ex modo loquendi beati Augustini 4. De Doctrina Christiana 6 cap. quod apostoli et evangeliste, qui scripserunt libros canonicos, erant eorum autores, licet solus Deus fuerit autor summus ...

Quod autem sacerdotes nostri temporis non habent tantam auctoritatem vel potestatem canonizandi libros, sicut sunt libri de biblia, videtur ex universali sermone dicto de veritate et auctoritate scripture. Et patet ex hoc, quod idem esset parificare eorum dicta auctoritati scripture et asserere, quod Spiritus Sanctus et Jesus noster hec in ipsis loquitur; sed vite eorum elongacio, sentencie contrariacio et propria confessio contradicunt: vivunt enim voluptuose et sermo eorum sapit avariciam. Sed Sap. 1. 5. dicitur, quod Spiritus Sanctus discipline effugiet fictum ... Ideo perit illis ... Christi auctoritas, sepe enim contradicit posterior precedenti ..... ymo in 5. Decretalium ..., confitetur papa de sua ecclesia, quod sepe fallit et fallitur. ...

fol. CCLXXXb:

Tercio patet ... ex potestate auctorizandi scripturam sanctam, quia ex modo loquendi b. Augustini 4. De Doctrina Christiana apostoli et evangeliste, qui scripserunt libros canonicos, erant eorum autores, licet solus Deus fuerit autor summus.

Papa autem et cardinales nostri temporis non habent tantam potestatem canonizandi libros, sicut sunt libri de biblia: patet ex hoc, quia idem esset parificare eorum dicta autoritati scripture et asserere quod spiritus sanctus et dominus Jesus hec in ipsis loquitur sed vite eorum elongacio, sentencie contrariacio et propria confessio contradicunt. Vivunt enim aliter quam apostoli et sermo eorum sapit propriam extollenciam vel avariciam. Sed Sap. 1. dicitur: Spiritus Sanctus discipline effugiet fictum. Et hinc quod unus papa sub anathemate tenendum in perpetuum instituit, alius superveniens retractat et revocat, immo 5 decretalium ... confitetur papa de sua ecclesia quod sepe fallit et fallitur ....

p. 110:

Ostendant igitur istas potestates, conversiones infidelium vel salvaciones infirmorum per suas epistolas, ut factum est cum scripturis apostolorum, et est evidencia, quod Christus in eis loquitur ...

Ostendant ergo papa cum cardinalibus istas potestates, conversiones infidelium vel sanaciones infirmorum vel salvaciones a spiritibus immundis per verba sua vel epistolas, ut factum est cum scripturis apostolorum et est evidencia, quod Christus in ipsis loquitur.

p. 76—78:

Stultum autem et infidele mendacium foret fingere quod omnes alii apostoli habuerunt recursum ad Petrum vel ad eius vicarium, et ex eorum precepto ac auctoritate fecerunt, quidquid fecerant, primo quia habuerunt magistrum omnium eis continue assistentem iuxta promissum suum Matth. ultimo: Ecce, ego vobiscum. . . .

. . . Quomodo igitur foret necessarium tam ambigue querere auctoritatem sive consilium, quando tanta copia fontis sapiencie continue fuit presens. Secundo, quia Paulus testatur Gal. 1. 17, quod post conversionem suam non venit statim Jerosolymam. . . .

Tercio confirmatur de iurisdiccione data communiter cunctis apostolis Matth. ult. tam quoad locum quam populum. Data est, inquit . . . Ubi patet primo quod alloquitur omnes apostolos pro se et suis vicariis. Apostoli enim iverunt in Asyam, Africam et Europam, et per omnem terram habitabilem exivit virtus sermonis eorum . . . et sic docuerunt mediate vel immediate omnia genera gencium: Grecos, Latinos et Barbaros.

pag. 79:

Quidam tamen apostolorum peragrarunt plures regiones et quidam pauciores, ut Paulus, qui plus omnibus laboravit, visitavit corporaliter et convertit plures provincias. Et breviter apostolo vel eius vicario fuit nedum licitum sed debitum tantum de populo vel terra convertere vel confirmare in fide Christi quantum sufficeret et non fuit restriccio iurisdiccionis nisi ex insufficiencia. Non enim dicit singulariter Petro: Vade tu, et singulariter predica toti mundo limitaque ceteros apostolos quantum sub iurisdiccione sua de terra vel populo subiacebit, quin pocius Spiritus Sanctus dicit Paulo, quod predicaret lacius inter gentes, Petro vero quod striccius iret in Judeos, uterque tamen sicut omnes apostoli et eorum vicarii sunt debitores omni homini, ut sibi prosint meliori modo quo poterint. Absit quin rector

CCLXXVIIIa:

Stultum et infidele mendacium foret fingere, quod omnes alii apostoli habuerunt recursum ad Petrum vel ad eius vicarium et quod ex eorum precepto ac auctoritate fecerunt, quicquid fecerunt; habuerunt enim magistrum omnium eis continue assistentem iuxta promissum suum Matth. ultimo: Ecce, ego vobiscum. . . .

Quomodo igitur foret necessarium tam ambigue querere . . . consilium in fide necessaria, quando tanta copia fontis sapiencie continue fuit presens. Tercio . . . quia Paulus testatur ad Gal. 1. quod post conversionem suam non statim venit Hierosolymam. . . .

Quinto patet. . . ex iurisdiccione data communiter omnibus apostolis Matth. ult. tam ad locum quam ad populum. Data est, inquit, . . . ubi patet primo, quod alloquitur omnes apostolos pro se et suis vicariis. Unde apostoli ierunt in Asiam et in Africam et Europam. Unde per omnem terram habitabilem exivit virtus sonus (?) eorum, cum docuerunt mediate vel immediate omnia genera gencium; Grecos, Latinos et Barbaros.

CCLXXXVIIIb:

Quidam tamen eorum plures regiones et quidam pauciores peragrarunt, ut Paulus, qui plus omnibus laboravit, visitavit corporaliter et convertit plures provincias. Unde cuilibet apostolo vel eius vicario fuit licitum tantum de populo vel terra convertere vel confirmare in fide Christi, quantum sufficeret et non fuit restriccio iurisdiccionis nisi ex insufficiencia. Non enim dicit singulariter Petro: Vade tu et singulariter predica toti mundo, limitaque ceteros apostolos, quantum sub iurisdiccione sua de terra vel de populo subiacebit, quin pocius spiritus sanctus dixit Paulo, quod predicaret lacius inter gentes, Petro vero, quod striccius iret in Judeos, uterque tamen eorum, sicut omnes apostoli et eorum vicarii sunt debitores omni homini, ut sibi prosint meliori modo, quo poterunt. Absit enim quod epis-

vel episcopus debeat proficere populo de alia parrochia sive diocesi et in casu quo crederet plus prodesse ecclesie et placere Christo debet parrochiam suam dimittere et aliis in quibus magis proficeret se gratis adiungere ... Sed heu ista religiosa regula primeva temporalium cupiditate disrumpitur, et nostri satrape vertunt evangelizacionem in pecunie colleccionem et propter questum circa limites iurisdiccionis contenditur, cuius civilitatis origo dicitur cepisse a capite Romane ecclesie.

copus vel rector particularis ecclesie non debeat prodesse vel proficere populo de alia parrochia vel diocesi, cum in casu.. debet parrochiam suam dimittere et aliis in quibus magis proficeret se gratis adiungere ...

Sed heu ista apostolica regula temporalium cupiditate disrumpitur et ficti vicarii apostolorum vertunt evangelium in pecunie colleccionem. Et sic propter questum avaricie circa iurisdicciones limites concedunt, cuius ... origo a capite ... Romane curie habet ortum.

Nicht weniger stark ist die Ausnützung von Wiclifs De Christo et suo adversario. Auch hier sollen nur einige Beweisstellen folgen:

Pol. Works II 666:

Videtur ... probabile quod omnibus apostolis Christus dedit plenitudinem potestatis ad ligandum et solvendum et faciendum quodcunque prelati officium in ecclesia militante. ...

Aliter enim non fuisset Christus providus mittendo illos apostolos sic solitarie ad tam separatas provincias regulandum. Non enim consuluerunt ceteri apostoli ex suis provinciis sanctum Petrum, ac si ab illo papalis potestas necessario emanaret, sed Paulus dicit signanter, quod illi, qui videbantur esse aliquid et columpne ecclesie, nichil sibi contulerunt, ut patet Gal. 2⁰. Deus, inquit, personam hominis non accipit, michi enim, qui videbantur aliquid, nichil contulerunt, sed econtra cum vidissent, quod creditum est michi evangelium prepucii, sicut et Petro circumcisionis, qui enim operatus est Petro in apostolatu circumcisionis, operatus est michi inter gentes. Et cum cognovissent graciäm Dei, que data est michi, Jacobus et Cephas et Johannes, qui videbantur esse columne, dextras dederunt michi et Barnabe societatis, ut nos inter gentes, ipsi autem in circumcisione, tantum ut pauperum memores essemus, quod eciam sollicitus fui hoc ipsum facere ....

1. CLXXVb:

... Probabile videtur, quod omnibus apostolis Christus dedit plenitudinem potestatis ad ligandum et solvendum et faciendum quodcunque spirituale prelati ministerium in ecclesia militante... Unde ... non videretur esse providus mittendo ipsos sic solitarie ad tam distantes provincias regulandum. Non enim consuluerunt ceteri apostoli Petrum ex suis provinciis, ac si ab ipso papalis potestas necessario emanaret, sed Paulus dicit signanter, quod illi, qui videbantur esse aliquid et columne ecclesie, nihil sibi contulerunt, ut patet Gal. 2⁰.

Deus, inquit, personam hominis non accipit, michi enim, qui videbantur esse aliquid nichil contulerunt, sed econtra cum vidissent, quod creditum est michi evangelium prepucii, sicut et Petro circumcisionis, qui enim operatus est Petro in apostolatu circumcisionis, operatus est michi inter gentes. Et cum cognovissent graciam Dei, que data est michi, Jacobus et Cephas et Johannes, qui videbantur esse columne, dextras dederunt michi et Barnabe societatis, ut nos inter gentes, ipsi autem in circumcisione, tantum ut pauperum memores essemus, quod eciam sollicitus fui hoc ipsum facere ...

Man kann aus dem Vergleich dieser Stellen mit den entsprechenden Bibelzitaten ersehen, daß Huß selbst im Bibelzitat Wiclif gefolgt ist.

12*

Aber die Übereinstimmung des hussitischen mit dem Texte Wiclifs ist noch eine weitergehendere, denn wie dieser zieht auch Huß aus den bisher angeführten Zitaten fünf Schlußfolgerungen:

p. 667:

Istam autem benedictam fidem historiacam spiritus sanctus in evangelio Pauli secundum istam formam inseruit ad confundendum superbiam et heresim sequencium prelatorum.

Primo igitur patet in hoc evangelio quod apud Deum non est accepcio personarum.

Patet secundo quod isti tres principales apostoli non contulerunt sensum vel motum evangelii sancto Paulo. Patet tercio, quod mundana honorificencia et nomen vocacionis patris sanctissimi non inter istos apostolos relucebat, cum isti precipui confessi sunt Paulum et Barnabum esse sibi socios non prelatos aut magistros.

Quarto patet, quomodo Paulus ex caritate Petro patenter restitit, cum certus fuerat, quod peccavit, ad relinquendum exemplum aliis, ut ipsi faciant postmodum sine personarum accepione similiter.

Quinto patet, cum quanto fervore vel timore notandi ecclesie Paulus servavit contra Petrum evangelicam libertatem ...

fol. CCLXXVb:

Istam Spiritus Sancti historiam homo fidelis considerans

primo conciperet, quod apud Deum non est accepcio personarum ...

Secundo, quod Jacobus, Petrus et Johannes non dederunt potestatem.

Tercio quomodo ... mundana honorificencia et nomen vocacionis patris sanctissimi non relucebat ... confessi sunt Paulum et Barnabam esse sibi socios non prelatos, dominos aut magistros.

Quarto ... quomodo Paulus ex caritate Petro patenter restitit, cum certus fuerat, quod peccavit ad relinquendum exemplum aliis, ut ipsi postmodum sine accepcione personarum faciant similiter.

Quinto ... cum quanto fervore Paulus contra Petrum servavit ecclesie evangelicam libertatem. ...

So ist das ganze sechste Kapitel von Wiclifs Traktat De Christo et suo adversario Antichristo einfach von Huß in das vierte Kapitel seiner Schrift gegen Stanislaus von Znaim ebenso unbedenklich, und ohne einen Hinweis darauf zu machen, aufgenommen worden, wie das sechste Kapitel von De Potestate Pape in das fünfte und sechste Kapitel derselben Schrift übergegangen ist.

Wer genauer zusieht, wird noch andere Übereinstimmungen finden; wir können sie hier übergehen, nicht ohne den hohen Wert des Traktates gegen Stanislaus wegen der vielfachen persönlichen Angaben seines Verfassers besonders hervorzuheben. Man kann ein gleiches auch von den beiden letzten obengenannten Traktaten sagen, die Ausführungen gegen Palecz sind noch reicher an Erinnerungen an die ehemalige Tätigkeit der nunmehrigen Gegner im Sinne der Propaganda für den Wiclifismus in Böhmen. Erinnere dich, ruft Huß seinem jetzigen Widersacher zu, wie du einst mitten in der Versammlung der Magister an der Universität

das Wiclifbuch vor dich her warfest mit den Worten: Es stehe dagegen
auf, wer da will, und bekämpfe daraus nur ein Wort: ich will es verteidigen.
Die Argumente, die Huß in dieser Schrift verwendet, sind die bekannten:
die von der gleichen Gewalt der Apostel, der Überflüssigkeit des Papsttums usw., er bezieht sich auch wiederholt auf seine vorhergegangenen
Schriften von der Kirche, wider den Ablaß u. a.

---

4. Kapitel.

Sonstige Schriften des Huß.

1. Der Traktat de Sex Erroribus.

In sechs Kapiteln wird darin vom Erschaffen und dem Schöpfer,
vom Glauben, der Sündenvergebung, dem Gehorsam, der Exkommunikation und der Simonie gehandelt. Der Inhalt war an den Wänden der
Bethlehemskapelle niedergeschrieben.[1]) In solcher Weise hatten ihre
Besucher stets Wiclifs Lehrsätze vor Augen. Es wird genügen, das zweite
und sechste Kapitel zur Vergleichung mit Wiclifs Texten heranzuziehen.

Das Kapitel vom Glauben hat Huß auch sonst noch, so in der Quaestio
de credere,[2]) dann in einem kleinen Aufsatz behandelt, den er im Kerker
zu Konstanz abgefaßt hat.[3]) Ja, er hat hierüber sogar ein notarielles
Aktenstück aufnehmen lassen.[4])

Wiclif, Quaestio ad fratres de sacramento altaris.	Huß, tractatus de tribus dubiis Opp. I, 167—169a:
Cod. bibl. univ. Prag. 3. G. 11.	Sermo de fidei sue eluciacione, Opp. I, 48b.
Aliud est credere rem, aliud credere rei, aliud credere in rem. Credere rem est fidem habere de re, quam non videt credens. Et sic credimus Deum (et de) Deo, quem non videmus, angelos et demones esse et credimus omnes articulos fidei sed non credimus in ipsos, unde quoad istud proposuit Salvator Marthe Joh. 11⁰ istum articulum . . .	Aliud est credere rem, aliud credere rei, aliud credere in rem. Credere rem est fidem habere de re quam non videt credens. Et sic credimus Deum et de Deo quem non videmus. Similiter credimus, quidquid scriptura dicit nobis credendum, ut credimus, angelos et demones esse. . . .
Credere vero rei est habere pro vero quod res ista dicit esse verum. Et sic credimus toti scripture sacre sed non in scripturam. . . . Et hinc Salvator sepe	Credere vero rei est habere pro vero, quod res illa dicit esse verum. Et sic credimus toti scripture sacre sed non in scripturam. . . .

---

[1]) Opusculum magistri Johannis Hus de sex erroribus compilatum atque cura ipsius Prage parietibus Bethlehemiticis inscriptum anno domini 1413 Hussi, Opp. I, 191 b.

[2]) Opp. I, 169 b.

[3]) 29 b.

[4]) Pez, thes. anecd. 4, 2, 426—430.

hortatus est, ut sibi crederent, unde dixit Joh. 4⁰ ad Samaritanam: Crede mihi mulier. . . .

Credere autem in rem est ipsam supreme diligere et cum nihil supreme debet diligi a creatura racionabili quam Deus, patet quod in nullam rem est credendum aliam quam in Deum. Et de illo credere est illud verbum Christi: Amen Amen dico vobis, qui credit in me, habet vitam eternam.

Ad istam triplicem distinccionem de credere loquitur venerabilis Beda super illud Apostoli: Credenti autem. . . .

Credere autem in rem est ipsam supreme diligere, et cum nihil debet supreme diligi a creatura racionali quam Deus, patet quod in nullam rem est credendum aliam quam in Deum. Et de illo credere est illud verbum Christi: Amen dico vobis. . . .

Ad istam triplicem destinccionem de credere loquitur venerabilis Beda super illud Apostoli: Credenti autem.

In gleicher Weise kann man in Wiclifs Sermones 1, 299 lesen: Notandum tamen est quod diversitas est inter hec tria: credere in Deum, credere Deo et credere Deum: Credere in Deum quod est optimum, est sibi ex caritate firmiter inherere, credere Deo est ipsum credere esse veridicum, sed credere Deum est simpliciter credere ipsum esse . . .

Das sechste Kapitel dieses Traktates handelt von der Simonie und beruht auf dem gleichnamigen Traktate Wiclifs. Zunächst stammt von dort die Begriffsbestimmung der Simonie.

De Simonia, p. 2:

Describunt periti simoniam, quod est inordinata volicio spiritualia pro temporalibus commutandi. Hoc enim est clarius quam hoc genus: Studiosa voluntas, quia nedum licet omni homini sed debet emere beatitudinem et per consequens debet studiose emere spirituale.

Opp. CXCIIII:

Simonia est studiosa voluntas emendi vel vendendi aliquid spirituale. Sed brevius est melius: Simonia est inordinata volicio spirituali pro temporalibus commutandi.

Also nicht bloß die beiden Definitionen hat Huß von Wiclif übernommen, sondern auch den — Geschmack. Wie Wiclif erstere für klarer hält, so nennt sie auch Huß kürzer und besser. Desgleichen stammt der Zitatenschatz aus Wiclif.

Wiclif, De Ecclesia, p. 455:

Qui sacros ordines vendunt, sacerdotes esse non possunt. Unde scriptum est: Anathema danti vel Anathema accipienti: Hec est simoniaca heresis. Quomodo ergo, si anathema sunt et sancti non sunt, sanctificare animos possunt et cum in Christi corpore non sunt, quomodo corpus Christi tradere vel accipere possunt? Qui maledictus est, benedicere quomodo potest?

Huß, CXCIIII:

Qui sacros ordines vendunt, sacerdotes esse non possunt. Unde scriptum est: Anathema danti vel anathema accipienti: Hec est simoniaca heresis. Quomodo ergo si anathema sunt et sancti non sunt, sanctificare animos possunt et cum in Christi corpore non sunt, quomodo corpus Christi tradere vel accipere possunt? Qui maledictus est, benedicere quomodo potest?

Desgleichen ist der ganze große Satz, der aus Gregors 17 Homilie stammt, von Huß aus Wiclif genommen und so auch das nächstfolgende Zitat aus dem Corpus iuris canonici P e r v e n i t a d n o s. Ähnliche Äußerungen über die Simonie wird man auch in anderen Werken Wiclifs finden. An dieser Stelle ist es klar, daß Huß De Simonia ausschreibt, ein Buch, das er ja förmlich für sein tschechisches Werk Výklad übersetzt hat, aber in manchen anderen Fällen gestaltet sich die Frage, aus welchem von Wiclifs Werken er die eine oder andere Stelle genommen hat, nicht immer leicht. Wie oft sich ein gleicher oder sehr ähnlicher Wortlaut in verschiedenen Werken findet, davon mögen nur einige Beispiele hier genannt werden.

Man hat der obigen Vergleichung entnommen, daß Hussens Lehre von der Kirche in Wiclifs De Ecclesia ihren Ursprung hat. Aber man findet die wichtigeren Definitionen auch in anderen seiner Werke, aus denen Huß schöpfen konnte; Wiclif, Trialogus 325 enthält z. B. die gleiche Begriffsbestimmung und Gliederung der Kirche wie De Ecclesia, und ähnlich liegen die Dinge auch in anderen Teilen.

2. De Oracione Dominica.

Auch die kleine Abhandlung vom Gebete des Herrn hat Huß in Nachahmung Wiclifs ausgeführt. Dieser kommt wiederholt auf die Vorzüge des Vaterunsers zu sprechen: sowohl in dem Buche De Mandatis Divinis, als auch in den Sermones, besonders ausführlich im Opus Evangelicum und schließlich in einer eigenen zusammenfassenden Abhandlung De Oracione Dominica.[1]) Ist die Übereinstimmung der Texte hier nicht eine so große als in den übrigen Schriften, so ist das erklärlich, wenn man bedenkt, daß Huß den Traktat im Kerker, wie es heißt, auf Bitten seiner Wächter, verfaßt hat und ihm hierfür keine Bücher zur Benützung vorlagen.[2])

Wiclifs Abhandlung ist viel länger. Huß begnügt sich damit, die einzelnen Bitten des Vaterunsers mit erläuternden Worten in geringerem Umfang, oft nur mit einer Zeile zu begleiten, wofür Wiclif ein ganzes Kapitel benützt. Die Gliederung des Stoffes ist übrigens in den beiderseitigen Texten dieselbe. In beiden Traktaten geht den sieben Bitten, die das Vaterunser enthält, eine längere Erklärung voraus, die sich über die hohe Bedeutung dieses Gebetes ausspricht. Sowie Wiclif den Gedanken ausführt, daß dies Gebet alle anderen übertreffe, erstens vermöge seines Ansehens, da es vom Heiland selber herrührt, zweitens wegen seiner Kürze, trotz der es alle anderen Gebete in sich schließe, so hat auch Huß sich in analoger Weise geäußert. Man vergleiche:

---

[1]) Jetzt gedruckt in Wiclifs Opera Minora 383—394.
[2]) Nullius libri copia adiutus, Opp. 1, XXXa.

Wiclif, p. 383:

Istis autem suppositis et premissa fide de ecclesia sancta catholica transcurrendum est leviter de Oracione Dominica, supponendo ut fidem quod inter omnes oraciones illa excedit alias in auctoritate, in brevitate et in necessaria subitilitate.

Excedit, inquam, cunctas alias in auctoritate, quia Christus, Deus et homo, ipsam dictavit et docuit in persona propria quod de multis aliis oracionibus non estimo me legisse. Nam multas alias oraciones fecit Deus per sanctos ut catholica membra sua. Sed istam oracionem fecit et docuit in persona propria. . . .

Et quantum ad secundum, quod est brevitas, patet quod ista oracio bipartita compendiose complectitur omnia que sunt a Deo catholice postulanda. Continet enim septem peticiones. . . .

Huß, De Oracione Dominica, Opp. 1, 31 a:

. . . . . Sciendum quod dominica oracio est pre aliis oracionibus eligenda et dicenda.

Primo ex eo quod piissimus pater suis filiis et optimus magister suis discipulis ipsam composuit. Secundo, quia omne quod est hominibus necessarium petere in ipsa implicatur. Et tercio quia est brevis. Brevem enim magnus dominus oracionem composuit, ut ipsam cito servus addisceret.

3. Johannes Huß De Adoracione et contra Imaginum Adoracionem s. oben Super IV Sentenciarum.

4. Die Briefe des Huß.

Auch hier gibt es nicht bloß Anklänge an die Schreibweise Wiclifs, sondern ganze Stellen, die aus dessen Werken stammen.

Wiclif, Trialogus 423:

Ex istis racionibus potest colligi vel Avinionacus, quem aliqui vocant papam aut summum et immediatum Christi vicarium in terris, sit fons et origo tocius nequicie in militante ecclesia ac si foret precipuus Antichristus. . . .

Wiclif, De Christo, cap. 8, p. 673:

Unde quidam fideles publicant in vulgari quod, sicut bonum esset habere papam qui sequeretur Christum et Petrum in moribus et doctrina, sic malum esset habere papam, qui in his duobus foret pastoribus istis contrarius. Si papa adversatur istis pastoribus in vita, moribus et doctrina, tunc est precipuus Antichristus . . .

Huß an Christian von Prachatitz, Doc. 60:

In istis volo stare, quod habeo papam pro vicario Christi in ecclesia Romana, sed non est mihi fides.

Item in isto sto: Si papa est predestinatus et exercet officium pastorale, sequens Christum in moribus, tunc est caput tante militantis ecclesie quantam regit; et si sic regit capitaliter secundum legem Christi totam iam militantem ecclesiam, tunc est verus eius capitanus sub archicapite . . . Christo. Si vero vivit Christo contrarie, tunc est fur, latro ascendens aliunde et est lupus rapax hypocrita, et nunc inter omnes viantes precipuus Antichristus.

Trialogi Supplementum 454:

Episcopus Romanus, qui dicit se inter omnes mortales immediatum Christi vicarium non obstante, quod sit vite Christi tantum contrarius, potest vocari demonium.

Vgl. dazu noch Wiclif, De Christo, cap. 10, p. 676:

Nam hodie capitur tamquam fides quod non est possibile papam manentem papam errare in moribus et specialiter in fide catholica, quia capitur tamquam regula quod si papa quidquam diffinierit, tunc erit fides . . . et cum certum sit, quod papa sit vir temptabilis . . . patet quod faciliter potest corruere in quamcunque voraginem viciorum. Nam apostoli ut Petrus et ceteri in presencia magistri optimi in multa vicia corruerunt.

p. 61:

Hostiensis in lectura super 5⁰ decretalium . . . tenet, quod papa, sicut et tota curia Romana errare poterit in via morum. . . . Istam exposicionem audacter teneo. Quia ex quo duodecim apostoli erraverunt in iudicio veritatis et in via morum a Christo electi et habentes spiritum sanctum, quomodo papa cum cardinalibus non poterint in iudicio veritatis deficere et in via morum.

In anderen Briefen finden sich noch stärkere Redewendungen, die ganz aus der Sprach- und Schreibweise Wiclifs genommen sind.

5. Kapitel.

Einige Bemerkungen zur hussitischen Lehre in ihrem Verhältnis zu Wiclif.

Die zahlreichen Belegstellen in den vorhergehenden Kapiteln haben die Benützung Wiclifscher Schriften durch Huß und die Art ihrer Benützung bis zur Evidenz erbracht. Man würde sich indes einer Täuschung hingeben, wollte man glauben, daß hiermit der Gegenstand auch nur einigermaßen erschöpft sei. Schon hat weitere eindringliche Forschung auf diesem Gebiete zahlreiche neue Belege für eine mehr als gewöhnliche Entlehnung Wiclifscher Texte durch Huß und namentlich auch in seinen, in tschechischer Sprache geschriebenen Schriften aufgedeckt,[1] und noch immer finden sich neue Stellen in dem einen und anderen Werke, die

[1] S. insbesondere Dr. Jan Sedlák, M. Jan Hus (Magister Johann Huß) v. Praze 1915. Dort sind reiche Nachträge zu den obigen Angaben, da dies Buch das ganze Lebenswerk des tschechischen Reformators umfaßt. In den Beilagen sind zahlreiche bisher unveröffentlichte Quellen zur Geschichte Hussens enthalten. S. meinen Aufsatz ,,Neue Erscheinungen der Wiclif- und Huß-Literatur'' in der Zeitschrift d. deutsch. Ver. für die Gesch. Mährens und Schlesiens 1917, S. 258—271. Neue Quellen s. in Sedlák, Studie a texty wie oben.

bisher übersehen worden sind. Den Gegenstand vollends zu erledigen, muß Aufgabe jener sein, die sich mit der Herausgabe der Werke des Huß beschäftigen. Das Beweismaterial in den obigen Blättern will nichts anderes darstellen als Stichproben, die jeder, der sich mit dem Studium Wiclifscher Schriften und jener des Huß abgibt, noch um eine sehr bedeutende Zahl vermehren kann. Es gibt noch Punkte genug, in denen sich Huß die Ausführungen Wiclifs Wort für Wort zu eigen gemacht hat: in seiner Lehre von den Quellen des christlichen Glaubens, von der Kirche und deren Verfassung, demnach auch von der päpstlichen Gewalt und dem Priesterstande, in seiner Lehre von dem Kirchenregimente, der Prädestination und deren Konsequenzen, von der Sünde und ihrem Einfluß auf die kirchlichen und bürgerlichen Institutionen, in der Lehre von den Sakramenten — mit Ausnahme etwa der Abendmahlslehre, aber auch diese wurde ihm bekanntlich von seinen Gegnern hartnäckig zugeschrieben — in seiner Eschatologie, seinen Anschauungen über die Nationalkirche, wenn man die Ecclesia particularis so auffassen will, und endlich in seinen sehr ernst gemeinten Bestrebungen um die Hebung und Besserung der kirchlichen Zustände in seinem Vaterlande ist er ein ganzer Jünger Wiclifs. Was dieser von den englischen Verhältnissen erzählt: vom Kampf gegen die schlechten kirchlichen Zustände und Einrichtungen daselbst, alles das überträgt er auf die böhmischen Verhältnisse. Wie man in den obigen Beweisstellen gesehen hat, begnügt er sich meistens, nur an die Stelle, wo Wiclif Anglia schreibt, ein Boemia zu setzen oder den rex Anglorum in einen rex Boemorum umzuwandeln. Man kann namentlich in den ersten Kapiteln seines Traktates von der Kirche die Beobachtung machen, daß er seine Entlehnungen mitunter kapitelweise vorgenommen hat. Oft freilich sind es nur einzelne Sätze, aber diese in großer Anzahl. Wenn man die große Anzahl von Definitionen ins Auge faßt, die Huß Wort für Wort aus Wiclif ausschreibt: von der Kirche, dem Glauben, dem Ablaß, den Sakramenten, der Häresie usw., so könnte man leicht zu dem Glauben veranlaßt werden, daß er bei seinen theologischen Studien außer der Bibel und einigen Kirchenvätern überhaupt keine anderen als nur Wiclifsche Quellen zu Rate gezogen hat. Von solchen Begriffsbestimmungen werden hier in diesem Schlußkapitel noch einzelne als Proben mitgeteilt. Daran mögen noch einige Betrachtungen geknüpft werden, aus denen man ersehen mag, wie sich Huß in den vitalsten Fragen an seinen englischen Lehrmeister angeschlossen hat. Man wird auch in solchen Punkten den Einfluß Wiclifs wahrzunehmen in der Lage sein, in denen man ihn bisher als unabhängig von jenem angesehen hat. In erster Linie kann man seine Ansichten von den Quellen des christlichen Glaubens und der sog. Verkaiserung der Kirche, in zweiter Linie seine Lehre vom Altarsakramente ins Auge fassen.

Was Hussens Lehre von den Quellen des christlichen Glaubens und ihrer Auslegung anbelangt, kann als gesichert gelten, daß ihm die hl. Schrift als alleinige Quelle der religiösen Wahrheit gegolten hat, trotzdem er sich an mehreren Stellen auch in anderem Sinne geäußert hat. In seinem Streit mit Stephan Palecz hat er es allerdings als die erste Lüge bezeichnet, die ihm unterstellt werde, daß er die hl. Schrift als alleinige Norm[1]) des Glaubens hinstelle und an anderen Stellen, namentlich in seinem zu Konstanz geschriebenen Traktate vom Sakrament des Leibes und Blutes Christi sagt er: Ich glaube auch mit der hl. Mutter Kirche jene glaubwürdige Wahrheit, wie die gebenedeite Dreieinigkeit wünscht, daß sie geglaubt werde, und halte fest an den Aussprüchen der allgemeinen Konzilien und der Kirchenlehrer sowohl explicite als implicite. Diese Versicherungen besitzen gleichwohl nur den Wert einer Mentalreservation.[2]) Stellen, in denen er die alleinige Autorität der Schrift anerkennt, finden sich ziemlich häufig sowohl in seinen Traktaten als auch in seinen Predigten und Briefen.[3]) In dieser Überzeugung, die er geschrieben, gelehrt und gepredigt, erklärte er noch in seinen letzten Momenten, in den Tod gehen zu wollen.[4])

Auch in dieser Lehre steht Huß sonach getreulich zu Wiclif. So wie dieser behauptete, die Schrift reiche für sich allein zur Leitung der Kirche aus, so hat auch Huß einen eigenen Traktat über diesen Gegenstand geschrieben: Über die Zulänglichkeit des Gesetzes Christi zur Leitung der Kirche. Gesetz Gottes sei, sagt Huß, was in der hl. Schrift ausdrücklich stehe, in weiterem Sinne aber jedes wahre Gesetz, das irgendwie in der hl. Schrift enthalten sei. Und wie Wiclif sagt: Weder der Tat noch dem Wort oder gar den Bullen dieses Papstes darf man glauben, außer insoweit es in der Schrift begründet ist, oder „wenn es hundert Päpste gäbe und alle Bettelmönche in Kardinäle verwandelt würden,[5]) so dürfe man ihrem Ausspruche in Sachen des Glaubens nicht gehorchen, es sei denn, daß sie in der Schrift begründet seien", so wird man in Hussens Werken ziemlich gleichlautende Stellen finden.

Man vergleiche:

Wiclif De Officio Pastorali, cap. 12:	Huß, De Ecclesia CCIX a:
Et ad istud sepe dictum est, quod confirmacio Romani pontificis non valet, nisi de quanto voluntati et ordicioni Dei, qui est summus dominus, est conformis. Nec est fides, cum sepe con-	Ex isto modo non tenetur homo dictis sanctorum preter scripturam nec

---

[1]) De Ecclesia cap. 16, Opp. I. CCXXVII a; s. auch De fidei elucidacione Opp. I. XLVIII b.

[2]) Die Beweise bei A. Lenz, Učeni mistra Jana Husi 4 ff.

[3]) Die Zusammenstellung bei Böhringer a. a. O. 583 ff. Lechler, 2. 234. Lenz a. a. O.

[4]) In ea veritate evangelii quam scripsi, docui et predicavi ... hodie letanter volo mori. Doc. 323.   [5]) Trialogus 266.

tingit oppositum, quod quidquid fecerit papa, Deus ... auctorisat, cum tunc esset impeccabilis et deus in terris ... Ideo cum non debet sibi credi, nisi de quanto ex fide scripture vel mandato Domini se fundaverit. ... Et breviter nec facto suo nec dicto vel bullis debent fideles credere istius prelati, nisi de quanto se fundaverit in fide scripture. ...

bullis papalibus credere, nisi quod dixerint ex scriptura vel quod fundaretur impliciter in scriptura. ... Aliter ergo credimus Deo, qui nec falli nec fallere potest, aliter pape, qui falli et fallere potest, ... nam scripture sacre nec licet discredere nec licet contradicere, sed bullis aliquanto licet et discredere et contradicere.

Trialogus 3. 31, p. 239.

Unde scripta aliorum doctorum ... nec sunt credenda, nisi de quanto in scriptura domini essent fundata . . . . . igl. Trialogus 240.

Vgl. De fidei sue eluciacione,

Opp. 1. XLIXb
und Opp. 1, CXLIVb.

Dialogus
Ideo prudenter wie oben.
De Officio Regis 111:

Legifer noster Jesus Christus legem per se sufficientem dedit ad regimen tocius ecclesie militantis.
De Christo et adversario, cap. 11:
Cum lex sua sit per se sufficiens ...

Huß, Opp. 1, CLXXXVIIb.
Ideo prudenter wie oben.
Huß, Opp. 1, XLIVb—XLVIIIa:

Lex Christi per se sufficit ad regimen ecclesie militantis.

Auch die Begriffsbestimmung der Häresie hat Huß nicht direkt aus Chrysostomus, sondern aus Wiclifs Trialogus übernommen.

pag. 379:

Sciant, inquam, isti stulti Antichristi discipuli, quod omnis error periculosus in materia fidei est heresis manifesta.

Huß, ad scriptum octo doctorum, fol. CCCVb:

Heresis quidem periculosa res est, sed utilis valde.

Vom Glauben:

Wiclif, Serm. IV, 292:

Fides est fundamentum religionis, sine qua impossibile est placere Deo.

De Veritate S. Scripture II, 180.

Primum fundamentum virtutum est fides.

Trialogus 3, 2, pag. 135:

... cum impossibile est quemquam peccare, nisi in fide deficiat ...

Huß, Opp. 1, XLVIIIa:

Fundamentum igitur omnium virtutum, quo servitur Deo meritorie, est fides, sine qua impossibile est placere Deo.

Vom Frieden: S. oben S. 133.

Rogate que ad pacem sunt Jerusalem,
Serm. IV, 24:

Est autem pax mentis tranquillitas in virtutibus stabilita. Ex quo patet quod omnis criminosus caret ut sic pace ecclesie . . . Nam pax, que est quietudo temporalium homini adiacencium, parturit communiter perturbacionem. . . .

Huß, Sermo de pace, Opp. 1, LIIab:

Pax autem Dei est mentis tranquillitas in virtutibus stabilita. Ex quo patet, quod omnis homo existens in crimine caret ut sic ecclesie pace. Secunda pax . . . est quietudo temporalium homini adiacencium. . . .

In bezug auf das Abendmahl stimmt die Lehre des Huß bekanntlich mit jener Wiclifs nicht überein.[1]) Nichtsdestoweniger finden sich in seinem Traktate De Corpore Christi gewisse Ähnlichkeiten mit Wiclifs Ausführungen im Trialogus, so daß man wohl annehmen muß, er habe diesen Traktat, nachdem er Wiclifs Schriften kennen gelernt, einer Überarbeitung unterzogen. Möglich ist, daß seine und Wiclifs Ausführungen auf eine gemeinsame Quelle zurückführen, die er in der Tat auch andeutet. Es betrifft das namentlich jene seit Augustinus gebräuchliche Distinction: Form, Wahrheit und Wirkung, als den Dreien, die man im Altarsakramente festhalten müsse, oder Sakrament und Sache (= der Leib Christi), Sakrament und nicht Sache (= jenes sinnliche Ding: das geweihte Brot), Sache und nicht Sakrament (= die Einigung der Glieder mit Christus und unter sich):

Wiclif, Trialogus 248.

Quamvis autem in hoc sacramento et ceteris sit trimembris distinccio, scilicet sacramentum et res, res et non sacramentum ac tercio sacramentum et non res, oportet tamen, quod ista verba sint sane et congrue intellecta. Sacramentum autem et res dicitur corpus domini, quod est sursum. Dicitur autem sacramentum, quia est signum sensibile anime Christi deitatis et gracie. Ista autem res sensibilis descripta, que dicitur communiter panis sanctus, vocatur sacramentum et non res, non ad istum sensum, quod non sit res aliqua, cum sit res satis sensibilis, uti videmus, sed ad istum sensum. . . . Sed tercium membrum, quod est res et non sacramentum vocatur gracia unionis Christi cum sua ecclesia. . . .

Huß, Opp. 1, CXLVIb:

In sacramento altaris est dare tria: scilicet sacramentum et non rem, ut est illud sensibile, sacramentum et rem ut est corpus dominicum. Tercio rem et non sacramentum, ut est unio membrorum ecclesie, de quibus dicitur Extra. De Celebracionibus Missarum cap. Cum Marthe por Innocentium; quod distinguendum est subtiliter inter tria, que sunt in hoc sacramento discreta, videlicet formam visibilem, veritatem corporis et sanguinis et virtutem spiritualem unionis et caritatis. Forma est panis et vini. Veritas carnis et sanguinis. Virtus unionis et caritatis. Primum est sacramentum et non res, id est non unio etc.

Einen Widerspruch wird man in den beiden Traktaten des Huß de sacramento corporis et sanguinis Domini und de sanguine Christi sub

---

[1]) S. Hefele, Konziliengeschichte 7, 1, 34. Lechler 2, 252.

specie vini a laicis sumendo finden. Der zweite Traktat ist der Zeit nach früher entstanden. Huß hat ihn abgefaßt, bevor er in den Kerker geworfen wurde. Er verficht darin auf Grundlage zahlreicher Zeugnisse von Kirchenvätern und Doktoren die Ansicht, daß es den Gläubigen von Nutzen sei, das Blut des Herrn unter der Gestalt des Weines zu nehmen. Ja, indem er sich die Entscheidung des Papstes Gelasius I. aneignet, der die Enthaltung von Kelch geradezu verbietet und „die Teilung eines und desselben Mysteriums für ein großes Sakrileg" ansieht, geht er schon einen Schritt weiter. Er folgert aus dieser Entscheidung zweierlei: 1. Daß das Sakrament erst vollständig sei nach der doppelten Form des Brotes und Weines und 2. daß derjenige, welcher das Sakrament unter einer Gestalt allein nimmt, ein Sakrilegium begehe. Die einzige Einschränkung läßt Huß nach Thomas von Aquino gelten, daß man auch in die Lage kommen müsse, Weizen und Wein zu besitzen. Beide können jedoch, falls sie in irgendeinem Lande nicht wachsen, leicht zugeführt werden.

In dem späteren Traktate spricht er nicht nur nichts von dem Nutzen, den der Empfang des Kelches hat, er drückt sich vielmehr dahin aus: Ebensowenig ist der Leib besonders und das Blut besonders, sondern unter beiden Gestalten bleibe Christus ganz, wie die Kirche singe, daher sei der Leib unter der Species des Brotes durch Transsubstantiation des Brotes in den Leib selbst, aber das Blut zugleich mit (concomitanter), und ebenso sei das Blut unter der Spezies des Weines durch Transsubstantiation des Weines in das Blut, aber der Leib zugleich unter demselben. Zieht man die Folgerungen aus diesem Satz, so gelangt man naturgemäß auf die Ersprießlichkeit des Abendmahls sub una, die demnach hier unmittelbar auch zugegeben wird, während er in dem anderen Traktat von der Ersprießlichkeit des Abendmahls sub utraque spricht, ja schon die Verpflichtung (debent) dazu betont.[1]

Was das Sakrament der Buße betrifft, hat Huß bekanntermaßen die Ansicht, daß von dessen drei Hauptstücken: der Zerknirschung des Herzens, dem mündlichen Sündenbekenntnis und der Genugtuung, das mündliche Sündenbekenntnis, d. h. die Beichte, zum Heile nicht absolut notwendig sei. Ein Mensch könne selig werden, auch ohne daß er einem Priester seine Sünden bekenne.[2] Mit viel größerem Rechte behaupte man, daß Gott den wahrhaft Reuigen von den Banden der Verdammnis befreit, denn das reuige Bekenntnis des Herzens allein reicht dem wahrhaften Büßer zu seinem Seelenheil hin. Das mündliche Bekenntnis und die Lossprechung durch den Priester seien nicht ebenso not-

---

[1] Lenz, a. a. O. 140.
[2] Ex his patet, quod potest aliquis homo salvari, qui non confitetur ore sacerdoti mortali, Huss Opera CLXVIII b—CLXVIIII a.

wendig.[1]) Huß zitiert an diesen Stellen zwar den Petrus Lombardus und Richard von S. Victor, aber es kann keinem Zweifel unterliegen, daß er auch hierin auf den Schultern Wiclifs ruht, denn auch dieser hat sich in gleicher Weise gegen die Ansicht ausgesprochen, daß das mündliche Sündenbekenntnis zur gültigen Vollendung des Bußsakramentes notwendig sei. Wiclif hat außer den auch von Huß angenommenen Gründen noch einige mehr. Er nennt die Ohrenbeichte eine Erfindung Innozenz III.[2]), die Sünden dem Priester zu bekennen, sei zum Seelenheil nicht notwendig; viele seien im alten und neuen Bunde auch ohne Beichte heilig geworden. Sei sie aber in der Zeit Innocnz III. notwendig geworden, so sei sie dies auch früher schon gewesen und demgemäß hätten die Menschen durch Außerachtlassung dieser Art von Buße gesündigt.[3])

In dem Traktate De Dissensione paparum spricht Wiclif über die Ursachen des ausgebrochenen Schismas und findet sie in der Gier der Päpste nach Ehren und weltlichem Besitz. In der Zeit des Apostels Petrus, da die Kirche keine „Dotation" besessen habe, habe es auch keinen Streit gegeben. Nehme man sie der Kirche wieder ab, so werde auch dieser ohne große Schwierigkeiten beendet werden. Sache der weltlichen Gewalt sei es, in kluger Weise die Pflanzstätte des Unfriedens zu beseitigen.[4])

In ähnlicher Weise forscht auch Huß nach den Ursachen dieses teuflischen Streites und findet sie gleichermaßen in der Dotation der Kirche.[5]) So scharf und schneidig wie Wiclif hat Huß die Folgerungen aus dieser Lehre freilich nicht gezogen, wenn er vom Schisma spricht, dagegen erörtert er in seiner Streitschrift gegen Stanislaus, daß des Papstes wegen von jeher die meisten Irrtümer und Spaltungen eingetreten seien. Solange die kaiserliche Dotation nicht vorhanden gewesen sei, habe die Kirche fortwährend an Tugenden zugenommen, seit jener Zeit aber seien alle Übel vervielfältigt worden. Stolz und Ehrgeiz, Habsucht und Simonie

---

[1]) Recte quidem dicitur, quod Dominus vere penitentem a vinculo damnacionis absolvit. Sola enim cordis confessio veraciter penitenti ad salutem anime sufficit. Tamen articulus necessitatis oris confessionem et sacerdotis absolucionem excludit. Opp. CCXV a.

[2]) Impossibiles errores incidunt Antichristi filii de penitencia, cum nesciunt fundare istam penitenciam, quam papa de novo instituit.

[3]) Non est de necessitate salutis, quod quilibet beatificandus ... confitebatur omnia peccata sua proprio sacerdoti, quia antequam ista lex fuerat edita, multi sancti fuerunt salvati tam de lege antiqua quam de lege gracie ...

[4]) Bei Wiclif (Cod. un. Prag. X. E. 9) liest man: Igitur videtur ... tamquam probabile, quod ista dissensio propter cupiditatem mundani honoris et temporalium adiacencium est tanta. Nam supposita in papa sicut fuit in Petro dotacione ... videtur, quod supra bona virtutum et gracie non sonabit ... sed propter ista nunquam fuisset tanta contencio. Ideo relinquitur quod propter honores mundanos et secularia dominia que sunt adiecta papatui, ista contencio est exorta.

[5]) Bei Huß heißt es Opp. i, CCXXX b: Unde autem ista diabolica contencio originatur a causa movente potest cecus palpare, quia a dotacione.

machen sich breit und die Streitigkeiten und Spaltungen werden nicht aufhören, bis „dieses Haupt mit seinem Körper" auf die Regel der Apostel zurückgeführt ist. Damit stellt Huß die gleiche Forderung auf, wie Wiclif,[1] von dem er sie ja auch zunächst übernommen hat.

---

[1] Opp. i, CCXXXIX: Constat enim Christi fidelibus quod maximi errores et maxime scissiones propter illud caput in ecclesia sunt exorte et usque hodie augmentantur. Donec enim illud caput non fuit institutum a cesare, crevit continue in virtutibus ecclesia, sed post constitucionem illius capitis multiplicata sunt mala, nec cessabunt, donec illud caput cum suo corpore ad apostolorum regulam sit reductum. Quanti autem sint errores in capitis curia et quanti orti sunt principaliter a tempore, quo papa non in Christi sed in cesaris habitu et damnacione floruit, patet in gestis paparum et chronicis. Vgl. auch Opp. i, CCLXXXIIIb, CCCXXXIa.

Exkurse.

I.

Zur Verbreitung der Wiclifhandschriften in Böhmen.

(Zeitschrift des deutschen Vereins für die Geschichte Mährens und Schlesiens, 20. Jahrgang 1916.)

Schon in meiner Abhandlung „Die ältesten Streitschriften Wiclifs"[1]
habe ich einige Angaben „Zur Überlieferung der Wiclifhandschriften"
machen können. Die Untersuchung bezog sich aber damals mehr auf die
Anzahl der auf uns gekommenen Handschriften als auf ihren inneren
Wert oder auf die Frage ihrer Entstehung oder Zusammengehörigkeit.
Ich war in der Lage, zu dem bekannten und geschätzten „Catalogue of
the Original Works of John Wyclif" von Walter Waddington Shirley
reiche Nachträge zu liefern.[2] Wenn ich nun nochmals auf die Frage der
Überlieferung der Wiclifhandschriften zurückkomme, geschieht es nicht
in der früheren Absicht, sondern vielmehr, um auf die Tatsache hinzuweisen, daß es unter den schon längst bekannten Handschriften einige
gibt, denen in bezug auf ihre Herkunft eine besondere Bedeutung zuzu-
messen ist und die etwas mehr Licht auf die Beziehungen des tschechischen
zum englischen Wiclifismus im ersten Jahrzehnt des 15. Jahrhunderts
werfen.[3] Es sind dies die Handschriften bzw. Texte von Wiclifs De
Dominio Divino, De Civili Dominio, De Veritate Sacre Scripture und De
Ecclesia. Man wird auch die übrigen Werke aus Wiclifs Summa Theologiae berühren müssen, wenngleich die Untersuchung vornehmlich den
erstgenannten gilt, da nur in ihnen noch eine Reihe von Hinweisen auf
ihre Entstehung und auf den Ort und die Zeit dieser Entstehung enthalten
ist. In den Randnoten dieser Handschriften findet man nämlich Bemerkungen, die von den Herausgebern der Texte nicht unbemerkt geblieben sind, trotzdem aber bisher nicht zum Gegenstand einer Untersuchung gemacht wurden, wiewohl sie uns über die angezogenen Fragen
zu belehren vermögen.

---

[1] Sitzungsberichte der phil.-hist. Klasse der Wiener Akademie, Bd. 160, S. 62.
[2] Die Nachträge sind jetzt vermerkt in Shirley's Catalogue of the extant Latin
Works of John Wyclif, revised by J. Loserth, London 1924 (Wyclif-Society).
[3] S. den Exkurs Nr. 2.

Man weiß aus den Angaben der englischen Historiker Thomas Walsingham und Heinrich Knighton, daß es in England einige Mittelpunkte des Lollardismus gab. Wenn jetzt böhmische Studenten englische Schulen aufsuchten, geschah es nicht, um wie in den Tagen der guten Königin Anna etwa die berühmte Hochschule in Oxford aufzusuchen, sondern vielmehr zu dem bestimmten Zwecke, den Erinnerungen an Wiclif nachzugehen, nach seinen Werken zu forschen und sie zu kopieren. Es kamen sonach außer Oxford, wo die Erinnerungen an ihn gewiß am lebendigsten waren, auch andere Orte in Betracht, in denen man solche Werke finden konnte. Noch lebten so viele seiner Schüler und Freunde und fanden sich gewiß auch noch Werke von seiner eigenen Hand vor. Solche Studien wurden in den Jahren 1406 und 1407 von den beiden böhmischen Studenten Nikolaus Faulfisch und Georg von Kniechnicz gemacht und solche Orte Englands von ihnen zu diesem Zwecke aufgesucht. Diese beiden Männer sind es, denen wir die Abschriften der genannten Werke in den bezeichneten Handschriften verdanken. Indem sie darin einmal ihre Namen eintrugen, ein anderes Mal über den Ort, an dem, und die Zeit, zu der sie schreiben, Meldung tun, werden wir hierüber in wünschenswerter Weise belehrt.

Man findet die betreffenden Notizen in der Handschrift 1294 der Wiener Hofbibliothek. Indem diese Handschrift eine eigenartige Ausstattung besitzt, die in gleicher Weise noch in einigen anderen Handschriften wiederkehrt und diese auch die anderen Eigentümlichkeiten besitzen, die wir bei 1294 bemerken, ist es unzweifelhaft, daß auch diese Handschriften entweder noch in England von denselben Schreibern kopiert oder von dort genommenen Kopien abgeschrieben wurden.

Die Handschrift 1294 enthält, wie bemerkt, die Werke De Veritate Sacre Scripture, De Ecclesia und De Dominio Divino. Diese drei Traktate wurden von den beiden genannten Böhmen in England kopiert, wie man der Note am Schluß von De Veritate Sacre Sripture entnimmt: Correctus graviter anno domini 1407 in vigilia Purificationis sancte Marie Oxon(ii) per Nicolaum Faulfiss et Georgium de Kniechnicz. Das Wort graviter deutet an, daß ihnen die Korrektur große Mühe machte. In der Tat wird man, wenn man die vielen Korrekturen in schwarzer und roter Tinte in Betracht zieht (das gleiche ist in der den Traktat De Mandatis Divinis enthaltenden Handschrift A 34 des Prager Domkapitels der Fall), an eine mehrfache Durchsicht des Textes denken müssen. Alle drei Traktate im Kodex 1294 sind von einer einzigen, derselben Hand geschrieben, die die obige Note angefügt hat, woraus ersichtlich wird, daß die Kopie von den Genannten nicht bloß durchkorrigiert, sondern auch angefertigt wurde, was übrigens auch die vielen tschechischen Noten, die sich in allen drei Traktaten finden und von derselben Hand geschrieben sind, beweisen.

Wenn man den großen Umfang von De Veritate Sacre Scripture ins Auge faßt, so wird man nicht irre gehen, wenn man den Beginn des Abschreibens mindestens noch in die letzten Monate des Jahres 1406 verlegt; im Zeitraum von 31 Tagen hätte, trotz allen Fleißes, der aus der Kopie von De Dominio Divino ersichtlich ist, die große Arbeit schwerlich vollendet werden können. Nach De Veritate Sacre Scripture wurde die Abschrift von De Ecclesia und De Dominio Divino in Angriff genommen. De Ecclesia wurde nicht in Oxford kopiert. Wir finden nämlich am Schluß des zweiten Kapitels die Randnote Kenmerton psano, d. h. geschrieben zu Kenmerton. Dieser Ort — Kemerton — liegt in der Nähe von Tewkesbury in Worcestershire. Daß übrigens seitens des Schreibers in einem Tage viel Arbeit geleistet wurde, entnehmen wir zwei Anmerkungen am Schlusse des 10. und 11. Kapitels im Traktate De Dominio Divino. Das erste Mal heißt es: v welyky czwrtek psano, am Gründonnerstag geschrieben, das zweite Mal v weliky patek, am Karfreitag, demnach wurde das Kapitel 11 an einem einzigen Tage geschrieben, es sind über acht Spalten, und die Niederschrift in einem Tage muß bei der darauf verwendeten Sorgfalt immerhin als eine bedeutende Leistung bezeichnet werden.

Die drei Traktate, wie sie jetzt im Kodex 1294 aufeinanderfolgen, sind erst in Böhmen zusammengebunden worden. So hat noch ein jeder seine besondere Blattzählung; dann ersieht man die Sache aus dem Umstand, daß das vordere und rückwärtige Schutzblatt Teile einer und derselben Urkunde sind, die aus Mähren stammt und für die Geschichte dieser Handschrift auch sonst noch Bemerkenswertes bietet. In der Urkunde wird Simon von Tischnow, einer der feurigsten Anhänger des tschechischen Wiclifismus genannt. Zu seinen Gunsten wird eine Stiftung gemacht.[1] Man darf daraus den Schluß ziehen, daß die Urkunde sich einst in seinem Besitz befand und von ihm selbst in späterer Zeit, als sie für ihn ihre Bedeutung verloren hatte, zur Herstellung des Einbandes benutzt wurde. Daher wird man wohl sagen dürfen, daß der Kodex 1294 sich einst im Besitz Simons von Tischnow befand. Man wird geneigt sein, auch auf den Umstand hinzuweisen, daß sich Simon in ganz besonderer Weise den Inhalt von dem Buch De Ecclesia angeeignet hat.

In den drei Traktaten sind die Ortangaben von besonderer Wichtigkeit, da wir daraus einige Schlüsse auf die Herkunft der Handschriften ziehen können. Zunächst sei gesagt, daß diese nicht in der Reihe geschrieben wurden, wie sie jetzt aneinander gebunden sind. Zuerst wurde De Veritate Sacre Scripture geschrieben, dann folgte De Dominio Divino, zuletzt De Ecclesia; dies letztere nimmt jetzt den Platz in der Mitte ein.

---

[1] 1401, März 7. Gedr. Mitt. des Vereines für Geschichte der Deutschen in Böhmen, 22. Bd., S. 223.

Die tschechischen Glossen, bezeichnend für die Stimmung in den literarischen Kreisen der Tschechen, apostrophieren zumeist das tschechische Volk[1]), rufen Gott um Beistand an zur Vollendung des begonnenen Werkes[2]), wenden sich gegen das Mönchtum[3]) oder den Papst[4]), erinnern an gleichartige Vorgänge in der Heimat[5]), tadeln die Schlechtigkeit der Juristen[6]) daselbst oder geben endlich den Ort, wo und die Zeit, wann geschrieben wird, an.[7])

Eben diese Handschriften standen in Böhmen in ganz besonderem Ansehen und genossen große Verehrung. Man kann das heute noch erkennen. Da ist z. B. die Handschrift 3929 der Wieder Hofbibliothek, die von einem Manne um 1415 geschrieben wurde, der sich in einer Glosse als Feind der Deutschen bekundet. Er hielt sich so sklavisch an seine Vorlage (und diese war der Kodex 1294), daß er selbst die in dieser Handschrift gegebenen Datierungen in seine Abschrift mit aufnahm.[8]) Auch alle besonderen Eigenschaften, die wir in 1294 finden: Auslassung oder Vertauschung von Buchstaben, Lücken, Lesefehlern, Korrekturen, wurden mit vollständiger Genauigkeit übernommen.

Der Grund des hohen Ansehens dieser in England geschriebenen Handschriften liegt meines Erachtens hauptsächlich darin, daß ihre Überlieferung noch in die Zeit Wiclifs selbst zurückführt oder die Vorlagen im Besitz von Männern waren, die in der Lollardenbewegung eine große Rolle spielen. In Oxford, wo der Traktat De Veritate Sacre Scripture kopiert wurde, besaß man gewiß gute Wicliftexte, wie dort die Erinnerung an den „fünften Evangelisten" am lebendigsten war. Aber nicht alle Bücher Wiclifs mochten in der gewünschten Vollkommenheit in Oxford zu finden sein. Vielleicht fanden es auch die tschechischen Studenten angesichts der bereits eingetretenen Verfolgung der Lollarden für geraten, sich an solche Stätten zu begeben, wo sie ungestörter ihrer Arbeit nachgehen konnten. In dieser Beziehung ist die Note: Kenmerton

---

[1]) Myly czechowe: Geliebte Czechen. De Eccl. pag. 299 Note.

[2]) Hospodyne racz pomoczy psati: Hilf o Herr dem Schreiber (genauer: Domine velis adiuvare scribere). Ebenda p. 328.

[3]) By mnychuow nebylo = utinam ne monachi essent De Veritate Sacre Scripture I, 182.

[4]) Wo vom Primat des Papstes gesprochen wird, De Ecclesia p. 31, schreibt der Glossator: Ha, ha.

[5]) Zname = noscimus De Ecclesia p. 188, Lecz na kawczye horze v Prahy est fundata newyem = Si in monte apud Pragam est fundata, nescio De Ecclesia p. 359.

[6]) Jako czynye nassy pravilegiste = ut faciunt nostri iurislegiste, mit einer ironischen Wendung im Gebrauche des Wortes právo (ius) mit Erinnerung an das lat. pravus.

[7]) Die schon oben vermerkten Zeitangaben.

[8]) Am Schluß des vierten Kapitels von De Ecclesia haben die Handschriften 1294 und 3929 dasselbe Datum in Vigilia Pentecostes, als ob das Kapitel in beiden Handschriften an demselben Tage geschrieben worden wäre.

psano von Wichtigkeit. Damit gelangen wir in die Nähe des berühmtesten aller Lollardenführer, Sir John Oldcastle's, Lords of Cobham[1]). Unweit von Kemerton liegt Evesham; dort war in den Tagen, als unsere tschechischen Studenten in England weilten, der Wohnsitz John Badbys, eines Schneiders und Lollarden, der als solcher im Jahre 1410 verbrannt wurde[2]). Vielleicht gehen auf diesen Mann[3]) mit die Verse, die sich im Kodex 1294 am Ende des 11. Kapitels finden:

> W Anglii wyerna dwa knyezy
> pro slowo bozye w zalarzy wyezye

d. h. In Anglia duos fideles presbyteros pro sermone divino in carcere incarcerant. Wie dem auch sei, wir wissen, daß Sir John Oldcastle in dieser Gegend einen großen Anhang hatte. Thomas Walsingham schreibt da, wo er von der Erhebung der Lollarden im Jahre 1415 berichtet: Interea campiductor et caput eorum (Lollardorum), cum latuisset p r o p e M a l - v e r n i a m , et accepisset a falso nuntio regem Angliae transfretasse, ex eius absentia concepta audacia verba comminatoria misit ad dominum de Bergeyne, dicens in capite eius ulcisci velle sibi et suis illatas iniurias ab eodem. Qui prudenter sibi praecavens, cum circa noctis medium haec audisset, illic secretis egit nunciis, ut mane diluculo occurrerent armati sibi apud castrum suum d e H a n e l e y , e x W i g o r n i a , P e r s o r a e t T e u k e s b u r i a prope quinque millia arcitenencium ... In dieser Gegend spielen sich die Sachen ab. Sir John Oldcastle hält sich bei M a l - v e r n auf. Gibt es zwischen den böhmischen und englischen Wiclifiten Zusammenhänge, daß man daran denken kann, die beiden tschechischen Studenten seien eben deswegen nach Kemerton gezogen? Gewiß. Schon fünf Jahre vor den von Walsingham berichteten Vorgängen steht Lord Cobham mit so hervorragenden Wiclifiten in Böhmen, wie Wok von Waldstein und Zdislaw von Zwerzeticz, in Korrespondenz. In jenem Schreiben, das er von seinem Schlosse Cooling aus am 8. September 1410 an die beiden gesendet hatte, wird älterer Beziehungen zu böhmischen Gesinnungsgenossen gedacht: Gracias ago Deo meo, qui, u t a u d i v i p e r v e r i t a t i s q u o s d a m a m a t o r e s , cor vestrum animavit ad zelandum et certandum pro iusticia legis Dei ...[4]). Wenn nicht das Datum dagegen spräche, würde man in den Worten des Lords eine Anerkennung für Woks Haltung in der Ablaßstreitfrage erblicken; man darf an die am 16. Juli 1410 erfolgte Verbrennung Wiclifscher Bücher im Hofe

---

[1]) S. über ihn L e c h l e r , Johann von Wiclif II, 80 ff.
[2]) S. R. L. P o o l e in der Einleitung zu Wiclifs De Dominio Divino.
[3]) R. L. Poole denkt an William Sawtree und John Purvey, wobei aber das Jahr 1401 nicht stimmt, während die tschechische Note an ein gleichzeitiges Ereignis (incarcerant) erinnert.
[4]) S. Exkurs 2.

des erzbischöflichen Palastes auf dem Hradschin und die Folgen dieses Vorgehens denken, gegen das sich zweifellos auch ein so entschiedener Wiclifit wie Wok gewendet haben wird. Aber es mögen diese Beziehungen doch noch ältere sein, und wenn sich Nikolaus von Faulfisch und Georg von Kniechnicz im Jahre 1407 in der Nähe der Besitzungen des Lords und seiner Anhänger nachweislich aufhielten, so steht der Annahme kaum etwas im Weg, unter den amatores veritatis, die Cobham über die reformatorische Bewegung in Böhmen unterrichteten, die beiden genannten Männer zu verstehen. Wir dürfen auch annehmen, daß die Kopien, die in Kemerton angefertigt wurden, den handschriftlichen Schätzen des Lords entnommen waren. Die Beziehungen zwischen englischen und böhmischen Wiclifiten beginnen zweifellos nicht erst mit 1410, sondern bestanden schon seit längerer Zeit[1]). Im Jahre 1410 waren sie ziemlich lebhafte. Damals wurden die Flugschriften Nova Scotiae nach Prag gebracht[2]), in denen in populärster Weise die Wiclifschen Grundzüge über die Lehre von der Kirche enthalten sind, und zwar was und wie sie sein und durch wen sie gebessert werden soll, vorgetragen werden. Bezeichnend ist, daß sie ins Tschechische übertragen wurden. Daß die Beziehungen der Wiclifiten in beiden Ländern nicht erst 1410 angeknüpft wurden, wird man auch dem Briefe entnehmen, den der Lollarde Richard Wyche in diesem Jahre an Huß gerichtet und der auf diesen einen so starken Eindruck gemacht hat, daß er ihn seinen Zuhörern von der Kanzel aus vortrug — vor 10 000 Personen — wie er nicht ohne eine gewisse Eitelkeit in seiner Antwort bemerkt.[3]) Ob nun der Aufenthalt der beiden tschechischen Studenten in England im Jahre 1407 diese Beziehungen erst anbahnte oder der Besuch in England bereits eine Folge schon bestehender Beziehungen war: sicher ist, daß beide in Kemerton gute Vorlagen für die von ihnen anzufertigenden Abschriften vorgefunden haben werden. Diese Vorlagen gingen zweifellos noch in die Tage Wiclifs selbst zurück, vielleicht auf ihn selbst. Mit welcher Pietät die beiden Tschechen alle Erinnerungen an Wiclif sammelten, erzählt uns Petrus von Mladenowitz, daß sie nämlich ein Stück von seinem Grabstein nach Prag überbrachten, das dann daselbst als Reliquie verehrt

---

[1]) Auf die Frage, wann Thorpes Colloquium in Böhmen bekannt wurde, wird hier nicht eingegangen, weil sich etwas sicheres hierüber nicht feststellen, sondern nur sagen läßt, daß dies nicht vor den oben genannten Jahren erfolgt ist. S. hierüber L e c h l e r , Johann von Wiclif II, 67.

[2]) S. Exkurs 2. Text und alte tschechische Übersetzung jetzt bei S e d l á k , Jan Huß p. 183 ff.

[3]) Der Brief des Wyche ist gedruckt in Huß' Opera p. 101 und bei Höfler Geschichtssch. d. huss. Bewegung II. 210 bis 212. Die Antwort s. bei P a l a c k y , Dokumente magistr. Joannis Huß p. 12 bis 14. Zu der Persönlichkeit des Wyche s. Exkurs 2.

wurde.[1]) Auch daraus wird man entnehmen können, daß sie vornehmlich nach Originalhandschriften forschten. Solche fanden sie nun aber nicht nur in Oxford und Kemerton, sondern an jenem dritten Ort, der gleichfalls im Kodex 1294 erwähnt wird: in Braybrook. Dort schrieben sie das Buch De Dominio Divino, wie man einer Notiz entnimmt, die sie im dritten Buch am Schluß des fünften Kapitels angebracht haben: Braybrug psano, geschrieben zu Braybrook (in der Grafschaft Northampton).[2]) Dieses Braybrook war gleichfalls Mittelpunkt einer stärkeren Lollardenbewegung. Der Rektor daselbst, Robert Hoke[3]), wurde 1405 als Ketzer erklärt, peinlich verhört und im Jahre 1425 zum Widerruf gezwungen. Das Herrenhaus in Braybrook gehörte der Familie Latimer. Der letzte Besitzer Sir Thomas Latimer — er starb im September 1401 — war ein ausgesprochener Gönner der Lollarden.[4])

Daß sich unsere Böhmen nach Kemerton und Braybrook wandten, ist nach alledem begreiflich, und wie zwei Jahre später Wyches Brief an Huß in Prag allgemeines Aufsehen erregte, wohl ein größeres mögen die von Faulfisch und Kniechnicz aus England mitgebrachten Bücher erregt haben. Man sieht es daraus, daß man sich in der Folge große Mühe gab, neue Kopien just dieser Bücher und genau in der Gestalt der Genannten anzufertigen. Hierüber ist zunächst einiges zu bemerken.

De Ecclesia hat eine Gliederung in 23 Kapitel. Sieht man genauer zu, so findet man, daß jedes einzelne Kapitel wieder in eine Anzahl von Abschnitten geteilt ist, die am Rande durch Buchstaben vermerkt sind A, B, C. In der Vorlage mögen diese Buchstaben, die ein neues Alinea anzeigten, wohl auch dem Sinne nach an die rechte Stelle gesetzt worden sein, in unseren Kopien ist das nicht immer der Fall, wie schon Reginald L. Poole bei Gelegenheit angemerkt hat.[5]) Diese Gliederung in kleinere Abschnitte ist in De Ecclesia bis an den Schluß durchgeführt. Im Zusammenhang mit den knappen Inhaltsangaben am Rande trägt sie zur Übersichtlichkeit des Textes bei. Ob die Gliederung mit Zuhilfenahme der Buchstaben auch in De Veritate Sacre Scripture und De Dominio Divino vorhanden ist, geht aus den Drucken, die von Buddensieg und Poole veranstaltet worden sind, nicht hervor; beide haben hierüber nichts

---

[1]) Ille Faulfiss portavit unam petiam lapidis de sepulcro ipsius Wiclef, quam postea Pragae pro reliquiis venerabantur et habebant. Petri de Mladenowitz Relatio de Joannis Huß causa, Doc. mag. Joan. Hus ed. Palacky p. 313.

[2]) De Dominio Divino ed. R. L. Poole p. 249.

[3]) S. über ihn Lechler, Johann von Wiclif II, 307, 314, 320 und R. L. Poole in der Einleitung zu seiner Ausgabe von Wiclif, De Dominio Divino p. XI.

[4]) Henrici Knighton Leycestrensis chronicon ed. Lumby II. 181. Erant etiam milites Thomas Latymer ... cum ducibus et comitibus. Isti erant precipue eis adherentes et in omnibus eis faventes. Isti erant huius secte promotores strenuissimi ...

[5]) De Civili Dominio p. XIII—XV.

bemerkt. Dagegen sieht man das gleiche System in allen drei umfangreichen Büchern des Werkes De Civili Dominio.[1]) Ich habe schon bei der Ausgabe des letzteren darauf hingewiesen, daß auch De Civili Dominio zu jener Handschriftengruppe gehört, die von Faulfisch und seinem Genossen kopiert wurden. In gleicher Weise ist auch De Officio Regis gegliedert, denn auch hier finden sich z. B. im fünften Kapitel am Rande die Buchstaben vermerkt, und zwar ist dies in der Handschrift 3933 der Wiener Hofbibliothek der Fall.[2]) Dieser Kodex gehörte dem oben genannten Gönner der Wiclifschen Richtung, Paul von Slawikowitz, an, der sich später allerdings der gegnerischen Richtung zuwandte.

Das nächste Buch der Summa Theologiae ist De Potestate Pape. Ich habe auch hier schon vor Jahren auf eine Handschrift aufmerksam gemacht[3]), die diesen Traktat enthält und in die Gruppe von 1294 einzureihen ist; es ist die Handschrift III. F. 11 der Prager Universitätsbibliothek. Ein gleiches findet sich in De Simonia[4]), und zwar in der Handschrift 4536 der Wiener Hofbibliothek. In De Apostasia und De Blasphemia tritt diese Gliederung schon im Druck hervor. Von den zwölf Werken der Summa bleiben noch De Mandatis Divinis und De Statu Innocentiae übrig. Sehen wir von letzterem ab, das mit Ausnahme des Textes der Dubliner Handschrift C, 1, 23 nur fragmentarisch überliefert ist, so haben wir noch De Mandatis Divinis einer Erörterung zu unterziehen. Hier ist es nicht eine einzelne Handschrift, sondern eine ganze Gruppe von Handschriften, die in derselben Weise eingerichtet sind wie der Kodex von 1294. Es sind die Handschriften 1339 der Wiener Hofbibliothek, V A 3 der Prager Universitätsbibliothek und C 38 der Bibliothek des Prager Domkapitels. Letztere beansprucht ein ganz besonderes Interesse durch die beiden Bilder, die sie enthält. Man weiß, daß man in Böhmen seitens der Hussiten Wiclif als den fünften Evangelisten angesehen und verehrt hat.[5]) In diesem Sinne wurde er, wie Prokop von Pilsen in seiner berühmten Verteidigung des Wiclifschen Traktates De Ideis bemerkt, in England als Doktor Evangelicus bezeichnet und so auch von den meisten Kopisten seiner Werke[6]), den englischen sowohl

---

[1]) R. L. Poole vermerkt es in der Vorrede; ich habe die Buchstaben an den jeweiligen Textrand gesetzt.

[2]) S. die Einleitung von P o l l a r d und S a y l e p. XXIX.

[3]) De Potestate Pape p. L.

[4]) S. die Einleitung Herzberg-Fränkels S. VI: The chapters are denoted by initials in red ink and by numbers in the margin, which also contain subdivisions of the chapers (A, B, and so on).

[5]) Die Apologie des Johannes Przibram, Geschichtschreiber der Hussitischen Bewegung II, 40 sagt: Et postquam temerarie hodie moderni plurimi sic volunt sentenciis omnibus Wicleph immorari et quasi quinto Evangelistae inniti.

[6]) Im Kod. Dublin. C, 1, 23: Explicit tractatus ... compilatus a magistro Johanne Wiclif, doctore evangelico. De Eccl. p. XXIII Kod. 4505 der Wiener Hof-

als den tschechischen. Besonders in den Kreisen der letzteren genoß er
eine fast schwärmerische Verehrung, zu der ein Mann wie Huß das Beispiel gab — fast noch, als er schon vor dem Scheiterhaufen stand.[1])
Man wird sich darnach nicht wundern, wenn die Anhänger in Böhmen
auch äußerlich — im Bilde — dieser Verehrung Ausdruck geben. Das
sehen wir in der erwähnten Handschrift A 38 des Prager Domkapitels
— der einzigen, die den Reformator im Bilde zu bringen versucht. Es
findet sich dort zweimal: einmal auf Blatt 18 b: Wiclif ist dargestellt
als frische jugendliche Gestalt, in der Weise des Apostels Johannes, mit
breiter corona, im Doktorgewande, auf einem Kathederstuhle sitzend,
in der linken Hand das Evangelienbuch haltend und mit der rechten
auf eine Stelle deutend; das zweite Mal fol. 119a sitzt er auf dem Katheder,
auf dem Pult ist das Evangelienbuch aufgeschlagen; mit dem Antlitz
der Zuhörerschaft zugewendet, hält er seinen Vortrag über die Wahrheit
der Heiligen Schrift, in der sich das Bild befindet.

Die Handschrift ist eine der besten von allen, in denen sich wie in
dieser auch De Mandatis Divinis findet; sie entfaltet nicht die Pracht,
wie der Kodex 1598 der Wiener Hofbibliothek, vielleicht sollten aber
diese Bilder die Vorlage für diesen sein, in welchem der Raum hierfür
leer geblieben ist, die prachtvolle Ausstattung aber der Ansicht Raum
gibt, daß das Exemplar für einen hohen Herrn bestimmt war. Im Kodex
A 38 ist der Text außerordentlich sorgfältig behandelt, besser als im Kodex
1339 der Wiener Hofbibliothek und V A 3 der Universitätsbibliothek in
Prag, in welcher De Mandatis Divinis in gleicher Weise gegliedert ist als
hier. Nicht bloß zahlreiche Lesefehler sind verbessert, es wurden auch
zahlreiche Noten und Zeichen angebracht, um etwaigen Irrtümern zu
entgehen. Wenn z. B. ein Wort gratuuor in der Handschrift stand, finden
sich über dem ersten und letzten Strich der beiden u feine rote Striche,
so daß die richtige Lesung grativior gegeben ist.[2])

Fassen wir die bisherigen Ergebnisse zusammen: Es gibt eine Gruppe
von Handschriften, die ganz äußerlich die gleiche Gliederung in Kapitel
und kleinere durch Kapitalbuchstaben gekennzeichnete Abschnitte haben.
Man wird weiter bemerken, daß in einer größeren Anzahl dieser Handschriften die Schrift die gleiche ist und daß drittens jüngere Handschriften,
wie der Kodex 3929, die Eigenart dieser älteren sklavisch nachahmen[3])

---

bibl., Explicit dyalogus editus a reverendo magistro Jo. de Wy. sacre theologic pro-
fessore doctoreque evangelico nacionis Anglicane. Dgl. Kod. 4515 . . . doctorisque
evangelici, Kod. 4343: Finis triginta trium conclusionum evangelici doctoris usw. . . .

[1]) Vellem, quod anima mea esset ibi, ubi est anima M. Johannis Wicliff. Gesch.
d. huss. Bew. I, 214/5.

[2]) So auch nocuu' = nocivius; in ferantur wird das n mit feinem roten Strich getilgt.

[3]) Das ist nicht bloß bei der schon oben genannten Wiener Handschrift 3929
der Fall. Wer den Traktat De Mandatis Divinis in der Wiener Handschrift 1339

Wir können viertens die Beobachtung machen, daß mit den Handschriften, die in England kopiert und von dort nach Böhmen gebracht worden sind, gewisse konventionelle Abkürzungszeichen daselbst bekannt wurden, die vordem nicht im Gebrauche standen. Ich zweifle, daß man in einer böhmischen Handschrift aus der vorhussitischen Zeit das Zeichen ⌀^{s} = instans mit allen weiteren Ableitungen ⌀^{ti}, ⌀^{tia}, ⌀^{ibus} usw. nachweisen wird; scheint es doch auf dem Kontinent überhaupt nicht gebräuchlich gewesen zu sein. In den Wiclifhandschriften kommt es sehr häufig vor, und mit ihnen gelangt es nach Böhmen. Dort verstand man manche Abkürzungen nicht und löste sie falsch auf; das ist z. B. bei $\bar{r}$ = re der Fall, das man z. B. auf der meiner Ausgabe von De Ecclesia beigegebenen Tafel in der 6., 25. und 27. Zeile in den Wörtern cognoscere, delinquere und quare sehen kann.[1]) Die Abkürzung ist jener für is fast gleich (s. ebenda Z. 26); die erstere Abkürzung ist in Böhmen unbekannt, daher finden sich in den Handschriften, wo sie aufgelöst ist, meist Fehler, wie z. B. De Mandatis cap. XXVII nullo coloris statt nullo colore (und so noch häufig).[2]) In den englischen Handschriften, besonders wenn es Prachthandschriften sind, findet sich, wie z. B. in der von mir benutzten Cambridger Handschrift des Opus Evangelicum und der Sermones die Eigentümlichkeit, daß die Zeilen stets bis zum letzten Strich der Linie ausgefüllt sein müssen. Bleibt eine Lücke, so wird anstelle des nächsten Wortes oder einzelner Silben als Füllsel ein Strich (oder auch mehrere) hingesetzt.[3]) Das wird in den böhmischen unmittelbar oder mittelbar aus England stammenden Handschriften dieser Provenienz nachgeahmt. So z. B. in De Mandatis Divinis des Prager Domkapitels.

Man wird sonach festhalten dürfen, daß unsere böhmischen Studenten jene Orte aufsuchten, an denen wie in Oxford die Erinnerung an Wiclif noch sehr lebendig war und wo sie auch die besten handschriftlichen Vorlagen finden konnten. Dort wurde nachweislich von ihnen De Veritate Sacre Scripture kopiert. Sie wandten sich sodann an die

---

näher ansieht und deren Schrift mit jener von 1294 vergleicht, wird eine augenfällige Gleichartigkeit in der äußeren Anordnung und der Ähnlichkeit der Schrift finden, die namentlich in den Randnoten mit der von 1294 übereinstimmt. Prokop von Pilsen hat aus einer solchen Vorlage den Dekalog abgeschrieben oder abschreiben lassen. Die Kopie hat die Überschrift Decalogus magistri Procopii de Plzna, als ob er der Verfasser des Buches wäre. Die Schrift (Cod. bibl. univ. Prag. V A 3) ist zwar bedeutend vergrößert, aber offenbar der von 1339 nachgebildet.

[1]) S. in Opus Evangelicum die Tafel Nr. 2 (aus der Cambridger Handschrift B. 16, Fol. 353 a), Z. 2 von unten das Wort postillare.

[2]) Im Kap. XXVIII von De Mandatis Divinis findet sich die Stelle: Fit autem ista ebullicio ad ignem concupiscencie ioculatore tamquam burdatore dioboli fumos vanitatis continue insufflante: Alle acht Handschriften, die nicht in England geschrieben sind, haben die falsche Lesung: ioculatoris tamquam burdatoris.

[3]) Die genaue Beschreibung der Handschrift s. in meiner Ausgabe von Wiclifs Sermones Bd. I, S. XXXV—XXXVII.

Plätze, in denen der englische Wiclifismus seine meisten oder seine mäch tigsten Anhänger hatte, und schrieben so in Kemerton De Ecclesia, in Braybrook De Dominio Divino, in ähnlicher Art wohl auch die anderen Bücher der Summa Theologiae ab. Dabei darf man nicht denken, daß nicht das eine oder andere oder vielleicht sämtliche Bücher der Summa in Böhmen schon bekannt waren. Wir haben z. B. den Kodex IV D 22 (jetzt Nr. 676) der Prager Universitätsbibliothek, der außer dem Traktat De Eucharistia auch den Decalogus enthält, der das erste Buch der Summa bildet. Von dieser Handschrift weiß man aber, daß sie noch vor der Heimkehr der beiden tschechischen Studenten, und zwar in Böhmen von Andreas von Kouřím kopiert wurde: Et sic est finis huius decalogi feria quarta (Februar 25) post festum S. Mathie apostoli sub anno domini 1405 per manus Andree de Gurym finitus.

Für die Kritik der Überlieferung der zur Summa gehörenden Wiclifhandschriften ergibt sich, daß unter ihnen jene den Vorzug verdienen, die der genannten Gruppe beizuzählen sind. Die anderen, denen die charakteristischen Eigenschaften dieser fehlen, werden in die zweite Linie gestellt werden müssen. Man wird aus dem Gesagten auch noch entnehmen können, daß die bekannte Stelle aus dem 35. Kapitel der Historia Bohemica des Aeneas Silvius, die von der Übertragung des Wiclifismus nach Böhmen handelt, durchaus richtig ist, soweit die dort genannten Bücher in Frage kommen, wenn sie auch nicht alles Material nennt. Die Stelle lautet: Ex quibus vir quidam genere nobilis ex domo, quam Putridi Piscis vocant, apud Oxoniam Angliae literis studens, cum Johannis Vicleffi libros offendisset, quibus de realibus universalibus titulus inscribitur, magnopere illis oblectatus exemplaria secum attulit: inter quae (man sieht, daß er nicht alle nennt) De Civili Dominio (= Summa III—V), de iure divino (= De Dominio Divino als Einleitung zur Summa), De Ecclesia (Summa VII), de diversis questionibus contra clerum pleraque volumina veluti preciosum thesaurum patriae suae intulit.[1]

2.

Über die Beziehungen zwischen englischen und böhmischen Wiclifiten in den beiden ersten Jahrzehnten des 15. Jahrhunderts.

(Mitteilungen des Instituts für österreichische Geschichtsforschung, XII. Bd., 2. Heft.)

Unter den älteren Reformfreunden Böhmens ist es nach den obigen Ausführungen der Magister Adalbertus Ranconis de Ericinio, von dem man mit einiger Sicherheit sagen kann, daß er engere Beziehungen zu Oxford

---

[1] S. 85 der Ausgabe Frankfurt 1687.

unterhalten hat.[1]) Vielleicht daß er dort auch als Lehrer tätig gewesen. Darauf läßt die Stelle in einer Streitschrift des Erzbischofs Johann von Jenzenstein schließen, in der von ihm gesagt wird, er rühme sich, daß ihm weder in Paris noch auch in Oxford jemals ein Irrtum vorgehalten wurde, den er hatte widerrufen müssen. Ob er zu Wiclif selbst in näheren Beziehungen gestanden, ist unsicher und läßt sich aus den bisher bekannt gewordenen Materialien nicht ersehen; sicher ist es, daß er mit dem bekannten englischen Theologen Fitz-Ralph, späterem Erzbischof von Armagh und eifrigem Gegner der Bettelmönche, im Verkehre stand. In seinem Besitz befand sich ein Buch, das er wohl von Fitz-Ralph selbst erhalten hat. Auch das, was oben über seine Stiftung[2]) zugunsten tschechischer in Paris oder Oxford Studierender gesagt wurde, weist auf seine englischen Beziehungen hin. Wenn sich also in den beiden nächsten Jahrzehnten nach seinem Tode Hieronymus von Prag, dann einige Jahre später Nikolaus Faulfisch und Georg von Kniechnicz nach England begaben, mögen sie aus den Mitteln der Ranconisstiftung ihren Unterhalt bestritten haben.

Die Stiftung des tschechischen Gelehrten mußte als eine zeitgemäße bezeichnet werden, denn der Verkehr zwischen England und Böhmen gestaltete sich zu einem besonders lebhaften, seit Wenzels Schwester, Anna von Luxemburg, die Gattin König Richards II., geworden war und mehrfache Gesandtschaften zwischen den beiden Ländern gewechselt wurden. Kein Zweifel, daß diese Heirat, die am 14. Jänner 1382 abgeschlossen wurde, die Verpflanzung der in England zur Reife gedeihenden reformatorischen Ideen nach Böhmen beschleunigte. Unter den ersten Gesandten, die nach England gingen, findet sich Peter von Wartenberg,[3]) und es ist gewiß kein Zufall, daß unter den Hauptträgern des Wiclifismus in Böhmen zwei Jahrzehnte später wieder ein Mitglied des Wartenbergischen

---

[1]) Die Handschrift 1430 der Wiener Hofbibliothek enthält (fol. 1a in margine) die Anmerkung: Iste est liber magistri Ranconis de Ericinio in Boemia. Der Cod. enthält fol. 1a—118 die „Libri septem de paupertate Salvatoris seu de Mendicitate Fratrum".

[2]) Sie galt „studere volentibus Parisius vel Oxonie in Anglia, tantum in sacra theologia et in artibus liberalibus, non autem in medicinis nec in aliquibus aliis facultatibus" und war für damalige Verhältnisse sehr reich: Florenos ducatos ducentos cum quinquaginta, item florenos Ungaricales trecentos cum viginti tribus, item florenos Franconicos quindecim, quos florenos prenominatos statim ibidem paratos et numeratos in summa predicta dedit. S. Mitt. d. Vereins für Gesch. der Deutschen in Böhmen 17, 210.

[3]) Haupt der Gesandtschaft war der Herzog Przemysl von Teschen, neben ihm finden wir außer Peter von Wartenberg noch Konrad Kragyrz. Der Herzog und seine Begleitung wurden vom englischen König reich beschenkt. Peter von Wartenberg enthielt ein Jahrgeld von 250 Mark. Zu beachten sind auch die Namen jener, die sich an dem Abschluß des Vertrages zwischen Böhmen und England beteiligten. Zu ihnen gehört Zdenko von Waldstein, ein Verwandter des unten genannten Wok von Waldstein und Botho von Czastalowicz, der später eifriger Hussite war.

Hauses erscheint, eben jener Zdislaw von Zwierzeticz, an den der Führer der englischen Wiclifiten, Sir John Oldcastle, Lord Cobham, den unten mitgeteilten Brief gerichtet hat. Die Königin Anna hatte ein stattliches Gefolge aus Böhmen mitgenommen und behielt es bei sich — zum Mißvergnügen der Engländer, die ihm die reichen Geschenke neideten.[1]) Leider sind uns die einzelnen Namen der Mitglieder dieses Gefolges nicht überliefert; wir erfahren nur, daß sich auch im Dienste vornehmer Engländer in jenen Jahren einzelne Böhmen befanden. Die bekannte Lancekrona, die Walsingham Tochter eines Sattlers nennt, ist wahrscheinlich die Landgräfin von Leuchtenberg, die in Annas Gefolge nach England kam, wo sie den Herzog von Irland, Richards Günstling, geheiratet hat.[2])

Die Böhmen fanden England in heftiger, kirchlicher und politisch sozialer Bewegung. Die Schläge, die damals auf die Wiclifsche Partei niedergingen, vermochten diese nicht erheblich zu schädigen, geschweige denn zu vernichten. Ja, gerade die Schriften Wiclifs aus seinen letzten drei Lebensjahren sind die kampfesmutigsten, die er geschrieben. Und seine Partei machte noch nach seinem Tode erhebliche Fortschritte.

Der Verkehr zwischen Böhmen und England bestand auch nach Annas Tod (1394) weiter. Seit dem Ausgang des Jahrhunderts nahmen die literarischen Verbindungen noch zu und steigern sich im ersten Jahrzehnt des folgenden. Als die Verbrennung der Wiclifhandschriften angeordnet wurde, befanden sich wohl sämtliche Schriften des Reformators bereits auf böhmischem Boden. Aus Katalogen jener Zeit ersieht man, daß man um 1410 nicht weniger als neunzig kannte.[3])

Von großem Interesse ist jener oben genannte Brief, den der Engländer Richard Wyche im Jahre 1410 von London aus an Huß gerichtet hat und in welchem er der Verfolgungen gedenkt, denen die Bekenner der Wahrheit seitens des Widerchristes (des Papstes) ausgesetzt seien. Huß nennt Wyche in seiner Antwort Mitarbeiter Wiclifs. Wir kennen von ihm einen doppelten Widerruf und wissen, daß er als rückfälliger Ketzer 1431 verbrannt wurde. Aus den einleitenden Worten seines Briefes erkennt man, daß der Verkehr zwischen den englischen und böhmischen Wiclifiten ein reger war. Dem Wunsch des Engländers nach einer Antwort entsprach Huß gern. So sehr, schreibt er, erbauten sich die Gläubigen an dem Briefe aus England, daß sie mich baten, ich möchte ihn ins böhmische übersetzen.

Jene „sehr geliebten Brüder", die dem Lollarden Wyche die tröstliche Kunde von Hussens Standhaftigkeit überbrachten, — also wohl

---

[1]) Walsingham, Hist. Anglicana 2, 97, 119.
[2]) Mon. Evesham 84. Höfler, Anna von Luxemburg 101.
[3]) Die Kataloge sind neuestens abgedruckt in Wiclifs Polemical Works ed. Buddensieg. S. auch Shirley, A. Catalogue, p. 56—63.

böhmische Wiclifiten — dürften dieselben gewesen sein, die (1410) jene oben genannte Reihe von Flugschriften — die Nova Scotie, Zeitungen aus Schottland überbrachten. Es ist, heißt es da, ein Mann in Waffen, namens Quintinus Volkshirt, der sich mit gewaltiger Hand in der Sache Gottes erhebt, durch alle Länder reitet und in der Sprache des Volkes öffentlich das, was nun folgt, verkündigt und die einzelnen Stücke auf Zetteln einem jeden austeilt, der die Hand danach ausstreckt.[1] Der erste dieser Zettel handelt ganz in der Weise Wiclifs zum Teil in wörtlicher Übereinstimmung von der Kirche und ihrer Gliederung. Die dritte Abteilung der Kirche bilden die Priester. Diese leben nicht arm wie die Apostel, sondern in Ausschweifungen jeglicher Art und betrügen die Armen, denen sie Unterweisung versagen, sie weder in den Artikeln des Glaubens noch im Gebete des Herrn oder in den zehn Geboten unterrichten, ihnen das Evangelium in der Muttersprache vorenthalten und den gebührenden Anteil an dem Kirchengut entziehen, der doch für die Armen, Kranken und Hinfälligen, für arme Witwen und Waisen bestimmt ist. Aus alledem ergebe sich die Wahrheit der Lehre St. Gregors,[2] daß die Ursache des Ruins im armen Volke die schlechten Priester seien. Niemand wehrt es ihnen. Auch jene nicht, die von Gott hierzu eingesetzt sind: die obersten Priester und die weltlichen Herren, Könige und Herzoge, Grafen und Barone, Ritter und sonstige Bewaffnete. Diesen Übelständen ein Ende zu machen, setzt sich Quintinus Volkshirt in Bewegung.[3] Aber gegen sein Ausschreiben erhebt sich die Geistlichkeit und regt die weltlichen Herren sowie auch die höhere Geistlichkeit gegen ihn auf, die nun treuloser Weise mit Zensuren wider ihn einschreiten.[4] Infolgedessen richtet Quintinus in seinem zweiten „Zettel" eine Zuschrift an den Bischof von Glasgow[5] und den gesamten Klerus von Schottland mit der Aufforderung, den durch den Mund seines Abgesandten Quintinus an sie

[1] Hec sunt Nova Scocie anno 1410 Pragam portata: Est quidam armiger, nomine Quintinus Folkhyrde, id est pastor populi, qui insurgit in causa Dei manu forti, equitando per patrias et palam publicando in materna lingua ista, que secuntur in data et divisa per cedulas, cuicumque manus extendenti.

[2] Ista pars apostatat et faciendo contrarium suum officium culpabiliter omittit... propter (officium) recipiunt decimas et oblaciones, quasi pro mercede laboris; et officium non faciunt, ut ait Gregorius, sed dampnabiliter vivunt in suis voluptatibus et defraudant populum ... in non disponendo bona ecclesie, que remanent relevacioni pauperum cecorum, pauperum claudorum ... sicut ait Gregorius, quod causa ruine populi sunt mali sacerdotes etc.

[3] Ideo ego Quintinus Folkhyrde ... in defectu temporalium dominorum et pro timore, quem habeo.

[4] Cum autem hec ad aures cleri pervenirent, graviter ea ferebant et cum maxima indignacione primo movebant dominos temporales sibi faventes in dicti Quirini finalem destruccionem et secundo contra ipsum infideliter processerunt censuris suis indiscretis ...

[5] Es wird wohl statt Glatonensi der Handschrift Glascuensi lauten müssen.

gerichteten Geboten Gottes zu gehorchen und die früher begangenen Irrtümer zu meiden. Sie mögen so leben, daß alle Laien ihre Besserung sehen. Der dritte „Zettel" ist an die weltlichen Herren gerichtet[1]); er berichtet von dem zügellosen Leben des in weltlichen Geschäften versunkenen Klerus und mahnt die Laien, diesem Unwesen zu steuern. In dem letzten „Zettel" an seinen Kuraten, an alle und jeden einzelnen, mahnt er, alle Eitelkeiten der Welt zu lassen und sich einzig und allein mit dem göttlichen Gesetz zu beschäftigen: „Du sollst nicht nur das Pater noster und Credo und alle Gebote Gottes Deine Pfarrkinder in der Muttersprache lehren, sondern auch zu passenden Zeiten, das ist an den Sonntagen, das Evangelium und die Episteln predigen" usw.[2]) Der Kurat möge nach dem Befehl des Apostels mit Kleidung und Nahrung zufrieden sein und des Lebens Überfluß wohl anwenden, namentlich sich „die Bücher des hl. Gesetzes" kaufen und den Rest für die Armen verwenden. Wenn du aber nicht gehorchst, so gedenken wir einen weit heftigeren Kampf gegen dich zu beginnen als selbst gegen die Juden oder Sarazenen.[3])

Es wird uns leider nirgends berichtet, ob man in Böhmen an die Existenz dieses Abgesandten Gottes, der da kommen soll, um die vorweltliche Kirche zu bessern, geglaubt hat. Sicher ist, daß man durch solche Schriften das Volk in die größte Aufregung versetzte. Auf den intelligenten Teil der Wiclifiten mußte aber jenes Schriftstück eine große Wirkung erzielen, welches kein geringerer als der Wortführer der Wiclifiten in England an seine Gesinnungsgenossen in Böhmen gerichtet hat. Das ist der Brief Sir John Oldcastles, Lord Cobhams, an Wok von Waldstein bzw. Zdislaw von Zwierżeticz. Sir John war unter den vornehmen Gönnern des Lollardentums weitaus der bedeutendste.[4]) Er residierte in Cowling jetzt Cooling) in Kent, von wo auch der Brief datiert ist. Trotzdem Heinrich IV. ein ausgesprochener Gegner der Lollarden war, stand Sir John in hoher Gunst bei ihm und wurde gelegentlich zu ehrenvollen Missionen verwendet. Der Freundschaft des Königs hatte er es zu danken[5]), daß er von der obersten kirchlichen Behörde in England lange

---

[1]) Es heißt daselbst quod sacerdos quilibet in sacerdotali ordine constitutus, ubicunque fuerit repertus, noscatur a vobis contineri extra limites legis Dei. Qui (sc. clerus) quoad mundi pompam dives in corpore, apparatur indumentis et penulis preciosis, cultellis et cingulis perornatis ...

[2]) Quod studeas solum in lege divina, nec non Paternoster et Credo omniaque Dei mandata in materna lingua tuos vere doceas parrochianos ...

[3]) In omnium (schließt der Zettel) istorum testimonium hiis literis sigillum est appensum; et sic est finis epistolarum Quintini armigeri Scocie fidelis Amen.

[4]) Die biographischen Daten über den Lord Cobham s. in Lechler, Johann von Wiclif 2, 80—94.

[5]) Regi propter probitatem carus et acceptus, sagt Walsingham II, 291, der von seinem Standpunkte aus hinzufügt: sed tamen propter hereticam pravitatem valde suspectus.

Zeit unbehelligt blieb. Das größte Ärgernis gab er, wie Walsingham (II, 291) erzählt, dadurch, daß er in den Diözesen London, Rochester und Herford Lollarden aussandte, ihren Predigten beiwohnte, die Leute, die hiegegen Widerspruch erhoben, zur Ruhe wies und von den gegen die Lollarden erlassenen Beschlüssen der Provinzialsynode sagte, der Erzbischof von Canterbury und seine Suffragane hätten nicht das Recht besessen, solche Beschlüsse zu fassen. Ein echter Wiclifit, teilte er weder in bezug auf die Sakramente des Altars und der Buße (d. h. er war ein Gegner der Ohrenbeichte), noch auch in betreff der Wallfahrten, Bilderverehrung und der obersten Schlüsselgewalt den Glauben der römischen Kirche.[1]) Die Prozesse gegen ihn begannen 1410, in demselben Jahre also, von welchem das unten folgende Schreiben Sir Johns datiert ist. Es ist an den „edlen Herrn Woksa" gerichtet. Für den Fall, als dieser abwesend wäre, soll es an den Herrn Zdislaw von Zwierżeticz übergeben werden.

Wok von Waldstein tritt bei allen bedeutsamen Aktionen der husitischen Partei in Prag in erster Linie hervor.[2]) Am meisten verübelten ihm die Katholiken die Verunehrung der päpstlichen Bullen — gemeint sind die Ablaßbullen, welche 1412 in Prag verkündet wurden und die Wok an der Spitze eines mächtigen Volkshaufens und in unwürdigem Aufzuge durch die Straßen von Prag herumschleppte und endlich auf öffentlichem Platz verbrannte.[3]) Unter den Klagen, die auf dem Konzil gegen den König Wenzel erhoben wurden, spielt d i e über den Schutz, den er dem Wok trotz alledem angedeihen ließ, eine wichtige Rolle.[4]) Selbstverständlich gehörte Wok auch zu jenen Mitgliedern des böhmischen Adels, die gegen das Vorgehen wider Huß ihre Stimmen erhoben und sich zur Aufrechterhaltung der Freiheit des evangelischen Wortes verbündeten.[5])

Noch bedeutender als Wok tritt Zdislaw von Zwierżeticz in den einzelnen Phasen der hussitischen Bewegung hervor. Wie Wok gehörte auch Zdislaw einem der edelsten Adelsgeschlechter in Böhmen — dem Hause Wartenberg an. 1410 zum Baccalaureusexamen zugelassen, gab ihm kein geringerer als Huß selbst die „Recommendatio" mit auf den Weg[6]); 1410 wurde er Magister. Am 18. Juli wurde er, weil er gegen

---

[1]) Idem Johannes fuit et est principalis receptor et fautor, protector et defensor Lollardorum et quod presertim in diocesibus Londoniensi, Roffensi et Herfordensi ipsos Lollardos ab ordinariis sive dioecesanis locorum minime licenciatos contra constitutionem provincialem inde factam ad predicandum transmisit, eorumque predicacionibus nefariis interfuit . . f. c.

[2]) Documenta magistri Joh. Hus 430.

[3]) Ib. 640.

[4]) Et eundem Voxam hodie in curia sua tenet pro dilecto suo familiari nec de hoc fecit aliquam vindictam usque hodiernum diem.

[5]) Ib. 580, 584, 591. Vgl. auch Geschichtschr. der hus. Bewegung 2, 256, 259.

[6]) Ib. 2, 96.

die Verbrennung der Bücher Wiclifs eine Appellation eingelegt hatte, exkommuniziert[1]), und am 6. August hielt er im Carolinum zu Prag seine Verteidigungsrede von Wiclifs Traktat De Universalibus und stand auch bei dem obenerwähnten Protest und Bündnisse auf Seiten seiner Partei.

Berücksichtigt man das Datum des Briefes von Sir John Oldcastle, so ist es mehr als wahrscheinlich, daß die Nachricht von den Vorgängen in Prag in den Tagen vom 27. Juli bis zum 6. August durch einige eifrige Wiclifiten nach England gebracht wurde und der Brief Sir Johns den Dank der englischen Wiclifiten für das mutige Vorgehen jener in Prag enthält. In diesem Schreiben findet sich im übrigen noch kein Hinweis auf Verfolgungen, denen die Lollarden in England ausgesetzt sind; der Gedanke freilich an den Tod, den unter Umständen ein jeder für das freie Bekenntnis der Wahrheit erdulden müsse, tritt mehrfach hervor. Es ist demnach der Wortführer der englischen Wiclifiten, den wir in näheren Beziehungen zu den Hauptbannerträgern des Wiclifismus in Böhmen finden. Sir John starb sieben Jahre später als Opfer seiner religiösen Überzeugung:

Oldcastle died a martyr

sagt Shakespeare von ihm. Sein Tod war ein Schlag für den englischen Wiclifismus, den dieser nimmermehr zu verwinden imstande war, und der gerade in jenen Tagen erfolgte, da der böhmische Wiclifismus zu seiner herrschenden Stellung gelangt war.

Wie sehr man in der Zeit, als Oldcastles Schreiben nach Böhmen gelangt war, daselbst England und die Engländer schätzte, sieht man aus der bekannten feierlichen Aufnahme, die, wie erwähnt, im September 1411 der englische Gesandte Hartung von Clux, der dem Könige Sigismund das Anerbieten zu einem festen Allianzvertrage überbrachte, gefunden hat. Es dürfte wohl kaum einem Zweifel unterliegen, daß man in dem Magister Stokes einen Gesinnungsgenossen Sir Johns und seiner Anhänger vermutete, denn man unterhielt die Fremden sogleich mit einigen den Wiclifismus betreffenden Fragen. Die böhmische Deputation war aber damit durchaus an den unrechten Mann gekommen, denn Stokes ließ sich zu jener scharfen Äußerung hinreißen, daß ein jeder, der in Wiclifs Schriften studiere, früher oder später der Ketzerei anheimfallen müsse.[2])

Als mit Oldcastles Tode die schlimmsten Zeiten über den englischen Wiclifismus hereinbrachen, hätte man erwarten dürfen, daß nunmehr zahlreiche Wiclifiten aus England eine Zufluchtstätte in Böhmen suchen würden. Man hört aber doch nur von sehr wenigen, die sich dahin gewendet

[1]) Docum. 397, 400, 734.
[2]) S. hierüber oben S. 101 und 126.

Loserth, Huß und Wiclif.　　14

haben.[1]) Am bekanntesten unter allen ist Peter Payne geworden, der Hauptbegründer des Taboritentums, der vom ersten Augenblicke seines Eintritts in Böhmen bis zu seinem Tode im Jahre 1455 eine hervorragende Rolle daselbst gespielt hat. Er ist Zeit seines Lebens der überzeugungstreueste Wiclifit geblieben und hat das Andenken seines Meisters, das in Böhmen heftigen Anfeindungen der gemäßigten Partei, namentlich des Magisters Přibram, ausgesetzt war, lebhaft und tatkräftig verteidigt.

Doch nicht bloß die Schriften Wiclifs und seiner Schüler fanden in Böhmen Eingang, auch die seiner englischen Gegner wurden daselbst verbreitet. Zu den bedeutenderen Gegnern Wiclifs in England gehörte William Wodeford, der seit 1381 literarisch gegen Wiclif auftrat. Von seinen Arbeiten kannte man in Böhmen die Schrift gegen die 18 Artikel Wiclifs (Cod. univ. Prag. IV. G. 14), die 1399 erschienen ist.[2]) Höher als Wodeford ist Thomas Netter von Walden zu stellen, dessen Hauptwerk Doctrinale antiquitatum fidei ecclesiae catholicae nach 1417 geschrieben und gleichfalls in Böhmen Verbreitung gefunden haben dürfte. Einer der bekanntesten Gegner des Hussitentums, der schon zu Lebzeiten des Huß in Böhmen selbst eine hervorragende Rolle gespielt hat, Johannes Hoffmann von Schweidnitz, seit 1427 Bischof von Meißen, besaß die Werke Netters und vermachte sie dem Marienstifte in Leipzig.[3])

I.

Sir John Oldcastle, Lord Cobham, mahnt seine böhmischen Gesinnungsgenossen Woksa von Waldstein bzw. Zdislaw von Zwierzeticz zur Festhaltung der evangelischen Wahrheit.

Schloss Covling, 8. September 1410.

(E cod. bibl. univ. Prag. XIII. F. 21 Fol. 146 a, b).

Nobili Wokse, in absencia autem sui, domino Zdyslao de Zwerzeticz, michi fratribus in Christo predilectis, viarum Domini cognicionem ipsarumque cardinalem dileccionem et salutem. Gracias ago Deo meo, qui ut audivi[4]) per veritatis quosdam amatores cor vestrum animavit ad zelandum et certandum pro iusticia legis Dei, utinam secundum Sapientis sentenciam sit usque ad mortem; nam ut ait Salvator:

---

[1]) In der Übersetzung tschechischer Chroniken von J. Jungmann, die Höfler im III. Bd. der Geschichtschreiber der hus. Bewegung veröffentlicht hat, wird zum Jahre 1415 ein Magister Nicolaus Englisch genannt, der in Prag am Graben bei der schwarzen Rose gewohnt hat. Ob man etwa in diesem Englisch einen Engländer zu sehen hat, der wie Peter Payne (auch diesen pflegte man meistens Peter Englisch zu nennen) seine Schritte in das gelobte Land des Wiclifismus gelenkt hat, muß dahingestellt bleiben. Übrigens scheint auch die Übersetzung nicht richtig zu sein; vgl. den Urtext in den SS. rer. Boh. III, 472. Dort werden angeführt: Meister Peter, Meister Nicolaus, Englisch und Nicolaus Lorisses.

[2]) Vgl. die Charakteristik dieser Schrift bei Lechler, Johann von Wiclif 2, 49—55.

[3]) Pfotenhauer, Schlesier als Rektoren der Universität Leipzig, im 17. Bande der Zeitschrift für Geschichte und Altertum Schlesiens, S. 189.

[4]) Cod.: audivit.

Qui perseveraverit in veritate usque in finem, hic salvus erit. Eya frater karissime, multum de te congaudeo, et ultra quam scribere sufficio, condelectatur in te anima mea pro eo, quod pompa Antichristivorum non te terret, sed quod fiducia verbum Dei et eius veraces provulgatores promoves[1]) iuxta posse. Jam enim ut luculenter cernere possumus, lex Domini fuerat immaculata, nimis diu per antichristivos presbyteros suffocata et ab ipsis, quibis Christus commiserat gladium ob defensionem sue legis, nimis vecorditer parvipensa. Ad quod nimis parum attendunt reges et domini temporales, et ideo, ut dicit Isidorus, reddent Domino racionem, a quo acceperunt ecclesiam potestative contuendam. O quantum timere possumus nos miseri, qui vires nostras et afectus (?) tociens in peccatis carnalibus et causis mundialibus expendimus, sed in causa Domini nos in quoquam exponere inhumaniter resilimus. Recordemur idcirco Malachie, Finees, Jude Machabei et aliorum zelum Dei habencium, qui in scripturis divinis meruerunt a Deo commendari, ut ipsorum zelus et opera relinquantur posteris in exempla. Simus ipsorum imitatores mercedem cum ipsis finaliter recepturi. Quid igitur nos moveret propter vanum nomen hujus seculi, quod transit velut umbra vel lucrum temporalium caducorum[2]), tam audacter nos ponere sed in causa Christi post tot accepta beneficia propter statuam fictam terrificam nimis stolide formidare? Certe nisi quod antichristivus timor, superbia et temporalium affluencia nos nimium excecarunt. Pensemus igitur, tu et ego et ceteri nobis consimiles, quod non solum sufficit corde credere ad iusticiam nisi eciam ore confiteamur dominum Jesum Christum. Nam meritum et penam ipsemet in evangelio nobis profert, meritum, ubi dicit: Qui me confessus fuerit coram hominibus, confitebor et ego eum coram patre meo. Et econtrario penam, ubi dicit: Qui me negaverit vel erubuerit coram hominibus, hunc ego negabo et erubescam in conspectu patris mei et sanctorum angelorum.

Diligamus ideo dominum Jesum Christum, ipsum corde et opere humiliter confitendo, et quoscunque impedientes cursum liberum sue legis nullatenus defendamus, quia quicunque impedierit verbum Dei, ne litere ecclesie sue proficiat, est sicut indubie Antichristus, cum Christus auctor salutis propter promulgacionem[3]) sue legis penas crudelissimas subiit atque mortem; nec excommunicaciones hominum ficte a bonis operibus nos terreant, quia per Isaiam prophetam dicit Dominus: Quis tu, ut timeas ab homine mortali et a filio hominis qui quasi fenum ita arescet et oblitus es domini Dei tui? Et ut testatur Crisostomus[4]) pro certo: Proditor veritatis est non solum ille qui transgrediendo veritatem palam pro veritate loquitur mendacium, sed eciam ille qui nun llbere pronunciat veritatem, quam libere pronunciare oportet, aut non libere defendit veritatem quam libere convenit defendere. Nam sicut sacerdos est debitor, ut veritatem, quam audivit a Deo, libere predicet, et nullo modo neque propter timorem neque propter amorem obmittere[5]), cum valde grave sit veritatem, quam audivit a sacerdotibus probatam in scripturis, defendat[6]) fiducialiter. Quod si non fecerit, prodit veritatem. Ecce karissimi: Hec et hiis similia me movent; moveant et te et tui consimiles, ut simul omnes stemus viriliter cum veritate; et si finaliter perstiterimus, a renunciacione condigna nos non fraudabit dominus veritatis; et quia si dominus dedignabitur nos adiuvare, ut speramus, non intendamus recedere ab hac veritate usque ad mortem. Ideo sigillum armorum nostrorum, quod nunquam apponimus ad litteram que deberet in posterum cessari, decrevi hanc litteram eodem sigillare.

---

[1]) Cod.: promovens.
[2]) Cod.: caducarum.
[3]) Cod.: provulgacionem.
[4]) Cod.: Crisotomus.
[5]) scil: debeat.
[6]) Cod.: defendant.

Datum[1]) in nostro castello de C u l i n g in die Nativitatis sancte Marie anno Domini 1 4 1 0 per J o h a n n e m O l d e c a s t e l l i s , summi de C o b h a m.

II.

Ein zweites Schreiben Sir John Oldcastles — es ist an den König Wenzel von Böhmen gerichtet und gibt der Freude über dessen Haltung, den „echten Priestern" gegenüber, lebhaften Ausdruck — wurde durch den Herrn Diakonus Joseph Müller in Herrenhut in dem Cod. I. 61. der dortigen Universitätsbibliothek aufgefunden und mir durch die Vermittlung des Herrn Prof. J. Goll in Prag freundlichst mitgeteilt. Das Schreiben bietet ein noch bedeutenderes Interesse dar als das erste, indem wir hier auch die beiden Häupter des Wiclifismus in England und Böhmen in brieflichem Verkehre treffen. Es wird in dem Briefe nämlich ausdrücklich bemerkt, daß es der Magister Huß war, der Cobham auf die Haltung Wenzels der hussitischen Richtung gegenüber aufmerksam gemacht hat. Sir John Oldcastle dankt dem Könige für diese Haltung und erhofft für die Zukunft das beste. Der Brief trägt keine Jahreszahl in der Handschrift; er dürfte, wie J. Müller in einem an mich gerichteten Schreiben vermutet, in das Jahr 1 4 1 3 zu setzen sein. Vor 1 4 1 1 kann er jedenfalls nicht geschrieben sein, weil König Wenzel in der Aufschrift Marchio Moravie genannt wird; seinem ganzen Inhalte nach muß er vor 1 4 1 5 geschrieben sein. Ist diese Abgrenzung richtig, dann dürfte sich die Notiz von dem Unkraut, welches König Wenzel von dem Weizen gesondert habe, vielleicht auf die Absetzung und Verbannung des Stanislaus von Znaim, Peter von Znaim, Stephan von Palecz und der anderen Genossen im April 1 4 1 3 beziehen (s. Palacky, Documenta mag. Johannis Hus 5 1 0). Demnach müßte Cobham, da der vorliegende Brief am 7. September in London geschrieben ist, bereits Anfang September von seiner Burg Cowling Castle zurückgekehrt sein.

Cobhams Brief lautet wie folgt:

Serrenissimo ac Illustrissimo principi ac domino domino Wenceslao Romanorum et Boemie regi, Moravie marchioni et principi Luzburgensi.

Salus ab eo, qui est, et qui de lapidibus filios Abrahe potens est suscitare. Ille, inquam, salutet, corroboret, confortet et custodiat in omni bono per infinita seculorum secula. Cum fama placens animum delectat et cor in gaudium ingens provocat, hinc est, serenissime princeps, quod fama vestre strenue milicie in evangelio Christi michi per magistrum Hus, iudicio meo Christi sacerdotem, nec non alios litteratenus intimata animum meum leticia quamplurimum cibavit et cor in gaudium exiliens ossa nec non membra medulavit et me quamvis minus dignum vestre serenitati scribere adarmavit, cum amor non ociatur. O quam suave, quod Wenceslaus Romanorum et Boemie Rex exemplum et speculum primicieque ceterorum regum zyzaniam, falsos sacerdotes, in oreum congregatam sagaciter et studiose a tritico segregavit et triticum, veros Christi sacerdotes, in statu evangelice paupertatis corroboravit. O quam delectabile tam excelsus princeps excelsus miles Christi effectus est. O quam mirum et inaudibile sed nimirum laudabile regem modernis temporibus officium status sui practisare, nec dubito, quin sentencia Augustini in epistola ad Bonifacium docens regale officium vos adarmavit, que insinuat, primo regem debere servire Deo suas leges legi dei regulando, adversantes Christi legi destruendo et populum ad observanciam mandatorum Domini compellendo, cum sitis vicarius divinitatis; et si sic, indubie regnum vestrum, magnifice rex, indivisum stabit, quoniam non dividitur,

---

[1]) Cod.: Datis.

nisi per transgressionem mandatorum Domini, nec unitur, nisi per observanciam eorundem, et sic misericordia et virtute si custodiemini et clemencia roborabitur tronus vester et per consequens dissipator omnis mali efficiemini in destruendo falsos fratres nec non prelatos et intuitu vestro tamquam rugitu leonis terrentur. O utinam Deus daret perseveranciam gracie, illustrissime princeps, vestre maiestati nec non toti vestre evangelice communitati, baronibus militibusque doctrina Christi nec non zelo caritatis; ad servicium, sine preiudicio mei legalis domini, cum omnibus amicis meis nec non michi in via veritatis evangelice adherentibus me offero et sum presto, quoniam non paucos animosius ad verbum Dei exemplo vestro provocastis. O utinam regibus universis Dominus tale cor daret aut tantum Danielem, qui sic sollicite pro lege Dei se poneret, in cunctis mundi climatibus suscitaret et vos magis ac magis in legis Domini practica stabiliret et post vitam eternam·condonaret, quod patrare dignetur, cuius regnum nunquam destruetur.

Scriptum Londonie septimo die Septembris per vestrum humilem servitorem Johannem Oldecastellum militem, dominum de Cobham.

3·

Der Kirchen- und Klostersturm der Hussiten und sein Ursprung.

(Zeitschrift für Geschichte und Politik 1888, Heft IV. Gekürzt.)

I.

Selten hatte ein Land in dem verhältnismäßig knappen Zeitraum eines Menschenalters einen jäheren Umschwung in allen seinen Verhältnissen aufzuweisen als Böhmen in der Zeit der Hussitenkämpfe. Die Umwandlung betraf nicht bloß die politischen, sondern auch die nationalen, wirtschaftlichen und vor allem die kirchlichen Zustände des Landes. Wer Böhmen im letzten Jahrzehnt der Regierung König Wenzels besucht hatte und es etwa einige Jahrzehnte später wieder durchzog, sah einen ungeheuren Wechsel, der nach all den genannten Seiten hin aufs schärfste hervortrat. Traf er vordem in den Städten und Märkten des Landes eine ansehnliche und wohlbehäbige deutsche Bevölkerung, die den Städten allüberall ein durchaus deutsches Aussehen verlieh, so fand man nun von diesem Deutschtum nur noch an solchen Orten einige Spuren, wo es sich der siegreichen hussitischen Partei in kirchlichen Dingen überantwortet hatte. Man findet ja auch deutsche Hussitengemeinden im Lande.[1] In kirchlicher Beziehung war der Katholizismus im Lande in seinen Grundfesten erschüttert: die einstige, wie es schien, festgegliederte Hierarchie existierte nicht mehr, und die zahlreichen Klostergründungen früherer Jahrhunderte waren vernichtet. Und was etwa dem ersten Fanatismus der Hussiten entgangen war, das fand während des folgenden sechzehnjährigen Krieges sein Ende. Wie die Macht des Königtums —

---

[1] Wie Landskron und Fulnek.

soweit dies überhaupt noch in Frage kam — in politischer Beziehung erhebliche Einbuße erlitten hatte, so hatte sich auch in der ständischen Schichtung ein mächtiger Umschwung vollzogen: der ungeheure weltliche Besitz des Klerus war in andere Hände gekommen, denn wer sich an den Hussitismus anschloß, mußte sich nicht bloß zur Freiheit des Kelches, sondern auch zur Abschaffung der weltlichen Macht des Klerus bekennen. Was dieser Umschwung sagen wollte, liegt auf der Hand: nach einer Schätzung des Huß befand sich der dritte Teil von Grund und Boden in Böhmen im Besitz der toten Hand.

Mit dem Übertritt der Gemeinden zum Hussitismus ging die Zerstörung der Klöster und in vielen Fällen auch der zu ihnen gehörigen Kirchen Hand in Hand, und so gewahrte man an Stelle der herrlichen Bauten, die einstens Böhmen vor anderen Ländern berühmt gemacht hatten, oft nur wüste Trümmerhaufen und erinnerte sich der entsetzlichen Gewalttaten, die die Zerstörung der Kirchen und Klöster insgemein einleiteten. Von der Pracht dieser Bauten spricht Enea Silvio mit begeisterten Worten. Was war der Grund, daß der Hussitismus mit der böhmischen Hierarchie und zumal mit dem Mönchtum so tatkräftig aufräumte, daß nach den Worten eines Zeitgenossen schon vor 1422 in Böhmen kein Ort war, der für den Mönch sicher gewesen wäre?

Schon in den letzten Jahren König Wenzels war das Mönchtum in hussitischen Kreisen aufs äußerste verhaßt. So erzählt Lorenz von Brzezova, daß am 4. Januar 1420 in den Straßen von Prag ein eigenes Verbot verkündet wurde, die Mönche fürderhin mit Schimpf- und Scheltworten zu verfolgen, denn, sagte er, es hatte sich jetzt der Gebrauch eingebürgert, daß, wo immer ein Mönch vorüberging, nicht bloß die Kinder, sondern auch Erwachsene ihm nachriefen: „In den Sack mit dem Mönch, in den Sack!" Man hat als Grund für den Haß, der mit voller Wucht auf die Bettelmönche fiel, den Umstand angegeben, daß sich gerade aus ihrem Kreise hervorragende Gegner der hussitischen Bewegung erhoben hatten. Aber die Motive dieses Hasses liegen doch tiefer: darin, daß das Hussitentum, wie es in den Taboriten seinen Ausdruck fand, die Existenzberechtigung der damaligen Hierarchie überhaupt und der Klostergeistlichkeit insbesondere leugnete. Und so sind die hussitischen Geschichtsbücher voll von Erzählungen fortgesetzter Plünderungen oder Zerstörungen der Klöster des Landes. Bedenkt man, daß dies Böhmen ein Land war, wo die kirchlichen Institute sowohl seitens des Landesfürsten als auch der Bevölkerung immer eine tiefe Verehrung genossen, und beide Teile in der Gründung stets neuer Stiftungen miteinander wetteiferten, so taucht die Frage auf: Woher der Wechsel in der Stimmung auf beiden Seiten? Man wird zunächst zugeben, daß ohne das Gewährenlassen des Hofes, wie man es in entscheidenden Augenblicken gewahr wird, der Hussitismus nicht so tiefe Wurzeln im Volke hätte fassen können, wenn das Königtum auch nicht, wie gleichzeitige Chronisten meinten, etwa mit einem Hauch die ganze Bewegung hätte wegblasen können.

Es verdient bemerkt zu werden, daß man auch auf katholischer Seite die groben Fehler, an denen das böhmische Kirchentum krankte, in objektiver Weise hervorhebt und nicht zu bemänteln versucht. Man findet, daß für das gewaltige geistliche Heer des Landes, das e i n e Oberhaupt, als das der Prager Erzbischof erscheint, allein nicht genügte, auch wenn immer so tüchtige Männer wie Arnest von Pardubitz den Metropolitansitz geziert hätten. Es wird ferner zugegeben, daß bei dem großen Reichtum der böhmischen Kirche die Gefahr ihrer Verweltlichung nicht bloß nahe lag, sondern auch schon eingetreten war, und daß neben der Masse von geistlichen Sinekuren, die zur Ausstattung adeliger Kleriker dienten, ein zahlreiches geistliches Proletariat vorhanden war, das mit um so größerer Mißgunst auf die Reichtümer der Prälaten blickte, je trostloser sich das eigene Dasein gestaltete. Man kennt heute aus den Visitationsbüchern die Unzulänglichkeit des böhmischen Klerus in sittlicher Beziehung, man hebt die Eifersucht zwischen Kurat- und Regulargeistlichkeit, die Üppigkeit der besitzenden und den dünkelhaften Stolz oder die lästige Zudringlichkeit der (angeblich) nichts besitzenden Mendikanten hervor. Es ist auch richtig, daß die Lage der Mönche in den Städten und auf dem Lande aus einer Reihe von Gründen, die auf die geänderte Stellung des Städtewesens Bezug haben, immer schwieriger wurde, und daß der Adel mit Scheelsucht auf den Reichtum der Klöster sah, den sie seinen Ahnen verdankten. Doch das alles bezeugt nur, daß der Boden in Böhmen für eine kräftige Reform wohl geeignet war, kann aber die argen Exzesse der hussitischen Zeit weder entschuldigen noch auch nur erklären. Eine Reformation, nachhaltiger als die böhmische, vollzog sich einige Menschenalter später auch in Deutschland und anderen Ländern, ohne daß es zu derartigen Ereignissen gekommen wäre.

Man hat da wohl gesagt, daß man in Böhmen in der Errichtung von Kirchen und Klöstern viel weiter gegangen sei, als die Religion an sich forderte und die Kräfte des im allgemeinen nicht sehr reichen Landes gestatteten, so daß eine Reaktion in dieser Hinsicht unausbleiblich wurde. Aber auch das kann nicht als eine befriedigende Erklärung betrachtet werden. Man wird vielmehr finden, daß das, was diese Reaktion an die Stelle des früheren Zustandes setzte, für die breiten Massen des Volkes viel schlimmer war als dieser selbst. Es ist richtig, daß schon Matthias von Janow geklagt hat, der gemeine Mann, gewöhnt an die sinnliche Pracht der Kirchen und des Gottesdienstes, werde auch gewöhnt, das Wesen der Religion mehr in Zeremonien und äußeren Werken als in der Gesinnung zu suchen, und sei nur zu sehr geneigt, den Bildern selbst jene

Bedeutung und Heiligkeit zuzuschreiben, die den von ihnen dargestellten Ideen zukommen, so daß in solchen Fällen die Gefahr der Idololatrie nur durch die Beseitigung der Bilder abzuwenden sei: man sieht aber nicht, daß solche Lehren Janows auf seine Zeitgenossen in Böhmen sonderlich einwirkten. Das taten erst Lehren, die von anderer Seite herkamen, und zumeist auch aus anderen Motiven die „Vernichtung der Sekten", d. h. der geistlichen Orden und namentlich der Bettelorden verlangten, und zur Zerstörung „der Nester des Teufels" aufforderten. Indem die hussitischen Wortführer durch mehr als anderthalb Jahrzehnte diese Theorien von Lehrstühlen und Kanzeln herab, in Schrift und Wort dem böhmischen Volke verkündigten und dieses fanatisierten, wurde jener unsägliche Haß gegen den „Antichrist" und die „verkaiserte" Kirche erzeugt und großgezogen, der dann in den brutalen Gewalttätigkeiten und entsetzlichen Orgien seine Sättigung fand. Woher aber stammten diese Lehren?

II.

Man wird unter Wiclifs Schriften aus seinen letzten vier Lebensjahren kaum eine finden, in der nicht der Hochmut und Ehrgeiz, die Habsucht und Simonie, die Ignoranz und der Stumpfsinn der Bettelmönche in mehr oder minder scharfer Form gegeißelt würde. Die Anfänge seines Streites mit ihnen liegen nicht völlig klar zutage. Erwiesen ist nur, daß nicht seine Abendmahlslehre den Anlaß hierzu bot, denn schon in seiner Schrift vom Pfarramte, also schon 1377, werden sie mit Worten und in Wendungen angegriffen, die sich dann in den nach 1381 erschienenen Schriften finden. Aus einigen Stellen seiner Predigten wird aber ersichtlich, daß die Abendmahlslehre den Kampf verschärfte, da nun die Bettelmönche Wiclif im ganzen Lande als Ketzer verschrien. Der Kampf schlug alsbald tiefere Wogen: Nicht die Bettelmönche allein, sondern die gesamte Hierarchie waren das „Nest, das die letzte Zufluchtsstätte der Mönche" bildet; die römische Kurie, wird der Zielpunkt von Wiclifs Angriffen; und da er in den Bettelmönchen die gefügigen Werkzeuge des römischen Absolutismus erblickte, so behandelte er nun die meisten Fragen, die er erörtert, z. B. wenn er die Verirrungen seiner Zeit, die Sünden und Anmaßungen der Geistlichkeit beschreibt, unter dem Gesichtswinkel seines Streites gegen die Bettelmönche.

So wird schon im Trialogus (1381) erörtert, daß die bestehende Hierarchie in der Bibel keine Begründung habe. Die Bettelmönche, als offenkundige Schüler des Antichrist, belasten die Kirche und verhindern, daß „das Evangelium frei wie einstens" gepredigt werde. So ein Bettelbruder sei, wie angeblich[1]) schon der gefeierte Grosseteste gesagt hat, ein Kadaver,

---

[1]) Über das Mißverständnis der Äußerung Grossetestes s. meine Abhandlung Johann von Wiclif und Robert Grosseteste, Bischof von Lincoln im 186. Bd. 2. Abh. der Sitz.-Ber. der Wiener Akademie 31 ff.

dem Grabe entstiegen und vom Teufel unter die Menschen gepeitscht. Ihren Ursprung haben sie in arge Lügen verhüllt und ihre „privaten" Sekten ziehen sie der allgemeinen evangelischen Lehre vor. Statt in Armut zu leben, bauen sie für sich prächtige Paläste und richten die Länder, in denen sie wohnen, zugrunde. Jene Priester aber — gemeint sind „die armen" Priester Wiclifs, Wanderprediger — die solche Schlechtigkeiten dem Volke aufdecken, suchen sie zu verderben. Der weltliche Arm hat die Pflicht, diesen gegen die Bettelmönche beizustehen; die Quelle aller Nichtsnutzigkeit, wird dann im Supplement zum Trialogus behauptet, sei der Papst.

Dieser Trialogus war ein Lieblingsbuch gebildeter oder gelehrter Hussiten. Am tiefsten war Stephan von Dolcin, einer der gefürchtetsten Gegner der Hussiten, von solchen Worten ergriffen. Daß solcher von Wiclif ausgestreuter Same ins Volk gedrungen, habe ihm die Feder in die Hand gedrückt.

Andere Bücher Wiclifs drücken sich nicht milder aus, dabei ist ihre Wirkung eine größere, weil ihr Verständnis leichter ist, da ihnen, wie dem Dialog und den vielen Flugschriften, die gelehrte Gewandung fehlt, die der Trialog besitzt. Meist ist schon ihr Titel ein aufregender. Die erste Flugschrift „Von der Lösung des Satans" behauptet, der Satan sei in d e m Augenblicke losgelassen worden, da seine schädlichen Diener in die Kirche gekommen, und dies sei zweifelsohne durch den Eintritt der vier Sekten (Bettelorden) erfolgt. Von dieser Lösung spricht Wiclif überhaupt gern. Von „zwei Arten der Ketzer", so heißt eine andere Flugschrift, ist England — dafür setzen tschechische Schreiber: ist Böhmen — zu befreien, das sind die Simonisten, vom Papst angefangen bis auf den letzten Pfründner, und jene Leute, die das Armutsideal leugnen. In der Flugschrift „Von den eitlen Religionen der Mönche" wird gelehrt, daß jede Pflanzung, die nicht der himmlische Vater gepflanzt hat, ausgerottet werden muß. Und solche Pflanzungen sind die Orden, die nur geschaffen sind, um die Einheit in der Kirche zu zerstören. Keine private Religion, heißt es im Traktat „Von der Vervollkommnung der Stände", kann jener gleichen, deren Haupt Christus ist. Daher müssen alle Sekten vernichtet werden. In den nächsten Streitschriften erinnert er die Könige an ihre Pflicht, diese Orden auszurotten. Und so nimmt auch in Wiclifs Predigten der Kampf gegen die Bettelmönche einen breiten Raum ein; nur ist dieser Kampf für sie noch gefährlicher, weil der ausgesprochene Zweck dieser Predigten war, im Volke zu wirken. Und die Wirkung ist auch nicht ausgeblieben. Wiclif rügt in seinen Predigten zunächst die allgemeinen Fehler der Orden; er klagt über ihren Neid und Haß nicht bloß gegen Fremde, sondern auch gegen die eigenen Ordensbrüder. Er tadelt ihren ungezügelten Hang zu weltlichen Vergnügungen und ihre Gier nach weltlichem

Gut. Seine Beweise gehen dahin, daß diese Orden dem Gesetze Gottes (der Bibel) widersprechen, ihre Mitglieder verderblichen Lastern fröhnen, überflüssig und gefahrbringend seien und daher vernichtet werden müssen. Ihr Patron ist der Antichrist. Ihre Pflichten erfüllen sie nicht, zum Predigtamt werden solche Personen gewählt, die am leichtesten fremde Güter einzuheimsen verstehen. Ihre Predigten sind nur auf den Erwerb weltlichen Gutes gerichtet. Daher suchen sie nicht die Stunde aus, w a n n , und den Ort, w o sie dem Volk am meisten zu nützen, sondern wann und wo sie am meisten Geld einzustreichen vermögen. Das arme Volk, das ihnen nichts bieten kann, verschmähen sie, wie geneigt es auch ist, Gottes Wort zu vernehmen. Ihr Betteln nach der Predigt ist die schrecklichste Gotteslästerung. Sie sind geistige Totschläger, denn sie richten viele zugrunde, indem sie fromme Verkündiger der Wahrheit als Ketzer verschreien, Verteidiger der Rechte des Königs in den Kerkern umbringen und mit ihrem tödlichen Haß die armen Priester verfolgen. Ihre Lippen sind von der Ansteckung der Lüge, ihre Hände von Menschenblut rot, daher sind sie die Söhne Kains (Kaims), wo K die Karmeliter, A die Augustiner, J die Jakobiten und M die Minoriten bezeichnet. Von dieser Kainsbrut befreie uns der Herr.

In diesem Tone fährt Wiclif fort. Seit 1381 werden diese Angriffe noch schärfer. Nicht mehr bedingungsweise wie früher, sondern bedingungslos wird jetzt der Papst als der Antichrist bezeichnet. Von den Angriffen gegen die Mönchsorden sind viele so gehalten, daß sie sich kaum wiedergeben lassen, oft versteckt zwar, aber doch allgemein verständlich. Wie die Schildkröten, sagt er an einer Stelle, kriechen diese Mönche durch die Welt, schleichen wie die Katzen und gleich dem Uhu selbst in die geheimsten Kämmerchen und werfen ihre Luchsaugen bald auf die eine, bald auf die andere Seite. Ihr Bauch ist die Küche des Teufels, und das achtfache W der Bibel muß zweifellos auf diese Sekten fallen; wer in ihnen verharrt, muß verdammt sein. In einer Predigt wird die Frage aufgeworfen: Gibt's denn überhaupt gute Mönche?

Alles Elend in der Kirche stammt von deren Verweltlichung — Wiclif nennt sie Verkaiserung — daher kommen die Kriege, daher die weltliche Herrschaft der Päpste, die in der Bibel keine Begründung findet, und sie ist wieder daran schuld, daß man so gierig nach dem Papsttum strebt. Die Kirche muß arm sein, der gesamte Klerus seinen weltlichen Besitz aufgeben, denn er ist nur ein Raub, der an den Armen begangen wird. Die Laienwelt, ja der ganze Staat ist von diesem Klerus angesteckt. Die weltlichen Herren lassen sich vom Teufel einreden, es sei das schönste Almosen, die frommen Leute aus der Kirche Christi zu bereichern. Hier muß Wandel geschaffen werden, und ihn zu bewirken, ist Pflicht des Königs, des Stellvertreters Gottes auf Erden. Vom Klerus müsse man an den

König appellieren können, nicht umgekehrt. Die Herrenwelt muß belehrt werden, daß zuviel des weltlichen Gutes in den Händen des Klerus sei. Wenn der weltliche Arm versagt, ist Selbsthilfe geboten. Dabei ist er aber nicht der Meinung, daß man dem Klerus persönlich zu Leibe gehe.

Faßt man alles zusammen: Diese Predigten richten sich in erster Linie gegen jene Mißbräuche in der Kirche, mit denen die Bettelorden aufs engste verknüpft sind: das Ablaßunwesen, die Bruderschaftsbriefe und die Kreuzzugspredigten. Indem der Kampf immer heftiger wird, greift Wiclif die Existenzberechtigung dieser Orden an, die eine bessere Religion als die Christi zu besitzen glauben und die Freiheit der Predigt beschränken, und schreitet endlich zum Angriff auf das gesamte bestehende Kirchenregiment vor. Mit Nachdruck betont er die ursprüngliche Gleichheit aller Diener der Kirche, zu der man wieder zurückkommen müsse: ein anderes „Majorat" dürfe es in der Kirche nicht geben als das größere Verdienst gegen Christus.

Auch die großartigen Tempelbauten, von den Gebäuden der Klöster ganz zu schweigen, werden lebhaft getadelt, denn sie laden nicht zur Frömmigkeit ein, sondern zerstreuen, sie beweisen nicht die Demut, sondern die unerträgliche Hoffart des Klerus; in diesem Sinne erbauen die Mönche mächtige Häuser und Türme, gleich dem Turm zu Babel. Aber Gott verschmäht solche Bauten, sie haben in der Schrift keine Begründung. Während die besitzenden Mönche Säulengänge erbauen wie Kastelle, bereiten sich die Bettelmönche Wohnsitze wie Raubburgen, in denen sie ihren Raub bergen. Aus dem Evangelium gehe hervor, daß Christus solche Bauten in Worten und in der Tat verwirft. Hat sich nicht Johannes der Täufer in der Einsamkeit der Wüste erbaut und haben nicht Christen sowohl als auch die Väter des alten Bundes unter freiem Himmel gebetet? Darf man Mönchen, die, um Kirchen zu bauen, betteln, Almosen geben? Das sei wegen der damit verbundenen Mißbräuche zu verweigern, noch weniger wird man für Klosterbauten beisteuern dürfen, denn aus den den Häusern der Mönche sei zu ersehen, daß sie keine Stadt Gottes bilden.

Solche Predigten Wiclifs und seiner Schüler hatten eine unmittelbarere Wirkung auf das Volk, als irgendein anderes seiner Werke, in denen die Angriffe auf die Bettelmönche vielleicht noch methodischer angelegt waren als hier. Die Schüler trugen des Meisters Lehren in die weitesten Kreise, und gleichzeitige Quellen berichten von deren durchgreifender Wirkung. In London kam es unter den Bürgern zu einer lebhaften Bewegung im Sinne Wiclifs, die sich anderen Städten des Reiches mitteilte, in Oxford zu Unruhen, und der Fortsetzer des Eulogium Historiarum meldet zum Jahre 1382: In diesem Jahre werden den Mönchen die Almosen entzogen, sie werden — eine Forderung, die Wiclif des öfteren aufgestellt hatte, zur Arbeit gewiesen; man duldet nicht, daß sie predigen, sie werden Pfennigprediger und Häusereinschleicher genannt. Man schreibt berüchtigte Bücher in englischer Sprache (die Schriften für die Wanderprediger) und schreibt ebenso Wiclifs Irrtümer in englischer Sprache nieder.

Diese Bewegung ergriff immer weitere Kreise und trotz des zwei Jahre später erfolgten Heimganges des englischen Reformators durfte seine Partei hoffen, eine Besserung der kirchlichen Zustände Englands durchzusetzen. Erst seit 1396, als der tatkräftige Thomas Arundel Primas von England geworden und namentlich als drei Jahre später das Haus Lancaster Englands Thron bestiegen, vereinigten sich Kirche und Staat zu gemeinsamer Abwehr der kirchlichen Neuerungen. Während aber der Wiclifismus seinen Boden in England verlor, schlug er in Böhmen um so tiefere Wurzeln; daß aber seine Bekämpfung in England mit soviel Nachdruck und Erfolg geschah, war doch wieder eine Folge der Ereignisse, die sich seit dem Anfang des 15. Jahrhunderts auf kirchlichem Gebiete in Böhmen abspielten.

III.

Wie auf anderen Gebieten, so sind die Hussiten auch in der Predigt Schüler ihres englischen Meisters. Wenn Wiclif lehrt: die wahre Freiheit besteht darin, daß die Priester, die Gott erweckt hat, frei predigen dürfen, und daß die, so diese Freiheit aufgeben, exkommuniziert zu werden verdienen — ist das nicht der erste der vielberufenen vier Prager Artikel, in welchem gleichermaßen verlangt wird, daß Gottes Wort frei und ohne Hindernis von den christlichen Priestern gepredigt werde? Den Worten Wiclifs folgend, haben auch Huß und seine Genossen das evangelische Werk der Predigt am höchsten geschätzt. Ganz im Sinne Wiclifs sagt Huß in einer Predigt: Nach meinem Dafürhalten gelten treue Hilfsprediger in der hl. Kirche ungleich mehr als unsere Prälaten, denn sie verwalten eigentlich das priesterliche Amt; oder wenn er in einer anderen sagt: Und darum ist die Predigt so ehrwürdig, weil Gottes Sohn selbst so eifrig im Predigen war. Und wenn er in Konstanz noch auf Befreiung hofft, so geschieht es in dem Wunsch, durch seine Predigt dem Volke nützen zu können. Dabei verstand er es, die Massen des Volkes hierfür zu begeistern, und dreifaches Weh ruft er über jene Priester herab, die predigen sollen und es verabsäumen, ja selbst die gläubige Menge am Zuhören hindern. Wie Wiclifs Predigten, so enthalten auch die seinigen heftige Angriffe auf die höhere Geistlichkeit, die heftigsten auf das Mönchtum, und ihnen schreibt er auch sein schließliches Ende zu. Daß ich die Habsucht und das unordentliche Leben des Klerus gerügt habe, darum muß ich die Verfolgung leiden. Diese wird nun bald an mir vollendet werden. Wie Wiclif mahnt er das Volk zur Umkehr und Einkehr. Es möge aufhören, der unersättlichen Habsucht der Mönche noch länger zu steuern. Der Streit, den ich führe, sagt er, ist gegen des Papstes Gebräuche gerichtet, nämlich gegen seine Gewalt, die ihm nicht etwa von Gott verliehen ist, sondern die er von Teufels wegen sich anmaßt. Das erinnert ganz an zahlreiche, ziemlich gleichlautende Äußerungen Wiclifs, und wie dieser will auch er Rückkehr der Kirche zu den Zuständen jener Zeit, da es diese ganze Hierarchie noch nicht gab, und demgemäß die Vernichtung all dessen, was auf künstliche Weise durch menschliche Klügeleien in die Kirche zu ihrem Schaden eingeschmuggelt wurde. Nur scheut er — während Wiclif an Selbsthilfe nur denkt, wenn alle anderen Mittel versagen — auch vor der Gewalt nicht zurück und erlangte durch die agitatorische Art seines Vorgehens eine Macht über die Herzen seiner Landsleute, wie sie Wiclif niemals in gleichem Maße besessen. So wenig wie dieser will er den Mönchen ans Leben, aber er rät den weltlichen Herren, sie in ihrem weltlichen Besitz nicht zu schützen.

Daß Huß in seinen Predigten das Beispiel des englischen Meisters vor Augen hatte, ist um so weniger zu bezweifeln, als er sich ausdrücklich im einzelnen auf ihn bezieht. Man wird bei näherer Einsicht gewahr, daß es nicht nur dieselben Themen sind, die er behandelt, sondern daß er ihm auch seine Argumente entlehnt hat. In dessen Predigten haben sich Huß und seine Freunde vertieft, denn sie empfahlen sich durch ihren, die sämtlichen Übelstände des Kirchenwesens berührenden Inhalt nicht weniger als durch die knappe ansprechende und allgemein verständliche Form, in die sie gekleidet waren. Die Schärfe und die schonungslose Art, in der hier die Verirrungen der Geistlichkeit überhaupt, jene der Bettelmönche insbesondere aufgedeckt wurden, schufen ihnen in weiteren Kreisen als denen der Gelehrten Freunde und Leser. Sie wurden daher von den Gegnern der Bewegung mit anderen Büchern Wiclifs zum Feuertode verurteilt, von deren Freunden dagegen, wie von Simon von Tischnow, in ihrer vollen Bedeutung anerkannt und verteidigt. Und so hat sich Huß ihren Inhalt so völlig zu eigen gemacht, daß er sie, ohne viele Änderungen an ihnen vorzunehmen, dem Volke, als wären es seine eigenen, vortrug. Vielleicht lassen sich manche Umstände, die auf seine Verurteilung Bezug nehmen, darauf zurückzuführen. Wer z. B. den zweiten Teil von Wiclifs Predigten durchsieht, findet dort Stellen, in denen Wiclif seine Abendmahlslehre weitläufig behandelt oder flüchtig berührt. Indem Huß diese Predigten von der Kanzel herab vortrug, kam er wohl auch auf die Abendmahlslehre zu sprechen, und so wird es erklärlich, daß soviele Zeugen ihm vorwarfen, er habe 1411 in der Bethlehemskapelle und an anderen Orten diese Lehre im Sinne Wiclifs gepredigt. So ist es auch zu verstehen, daß man in Böhmen die Predigten Wiclifs vielfach dem Huß zuschrieb. So wenn sich in einer Handschrift an den Rändern Notizen finden, wie Dobrá Husco, d. h. gute Gans, oder Milá Husco, d. h. liebe Gans, Bezeichnungen, durch die der Schreiber auf den angeblichen Autor der Predigten hinwies. Daraus folgt aber wieder, daß diese Predigten nach dem Tode des Huß, als dessen Vermächtnis man sie ansehen mochte, noch viel mehr in ihrem Ansehen stiegen und ihre Wirkungen noch viel größer werden mußten, als sie es schon zuvor gewesen sind. Das Entscheidende aber ist, daß eben in diesen Predigten jene scharfe Verurteilung der Hierarchie und insbesondere der Mönchsorden enthalten war, daß sie nicht nur zahlreiche Stellen enthielten, in denen der König, der Adel und das Volk zur Zerstörung dieser Sekten aufgefordert wurden, sondern auch solche, in denen über die großartigen Kirchen- und Klosterbauten in verächtlicher Weise gesprochen und die Übertreibungen, die auf diesem Gebiete stattgefunden hatten, in einen lebhaften Gegensatz zu dem Beispiele Christi und seiner Apostel gestellt wurden. Von nicht geringer Bedeutung war es, daß diese Predigten nicht nur zur Aufhebung der Orden und Einziehung der Klostergüter aufforderten, sondern auch die Motive darlegten, um derentwillen beides erfolgen müsse. Man wird sich nach alledem nicht wundern, unter den zwölf Artikeln der Taboriten auch den folgenden zu finden: „Item, muß man die Klöster der Ketzer zerstören und ebenso die überflüssigen Kirchen und Altäre, die Bilder, die man offen oder insgeheim aufbewahrt, die stolzen Ornate, die goldenen und silbernen Kelche und diese ganze Brutstätte des Antichrists und die simonistische Schlechtigkeit, die nicht von Gott dem himmlischen Vater herrührt.“

Die Rückkehr zur apostolischen Armut, die Wiclif in seinen Predigten so oft begehrt hat, ist eine strenge Satzung der Taboriten, und während auf der einen Seite die herrlichen Klöster und Klosterkirchen, Mönche und Nonnen dem Fanatismus der „durch die evangelische Predigt“ angeeiferten Menge zum Opfer fielen, verkaufte diese nach dem Beispiel der Apostel Hab und Gut, um es zu den Füßen ihrer Priester niederzulegen. Auch dem kommunistischen Zug, den man bei den Hussiten gewahrt, geben die Predigten Wiclifs lebhaften Ausdruck.

4.

Ein kirchenpolitischer Dialog aus der Blütezeit des Taboritentums.

(MVGDB, 46, 107—121.)

Es war am 30. Mai 1434, als das radikale Hussitentum bei Lipan jene entscheidende Niederlage erlitt, von der es sich nimmermehr erholt hat. Der böhmische Wiclifismus, der sich eben kurz zuvor noch als außerordentlich lebenskräftig erwiesen hatte, war zu Tode getroffen: weder im Kampfe der Waffen noch in dem des Geistes konnte er noch Hervorragendes schaffen. Auch in letzterer Beziehung hatte er sich noch kurz zuvor literarisch betätigt. Wie viele schriftliche Denkmäler dieser fortgeschrittenen hussitischen Partei in jenen Jahren der schärfsten Parteikämpfe zugrunde gegangen sind, darüber wird man wohl kaum etwas Zuverlässiges erfahren. Daß es aber in jenen Kreisen Schriften gab, die mehr als einer gelegentlichen Erwähnung in einem Buch über antiquarische Gegenstände wert sind, darüber wurde ich erst noch in den letzten Wochen belehrt. Es ist gewiß von großem Interesse, auf ein literarisches Produkt dieser mächtigen kirchlichen und politischen Partei aufmerksam zu machen, das glücklicherweise den Stürmen der Zeit entgangen und, wenn auch nicht ganz unversehrt, auf uns gekommen ist: eine Schrift, die in der drastischesten Art uns noch einmal die Hauptlehrsätze des böhmischen Wiclifismus bekannt macht. Wer diese Schrift, die wir unten mitteilen, wie sie überliefert ist[1]), durchsieht, wird finden, daß in ihr gerade die wichtigsten Lehrsätze aus dem Schatze des englischen Reformators enthalten sind, Sätze, die dann nach dem Tage von Lipan ihre Bedeutung nur noch in kleineren Kreisen behalten haben.

Man weiß ja heutzutage, in welch ausgedehnter Weise Huß und seine Freunde sich die Lehren und die ganze Sprechweise des englischen Reformators zu eigen gemacht haben. Im einzelnen wird da die historische Forschung noch manches an den Tag zu fördern vermögen, was in dieser Hinsicht interessant ist; es finden sich auch noch viele neue Punkte, in denen sich die Abhängigkeit des böhmischen vom englischen Wiclifismus haarscharf erweisen läßt. Wer z. B. die Frage nach der Genesis der vier Prager Artikel aufwirft, wird auch da auf diese Abhängigkeit stoßen und finden, daß sie, wenn man von dem Artikel über das Abendmahl absieht — samt ihrer Begründung fast wortgetreu aus Wiclifschen Schriften stammen. Ich hoffe, mich hierüber an anderer Stelle näher verbreiten zu können[2]) und möchte nur wünschen, daß noch die anderen Seiten englischen Einflusses auf Böhmen im letzten Viertel des 14. und im ersten des 15. Jahrhunderts genauer durchforscht würden, denn daß es auch eine Einflußnahme auf die Entwicklung der Verhältnisse Böhmens auf anderem Gebiete als etwa dem dogmatisch-kirchlichen oder dem kirchenpolitischen gegeben hat, scheint mir sehr wahrscheinlich zu sein.

---

[1]) Ich habe in den Noten zu dem unten mitgeteilten Text einige der gröberen Verstöße der Überlieferung korrigiert. Sie alle auszubessern, hätte einen Zeitverlust gebracht, der mit den erzielten Resultaten in keinem Verhältnis stünde.

[2]) Diese Frage ist seither in trefflicher Weise durch Dr. Mathilde Uhlirz (Die Genesis der vier Prager Artikel) in den Sitzungsberichten der Wiener Akademie 175, 3. Abhandlung gelöst worden.

Um nun auf die oben genannte Schrift zurückzukommen, fand ich sie in einem Kodex der Wiener Hofbibliothek; es ist N. 4343. Die Handschrift enthält neben einzelnen Schriften Wiclifs und denen einiger böhmischer Autoren nach den Angaben des neuen Handschriftenkatalogs auch einen satirischen Dialog zwischen Kaiser Ludwig dem Bayer, dem hl. Petrus, Christus, dem Papst usw. Ein Blick, den ich auf die ersten Zeilen dieser angeblichen Satire warf, belehrte mich freilich, daß man es hier weder mit einer Satire noch mit der Persönlichkeit Ludwigs des Bayers zu tun habe und daß diese letztere Angabe von dem Verfasser des Handschriftenkataloges aus Unkenntnis des Sachverhaltes gemacht wurde.

Es finden sich nämlich gleich in den ersten Zeilen des Dialogs wohl die Worte Ludovicus imperator. Wer aber die beiden folgenden Worte Ego Ludovicus liest und sich im Corpus iuris canonici einigermaßen umgesehen hat, der weiß, daß diese Worte sich nicht auf Ludwig den Bayern beziehen, sondern daß damit das Pactum constitutionis imperatoris primi Ludovici (also Ludwigs des Frommen) cum Romanis pontificibus gemeint ist, jene Dekretale, in welcher angeblich Ludwig der Fromme den Päpsten die Stadt Rom samt dem dazugehörigen Gebiete schenkt und den Römern das Recht der freien Papstwahl verleiht[1]). Mit Ludwig dem Bayer besteht also nicht der mindeste Zusammenhang.

Eine genauere Einsichtnahme in den genannten Dialog belehrt uns nun aber, daß er einen wissenschaftlichen Streit über die dringendsten Fragen der Zeit, der er entstammt, enthält, den Streit um das Armutsideal in der Kirche, um den Anspruch der Päpste auf weltliche Herrschaft oder besser auf die Herrschaft der Welt, namentlich aber um das Schriftprinzip in der Kirche, das, wie man heute weiß, von keinem der sogenannten Vorreformatoren höher gehalten wurde, als von Wiclif und das durch ihn auch in den Besitzstand der taboritischen Partei gekommen ist und von ihr gleichergestalt hochgehalten wurde.

Leider ist der sogenannte Dialog nicht vollständig. Es müssen namentlich am Beginn einige Ausführungen abhanden gekommen sein. Aber schon das, was noch vorliegt, ist wichtig genug. Gleich die ersten Worte führen uns den leidenden Heiland vor: „Und sie zogen ihm einen Purpurmantel an, flochten ihm eine Dornenkrone und setzten sie ihm auf das Haupt." Und nun folgt gleich die Antithese. Eben jener Ludwig der Fromme tritt auf und macht den Papst zum Herrn über Rom: „Ich, der

---

[1]) Es kann nicht meine Aufgabe sein, die ganze Literatur über das Pactum Ludovicianum vom Jahre 817 hier anzuführen. Siehe das Kapitel Fälschungen in Janus, der Papst und das Konzil. Vgl. Bombelli, Storia critica dell'origine e svolgimento del dominio temporale dei Pape, cap. XI u. pag. 279, Note 148; Gregorovius, Gesch. d. Stadt Rom im Mittelalter, III⁵, S. 36 ff.; Sickel, Acta Karolinorum II, 381, u. Das Privilegium Ottos I, p. 50 f. — Daß Huß die Dekretale Ego Ludovicus für seine Darstellung benutzt, ist bekannt. Siehe Historia et Monumenta, tom. I, Fol. 224 b.

Kaiser Ludwig, schenke Dir, dem hl. Petrus und seinen Nachfolgern auf ewige Zeiten, wie ich sie von meinen Vorgängern überkommen habe, die Stadt Rom mit dem Dukat und allen dazu gehörigen Territorien."

Wie man sieht: ganz die Theorie des Wiclifismus, der das moderne Papsttum „das verkaiserte"[1]), die moderne, mit weltlichem Regiment belastete Kirche „die verkaiserte" oder die durch die Vergebungen Konstantins an die Kirche „vergiftete[2]) nennt, eine Lehre, die Wiclif in kürzerer und breiterer Ausführung fast in allen seinen reformatorischen Schriften vorgetragen hat: daß das Papsttum, wie es jetzt besteht, nicht das wahre, sondern das falsche ist usw., daß es damnach mit alledem, was dazu gehört, abgetan werden müsse. Am ausführlichsten hat Wiclif darüber in seinem großen, von mir herausgegebenen Werke De Potestate Pape gehandelt, das Huß sich in seinem Buche von der Kirche in der Hauptsache zu eigen gemacht hat.

In dem Dialog wird also der mit der Dornenkrone gekrönte Heiland dem Papst mit seinem Anspruch auf weltliches Regiment gegenübergestellt. Und so folgt nun wieder auf den Kaiser Ludwig der hl. Petrus (in cruce pendens), wie er dem die Kirche durch seine Dotierung ins Verderben bringenden Kaiser widerspricht: „Und wisset, daß Ihr nicht mit vergänglichem Silber oder Gold erlöset seid von Eurem eitlen Wandel, sondern durch das teure Blut Christi, des unschuldigen unbefleckten Lammes."

Wieder tritt Christus auf, wendet sich zu Petrus und sagt ihm sein Ende voraus, das Ende auf dem Kreuz: „Wahrlich ich sage Dir, Du wirst Deine Hände ausstrecken, und ein anderer wird Dich gürten und führen, dahin, wohin Du nicht willst. Komme und folge mir nach."

Durch solche Rede und Gegenrede wird festgestellt, daß das Papsttum, wenn es das rechte sein will, keine weltliche Herrschaft besitzen darf.

Dem Armutsideal sind die nächsten Stellen gewidmet. Zuvor wird noch die Frage über die Stufen der kirchlichen Hierarchie gestreift. Ist es notwendig, eine Hierarchie zu besitzen, wie sie heute besteht? Man erinnere sich, daß Wiclif die moderne Graduation der Hierarchie verwirft. In der apostolischen Kirche gab es nur Priester und Diener. Priester und Bischöfe sind eins. Weitere Grade sind nicht notwendig. Um Priester zu werden, bedarf es keiner Ordinierung durch den Bischof. Der „wahre"

[1]) Wie sehr Huß diesen von Wiclif geprägten Begriff festhält, ist bekannt. Man vergleiche z. B. die Stelle aus De Ecclesia fol. 224 b: Ecce quod pape praefectio et institutio a Cesaris potentia emanavit.... Unde timentes posteri pontifices perdere illam prefectionem, ab aliis cesaribus confirmationem postularunt....

[2]) Die alte Sage, daß an dem Tage, an welchem Konstantin seine angebliche Schenkung an den Papst Silvester machte, Gift in die Kirche eingeträufelt wurde, hat Wiclif aus Ranulfus de Higdens Polychronicon, Huß, der sie gleichfalls erwähnt, aus Wiclif genommen. Daß auch Walther von der Vogelweide die Sage kennt, mag nebenbei erwähnt werden: Der ist nû ein vergift gevallen in dem Gedichte: Künc Konstantin der gap so vil ...

Priester wird von Gott berufen. Daß sich die moderne Hierarchie gegen solche Lehren wendet, ist begreiflich: die stolzen Prälaten, die sich in Konstanz zusammenfanden, hätten ihre eigene Daseinsberechtigung sich abgesprochen, hätten sie in derlei Sätze gewilligt. So tritt denn auch in dem Dialog der Papst in den Vordergrund und spricht die Worte des Dekrets im Corpus iuris canonici: „Wir setzen fest, daß eine jede Ordinierung, die ohne Titel gemacht wird, ungültig ist." „Wer kein Benefizium hat, wer sich nicht erhalten kann, darf auch nicht ordiniert werden." Ihm widerspricht der „Theologe". Auch hier ist notwendig, auf den Wiclifschen Sprachgebrauch zurückzugehen. Wer ist ein Theologe? Nicht der allein, der in der theologischen Wissenschaft (auf diese wendet Wiclif die Worte an: Scientia inflat = das Wissen bläht auf) die Meisterschaft hat, sondern der, der das göttliche Gesetz, d. h. die Bibel kennt. Er ist der in der Bibel bewanderte Mensch, der auf Grundlage der Gebote der Bibel zu untersuchen hat, ob die Anordnungen kirchlicher Behörden schriftgemäß sind oder nicht. Dieser Theologe antwortet dem Papst: Wozu denn die Pfründe? In der Bibel liest man doch: Gold und Silber habe ich nicht. Und wieder: Wollet nicht Gold noch Silber besitzen. Und endlich: In wes Haus Ihr eingehet, dort bleibet, esset und trinket, was man Euch vorsetzt.

Mit dieser ärmlichen Ausstattung ist die moderne Hierarchie nicht zufrieden. Welcher Bischof würde sich wie der Apostel Paulus von seinem Handwerk erhalten wollen? Er findet es schon als eine Herabsetzung seines Amtes, wenn er seinen Sitz in einer kleinen Stadt aufschlagen soll. So tritt denn auch in dem Dialog als nächster ein Bischof auf und spricht: Man darf den Bischof nicht in eine kleine Stadt setzen. Der bischöfliche Name würde geschädigt. Man muß ihn daher auf einen ehrenvollen Titel setzen.

Wieder tritt der Theologe auf: Hat etwa Christus einen solchen Titel aufzuweisen gehabt? Haben die Hirten ihn nicht in einem Stalle gefunden. Und doch ist er der oberste Bischof. Und dann: Heißt es nicht in der Bibel: Wir haben hier auf Erden keine bleibende Stätte.

Ja, erwidert der Bischof: Wer dem Altare dient, muß vom Altare leben, und wer die Last auf sich nimmt, dem darf der Lohn nicht verwehrt werden.

Gewiß, sagt der Theologe. Vom Altare leben die, die kein Eigentum haben und nichts begehren. Und hat nicht darum der Herr eben arme Leute zu seinen Helfern erwählt?

Ein Jurist springt dem Bischof bei: Es kann, sagt er, der Kirche nur zum Nutzen gereichen, wenn sie einen reichen Klerus besitzt, damit dieser sie verteidigen kann. Auch das Reich und der Fiskus werden davon ihren Nutzen haben. Besonders muß man, fügt er hinzu, erhabene und gelehrte Persönlichkeiten mit reicherem Besitze ausstatten.

Diesen Reden schließen sich ähnliche Worte an. Der scharfe Gegensatz zwischen der reich begüterten Kirche mit ihren Trägern und den

Reformfreunden, die nach dem alten Armutsideale greifen und die in Petrus Waldes so gut wie im hl. Franziskus von Assisi eine glänzende Vertretung erhalten haben, tritt aus jeder Zeile hervor. Wer möchte sich nicht daran erinnern, daß die ersten schweren kirchenpolitischen Kämpfe Wiclifs die Konfiskation des gesamten englischen Kirchengutes zum Ziele hatten und daß diese Säkularisierung in einem in der christlichen Welt bis dahin noch nicht gesehenen Maßstabe durch den böhmischen Wiclifismus erfolgt ist?

Die Begründung für die im Dialog vorgetragenen Ansichten nimmt eine jede Partei aus ihren Schriften: der Jurist und der Bischof aus dem Kirchenrecht, der Theologe aus der Bibel. Ist jenes oder ist diese das Fundament der kirchlichen Lehre?

Nun läßt sich der Papst vernehmen, dem die Angriffe der Neuerer auf die in seinem Kirchenrecht fundierte Kirche und ihr Hinweis auf die wahre Grundlage des Christentumes, die hl. Schrift, im höchsten Grade zuwider sind: Ein Verfälscher päpstlicher Bullen soll (und das ist der Wortlaut des betreffenden Dekretes) „mit dem Brote des Schmerzes und dem Wasser der Pein" erhalten werden. Wer gar die Kirche und ihre Diener mit Injurien belegt, muß hochnotpeinlich gestraft werden.

Da tritt der gegeißelte Heiland auf und spricht: „Meinen Rücken hielt ich denen dar, die mich schlugen. Ach, Ihr wißt nicht, wes Geistes Ihr seid." Auf ihn folgt der hl. Augustinus mit der Klage: Was habt Ihr aus der Kirche gemacht. Sie ist jetzt mit Knechtslasten überhäuft. Ja, sagt der Jurist: In dem, was der Papst begehrt, muß man ihm zu Willen sein. Wieder läßt sich der Theologe vernehmen: „Diese Schriftgelehrten und Pharisäer, schwere und unerträgliche Lasten legen sie den Menschen auf den Rücken: aber sie selbst wollen nicht den Finger anrühren." Der Jurist fällt ein: „Kraft der Fülle unserer Gewalten können wir auch gegen das Recht dispensieren."

In diesem Tone geht es weiter: Das Kirchenrecht und das Gesetz Gottes streiten widereinander. Das Gesetz Gottes — das ist die Bibel. Sie ist die einzige Norm des Glaubens. Man weiß, wie hoch Wiclif das Schriftprinzip gehalten hat. An hundert und aber hundert Stellen verkündet er es laut und vernehmlich und trägt alle Zeugnisse zusammen, die dafür sprechen. Der Schreiber des Dialogs hilft mit einem köstlichen Bilde nach (siehe unten). In den Schalen einer Wage liegt auf der linken Seite die Bibel, auf der rechten das irdische Gesetzbuch. Wie tief steht die linke Schale unten. Über das göttliche Gesetz — die Bibel, geht kein anderes. Das göttliche Gesetz allein reicht aus zur Regierung dieser Welt, eines anderen bedarf es nicht. Diesen Grundsatz hat Huß zum Gegenstand einer vielbewunderten Predigt gemacht. Diese Predigt hat er mit nach Konstanz genommen. Dort wollte er — der Idealist — die versammelte Prälatenwelt, und wer sich sonst noch einfand, für seine Lehre gewinnen.. Die Kirche sollte auf ihre ursprüngliche Gestalt in den ersten drei Jahrhunderten ihres Bestehens zurückgeführt werden. Huß hat diese Predigt in Konstanz nicht gehalten. Man weiß, sie stammt Wort für Wort von Wiclif und das in unserem Kodex erhaltene Bild gibt nun einen prächtigen Kommentar zu dem ganzen. Siehe, heißt es in der Apokalypse, ein schwarzes Pferd. Und der darauf sitzt, der hat die Wage in der Hand. Und nun gibt offenbar der Theologe die Erklärung zu dem Bilde: Heilige Doktoren haben all ihr Wissen aus der Bibel, sie unterwerfen sich ihr gehorsam und ihre Lehrmeinung passen sie ihr an. Nur die Ketzer pressen i h r e n Sinn in sie hinein. Wer aber die hl. Schrift anders auslegt, als es der hl. Geist verlangt, der ist, wie Hieronymus sagt, ein offenkundiger Ketzer.

Man hat aus diesen Stichproben entnehmen können, daß der Dialog die Kernpunkte des wiclif-taboritischen Systems klar erfaßt und kunstgerecht dargestellt hat. Insbesondere ist es das Schriftprinzip und nächst ihm das Armutsideal, das in geradezu sieghafter Weise vertreten ist; nicht zuletzt auch das allgemeine Priestertum der Christen — alles Sätze, die die Fundamente der reformatorischen Bewegung in England gebildet haben. Ob und wie der Dialog etwa noch weiter geführt worden ist, darüber kann man kaum Vermutungen aufstellen. Man könnte ja, ohne sonderlich fehl zu gehen, behaupten, daß der in den hussitisch-taboritischen Kreisen so außerordentlich populäre Kampf des Wiclifismus gegen das Mendikantentum nicht zu kurz gekommen sein dürfte.

. . . . (Der Anfang fehlt.) . . . .

Induerunt eum purpura et imposuerunt ei plectentes spineam coronam. Marci XV (17).

Ludwicus imperator.

Ego Ludwicus imperator concedo tibi beato Petro et successoribus in perpetuum, sicut a predecessoribus nostris usque nunc in vestra potestate et dicione tenuistis et disposuistis, civitatem Romanam cum ducatu suo et suburbanis et territoriis eius. LXIII di. *Ego Ludwicus.*[1])

Sanctus Petrus contradicit Ludwico pendens in cruce.

Scientes, quod non in corruptilibus, auro et argento, redempti estis de vana vestra conversacione sed precioso sanguine quasi agni immaculati Jesu Christi. I. Petri I (18, 19).

Christus ad Petrum dicit:

Quid ad te? Sequere me. Extendes manus tuas et alius te cinget, et ducet te, quo non vis. Joh. ultimo. (Joh. XXI, 18.)

---

[1]) Decreti prima pars, distinctio LXIII, cap. 30.

Papa.

Decrevimus[1]), *ut sine titulo facta ordinacio irrita habeatur.* LXX dist. *Sanctorum.*[2])

Theologus contradicit pape dicens:

Nolite possidere aurum et argentum. Matth. X (9). *In quamcunque civitatem aut domum intraveritis, manete, edentes et bibentes, que aput illos sunt.* Luc. X (5, 7).

Papa.

Non habens titulum beneficii vel patrimonii, unde possit congrue sustentari, non debet ad ordines promoveri. Extra de Prebendis.[3])

Pater contra:

Aurum et argentum non est michi. Actuum III (6). *Petrus...*

Idem contra papam.

Non licet[4]) *ulli episcopo ordinare clericos et nullas ei prestare alimonias; sed vel non faciat clericos vel si fecerit det illis, unde vivere possint.* Extra De Prebendis. *Non liceat.*[5])

Theologus.

Ecce nos reliquimus omnia et secuti sumus te. Quid ergo erit nobis? Matth. XIX (27).

Episcopus.

Episcopi non debent constitui ad modicam civitatem, ne vilescat nomen episcopi sed ad honorabilem titulum[6]) *preficiendus est et honorandus.* LXXX dist. *Episcopi.*[7])

Contra Episcopus (recte: Theologus):

Tandem pastores invenerunt Mariam et Joseph et infantem positum in presepio. Et ille fuit et est summus episcopus. Luce II (16). Eciam: *Non habemus hic manentem civitatem.* Hebr. ultimo.

Episcopus respondet theologo:

Tamen, qui altari servit, et vivere debeat de altari, et qui ad onus eligitur, repelli non debeat[8]) *a mercede.* Extra De Prebendis *Cum secundum.*[9])

Theologus contra episcopum dicit:

De altari et evangelio vivunt, qui nichil habere proprium volunt nec habent nec habere concupiscunt. Quid est aliud: de evangelio vivere

[1]) Recte: Decernimus.
[2]) Dist. LXX, cap. II.
[3]) Ist nicht Extrav., sondern Decret. Greg. lib. III, tit. V, cap. XXIII.
[4]) Recte: liceat.
[5]) Decret. Greg. lib. III, tit. V, cap. II.
[6]) Recte: urbem.
[7]) Cap. III.
[8]) Cod.: debet...
[9]) Decret. Greg. lib. III, tit. V, cap. XVI.

nisi laborantem, ubi laborat, necessaria vite percipere. Prosper I, 2, II. *Sacerdos.*[1])

Theologus.

Nonne Deus pauperes elegit in hoc mundo, iam non multos sapientes secundum carnem, *non multos potentes, non multos nobiles, sed que stulta sunt mundi elegit Deus, ut*[2]) *confundat sapientes.* I, Cor. I (26).

Jurista contradicit theologo.

Ymmo expedit ecclesie plures habere divites clericos, ut eam possint melius defensare. Et imperium et fiscus habundabit, utens subiectis locupletibus ut Judith[3].) Super Questione. *Suff.* capitulo I⁰, Colocen. II.[4])

Idem iurista.

Circa sublimes personas et literatas, cum maioribus beneficiis sint honorande, cum sic racio postulaverit, per sedem apostolicam poterit defensari circa plures dignitates aut personatus. Extra De Prebendis, *De Multa.*[5])

Theologus contradicit iuriste.

Ille cum quo fuerit dispensacio, habebit excepcionem ad ecclesiam militantem, sed quoad Deum obiudicabitur eo teste quo iudice. Hec allegoria non valebit nec papa eius conscienciam potest immutare, quia vis animo fieri non potest. XXX, II, *q.* VI (sic)[6]), I⁰, c⁰, I⁰ et 2⁰.[7])

Papa.

Falsarius literarum pape in perpetuum carcerem includi debet pane doloris et aqua angustie sustentandus. Extra De Verbi Significacione *Novimus.*[8]) *Qui in ecclesia vel ministris aliquid iniurie importaverit, capitali sentencia punietur.* Decima septima q. IV. *Si quis suadente.*[9]) *Qui autem.*

Christus flagellatus dicit:

Corpus meum dedi percucientibus: ego autem non contradico. Isaie L, 56. *Nescitis cuius spiritus estis. Filius hominis non venit, animas perdere sed salvare.* Luce IX, 55, 56. *Orate pro persequentibus me et calumpniantibus vos et benefacite hiis qui oderint vos.* Matth. V (44).

---

[1]) Decreti Secunda Pars, Causa I, Quaestio II, cap. IX (Prosper, De contemplativa vita).

[2]) Cod.: non.

[3]) Oder Judicibus.

[4]) Das Zitat ist zweifellos verderbt.

[5]) Decret. Greg. lib. III, tit. V, cap. XXVIII.

[6]) Undeutlich.

[7]) Die Stelle dürfte verderbt sein; wahrscheinlich ist Causa XXXII, q. V, gemeint: Corpori namque vis infertur, non animo.

[8]) Decret. Greg. lib. V, tit. XI, cap. XXVII.

[9]) Cap. XXIX.

Augustinus.

Religionem nostram, quam dominus noster Jesus Christus in pau-cissimis sacramentorum celebracionibus voluit esse liberam, quidam ser-vilibus premunt oneribus, adeo ut tolerabilior sit condicio Judeorum, qui non humanis presumpcionibus sed divinis subiciantur institutis. Hec Augustinus De Religione Christiana.

Jurista.

Papa in hiis que vult est ei prestanda[1]) voluntas. Institut. De Justa (sic) II. *Sed quod principi.*[2])

Theologus opponit:

Alligant onera gravia et importabilia et imponunt in humeros hominum. Digito autem suo nolunt ea movere. Matth. XXIII (4). Nec est, quis ei dicat: Cur ita facis. De Ope. dist. III. Ex persona.[3])

Jurista ex parte episcopi.

Secundum plenitudinem potestatis de iure possumus supra ius dispensare. Extra De conces. Prebend. *Proposuit.*[4])

Theologus.

Non addens ad verbum quod loquor vobis neque auferens ex eo. Male-dictus qui non permanet sermonibus legis huius nec eos opere perficit. Deu-teronomio III (2) et XXVII (26).

Theologus Christus:

Non veni solvere legem sed adimplere. Matth. V (17). *A me ipso facio nihil, sed sicut docuit me pater, hoc loquor.* Joh. VIII (28).

Unde Daniel dixit:

Reges humiliabit et sermones contra excelsum loquetur, sanctos altissimi conteret; et putabit quod possit mutare tempora et leges. Dan. VII (25).

Jurista.

Sacrosancta Romana ecclesia ius et auctoritatem sacris canonibus im-partitur sed non eis alligatur. XXV, q. I, c. *Hiis ita.*[5])

---

[1]) Manuskr.: pro͡rare.
[2]) Institut. lib. I, tit. II.
[3]) Von rechts und links weist eine Hand mit dem Zeigefinger auf diese Stelle. Auch diese Stelle scheint verderbt zu sein.
[4]) Decret. Gregor. IX, lib. III, tit. VIII, cap. IV.
[5]) Ist nicht Cap. Hiis ita, sondern *Ideo permittente*, 2. pars. Gratian: His ita respondetur wie oben.

Theologus.

Licet ille, qui constituit legem, non sit subditus legi, ad hoc quod puniatur ab homine, si faciat contrarium, tamen obligatus est ad legem implendam et gravius punietur a Deo, si facia(t) contrarium, quia transgressio eius gravior est propter scandalum. Hec Lyra[1]), Matth. XXIII et Bar. B X (sic)[2]) loquens de presule Romane sedis dicit: *Ymmo sine venia punitus debet sicut diabolus et sine spe venie condempnandus est ut diabolus.* IX, q. III, *Aliorum*[3]) q. IV, *Presul.*[4])

Jurista.

Non est a plebe arguendus vel accusandus episcopus, licet sit inordinatus II, q. VII, *Non est* etc.[5]) *Nullus laicus crimen debet clerico inferre.* Ibi: *Nullus* etc.[6]) *Romana ecclesia fas habet de omnibus iudicare nec cuiquam de eius liceat iudicare iudicio.* IX, q. III, *Cuncta.*[7])

Theologus.

Quis ex vobis arguet me de peccato? Joh. VIII (46). *Si peccavit in te frater tuus, corripe eum.* Matth. XVIII (15). *Vos estis sal terre. Quod si sal evanuerit, ad nichilum valet nisi ut mittatur foras et exculcetur ab hominibus.* Matth. V (13).

Theologus.

Vos, qui reliquistis omnia et secuti estis me, sedebitis et vos iudicantes XII tribus Israel. Matth. XIX (27).

Jurista.

Episcopi et magni clerici non debent cogi in obprobrium proprium coram iudicibus pannosis (?) litigare et eciam in favorem apostolice sedis, ne vilipendatur in tali ministerio. Per X. an. Super. *Statutum.* De Rescriptis libro VII.[8])

Jurista.

Executor, si sciat sentenciam iniustam esse, nichilominus exequi tenetur eandem. Extra De Off. De le. Pastor.[9]) *Iudex pronunciet in nomine Domini secundum allegacionem et deponat conscienciam.* Hug.

---

[1]) Desgleichen zwei Hände von links.
[2]) Recte: beatus Bernhardus.
[3]) Decret. fec. Pars, Causa IX, q. III, cap. XIV.
[4]) Causa II, q. IV, cap. II.
[5]) Cap. I.
[6]) Cap. II.
[7]) Cap. XVII.
[8]) Daß die Decretale Statutum (Sexti Decr. lib. I, tit. III, cap. XI) gemeint ist, ist nicht wahrscheinlich.
[9]) Scheint sich auf Clem. lib. II, tit. XI, cap. II, *Pastoralis cura* zu beziehen.

Theologus.

Ex verbis iustificaberis et condempnaberis. Matth. XII (37). *Omne quod contra conscienciam fit, edificat ad gehennam :* Augustinus. *Qualis hinc quisque egreditur, talis in iudicio apparebit vel presentatur :* Gregorius.

Theologus.

Non exies inde, donec reddas novissimum quadrantem. Matth. V (26). *Non concupiscas domum proximi tui.* Exod. XX (17). *Quos Deus coniunxit, homo non separet.*[1]) *Non licet viro uxorem suam dimittere excepta fornicacionis causa.* Matth. I (32) et XIX (9).

Jurista.

Conditor canonis vel legis potest mihi dare rem alienam, et tutus ero. F. F. de Evict. Lucius.[2]) *Qui iuraverit cum aliqua contrahere, debet et demum ante carnalem copulam religionem ingredi.* Extra De Sponsa. *Commissum.*[3])

Theologus.

Si religionis causa coniugia de se dissolvi dicantur, sciendum est, quia et si lex humana hoc concessit, lex divina tamen prohibuit. Ecce qualiter quod lex humana concessit lex divina prohibuit. X dist. *Lege* et XXVII, q. II. *Sunt qui dicunt* etc.[4])

Jurista.

Propter religionem multa contra racionem sunt statuta. F. F. de Reli. *Sunt persone.*[5])

Non sufficit cuiquam inde asserere, quod ipse sit missus a Deo, cum hoc hereticus assereret ; sed oportet quod astruat illam invisibilem missionem per operacionem miraculi vel scripture testimonium speciale. Extra de Here(ticis) *Cum ex iniuncto* etc.[6])

Theologus propheta.

Adventus filii perdicionis, id est Antichristi, est secundum operacionem sathane in omni virtute signis et prodigiis mendacibus et in omni seduccione iniquitatis. II, Thessal. II (9, 10).

Theologus.

Generacio mala et adultera signum querit. Matth. XVI (4). *A fructibus eorum cognoscetis eos.* Matth. VII (16). *Nolite prohibere. Qui enim non*

---

¹) Manuskr.: separat. Matth. XIX, 6.
²) Digg. lib. XXI, tit. II, 11; die Sache stimmt freilich mit der obigen nicht ganz.
³) Decret. Greg. lib. IV, tit. I, cap. XVI.
⁴) Decret. Prim. Pars, dist. X, cap. I et Sec. Pars, causa XXVII, q. II, cap. XIX.
⁵) Digg. De Religiosis lib. XI, tit. VII, 43.
⁶) Decret. Greg. lib. V, tit. VII, cap. XII.

est adversum nos, pro nobis est. Marci IX (50). *Quis tribuat, ut omnis populus prophetet.* Numeri XI (29).

Theologus.

Ve vobis legis peritis, qui tulistis clavem sapiencie et ipsi non introistis et eos qui introibant prohibuistis. Luce XI (52).

Advocati.[1])

Hec dicens nobis contumeliam facis. Et ceperunt legis periti et pharisei graviter insistere et os opprimere de multis insidiantes ei. Luce XI (45, 53—54)

Theologus.

Dura cervice et incircumcisis cordibus vos semper Spiritui Sancto restitistis, sicut patres vestri, qui occidebant eos, qui annunciabant de adventu Christi, cuius vos nunc proditores et homicide fuistis. (Act. VII, 51—52.)

Advocati curie pape.

Audientes hec dissecabanter cordibus suis et stridebant dentibus in eum. Act. VII (54).

———

Ecce equus[2]) niger et qui sedebat super eum, habebat stateram in manu sua. Apocal. VI (5) Glosa: Statera est scriptura sacra. Per stateram cognoscitur, quanti ponderis sit corpus. Sic per sacram scripturam cognoscitur, quanti ponderis sit spiritus. Sancti enim doctores habent scienciam a scriptura, quia humiliter se subiciunt scripture, sensum suum illi coaptantes. Sed heretici habent scienciam in manu sua, quia quasi doctores illam suo sensu coaptant. *Quicunque igitur aliter scripturam intelligit, quam sensus Spiritus Sancti flagitat, a quo scripta est, hereticus appellari potest. Et in hanc insipienciam cadunt, qui eum ad cognoscendum veritatem aliquo impediuntur obscuro, non ad propheticas voces, non ad apostolicas literas nec ad evangelicas auctoritates sed ad semetipsos recurrunt et ideo magistri erroris existunt, quia veritatis discipuli non fuerunt.[3])* Jeronimus. *Veteres scriptas (?)[4]) historias invenire non possum scidisse ecclesiam et de*

---

[1]) Ursprünglich Jurista. Das wurde gestrichen und durch Legati et cardinales pape ersetzt, schließlich auch gestrichen.

[2]) Hier ist eine prächtige Zeichnung mit Tinte. Das schwarze Pferd; darauf der Reiter mit Sporen. Vom Reiter ist der Kopf nicht mehr sichtbar, weil die Zeichnung sich am obersten Rande befindet. Der Reiter trägt die Wage in seiner Hand. Der Wagebalken ist auch nicht mehr sichtbar; wohl aber die herabhängenden Strähne und die Schale. In der Schale rechts (vom Standpunkt des Reiters) liegt die lex divina, d. i. nach Wiclifschem Sprachgebrauch die Bibel, in der linken die lex humana, das sind die Gesetze des Papstes usw. Die rechte Schale ist tief unten: umso viel überragt die Bibel jede Satzung von Menschen.

[3]) Decreti Sec. Pars, causa XXIV, q. III. cap. XXX.

[4]) Manuskr.: sc"tas.

domo Domini populos seduxisse et de domo Domini[1]) *populos seduxisse preter eos, qui sacerdotes a Deo positi fuerant et propheti. Isti ergo vertuntur in laqueum tortuosum, in omnibus ponentes scandalum.* Idem: *Transferunt principes Jude terminos quos posuerunt patres domini eorum. Quando immutant mendacio veritatem et aliud predicant quam ab apostolis acceperunt.* Hec XXIIII, q. III. *Transferunt*[2]) et capitulo *Quid autem*[3]) et capitulo *Heresis. Pervenit ad nos fama sinistra, quod quidam episcoporum non sacerdotibus proprie dyocesis christianorum oblaciones conferant, sed pocius laicalibus personis, militibus sive servitorum vel quod gravius est consanguineis. Unde si quis amodo episcopus inventus fuerit huius divini precepti transgressor, inter maximos hereticos et Antichristos non minimus habeatur et qui dat episcopus et qui recipiunt ab eo laici, sive precio sive beneficio, eterni incendii ignis deputentur.* I, q. III. *Pervenit. Si quis aliquando vidit clericum cito penitenciam agentem*[4]) *et si deprehensus humliaverit se, non ideo dolet, quia peccavit sed confunditur, quia perdidit gloriam suam.* Hec Crisostomus De Pe. dist. I.[5])

---

[1]) Jeronymus Comm. in Jesa I, cap. I, vol. IV, pag. 15. Decreti Sec. Pars, cai XXIV, q. III, cap. XXVII. Cf. Trialogum Johannis Wyclif 243.

[2]) Decreti Sec. Pars, causa XXIV, q. III, cap. XXXIII.

[3]) Siehe oben.

[4]) Decreti Sec. Pars, causa I, q. III, cap. XIII.

[5]) Decreti Sec. Pars, causa XXXIII, q. III, cap. LXXXVIL

Namen- und Sachregister.

Abendmahl unter beiden Gestalten s. Utraquismus.
Abendmahl, Häufiger Genuß des 7.
Abendmahlslehre Wiclifs 57, 78, 82, 83, 126, 216.
— des Huß 5, 126, 189, 190.
Abendmahlsstreit, der erste 52—57.
Abendmahlsstreitigkeiten 7, 65.
Ablaß für 1392 8.
Ablaßstreit in Prag im Jahre 1412 101—112.
Abraham s. Nikolaus von Welemowitz.
Acta apostolorum 56.
Adalbertus Ranconis 31, 40, 42—46, 48, 50, 55, 60, 62, 79, 203, 204.
Adam 32.
Aeneas Silvius s. Enea.
Agram 121.
Ailly d', Kardinal 11, 12, 126.
Alanus de Insulis 55.
Albano, Kardinal 39.
Albert Engelschalk 54.
— v. Wayzow 23.
Albik von Uniczow, Erzb. 104, 113, 117.
Alexander V., Papst 87—89, 98.
Amandus 56.
Ambrosius 56.
Anaklet, Papst 56.
Andreas de Kouřim 203.
Andreas von Brod 36, 50, 61, 66, 85, 119.
Anglia s. England.
Anna von Luxemburg, Gem. Richards II. 62, 102, 194, 204, 205.
Anselmus 55.
Anton von Monte Catino 98.
Apollonius 55.
Armagh 204.
Armutsideal bei Wiclif und den Taboriten 225, 226, 227.

Arnest von Pardubitz 20—27, 37, 73, 215.
Arnold 6.
Artikel, die 45: 78, 79, 108, 109, 114, 118, 119, 152, 159, 160.
— die 18: 210.
— die Prager 223.
Arundel s. Thomas von.
Aschbach 9.
Aston, John 58.
Augustinus 3, 4, 10, 56, 227.
Austi s. Johannes.
Avignon 21, 38, 42.

Badby, John Lollarde 197.
Baiern, Feldzug gegen die 73.
Balbin 5.
Baltenhagen, Hennig 86.
Balthasar Cossa, später Johann XXIII. 84.
Basel, Konzil von 67.
Becker 9.
Benedikt XIII. 84.
Benesch von Lissa 89.
— von Weitmühl 29.
Berengar von Tours 91.
Berger 9, 10.
Bergeyne dominus de 197.
Berlin, Safranverfälscher 78.
Bernau 124.
Bernhard von Clairvaux 10, 55.
Bethlehemkapelle in Prag 51, 61, 66, 67, 103, 105, 110, 113.
Bettelmönche, Streit mit den 30, 216.
Biceps s. Nicolaus.
Bilder- und Reliquienverehrung 49, 81, 82.
Bischof-Teinitz 37.
Bohemia s. Böhmen.
Böhmen 1, 4, 5, 7, 8, 17, 19—21, 23, 37, 41, 43, 62—65, 68, 73—75, 79, 80, 96, 100, 103, 104, 114, 115, 118, 121, 122, 124, 138, 186, 195, 198, 202, 203,

204, 205, 207, 209, 210, 212—215, 217, 220, 221.
Böhmisch-Brod 114.
Böhringer 4, 5, 11.
Bohunco, Pfarrer 27.
Bologna 20, 30, 84, 99.
Bonaventura 55.
Bonnechose 9.
Bradwardine 1.
Braybrook in der Grafschaft Nordhampton 199, 203.
Brandeis s. Johann von.
Braunau 20.
Breslau 41, 96.
Břewnow 45.
Briefe 184, 185, 187.
Bücherverbrennung in Prag 86—96.
Buddensieg R. 199.
Budweis 28.
Bußsakrament 190, 191.

Caesarius von Arelat 56.
Cambridge 101.
Cancellaria Arnesti 22.
Canterbury 58, 63, 208.
Cardinalis Johannes von Reinstein 84.
Cassianus s. Johannes.
Chelčitzky Peter 71.
Chlum s. Johann von.
Christian von Prachatitz 76, 78, 116, 117, 184, 185.
Chrysostomus 56, 82, 132.
Clemengis Nicolaus 8.
Clemens VI., Papst 21.
Cobham, Summus de 58, 97, 107, 197, 198, 205, 207, 208, 209, 210, 212, 213.
Cooling, Schloß Cobhams 197, 207, 208, 209, 210, 212.
Cochläus 64.
Colonna, Otto von 98, 99.
Communio s. Abendmahl.
Crux s. Kreuz.
Culing s. Cooling.
Czerwenka 5.

David von Augsburg 55.
Dénis Ernest 15.
Deutschbrod s. Michael von.
Deutsche, Abzug der Prof. u. Stud. aus Prag 86.
— an der Prager Universität 74, 75, 85, 86.
— im Prager Stadtrat 119.

Deutschland 21, 23, 37, 87.
Deutschtum in Böhmen 213.
Ein Dialog aus der Taboritenzeit 222 bis 235.
Doctrinale antiquitatum fidei 210.
Dolein s. Stephan von.
Duba s. Johann von.
Dubravius 2.
Duns Scotus 1.

Eliae, Magister s. Johann von.
Enea Silvio 2, 64, 203, 214.
England 1, 4, 43, 57, 65, 79, 80, 87, 95, 101, 107, 126, 136, 186, 194, 196, 197, 198, 204, 205, 207, 209, 210, 212, 217, 220.
Englisch Nicolaus s. Nicolaus.
Ernst, Herzog von Österreich 111.
Evesham bei Kemerton 197.

Fabian, Papst 56.
Faulfisch s. Nikolaus von.
Fitz Ralph 204.
Flajšhans 16.
Franziskus St. 37.
Franziskus von Heiligenkreuz zu Breslau 53.
Frankreich 8, 87.
Friedrich 8, 9.

Galilea 134.
Gallia 134.
Gallus, Abt in Königsaal 55.
Gelasius, Papst 190.
Geleitsbrief des Huß 122, 123.
Georg von Kniechnitz 63, 65, 79, 80, 81, 194, 198, 199, 200, 204.
— von Podiebrad 63, 72.
Gerson, Johann von 8, 10, 121.
Giczin s. Johann von.
Glasgow 206.
Glatz 21.
Gnesen 41.
Goll J. 212.
Gottfried, Bischof von Passau 30.
Gratian 9.
Gregorius St. 10, 206.
Gregor XI., Papst 41.
— XII., Papst 84, 87, 103.
Grimaud Ange, Kardinal 39, 42.
Grosseteste Robert, Bischof von Lincoln 4, 13, 111, 216, 217.

Hajek von Liboczan 3, 64.
Haneley castrum 197.
Hartung von Clux 101, 209.
Haß zwischen Tschechen und Deutschen
86, 87.
Hauck A. 16.
Hausrath 12.
Hefele 5.
Heinrich IV., König von England 58,
101, 207.
— V., König von England 58.
— von Chlum auf Latzenbock 123.
— Knighton 194.
— Lefl von Lažan 120, 122.
— von Oyta 43.
— von Virneburg, Erzb. 21.
Helfert 6, 7.
Henning s. Baltenhagen.
Herford, Diözese 208.
Herford s. Nikolaus.
Herspruck 124.
Hieronymus 1, 56.
— von Prag 63, 64, 106, 107, 120, 127, 204.
Höfler C. 12.
Hoke s. Robert.
Hofmann s. Johann.
Horlean s. Johann.
Hübner s. Johann.
Huß Johannes aus Hußinetz 1 ff.*)
—, Geburtstag und -jahr 58, 59.
—, Erziehung 59, 60.
—, Gelehrsamkeit 59, 60.
—, Seine Lehrer 60.
—, Einfluß Janows 3.
— als Lehrer 60, 108.
—, Würden und Ämter 60.
—, Vaterlandsliebe 75.
—, Deutschenfeind 75.
—, Wiclifstudium 61, 112.
—, Prediger 61, 79, 82, 131—140, 220 ff.
— in Universitätsfragen 60, 61.
— über den Ablaß 105, 106.
— im Bann 99, 110.
—, Anhang des 129.
— nach Rom geladen 99.
— im Exil 113—120.
— in Konstanz 120—128.
— als Märtyrer verehrt 127, 128.

Huß, Über sein Verhältnis zu Wiclif
1—16, 92, 94, 185—192.
—, Seine Lehre von den Quellen des
christlichen Glaubens 187 ff.
Hussens Werke:
De ablacione temporalium 154—158.
Contra Anglicum Stokes 160, 161.
Ad scripta Stanislai 176—180.
De corpore Christi 189, 190.
De corporis et sanguinis sacramento
187, 189, 190.
De credere 181, 182.
De decimis 158—160.
De ecclesia 6, 118—120, 125, 126, 161
bis 176, 187, 188.
Expositio decalogi 140—144.
De fidei suae elucidacione 181, 182,
188.
De imaginibus 81, 184.
De indulgenciis 148—154.
De omni sanguine glor. 81.
De oratione dominica 183, 184.
De pace 189.
De sex erroribus 181—183.
De simonia 182, 183.
Ad scriptum octo doctorum 188.
De sufficiencia legis Christi 187.
De tribus dubiis 181.
De remanentia panis 102.
Super IV. Sententiarum 108, 144 bis
148.
Predigten und ihre Quellen 125, 131
bis 140.
Streitschriften und ihre Quellen 161
bis 181.
Vyklad 183.
Huß Michael, Hussens Vater 59.
Hussiten, Kirchen- und Klostersturm der
213—222.
Hussitenname 69 ff.
Hussitentum 222.

Innozenz III., Papst 55, 56, 191.
— IV., Papst 13.
— VI., Papst 21.
— VII., Papst 81.
Irland, Herzog von 205.
Italien 37, 87.

Jacobus de Taramo 90.
Jakob von Mies (Jacobellus) 64, 69, 71,
92, 93, 114, 115, 117.

*) Hier können nur die wichtigeren
Stellen ausgehoben werden, da sonst jede
Seite hätte zitiert werden müssen.

Jakob Nouvion 83.
—, Dechant von Wischehrad 117.
Janko der Mathematiker 60.
Janow, Matthias von 3, 6, 7, 14, 36,
 45—50, 52, 53, 55—57, 215, 216.
Janowitz, Georg Burkhard von 28.
Jaroslaw von Sarepta 87.
Jenzenstein s. Johann von.
Jerusalem 112.
—, Stiftung in Prag 40, 41.
Jessenitz s. Johann von.
Jinoch, Domherr 87.
Jirsik s. Georg von Podiebrad.
Jodok, Markgraf von Mähren 77, 89.
Johannes s. Chrysostomus.
Johannes XXIII., Papst 88, 98, 100, 103,
 113, 121, 125, 138.
Johann, König von Böhmen 21.
—, Markgraf von Mähren 37.
—, Herzog von Lancaster 58.
— von Austi 116.
— von Brandeis 89.
— s. Cardinalis.
— Cassianus 55.
— von Chlum 122, 123.
—, Prediger der Deutschen 42.
— von Duba 71.
— Eliae 85, 117.
— von Gerson s. Gerson.
— von Giczin 96.
— Hoffmann von Schweidnitz 210.
— von Horlean 53.
— Hübner 77, 79.
— Huß s. Huß.
— von Jenzenstein, Bischof 25, 43, 44,
 46, 47, 50, 62, 204.
— von Jessenitz 76, 99, 112, 117, 118,
 123.
— Kbel 77, 83.
— Klenkoth 41.
— Landstein 89.
—, Bischof von Leitomischl 113, 114, 116.
— von Mühlheim 44, 50.
— Oczko von Wlassym s. Oczko.
— von Padua 23.
— Peklo 96.
— Pisek 26.
— Presbyter 27.
— von Přibram 1, 6, 7, 69.
— von Protiva 50.
— von Rokyczan 56, 57, 71.
— Stěkna 50, 51, 60, 65, 66.

Johann Stokes s. Stokes.
— Sybort 120, 121.
— de Thomariis 99.
— Johannes in Prag enthauptet 147.
— Wiclif s. unter Wiclif.
Julian, Kardinal 67, 68.

Kaim (Kain), Erklärung des Wortes 218.
Karl IV., Kaiser 19—21, 29, 30, 31, 36,
 37, 39—41, 45, 59, 74.
Karlstein 99.
Karthäuser 77.
Katholizismus in Böhmen, Erschütterung
 des 213 ff.
Kbel s. Johann von.
Kenmerton bei Tewkesbury 195, 196,
 197, 198, 199, 203.
Kent 207.
Ketzer in Böhmen 26, 74, 82, 83, 87, 100.
Kirche, Besitzstand der böhm. Kirche.
 20, 214.
Kirchen- und Klostersturm der Hussiten
 213—222.
Klemens VI., Papst 21.
Klenkoth s. Johannes.
Kniechnitz s. Georg.
Knighton s. Heinrich.
Knin s. Matthias.
Kommunismus bei den Hussiten 222.
Königgrätz s. Johann von.
— s. Marek von.
Konkubinat der Geistlichkeit 26, 27.
Konrad von Vechta, Erzbisch. 113, 116,
 121, 122, 123.
— von Waldhausen 29—36, 38, 40, 50,
 66.
Konstanz 2, 4, 8, 28, 105, 119, 120, 121,
 122, 123, 124.
Konstantinische Schenkung 13, 225.
Kozí hrádek bei Austí 116, 117, 120.
Krakau 41.
Krakowetz 120.
Krawař, Familie 98.
—, Katharina von 119.
— Latzek 100.
— Peter 119.
Kremsier 36.
Kreuz, Kaufmann in Prag 44, 45, 50.
Kreuzbullen gegen König Ladislaus 103,
 104, 105, 107, 108, 109.
Krummel 4, 9.
Kubišta 14.

Kunesch von Třebowel 43, 81.
Kunz von Zwola 67.
Kuttenberg 85.

Lacek s. Krawař.
Ladislaus, König von Neapel 103, 104, 106.
Laienkelch 6.
Lancaster, Thronbesteigung der 58, 220.
Lancekrona s. Leuchtenburg.
Latimer, Familie 199.
—, Sir Thomas s. Thomas.
Lauf 124.
Lausitz 71, 84.
Lechler 12, 13.
Lefl s. Heinrich.
Leitomischl 22, 41, 100.
— s. Johann.
— s. Nikolaus.
Lenfant 6.
Lenz 14, 15.
Lestkow s. Wilhelm.
Leuchtenburg, Landgräfin von 205.
Lincoln, Robert von s. Grosseteste.
Libri confirmationum et erectionum 23.
— correctionum, visitacionum 28.
Limoges 137.
Lipan, Schlacht bei 222.
Livorno 84.
Lobkowitz s. Nikolaus.
Lodi 121.
Lollarden 1, 57, 58, 196, 197, 199, 207, 208.
Lollardismus 194, 196, 207, 209.
London 208, 213, 219.
—, Synode von 14.
Lorenz von Březowa 70, 214.
Lüders 9.
Ludolf Meistermann 78.
— von Sagan 19, 62, 63, 66, 71, 74, 78, 86, 103, 121.
Ludwig der Bayer, Kaiser 21, 224.
— der Fromme, Kaiser 224, 225.
— von der Pfalz 69.
Luther 9.
Lutterworth 57.
Luxemburgisches Haus 21.
Lyon 134.

Magdeburg, Erzbischof von 47.
Mähren 19, 23, 31, 71, 195.

Mainz 21, 22.
Malenitz s. Michael.
Malvernia 197.
Marmor 6.
Martin St., Pfarre in Prag 7, 55.
Martin von Miliczin 110.
— in Prag enthauptet 107.
—, Schüler des Huß 123.
Matthäus von Krakau 8, 53—55.
Matthias von Janow s. Janow.
— von Knin 82.
Mauritius Rwačka 84.
Meisterlin 19.
Meistermann s. Ludolf.
Michael von Deutschbrod (de Causis) 110, 124.
— von Malenitz 121.
Milicz von Kremsier 6, 7, 31, 36—42, 50, 55, 66.
Miliczin s. Martin.
— s. Nikolaus.
Mladenowitz s. Peter.
Mühlheim, Johann von 44, 50.
Müller Joseph 212.
Mystiker 35.

Naas Joh. Dr. 99.
Nanker, Bischof von Breslau 21.
Neander 3, 4, 48.
Netter s. Thomas.
Neuhaus 119.
Neustadt 124.
Neutralität 84, 85.
Nikolaus, Herzog von Troppau 21.
—, Bischof von Nazareth 123.
— Biceps, Prediger 60.
— Clemengis 8.
— Englisch 210 Note.
— Faulfisch 63—65, 79, 80, 194, 19⁸ 199, 200, 203, 204.
— von Herford 58.
— von Leitomischl 60, 76, 77.
— von Lobkowitz 85.
— Miliczin 110.
— Rachorowitz 60.
— Tempelfeld 63, 71, 85.
— Wendelar 53.
— Welemowitz 82, 83.
— Zul von Ostředek 73.
Nominalisten an der Universität 7, 76.
Nouvion s. Jakob.

Numantia 32.
Nürnberg 37, 124.

Occam 1.
Oczko von Wlassim 19, 23, 24, 25, 41.
Oldcastle, Lord von s. Cobham.
Olmütz 22, 41, 66, 113.
Österreich 30, 31.
Oxford 5, 44, 45, 58, 61, 62, 63, 75, 79,
80, 102, 194, 195, 196, 199, 203, 204,
219.
Oxonium s. Oxford.
Oyta s. Heinrich von.

Padua 20.
Palacky 3, 69.
Palecz s. Stephan.
Paris, Universität 43, 44, 45, 62, 75, 85,
102, 121, 204.
Pariser, der s. Janow.
Passau 30.
Pater s. Matthias von Knin.
Paulus St. 56.
Paul von Janowitz s. Janowitz.
— Slavikowitz 91, 92, 200.
Payne Peter 4, 63, 210.
Pelzel F. M. 2.
Persora 197.
Pessina von Czechorod 2.
Peter von Krawař 119.
— Mladenowitz 80, 198.
— von Mukarzew 27.
— von Sepekow 89.
— Stefaneski 110.
Stupna 60.
— von Valencia 89.
— von Wartenberg 204.
— von Znaim 62, 76, 117, 212.
Petrus Lombardus 108, 144, 145, 191.
Pikharden 91.
Pileus de Prata 45.
Pisa 84.
Pisek 26.
Poole R. L. 199.
Postille der Prager Studenten 32.
Potenstein, die Herren von 98.
Požary (Waldbrenner) 22.
Prag, Stadt 20, 29—31, 35, 37, 38, 41,
50, 51, 61—63, 68, 73—75, 77, 79,
80, 86, 92, 101, 102, 103, 104, 107, 113,
114, 116, 118, 119, 120, 123, 198,
199, 208, 209, 214.

Prag, Stätte der Wiclifis 5.
—, Bistum 20—22.
—, Universität 21, 84—86.
Prager Artikel, die vier, ihre Entstehung
223.
Preußen 35.
Priester, die armen 5, 98, 217.
Prediger s. Konrad, Milicz usw.
Přemysl Ottokar I. 20, 21.
Přibram s. Johann.
Prokopius notarius 64, 71.
Prokop von Pilsen 76, 92, 95, 200.
Protiva s. Johann.
Purvey John 58, 197.
Pubitschka 2, 3.
Pürglitz 43.
Putridi Piscis domus 203.

Quidamisten 118.
Quintinus Volkshirt 206, 207.

Rachorowicz s. Nikolaus.
Raudnitz 92.
Realisten an der Universität 75, 76.
Remanenz des Brotes im Abendmahl
78, 82.
Richard II., König von England 102,
204.
Richardus Wyche 97, 98, 198, 199, 205, 206.
Richardus de S. Victore 191.
Ritter 5, 6.
Robert Hoke 199.
Rochester, Diözese 208.
Rohle s. Wenzel.
Rokyzan s. Johann.
Rom 30, 38, 39, 102, 224.
Rosenberg, die Herren von 30, 74.
Royko 6.
Rudolf IV., Herzog von Österreich 31.
— —, Herzog von Sachsen 100.
Ruprecht, deutscher König 58, 83.

Saaz 31.
Sacramente, de septem s. = de Eucha-
ristia (Traktat eines Ungenannten) 55.
Sagan, Kloster 63.
—, Ludolf von s. dort.
Sander, Offizial der Olmützer Kirche 56.
Sawtree William 197.
Sbinko, Erzb. 28, 73, 79, 81—84, 87—89,
94, 96, 98, 99, 100, 101, 104, 118.

Scipio Publ. Cornelius 32.
Schisma, Lösungsversuche 120, 121.
Schlesien 19, 31, 71, 84, 198.
Schottland 206.
Schweiz 31.
Sedlák J. 15.
Sepekow s. Peter.
Shakespeare 209.
Shirley 1, 193.
Siebenbürgen 81.
Sigismund, Kaiser 5, 69, 71, 100, 101,
    119, 121, 122, 123, 126, 209.
Simon de Cassia 55.
— von Gistebnitz 64.
— von Langres 30.
— von Tišnow 76, 93, 94, 117, 195,
    221.
— von Reims 122.
Slawikowitz s. Paul von.
Sophie, Königin von Böhmen 98, 99.
Spottlieder 90, 115.
Stanislaus von Welwar 63, 64.
— von Znaim 5, 44, 59, 62, 71, 76, 78,
    79, 82, 84, 110, 111, 114, 116, 117,
    118, 119, 126, 176—180, 212.
— Handwerker 107.
Statuten Arnests von Pardubitz 22.
Stěkna s. Johann.
Stephan von Dolein 66, 67, 71, 74, 75
    bis 77, 217.
— von Kolin 60, 62, 65, 76, 81.
— von Palecz 5, 44, 59, 61, 62, 70, 76,
    78, 80, 84, 100, 105, 106, 110, 111,
    114, 116, 117, 118, 119, 124, 126, 180,
    181, 187, 212.
— von Prag 28.
Stefaneschi s. Peter.
Stibor, Woiwode von Siebenbürgen
    100.
Stimmenstreit an der Universitä tPrag
    84—86.
Štitny Thomas 14, 43—46, 64.
Stokes John 2, 62, 71, 72, 80, 101, 102,
    126, 160, 161, 209.
Sulzbach 124.
Suso Heinrich 55.
Synodalstatuten 26, 27.
Synode von Prag 49, 123.

Tabor, Stadt 120.
Taboriten 67, 69, 70, 209, 214, 222.
Taboritenchronik 68.

Taboritentum 210.
Tempelbauten der Mönche 219.
Tempelfeld s. Nikolaus.
Tewkesbury in Worcestershire 195,
    197.
Theobald Zacharias 2.
Thomas von Aquino 55, 190.
— von Arundel 58, 220.
— Kempis 46.
— of Latimer 199.
— Netter of Walden 58, 210.
— Walsingham 194, 197, 208.
— Štitny s. u. Štitny.
Tiberias-See 112.
Tischnow s. Simon.
Tirol 31.
Tomek 13, 14.
Tosti 6.
Tschackert 11, 12.
Tschechen 87, 196, 198.

Ungarn 81.
Universität s. Prag.
Urban V. 38, 39, 42.
— VI. 53, 54, 104, 105, 134.
Utraquismus 7, 56, 57, 67, 189, 190.

Vechta s. Konrad.
Venedig, Stiftung in Prag 40, 41.
Verkaiserung der Kirche 186, 218 219,
    225.
Villani 19, 21.
Virneburg s. Heinrich v.
Visitationen, kirchliche 25, 215.
Volkshirt s. Quintinus.
Vorläufer der hussitischen Bewegung
    29—51.

Waldhausen s. Konrad von.
Waldenser 83.
Waldstein s. Wok.
Waisen, die 64.
Walsingham s. Thomas of.
Wanderprediger 220.
Wayzow s. Albert.
Wendelar s. Wenzel.
Wenzel, König von Deutschland und
    Böhmen 16, 62, 72, 73, 83—86, 88,
    98—100, 102, 107, 113, 118, 119,
    208, 212—215.
Wenzel von Bechin 77.

Wenzel von Duba 122, 123.
— von Kommotau 27.
— Rohle 51.
— Tiem 104, 105, 124.
Wessenberg 6.
Wiclif 1 ff.
—, doctor evangelicus 1.
—, fünfter Evangelist 1, 196, 200.
—, sein Ruhm in Böhmen 75—77.
—, Abendmahlslehre s. unter Abend-
mahlslehre.
—, Ablaßlehre 10, 148—154.
Wiclifs Werke:
Alithia s. Trialogus.
De absolucione a pena et a culpa 91.
De apostasia 200.
Ad argumenta aemuli 91, 169.
De attributis 88.
De blasphemia 173, 174, 200.
De Christo et suo adversario 10, 91,
140, 153, 154, 169, 172, 179, 180.
De corpore Christi s. de Eucharistia.
Cruciata 105.
Decalogus s. de Mandatis divinis.
Dialogus 83, 88, 94, 114, 134, 153,
188.
De dissensione paparum 91, 191,
192.
De dominio civili 88, 93, 156, 157, 165
bis 168, 193.
De dominio divino 193—195, 199,
200.
De Ecclesia 90, 91, 103, 140, 150, 151,
155, 156, 161—164, 182, 183, 194,
195, 199, 203, 225.
De Eucharistia (de corpore Christi) 8,
145, 203.
De fide catholica 91, 161, 164.
De fratribus discolis 88.
De hypotheticis 88.
De ideis 88, 92.
De imaginibus 91.
De incarnacione verbi divini (de be-
nedicta incarnacione) 88, 145, 146.
De indulgenciis 148—154.
De statu innocencie 200.
Von zwei Arten der Ketzer 217.
Von der Lösung des Satans 217.
De materia et forma 8.
De officio pastorali 187, 188.
De officio regis 91, 168, 188, 199.
Opus Evangelicum 131—134, 202.

Wiclifs Werke:
De oracione dominica 183, 184.
De ordine christiano 170, 171.
De ordinibus ecclesie 91.
De paupertate Christi 156, 158.
Vom Pfarramte 216.
De potestate pape 149, 165, 171,
176—179, 200, 225.
De probacione proposicionum 88, 92,
93.
Quaestio ad fratres 181, 182.
Von den eitlen Religionen der Mönche
217.
Sermones 88, 93, 157, 158, 182, 183,
188, 202, 216.
De simonia 88, 93, 182, 183, 200.
Trialogus 77, 88, 94, 103, 111, 140,
151—154, 174—176, 183—185, 188,
189, 216, 217.
De trinitate 5, 88, 92.
De triplici vinculo amoris 91, 102,
160, 161.
De universalibus realibus 88, 92, 209.
De veritate sacre scripture 156, 158,
159, 188, 193—196, 199, 202.
Von der Vervollkommnung der
Stände 217.
Prädestinationslehre 11, 186.
Wiclif, Einfluß auf Huß 58, 61, 68, 69,
75—77, 86, 93.
—, Seine Predigten und ihre Wirkung
in Böhmen 218.
—, Verurteilung in Konstanz 125.
—, Verbrennung der Bücher 86—101,
209.
Wiclifismus in Böhmen 7, 8, 17—128.
—, dessen Verbreitung 62 ff., 97, 99,
119, 127.
—, dessen Vernichtung 222.
—, dessen Verurteilung 120—128.
—, Theorie des W. in den Schriften der
Taboriten 222—235.
— in den Schriften des Huß 129—192.
Wiclifs Bedeutung für die Reformation
des 16. Jahrh. 11.
Wiclifenname 69—72, 83, 88.
Wiclifiten, Beziehungen zwischen böh-
mischen und englischen 203—209.
Wiclifhandschriften, ihre Verbreitung in
Böhmen 193—203.
— A Catalogue of the Original Works
of Wyclif 193.

16*

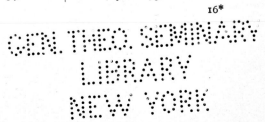

Wigornia 197.
Wilemowitz s. Nikolaus.
Wien 30, 73, 121.
Wilhelm von Lestkow 21, 40.
Wilsnack 81.
Wlaska, Safranverfälscher 78.
Wodeford William 210.
Wok von Waldstein 97, 107, 197, 207, 208, 210, 211.
Wolfram von Skworec, Erzb. 73.
Wyche s. Richard.

Zbinko s. Sbinko.
Zdenko von Labun 117, 118.
Zdislaus von Zwieřetitz (von Wartenberg) 89, 92, 95, 96, 97, 197, 204, 207, 208—211.
Žebrak (Bettlern), Verhandlungen in 71, 110.
Znaim s. Stanislaus.
Zul von Ostredek s. Nikolaus.
Zustände des Klerus in Böhmen 19—29.
Zwola s. Kunz.

Druckfehlerberichtigung:

S. 63 Zeile 16 von oben lies: Kniechnitz statt Knjenchnitz.

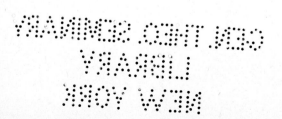